本书得到三峡大学法学与公共管理学院和研究生院
2021年课程建设项目“公司法务专题”的资助（项目编号SDKC202125）。
该书也是三峡大学地方立法研究院成果。

公司法

原理学说与判例研究

Corporate Law

Theory and Case Study

慎先进　著

中国政法大学出版社

2023・北京

图书在版编目（CIP）数据

公司法原理学说与判例研究/慎先进著. —北京：中国政法大学出版社，2023.3
ISBN 978-7-5764-0912-3

Ⅰ. ①公…　Ⅱ. ①慎…　Ⅲ. ①公司法—研究—中国　Ⅳ. ①D922.291.914

中国国家版本馆CIP数据核字(2023)第101270号

出版者	中国政法大学出版社
地　址	北京市海淀区西土城路25号
邮寄地址	北京100088信箱8034分箱　邮编100088
网　址	http://www.cuplpress.com (网络实名：中国政法大学出版社)
电　话	010-58908289(编辑部) 58908334(邮购部)
承　印	保定市中画美凯印刷有限公司
开　本	720mm×960mm　1/16
印　张	29.75
字　数	475千字
版　次	2023年3月第1版
印　次	2023年3月第1次印刷
定　价	99.00元

目　录
CONTENTS

第一章
Chapter 1
公司法

第一节　公司概述

一、公司的概念和特征

（一）公司的概念

所谓公司是指具有营利性的社团法人。公司是企业组织形式中的一种。[1]在现代社会中，企业的组织形式除了公司以外，还有合伙企业、个人独资企业等组织形式。在国外，公司的组织形式包括有限责任公司、股份有限公司、无限公司、两合公司和股份两合公司等。[2]而我国公司法所承认的公司组织形式只有有限责任公司和股份有限公司两种。

（二）公司的特征

1. 公司的营利性。社团法人根据其是否以追求营利为目的可区分为营利性社团法人和公益性社团法人。公司是一种营利性社团法人。公司的营利性是指公司存在和发展的目的是从事商事行为，追求商业利润，并将利润分配于股东。公司的营利性体现在公司的各个层面，主要包括公司本身的营利性、股东的营利性和管理人员的营利性。公司法关于公司营利性的相关规定可以类推适用于其他营利法人。

公司在强调营利性的同时也必须强调公司的社会责任，其必须兼顾职工利益、消费者利益、债权人利益、竞争者利益、环境利益、社会弱者利益和

---

〔1〕 公司在英文中有 company 和 corporation 两种表达方式，但英国更习惯于用前者，而美国更习惯于用后者，二者之间并无本质的区别。

〔2〕 在日本，公司被称为会社。

整个社会的公共利益等。《中华人民共和国公司法》（以下简称《公司法》）第5条规定，公司从事经营活动，必须遵守法律、行政法规、遵守社会公德、商业道德，诚实守信，接受政府和社会的监督，承担社会责任。《中华人民共和国民法典》（以下简称《民法典》）第86条规定，营利法人从事经营活动，应当遵守商业道德，维护交易安全，接受政府和社会监督，承担社会责任。

2. 公司的社团性。公司的社团性是指公司必须由两个或两个以上的股东出资设立。公司是人的集合体，其股东是多元的，具有人合性与资合性的双重属性。[1]它不同于以财产捐助为基础的慈善机构、基金会等财团法人。一人公司制度的出现对股东复数理论构成了挑战，但由于在社会生活中所占比重极小，因而没有从根本上改变公司的社团性。公司治理结构的法律规定正是基于公司的社团性特点而设计的，公司的诸多纠纷也正是由于公司的社团性特点而产生的，如公司僵局的产生。

3. 公司的法人性。公司具有独立的法人人格，公司的独立法人人格主要体现在三个方面：一是公司具有独立的法律主体资格。它具有如自然人一样的独立的权利能力、行为能力、责任能力和诉讼能力。[2]二是公司具有独立的组织机构。我国公司法规定公司须设立独立的权力机构（股东会或股东大会）、业务执行机构（董事会、经理）和监督机构（监事会）。三是公司具有独立的法人财产权。公司的独立财产由股东出资和公司盈利积累构成。股东出资设立公司后，股东必须将其出资转移给公司所有，丧失对财产的所有权，并不得抽回出资，但股东可以取得股权。公司的盈利利润不经法定条件和程序不得进行分配。体现公司法人性的制度主要有：

（1）公司印章。公司印章是公司独立人格的象征。公司印章主要有公章、财产专用章、合同专用章等。需要说明的是，公司违反公章刻制行政管理规范并不必然导致合同不成立、无效或可撤销。

（2）营业执照。营业执照是公司登记机关签发的代表公司具有独立法人

---

〔1〕 有限责任公司由于人数较少，我国《公司法》规定有限责任公司的股东人数最高不得超过50人，其更强调人合性。而股份有限公司由于人数众多，其更强调资合性。两种公司的侧重点有所不同。

〔2〕 当然，在揭开公司面纱的情况下，公司的独立人格将被否定，不过这仍然只是例外情形，而且其只是在个案中被否定，并没有从根本上否定其独立法律人格。

地位和市场主体资格的重要法律文件。公司营业执照分为正本和副本，一个公司可以根据业务需要向公司登记机关申请核发若干营业执照副本。

(3) 经营许可证。法律和行政法规规定公司从事特定市场领域的经营活动必须事先取得行政许可。[1]

(4) 统一社会信用代码。为了加快商事制度改革，我国对公司推行统一社会信用代码制度。统一社会信用代码是用于识别公司身份的代码，用18位阿拉伯数字或大写英文字母表示。目前，我国实行“三证合一”（营业执照、组织机构代码证和税务登记证三证合为一证），“一照一码”。

二、公司的分类

公司的类型根据不同的标准可以作出不同的划分。在不同的场合公司的名称往往是在不同的分类前提下使用的。下面仅就其在实务中较多提到的名称作一分类。

（一）有限责任公司、股份有限公司、无限公司、两合公司和股份两合公司

这是根据公司股东所承担的责任范围为标准所作的划分。有限责任公司是指股东仅以其出资额为限对公司承担责任，公司则以其全部资产对公司债务承担责任的公司组织形式。它不仅在我国而且在全世界也是数量最多的公司组织形式。股份有限公司是指将公司全部资本分为等额股份，股东以其所持股份对公司承担责任，公司以其全部资产对公司债务承担责任的公司组织形式。股份有限公司如果具备上市条件则可申请其股票在证券交易所上市交易从而成为上市公司。[2]无限公司是指公司全体股东对公司债务承担无限连带责任的公司。两合公司是指公司中部分股东对公司债务承担无限责任、部分股东对公司债务承担有限责任的公司。股份两合公司是指由部分对公司债务承担无限连带责任、部分仅以所持股份对公司债务承担有限责任的股东共

---

〔1〕 如我国公司要从事第二类增值电信业务中的互联网信息服务，必须取得电信业务主管部门核发的《中华人民共和国电信与信息服务业务经营许可证》。

〔2〕 在美国以公司股份是否公开发行及股份是否允许自由转让为标准，将公司分为公众公司和封闭公司。公众公司又可称为上市公司，是指可以在证券市场上向社会公开发行股票，股东拥有的股票可以在证券交易所自由买卖或者交易的公司。封闭公司又称为不上市公司，是指公司股份只能向特定范围股东发行，而不能在证券交易所公开向社会发行，股东拥有的股份可以有条件的转让，但不能在证券所公开交易的公司。

同组建的公司。我国公司法仅规定了有限责任公司和股份有限公司，在西方国家的立法上虽然规定了后三种公司，但在实践中它们的数量较少。

问题：有限责任公司存或废？

对于我国公司法中有限责任公司的变革，学者之间存在着不同的意见。有的主张照搬日本的立法经验，将有限责任公司和股份有限公司两种公司形式合并；有的则主张将股份公司中的封闭公司与有限公司合并作为封闭公司规制，而将股份公司作为公开公司规制。清华大学王保树教授主张，有限责任公司、发起设立的股份有限公司和向特定对象募集设立的股份公司在一定程度上都具有封闭性，应当将发起设立的股份有限公司和向特定对象募集设立的股份有限公司与有限责任公司合并〔1〕。四川省社科院周友苏教授认为，将股份有限公司分为公开发行股票的公众公司和未公开发行股票的非公众股份有限公司两种类型，并且在此基础上将公众公司进一步划分为上市公众公司和未上市公众公司。对于不同的公司形式采取不同的监管方式，同时对于非公众股份有限公司采取"准有限责任公司"的做法。对有限责任公司，进一步在普通有限公司中划分出小型公司类型并将其固定化，充分体现其人合性特点，采取类似日本合同公司的做法，赋予其较一般有限责任公司更大的自治空间〔2〕。中南财经政法大学雷兴虎教授指出，应当以封闭性作为区分公司类型的标准，对有限责任公司主要有三种立法模式："①彻底废除有限责任公司，将其并入股份有限责任公司，将公司类型划分为闭锁型股份有限公司和开放型股份有限公司。②将股份有限公司中的非公众股份有限公司强制划入有限责任公司的范畴。③保留有限责任公司类型，将股份有限公司划分为闭锁型股份有限公司和开放型股份有限公司。"〔3〕

（二）人合公司、资合公司和人合兼资合公司

这是以公司对外的信用基础为标准所作的划分。人合公司是指以股东个

〔1〕 王保树：《公司结构改革面临的问题》，载《2011年中国商法年会论文集》，第800页。

〔2〕 周友苏：《现代化视野下中国公司法改革前瞻》，载《2011年中国商法年会论文集》，第945页。

〔3〕 雷兴虎、刘丹妮：《有限责任公司的存与废》，载《2011年中国商法年会论文集》，第1018页。

人信用而不是以公司资本作为信用基础的公司。人合公司一般为“家庭性公司”，无限公司和普通合伙企业属于人合公司。资合公司是以公司资本而不是以股东个人信用为基础的公司。股份有限公司是典型的资合公司。人合兼资合公司是指公司兼以股东个人信用和资本信用为信用基础的公司。有限责任公司、两合公司和股份两合公司均属于人合兼资合公司。

（三）国有公司与民营公司

这是根据公司资本的构成为区分标准所作的分类。国有公司是指国家为唯一股东、全资股东或控制股东的公司。民营公司是指民营资本投资或虽有国家参股但国家并非控制股东的公司。我国《公司法》第二章第四节规定的国有独资公司是典型的国有公司。无论是在社会主义的中国还是在资本主义的外国都存在国有公司，只不过其所处的地位和所占的比例不同。

（四）母公司和子公司

这是以公司间的股权投资关系为标准所作的分类。母公司又称为控制公司，是指对其所投资的公司在人事、财务及业务上具有控制力的公司。子公司是指接受母公司投资并被母公司控制的公司。对于是否具有控制力的界定，可参考我国《公司法》第216条的规定。〔1〕母公司和子公司均具有法人资格。

（五）总公司和分公司

这是以公司内部的管辖关系为区分标准所作的分类。总公司又称为本公司，是管辖公司全部组织并具有法人资格的总机构。分公司是指接受总公司管辖的分支机构。分公司虽不具有法人资格，但其设立也需要向公司登记机关申请登记，并领取营业执照。分公司可以根据总公司的授权对外缔结法律关系，但其产生的法律责任由总公司承担。

此外，以股东国籍为标准，公司可分为内资公司和外资公司。以公司的国籍为标准，公司可分为本国公司和外国公司。以股票是否在境外发行或上市为标准，公司可分为境内公司和境外公司。以公司设立依据为标准，公司可分为一般法公司和特别法公司。〔2〕

---

〔1〕 该法第216条第2项规定，控股股东，是指其出资额占有限责任公司资本总额50%以上或者其持有的股份占股份有限公司股本总额50%以上的股东；出资额或者持有股份的比例虽然不足50%，但依其出资额或者持有的股份所享有的表决权已足以对股东会、股东大会的决议产生重大影响的股东。

〔2〕 特别法公司如分别根据《保险法》《证券投资基金法》《商业银行法》和《证券法》设立的保险公司、基金管理公司、商业银行和证券公司。

我国《公司法》对公司的分类仅规定了有限责任公司和股份有限公司，而国有独资公司和一人公司均为有限责任公司的特殊形式。

第二节 公司法概述

一、公司法的概念

公司法是调整公司的设立、组织、活动和清算等法律关系的法律规范的总称。公司法所调整的法律关系包括对内关系和对外关系两个方面。公司的对内关系主要是指股东和股东之间及股东与公司之间的权利义务关系。公司的对外关系主要是公司与行政管理机关、交易相对人、中介机构等之间的关系。

公司法这一概念有形式意义上的公司法和实质意义上的公司法之分。形式意义的公司法在我国特指 1993 年通过，其后分别经过 1999 年、2004 年、2005 年、2013 年和 2018 年五次修改的《中华人民共和国公司法》，它是狭义的公司法。实质意义上的公司法是指所有调整公司的设立、组织、活动和清算等法律关系的法律规范。它不仅包括狭义的公司法，还包括了刑法、民法典、证券法、商事登记法等其他部门法中有关调整公司法律关系的法律规范。

二、公司法的性质

公司法从不同的角度可以作出不同的理解。

（一）公司法是兼具公法属性的私法

在大陆法系国家和地区，将涉及公共权力、公共关系、公共利益和上下服从关系、管理关系和强制关系的法律归属于公法，将涉及个人利益、个人权利、自由选择和平权关系的法律归属于私法。在传统上，公司法作为商法的组成部分，属于典型的私法。但随着现代经济的发展和社会整体观念的加强，对于私法关系开始采取积极干预的方法，从而出现私法公法化的倾向。这在公司法上表现得尤其明显：一方面关于公司登记、公司财务会计、公司名称和法定事项的公示等具有明显的公法色彩；另一方面在公司法中存在大量的强制性规范，如《公司法》第 16 条关于公司为股东或实际控制人提供担保的规定、《公司法》第 43 条关于议事方式和表决程序的规定。虽然公司法具有公法的诸多色彩，但就其本质而言，其仍属于私法。

（二）公司法是兼具商事行为法的商事组织法

商法包括商事组织法与商事行为法。商事组织法是指调整商事组织的设立、变更、解散和内部组织机构、内部成员的权利和义务等法律关系的法律规范的总称。如公司法、合伙企业法、个人独资企业法属于商事组织法。商事行为法是指调整因商行为而产生的商事关系的法律规范的总称。如证券法、票据法、保险法、海商法等属于商事行为法。但这种划分并不是绝对的，实际上几乎所有的商法既具有商事组织法又具有商事行为法的特性，只不过公司法更多地偏向商事组织法。

（三）公司法是兼具程序法的实体法

按照法律规定内容的不同，可以将法律分为实体法和程序法。一般认为刑法、民法、行政法和宪法为实体法。而刑事诉讼法、民事诉讼法、行政诉讼法为程序法。而公司法虽然从本质上属于实体法，但是公司法作为商法包括了大量的程序性规范。如关于公司设立程序、组织机构行使职权的方式以及公司变更、解散和清算的规范等均属于程序性规范。

（四）公司法是兼具国际法的国内法

商法作为各国调整商事关系的法律，由于各国国情、立法传统、司法制度和法治理念的不同，属于各国的国内法。但是随着经济全球化的加深，各国间经济的相互依赖程度日益增加，国际贸易领域统一法律的呼声日益高涨，这导致了商法的趋同化。由于商法的趋同化，各国包括公司法在内的商法具体制度与规范规定上表现出更多的同质化或相似性。而由于我国商法发展的历史较短，在相关制度的设计和规范的表述上借鉴世界发达国家立法的情况更为普遍。实际上我国公司法既借鉴了大陆法系又借鉴了英美法系中公司法的相关内容。如公司法中关于上市公司引进独立董事制度的规定就是一适例。

（五）公司法是兼具技术性规范的伦理性规范

从社会学意义上而言，法律规范是由伦理性规范和技术性规范组成的。公司法与其他所有的部门法均是调整人与人之间关系的社会伦理性规范。但公司法具有更强的技术性和可操作性。如公司机关的组成、公司股份的构成、公司股票的发行和交易、公司的治理结构、董事会的召集程序和表决方法、公司债券和公司财务会计制度均表现出强烈的技术性。正是由于大量具有技术性规范的存在，各国公司法才可以相互借鉴，从而呈现出国际趋同性。

三、公司法的基本原则

公司法的基本原则是指体现公司法的根本价值的法律原则，它是整个公司法律活动的指导思想和出发点，构成公司法律体系的神经中枢。

（一）公司自治原则

私法自治是私法的基本原则。私法自治在民法领域表现为意思自治原则，在合同法领域表现为合同自由原则，在公司法领域则表现为公司自治原则。现代公司自治是公司独立法人意志的体现，它主要表现为在公司治理结构中对股东和公司自由意志的尊重，股东要对自己选择和决策行为负责，公司通过公司章程自主应对市场变化并对由此产生的后果负责。我国《公司法》第4条规定，公司股东依法享有资产收益、参与重大决策和选择管理者等权利。公司自治主要体现在：公司人格独立、公司财产独立与责任独立、公司意思自由与行为自由。

（二）股东有限责任原则

股东有限责任是股东以投入公司资本为限对公司承担责任，公司以全部资产对外承担责任。当公司资产不足以清偿全部债务时，公司将进入破产程序，而不得将公司债务无限转移给股东。股东有限责任是世界两大法系公司立法的基石，是以牺牲公平换取效率的制度安排。世界上有些国家虽然规定了无限公司、两合公司和股份两合公司，但其所占数量极少，无法改变股东有限责任原则。我国公司法也仅规定了有限责任公司和股份有限公司两种类型。

股东有限责任包括两个含义：

1. 股东对公司有足额出资义务。对公司的足额出资既是股东之间的出资约定，也是公司法规定的法定义务。[1]股东出资是股东根据出资协议的约定以及法律和公司章程的规定向公司交付财产或履行其他给付义务，股东出资方式在公司设立后是否发生变更应结合股东会决议、公司章程及工商登记事项作出综合认定。

2. 股东对公司债务不承担责任。公司财产独立是公司人格独立和责任独

---

〔1〕 我国《公司法》第26条虽然确立了公司注册资本的认缴资本制度，但第28条规定公司股东必须在认缴期限届满前足额缴纳出资。

立的前提和基础。在股东足额出资的前提下，对于公司的债务，公司债权人只能向公司主张债权，股东不对公司债务承担责任。当然，如果股东滥用法人独立地位和股东有限责任损害公司债权人利益，则公司债权人可运用揭开公司面纱理论，以“股东损害公司债权人利益责任纠纷”为案由，向法院提起诉讼，请求公司股东承担责任。不过揭开公司面纱在司法实践中运用不多，且只适用于个案，它并没有从根本上否定公司的独立法人资格，所以股东有限责任仍然是公司法的基本原则。

（三）股东平等原则

股东平等原则是指股东以自己出资为基础享有平等待遇的原则。它是世界各国公司法普遍承认和广泛遵循的基本原则。股东平等原则包括形式上的平等和实质上的平等。形式上的平等是指一股一权，持有公司每一股份的股东享有的权利、利益及承担的风险和责任是相同的。实质上的平等是指按照股东持有公司股份的性质和数量实行平等对待。

股东平等原则同时包括资本多数决原则和股东主体平等原则。资本多数决原则是基于资本标准的股东平等原则，它立足于公司效率的提高和大股东权益的保护。股东主体平等原则是基于主体的股东平等原则，它立足于股东地位和意志的平等，侧重中小股东权利的保障，限制大股东权利的滥用。

问题：双层股权结构是否违反了股权平等原则？

双层股权结构，英文为 Dual Class Share Structure，也被称为双重股权结构、二元股权架构或双类别股权架构。双层股权结构是指公司设定具有不同投票权的普通股。在双层股权结构中除了一股一票的普通股之外，还存在着超级投票权的普通股。

双层股权制度发源于 1980 年代，一家名为 International Silver Company 的美国公司发行了数百万股优先股和 1000 多万股不享有投票权的普通股，其后这家公司赋予前述每股普通股相当于每股原始股一半的投票权，这是历史上第一次对投票权与股权进行的分离。[1]截至 1926 年，184 家

〔1〕 Adolf A. Berle，“Non-voting stock and Bankers Control（1925-1926）”，39 *Harvard Law Review*，673（1926）.

美国公司采用了多层股权结构。现在，在一些新兴网络科技公司中获得了广泛适用，例如谷歌、脸书等，它们均采用了双层股权结构。目前，除美国以外，瑞典、意大利、加拿大、新加坡等国家也有条件地认可并适用双层股权制度。由于在我国主板上市的公司在提起 IPO 之前必经股份制改革，故而目前双重股权结构在我国主板证券市场中并无适用空间。近年来阿里巴巴、京东等大批量优质企业纷纷舍弃 A 股而选择海外上市，其中一项重要原因便是国内对双重股权结构的限制。2019 年初，上海证券交易所发布《上海证券交易所科创板股票上市规则》，该规则明确允许设置差异化表决权的企业在科创板上市，这是我国 A 股证券交易市场对于双层股权制度的首次引入及适用。

股东形式上的平等可能导致资本多数决原则的滥用，造成股东实质上的不平等，为此公司法通过引进异议股东股份评估补偿权制度、表决权限制制度、表决权回避制度、表决权代理制度和累积投票制度等对资本多数决原则作出了适当的限制。

案例1：公司法定代表人滥用控制公司权力损害其他股东利益应与公司共同承担赔偿责任〔1〕

案由：损害股东利益责任纠纷

原告李某某向河北省深州市人民法院起诉要求胡某某与众×公司共同赔偿原告损失 1 615 386. 3 元。被告胡某某辩称，被告胡某某并没有侵犯原告权益之事实。

原审法院查明：原告李某某与被告胡某某共同出资成立了众×公司，并按出资比例确定双方股权，其中李某某持有股权 42. 7%，胡某某持有股权 57. 3%。2011 年 3 月 15 日，众×公司经股东会同意将名下房地产对外转让给了某经济开发公司，转让款为 7 783 106 元，并同意将该款项作为公司利润按照股权比例由两股东进行分配。同日，众×公司与资产受让方某经济开发公司

〔1〕 参见河北省衡水市中级人民法院（2014）衡民二终字第 57 号民事判决书。为了行文简洁对原判决书有加工及删节，以下同。

签订了公司资产收购协议，并在协议中约定了该转让款项的支付方式，其中42.7%汇入原告李某某指定账户，57.3%汇入被告胡某某指定账户。资产受让方在支付第一笔转让款400万元时按照约定向原告李某某、被告胡某某分别支付了应得款项。2013年8月资产受让方拟支付第二期款项时，被告众×公司向资产受让方发出了变更资产收购协议支付方式的通知，要求受让方将款项直接支付到众×公司在盱眙县某工商银行开设的账户内。资产受让方据此将剩余3 783 106元汇入众×公司在盱眙县某工商银行开设的账户。

原审法院认为，原告李某某与被告胡某某共同出资依法设立了众×公司，公司在经营过程中，经股东会议决定对公司资产进行处置，并同意处置资产款项按公司利润进行分配，该股东会决议不违反法律规定，也没有损害第三方利益，合法有效，各方当事人应遵照执行。被告众×公司在未经过股东会议决议的情况下通知付款方改变付款方式的行为致原告利益不能及时实现，侵犯了原告的股东权益，应承担赔偿责任。被告胡某某作为公司股东并担任公司法定代表人，对公司未经全体股东同意改变股东会议决议的侵权行为亦应承担连带赔偿责任。遂一审判决：被告众×公司于判决生效后3日内赔偿原告李某某损失1 615 386.3元，被告胡某某承担连带赔偿责任。

被告不服，上诉至衡水市中级人民法院。二审法院认为，上诉人胡某某利用其担任公司法定代表人、执行董事和总经理职务和实际控制众×公司的便利，擅自改变股东会决议和资产收购协议关于付款方式的约定，致使被上诉人不能得到应收款项，损害了被上诉人的股东权益，其行为已经构成滥用股东权利，依法应当与上诉人众×公司承担连带赔偿责任。

点评：依法作出的股东会决议应为有效，在未经过法定程序改变原股东会决议的情况下，公司任何人包括法定代表人不能擅自改变原股东会决议，否则属于股东滥用股东权利，应与公司承担连带赔偿责任。

（四）资本多数决原则

资本多数决原则是指公司股东在股东会（以后如无特别说明时，对股东会和股东大会不作区分）上对公司重大事项按照各自所持股份或出资比例行使表决权，经代表多数表决权股东的意思所形成的公司决议，对公司和包括少数股东在内的全体股东具有约束力。在公司法中实行资本多数决原则体现了股东投资风险系数与投资回报率之间的正比例关系，有利于调动投资人的投资积极性，具有合理性。

根据资本多数决原则，股东具有的表决权与其持有的股份成正比，股东所持股份越多，股东的表决权越大。公司股东通过股东会对公司重大事项进行表决，在决定公司重大事项存在不一致时，则根据资本多数决原则作出决议。持反对意见的少数股东既可以选择持保留意见，服从大多数股东的意见，也可以采取其他救济方式保护自己的合法权益。

资本多数决原则以牺牲少数股东利益为代价，在实践中大股东尤其是控制股东可能对中小股东实行股权压制，从而损害中小股东的利益。为了保护中小股东的合法权益，追求股东实质上的平等，公司法确定了一系列的法律制度对资本多数决原则予以修正。

1. 异议股东股份回购请求权。异议股东股份回购请求权，是指当公司股东大会基于资本多数表决原则，对有关公司收购与兼并、重大资产出售、换股计划、修改公司章程等公司重大事项作出决议时，持异议的少数股东可请求公司对其所持股份进行评估，并以公平价格予以收购的权利。我国《公司法》第 74 条规定，有下列情形之一的，对股东会该项决议投反对票的股东可以请求公司按照合理的价格收购其股权：①公司连续 5 年不向股东分配利润，而公司该 5 年连续盈利，并且符合本法规定的分配利润条件的；②公司合并、分立、转让主要财产的；③公司章程规定的营业期限届满或者章程规定的其他解散事由出现，股东会会议通过决议修改章程使公司存续的。自股东会会议决议通过之日起 60 日内，股东与公司不能达成股权收购协议的，股东可以自股东会会议决议通过之日起 90 日内向人民法院提起诉讼。

2. 表决权限制制度。表决权限制制度是指法律对于股东所持股份中超过某一特定比例的股份的表决权予以适当限制的制度。此时对于超过一定比例的股份不再适用一股一票原则，而是规定若干股份仅有一个表决权。表决权限制的方式包括直接限制和间接限制两种。

（1）表决权的直接限制。表决权的直接限制是指法律以明文规定的方式对股东超过一定持股比例的股份的表决权予以限制。不过我国公司法并没有对表决权进行直接限制的规定。

（2）表决权的间接限制。表决权的间接限制是指以法律规定特定情况下通过的股东大会决议无效或可撤销的方式限制股东表决权的效力。这种间接限制一般是通过规定不同公司股东大会议案的通过所需要的最低出席人数和最低表决权数的方式增加大股东滥用表决权的难度，从而达到限制大股东表决权的效果。对此，我国公司法也没有表决权间接限制的规定。

3. 表决权回避制度。表决权回避制度，又称为表决权排除制度，是指当某个股东与股东大会讨论的事项有利害关系时，有利害关系的股东不能对该事项的决议进行投票表决的制度。表决权回避制度的初衷在于规范不公平的关联交易，防止控股股东滥用资本多数决原则，从而强化中小股东表决权，更好地保护中小股东的利益。

我国《公司法》确立了表决权回避制度，但其适用范围仅限于公司为股东提供担保这一关联事项。我国《公司法》第16条第2款规定，公司为公司股东或者实际控制人提供担保的，必须经股东会或者股东大会决议。第3款规定，前款规定的股东或者受前款规定的实际控制人支配的股东，不得参加前款规定事项的表决。该项表决由出席会议的其他股东所持表决权的过半数通过。中国证券监督管理委员会（以下简称“中国证监会”）发布的《上市公司章程指引》（2022年修订）第80条规定，股东大会审议有关关联交易事项时，关联股东不应当参与投票表决，其所代表的有表决权的股份数不计入有效表决总数；股东大会决议的公告应当充分披露非关联股东的表决情况。这个规定也仅适用于上市公司，其适用范围较窄。

4. 表决权代理制度。表决权代理制度，又称为股东投票权征集制度，是指公司股东将自己持有的股份的表决权以书面方式授予他人代为表决的制度。在现代公司中，所有权与管理权高度分离，股权高度分散，这为表决权代理制度的产生创造了条件。股东表决权代理的行使有两种情形：

（1）股东主动委托。即股东主动将自己持有的股份的表决权书面委托代理人行使。这在我国台湾地区被称为“非属征求代理”。

（2）股东表决权的征集。即代理人劝诱持有公司股票的股东将其表决权授予给自己代为行使。韩国和日本称之为“表决权代理行使的劝诱”。在公司实务中股东表决权的征集运用更为普遍。

我国《公司法》第106条[1]初步确立了股东表决权代理的行使，但并未确立完整的表决权代理征集制度。但对于上市公司，我国通过《股票发行与交易管理暂行条例》《上市公司章程指引》《上市公司治理准则》和《上市公司股东大会规则》等行政规章，建立了上市公司表决权代理征集制度。

5. 累积投票制度。累积投票制度是指股东大会选举公司董事、监事时，每一股份拥有与应选董事或监事人数相同的表决权，股东拥有的表决权既可以分散使用，也可集中使用。根据累积投票制度，股东所持有的每一股份拥有与当选董事或监事总人数相等的投票权，股东既可以把投票权分散选举数人，也可以把投票权集中选举一人。如某公司要选举5名董事，公司股份共1000股，股东共10人，其中一名大股东持有510股，占公司51%的股份，属于大股东。其他9名股东共计持有490股，占公司49%的股份。若实行直接投票制度，每一股拥有一个表决权，则控股股东能够使自己推选的5名董事全部当选，其他股东没有任何话语权。但如果实行累积投票制度，表决权的总数为1000×5=5000票，控股股东拥有的总票数为510×5=2550票，其他9名股东总共拥有490×5=2450票。根据累积投票制度，股东可以集中投票给一个或几个董事候选人，并按所得同意票数的多少排名确定当选董事。这样从理论上讲，控股股东最多只能选上3名自己推选的董事，而其他股东也可以至少使自己的2名董事当选，从而有了一定的董事会发言权。

累积投票制度起源于英国，形成于19世纪的美国，20世纪后逐渐为世界各国公司法所采用。我国的累积投票制度仅适用于股份有限公司，特别是上市公司。我国《公司法》第105条规定了累积投票制，但并不属于强制性规范。[2]2018年中国证监会发布的《上市公司治理准则》第17条规定，董事、监事的选举，应当充分反映中小股东意见。股东大会在董事、监事选举中应当积极推行累积投票制。单一股东及其一致行动人拥有权益的股份比例在30%及以上的上市公司，应当采用累积投票制。采用累积投票制的上市公司应当在公司章程中规定实施细则。这表明我国立法对上市公司以普通投票制

---

[1] 该条规定，股东可以委托代理人出席股东大会，代理人应当向公司提交股东授权委托书，并在授权范围内行使表决权。

[2] 该条规定，股东大会选举董事、监事，可以依照公司章程的规定或者股东大会的决议，实行累积投票制。本法所称累积投票制，是指股东大会选举董事或者监事时，每一股份拥有与应选董事或者监事人数相同的表决权，股东拥有的表决权可以集中使用。

为原则，而以累积投票制为例外。

（五）商事外观主义原则

商事外观主义原则是指名义权利人行为所表现出来的或者有关权利公示所表现出来的法律关系外观，使第三人对这种法律关系产生合理信赖并基于该信赖而为法律行为时，即使有关法律关系真实状况与第三人主观信赖状态不符，只要该第三人主观信赖合理，第三人所实施法律行为效力即受到法律保护。商事外观主义原则为德国私法学者在20世纪初创立。它贯穿于从公司设立到终止的全过程，对合理分配交易风险、维护交易安全和促进社会经济发展具有重要作用。

商事外观事实是指商事交易时行为人在交易中表现出来的重要事项。它包括法定外观事实和自然外观事实两种。商事登记、股东名册记载、记名股票等均是法定外观事实。而自然外观事实则要根据一般交易观念，结合交易发生的场合、交易习惯、相对人的身份和能力以及事实状态的存续期间来综合判断。

我国法律初步确定了商事外观主义的基本原则。我国《民法典》第65条〔1〕和《公司法》第32条第2、3款〔2〕就体现了商事外观主义原则。此外《最高人民法院关于适用〈中华人民共和国公司法〉若干问题的规定（三）》［以下简称《公司法司法解释（三）》］第26条第1款〔3〕和第28条〔4〕的规定也体现了商事外观主义原则。

商事外观主义仅适用于交易情形，在以下情形并无商事外观主义适用的余地：

（1）内部法律关系。如果在公司内部仅仅是实际权利人与名义权利人发生纠纷，由于并无外部第三人利益的冲突，不适用商事外观主义。所以我国

〔1〕《民法典》第65条规定，法人的实际情况与登记的事项不一致的，不得对抗善意相对人。

〔2〕《公司法》第32条第2、3款规定，记载于股东名册的股东，可以依股东名册主张行使股东权利。公司应当将股东的姓名或者名称向公司登记机关登记；登记事项发生变更的，应当办理变更登记。未经登记或者变更登记的，不得对抗第三人。

〔3〕该司法解释第26条第1款规定，公司债权人以登记于公司登记机关的股东未履行出资义务为由，请求其对公司债务不能清偿的部分在未出资本息范围内承担补充赔偿责任，股东以其仅为名义股东而非实际出资人为由进行抗辩的，人民法院不予支持。

〔4〕该司法解释第28条规定，冒用他人名义出资并将该他人作为股东在公司登记机关登记的，冒名登记行为人应当承担相应责任；公司、其他股东或者公司债权人以未履行出资义务为由，请求被冒名登记为股东的承担补足出资责任或者对公司债务不能清偿部分的赔偿责任的，人民法院不予支持。

《公司法司法解释（三）》第25条第2款规定：名义股东处分股权造成实际出资人损失，实际出资人请求名义股东承担赔偿责任的，人民法院应予支持。

（2）非交易的外部关系。虽然是外部关系，但如果不存在交易关系，则也不能适用商事外观主义。

（3）被冒名的名义权利人。在名义股东被冒名的情形下，权利外观的形成并非名义股东与实际出资人之间合意形成的，而是实际出资人实施侵权行为的结果。记载于股东名册的名义股东是侵权行为的受害人，对于权利外观的形成既无过错，也无原因力，从而被冒名的名义权利人不能适用商事外观主义。

四、公司法与其他部门法的关系

（一）公司法与民法的关系

公司法，属于商法，是商法的特别法，商法与民法都属于私法。德国学者卡尔·拉伦茨认为："私法是整个法律制度的一个组成部分，它以个人与个人之间的平等和自决（意思自治）为基础，规定个人与个人之间的关系。"[1]但在起源上，民法来源于地主资产阶级，而公司法来源于商业资产阶级和某新兴工业资产阶级。在适用上，公司法是特别法，而民法是一般法，特别法优先于一般法。

（二）公司法与经济法的关系

一般认为，经济法是调整发生在政府、政府经济管理机关和经济组织、公民个人之间的以社会公共性为根本特征的经济管理关系的法律规范的总和。首先，公司法和经济法都是规范有关企业经济活动的法律，企业经济活动既需要接受公司法的规范，也需要接受经济法的规范。公司法和经济法虽然在适用对象上有交叉的地方，但是在调整对象上还是有清晰的界限的。公司法调整的是商事活动，而经济法调整的是经济生活；商事活动着眼于商事主体的个人，而经济生活着眼于社会的共同体。

第三节　公司法的渊源

公司法的渊源即公司法的表现形式或来源。公司法的渊源众多，层次各

[1]［德］卡尔·拉伦茨：《德国民法通论》，王晓晔等译，法律出版社2003年版，第3页。

不相同。

一、公司法

此处的公司法是指狭义形式上的《公司法》。我国现行的《公司法》是1993年12月29日经第八届全国人大常委会第五次会议审议通过，于1994年7月1日起施行的《公司法》。该法经过了1999年、2004年、2005年、2013年和2018年五次修改。现行的2018年《公司法》分13章，218条。

二、民法典

公司法为商法的组成部分，而商法为民法的特别法。对于公司的诸多法律问题，应当根据特别法优于一般法的原则解决。对于公司法本身则应按照新法优于旧法的原则处理问题。如果对某些问题，公司法未作出规定，则应适用民法的基本原则和基本制度。2020年5月28日，第十三届全国人大第三次会议通过了《民法典》，该法于2021年1月1日正式施行。《民法典》共7编、1260条，各编依次为总则、物权、合同、人格权、婚姻家庭、继承、侵权责任，以及附则。

三、公司法的特别法

公司法的特别法包括但不限于《中华人民共和国全民所有制工业企业法》、《中华人民共和国证券法》（以下简称《证券法》）、《中华人民共和国保险法》、《中华人民共和国证券投资基金法》、《中华人民共和国商业银行法》、《中华人民共和国外商投资法》。《公司法》与这些特别法就同一事项有不同规定时，优先适用特别法；《公司法》就某一事项无规定，特别法有规定时，优先适用特别法；《公司法》就某一事项有规定，特别法无规定时，应补充适用《公司法》。《公司法》与特别法就某一事项均无规定时，应适用公司法的基本原则。

四、相邻法

公司法存在与其相邻的诸多法律，如会计法、破产法、信托法、反不正当竞争法、劳动法、环境保护法等。在处理公司法律问题时，也可能涉及这些与之有牵连关系的相邻法。当然，关于公司问题的处理可能还涉及刑法和行政法等部门法和部门规章。

五、司法解释

截止到2020年，最高人民法院就公司法的适用问题，分别于2006年3月27日、2008年5月5日、2010年12月6日、2016年12月5日、2019年4月22日分别通过了《最高人民法院关于适用〈中华人民共和国公司法〉若干问题的规定（一）、（二）、（三）、（四）、（五）》等5个司法解释。

六、商事习惯

所谓商事习惯是在商事实践中被广大商人普遍确认、反复遵循和不断实践的商业做法。商事习惯是商人自发制定的内生法律规则，具有旺盛的生命力。法官在处理商事纠纷过程中对于法律没有明文规定而商人一直沿用的商事习惯可以作为裁判的依据。不过商事习惯要作为裁判依据必须满足三个条件：①习惯内容明确具体；②普遍确信和反复遵循；③不违反法律规定，不违反诚实信用和公序良俗原则。

七、国际条约和国际惯例

我国缔结或参加的国际条约同我国民事法律有不同规定的，适用国际条约的规定，但我国声明保留的条款除外。我国法律和我国缔结或者参加的国际条约均无规定，可参照适用国际惯例。

案例2：公司侵犯他人合法债权应依法承担赔偿责任[1]

案情：2009年1月15日，吉林市国资委经吉林市人民政府批准将华A公司持有的华B公司的2000万股权无偿划转给市中小企业担保公司。华A公司因资不抵债于2011年4月申请破产。破产人无财产可供分配，华A公司破产清算程序于2011年8月24日被法院裁定终结。长×资产公司因对华A公司享

〔1〕参见最高人民法院（2017）最高法民终181号民事判决书，载《最高人民法院公报》2019年第3期（总第269期）。

有担保债权，但因不可归责于自身的原因未列入破产债权。长×资产公司的担保债权被人民法院确认时，因破产程序已终结超过 2 年，长×资产公司无法请求追加分配财产，华 A 公司破产管理人亦认可破产申请时因长×资产公司对华 A 公司的担保债权未经生效判决确认而列入破产债权。长×资产公司向法院起诉要求中小企业担保公司在接受股权价值的范围内偿还债权。

最高人民法院于 2013 年 8 月 5 日作出的（2012）民二终字第 58 号民事裁定认定，案涉划转行为虽经吉林市人民政府及相关部门批准，但就其实质来讲，仍然是吉林市国资委作为出资人处分华 A 公司财产的民事行为，由此引发纠纷应作为民事案件受理。中小企业担保公司系无偿受让案涉国有股权，《企业国有产权无偿划转管理暂行办法》规定，划转方无偿划转应当通知债权人，划出方应当依规定制定债务处置、划转方案，接收方应当研究审议并形成书面决议。无意思联络的侵权行为与共同侵权行为均以存在过错为主观要件。原判决在长×资产公司未提交充分证据证明华 A 公司与中小企业担保公司属于共同侵权的情形下，认定中小企业担保公司和华 A 公司不具有共同侵权的意思联络，并未否认中小企业担保公司具有过错。

对于中小企业担保公司提出的侵权行为包括侵犯债权的意见，法院认为原《中华人民共和国侵权责任法》（以下简称《侵权责任法》）第 2 条列举的民事权益中虽未列有债权，但是也未将债权排除在保护范围之外。原判决在中小企业担保公司存在主观过错，无偿划转案涉股权的行为直接损害了华 A 公司债权人权益，长×资产公司向中小企业担保公司主张权利也不违反债权公平受偿原则的情形下，认定中小企业担保公司侵权，适用法律并无不当。

《中华人民共和国企业破产法》（以下简称《企业破产法》）第 123 条规定，自破产程序依照本法第 43 条第 4 款或者第 120 条的规定终结之日起 2 年内，有下列情形之一的，债权人可以请求人民法院按照破产财产分配方案进行追加分配：①发现有依照本法第 31 条、第 32 条、第 33 条、第 36 条规定应当追回的财产的；②发现破产人有应当供分配的其他财产的。

本案中，案涉国有股权无偿划转事宜的过户登记手续于 2009 年 1 月 15 日办理完毕，华 A 公司破产管理人于 2011 年 4 月 15 日申请破产时，已经超过管理人行使撤销权的 1 年期间。2011 年 8 月 24 日华 A 公司破产清算程序终结。破产程序终结时，案涉的 2000 万股国有股权也已经超过了 2 年追回期，也无法列入破产债权，故案涉的国有股权不属于破产财产范围，长×资产公司在普通程序中单独受偿，并不侵害其他破产债权人的债权。

审查期间，再审申请人吉林市政府提交了《吉林市工业和信息化局关于支付吉林华B电子股份有限公司职工安置费的情况说明》《吉林市财政局关于拨付吉林华A电子集团有限公司财政补贴、国债转贷、职工安置等相关费用的证明》及相关凭证的复印件和相关凭证取证过程的公证书，拟证明2005年以来吉林市政府向代为托管华A公司职工的吉林华B电子股份有限公司支付职工安置费等各项费用共计11 175.75万元，案涉2000万股国有权股权并非无偿划拨。法院经审查认为，该笔费用是吉林市政府为解决破产企业职工的安置问题支出的政府垫款，中小企业担保公司未提交证据证明其是有偿受让案涉2000万国有股权，故吉林市政府提交的证据不能推翻原判决关于中小企业担保公司无偿接收案涉股权的认定。驳回吉林市中小企业信用担保集团有限公司、吉林市人民政府和吉林华A电子集团公司破产管理人的再审申请。

点评：《侵权责任法》保护民事主体合法的人身权益和财产权益。依法成立并生效的债权属于债权人合法的财产权益，受法律保护，任何人不得随意侵犯。债权发生在特定的当事人之间，缺乏公示性。一般情况下，债权人应通过合同救济主张权利。认定合同当事人以外的第三人承担侵权赔偿责任的情况，应从严把握。当债权人权利救济途径已经穷尽，债权债务关系之外的第三人，若知道或者应当知道债权债务关系存在，且违反以保护该债权为目的的法律、法规及其他规范性法律文件或违背公序良俗，造成债权人合法权益受到损害，行为人应承担连带补充赔偿责任。不过本案中长×资产公司在破产债权申报中是否存在过错法院没有予以说明。

第二章

Chapter 2

公司设立制度

第一节　公司设立概述

一、公司设立的概念和特征

公司设立是指按照公司法规定的条件和程序，公司发起人为组建公司并取得法人资格而完成的一系列法律行为的总称。公司设立具有如下特征：

1. 公司设立由公司成立以前的一系列筹建工作组成。设立公司的行为包括了诸多法律行为，主要包括确定发起人、制定公司章程、筹集公司资本、确定公司的种类、经营范围、资本总额、出资方式、选举公司机构成员、办理公司注册登记等。

2. 公司设立是一种创设公司人格的行为。发起人设立行为的目的是取得公司法人资格。公司只有取得法律上的人格地位，才具有权利能力和行为能力，才能以自己独立的意志和名义实施法律行为，享有民事权利和承担民事义务。

3. 公司设立是发起人以组建公司为目的的法律行为。发起人可能是一人，也可能是数人。因此，公司设立行为可能是共同法律行为，也可能是单独法律行为。

案例3：设立公司的协议发起人一方违约，合同目的无法实现，另一方有权解除合同[1]

案由：发起人责任纠纷

〔1〕 参见四川省高级人民法院（2015）川民终字第140号民事判决书。

案情：康××公司系木××公司的股东之一，且持有后者35%的股权。中×置业出资600万元，成为康××公司的股东，占比30%。2012年12月26日，赵某与中×置业签订《项目投资合作协议》一份，约定双方合作投资木××公司，即由赵某与中×置业分别出资350万元、650万元注册成立×恒水电；且由中×置业将其持有的康××公司30%的股权转让给×恒水电，使×恒水电获得参与木××水电项目的开发建设权，通过木××公司向×恒水电分红的方式实现赵某与中×置业的投资收益。赵某除缴纳×恒水电的注册资本金350万元之外，尚应向中×置业支付350万元作为前期运作本项目支出的费用。合作协议还对公司借款等事项进行了约定，但未载明中×置业将其所持有的康××公司30%的股权转让给×恒水电时是否应由×恒水电支付对价以及对价的金额。合作协议签订后的2013年1月14日，×恒水电经工商登记管理机关登记成立，股东为赵某与中×置业，双方实缴出资分别为350万元、650万元。赵某也于合作协议签订的当日通过工商银行向中×置业支付了约定的前期运作费350万元，于2013年1月11日通过农业银行缴纳了×恒水电的注册资本金350万元。

×恒水电成立后，中×置业并未将其持有的康××公司的股权转让×恒水电，反而于2013年2月5日将该股权质押给案外人国×信托公司，为×仁大酒店在国×信托的贷款提供担保，担保债权数额3亿元。2014年4月8日，中×置业的股权质押注销。在此前的2014年4月2日，中×置业分别与案外人永×实业、佳×投资签订《股权转让协议书》，将其持有的康××公司30%的股权分别以24 752 453元、20 252 007元转让给后者，且于2014年4月11日变更了工商登记。此后，赵某与中×置业多次协商无果，遂于2017年3月7日向中×置业邮寄函件，要求解除双方所签订的合作协议，并在此后向法院提起诉讼。

二审四川省高级人民法院认为，按照《项目投资合作协议》约定，双方合作的目的是由双方共同出资成立×恒水电，中×置业将其拥有的康××公司30%股权转让给×恒水电，从而使×恒水电获得参与木××公司水电项目的开发建设权，通过木××公司向×恒水电分配股东收益的形式，实现双方预期的投资收益。由此可见，成立×恒水电开发公司工商登记范围内的工作并非双方唯一的合同目的，通过中×置业转让康××公司股权从而使得×恒水电获得木××公司项目开发建设权才是双方合作投资的目标，两者不能完全割裂开来。本案中，×恒水电成立后，中×置业未按照协议约定将持有的康××公司股权转让给×恒水电，反而将该股权进行质押，在质押注销后，又将股权转让给案外人，致使双方合作的基础和必要条件丧失。法院判决赵某与中×置业解除《项目投资合作协议》。

点评：根据《中华人民共和国合同法》（以下简称《合同法》）第94条，“有下列情形之一的，当事人可以解除合同：……（四）当事人一方延迟履行债务或有其他违约行为致使不能实现合同目的；……”中×置业没有按照约定将其持有的康××公司的股权转让给×恒水电，致使赵某投资的目的无法实现。中×置业行为已构成根本违约，赵某有权依据《合同法》（现为《民法典》）的规定解除《项目投资合作协议》。但赵某已经成为×恒水电的股东，其退出公司会否构成抽逃出资值得研究。

二、公司设立的原则

从世界各国公司立法的历史来看，公司设立的原则经历了从自由主义到特许主义、核准主义和准则主义的发展进程。

1. 自由主义。它又称为放任主义，指政府对公司的设立不作任何限制，法律不加任何干涉。它产生于欧洲中世纪的自由贸易时代，现在已经被普遍废弃。

2. 特许主义。指依照国家元首的命令或国家特别法律的规定而设立的公司，如1600年英国的东印度公司。现在各国仅对特殊的极少数公司采用特许主义。

3. 核准主义。指公司的设立除符合公司法规定之外，还必须经国家授权的行政机关审查批准。现代各国已逐渐用准则主义取代核准主义。

4. 准则主义。指法律预先确立公司设立的条件和程序，公司的设立只要符合这些条件和程序就可取得法人资格。这是现代各国普遍采用的规则。

根据我国《公司法》第6条的规定，我国公司的设立原则上采取准则主义，例外采取核准主义。如证券公司设立应经中国证监会批准；保险公司和商业银行设立应经中国银行保险监督管理委员会批准；公共航空运输公司应经国务院民用航空主管部门批准等。

案例4：设立外商投资企业没有经过批准不能成立〔1〕

案由：公司设立纠纷

徐某某与富×公司签订的《设立有限责任公司出资协议书》约定了由徐某某办理公司设立的工商登记，但未约定何方提交办理公司设立合同的审批手续。按照法律规定，外商投资企业设立的合同应当经外商投资企业审批机关的批准后生效，故本案系争协议未发生效力。富×公司在一审审理中明确表示不愿再与徐某某合作设立公司，而徐某某在一、二审中均辩称富×公司同意将投资款转用于与其合作经营卡×公司，对此，徐某某未提交证据证明双方就系争52万元出资款转为卡×公司投资款达成合意。故一、二审法院对徐某某的抗辩理由未予采信，本院予以确认。鉴于富×公司与卡×公司本无关系，但因徐某某及其担任法定代表人的卡×公司均已收到富×公司2万元和50万元，故卡×公司取得50万元无法律依据，应予返还。徐某某基于《设立有限责任公司出资协议书》而取得的2万元钱款应予返还。

点评：本案系争出资协议虽成立，但外商投资企业的成立应经过政府审批机关批准，因而该协议并未生效，并不是无效。徐某某收到富×公司投资款项没有法律依据，应予返还。

三、公司设立协议

（一）公司设立协议的概念

公司设立协议，又称为公司发起人协议，指公司发起人在公司设立前对公司设立事项及设立人权利义务的协议。公司设立协议由公司全体发起人共同订立，确定公司的主要内容和发起人的权利和义务。我国公司法对公司设立协议没有强制性规定，在实务中，既可采取口头形式，也可采取书面形式，只要发起人意思表示一致，公司设立协议即成立。但我国《公司法》第79条规定股份有限公司发起人应当签订发起人协议。

〔1〕参见上海市高级人民法院（2017）沪民申210号民事裁定书。

（二）公司设立协议的效力

公司设立协议的效力主要表现为公司成立后对发起人是否具有约束力以及协议与公司章程的关系。应该说，公司设立协议客观真实地反映了发起人对公司设立的一致意思表示，而公司章程是为公司设立以后的经营而由发起人共同制定的法定文件。公司设立目的是设立公司，而公司章程的目的是公司经营。如果公司章程与公司设立协议规定不一致，应以公司章程为准。因为公司章程的制定在公司设立协议签署之后，且是公司登记的法定文件，具有对外公示的效力。有人认为在对内，即属于协议各方之间的争议时，应以协议为准，[1]这种观点是值得商榷的。当然那种认为设立协议的效力期限至公司设立过程终止的观点也是站不住脚的，它的效力可以延伸到公司成立之后，只要它不与法律、行政法规和公司章程相冲突。当然，如果公司章程的制定和修改违反法律规定的条件和程序，其在法律上可能无效或可撤销。

第二节　公司的设立

一、公司设立的方式

公司设立的方式，可分为发起设立和募集设立。发起设立是有限责任公司和股份有限公司共同的设立方式，而募集设立是股份有限公司特有的设立方式。

（一）发起设立

发起设立，也称为共同设立，是指由公司发起人认购公司发行的全部股份的设立方式。以发起设立方式设立的股份有限公司，可以采用原企业改制设立、新建设立或者有限责任公司依法变更组织形式的方式。

1. 股份认购。以发起设立方式设立公司，应由发起人认购公司发行的全部股份。由于我国公司法采用折中的授权资本制，发起人只需要对公司出资作出承诺即可，股份认购合同生效即对发起人产生法律约束力。

2. 缴付认购款项。发起人作出认购股款的承诺后，即应按照认购股份数额在认购协议所约定或公司章程规定的期限内足额缴纳认购股份的款项。我国现行公司法废除了资本最低限额，但仍有注册资本的要求，对注册资本实

---

〔1〕 虞政平：《公司法案例教学》（第2版），人民法院出版社2018年版，第6页。

行分期缴付制，发起人应按照公司章程的规定按期缴付所认购股份的款项。

（二）募集设立

募集设立，又称为渐次设立，是指由发起人认购公司应发行股份的一部分，其余部分向社会公开募集或者向特定对象募集设立公司的方式。它是股份有限公司特有的设立方式。我国《公司法》第84条规定，发起人认购的股份不得少于公司股份总数的35%，但法律、行政法规另有规定的除外。

1. 募集设立的种类。根据是否面向特定的投资人募集股份，募集设立分为定向募集设立和社会募集设立两种。

（1）定向募集。定向募集指公司发行的股份除由发起人认购一部分外，其他部分向其他特定法人或本公司职工认购。

（2）社会募集。社会募集是指公司发行的股份除由发起人认购法定最低限额外，其余股份向社会公众公开发行。在我国，向社会公众募集股份的发行或上市应经国务院证券管理部门批准，其设立成本较高，风险较大。

2. 募集设立的程序。募集设立方式成立股份有限公司一般要经过发起人签订发起协议、制定公司章程、认购公司股份、发行审核委员会审核、股份的公开募集与认购及创立大会的召开与登记注册等程序。

二、公司设立的条件和程序

（一）公司设立的条件

公司设立的条件，通常由三个要素组成，即人的要素、物的要素和行为要素。人的要素指发起人的资格和人数；物的要素是指公司资本；行为要素指签订发起人协议、制定公司章程及建立组织机构等。根据我国《公司法》第23条和第76条的规定，设立公司应当具备如下条件：

1. 股东或发起人符合法定人数。对于有限责任公司，由于我国公司法承认一人有限责任公司的存在，对于有限责任公司没有最低人数的限制。但由于有限责任公司具有人合性和封闭性，我国《公司法》第24条规定，有限责任公司股东最高人数为50人。

而股份有限公司因可能向公众发行股份，所以对其股东人数没有最高要求，但我国《公司法》第78条规定，设立股份有限公司，应当有2人以上200人以下为发起人，且须有半数以上的发起人在中国境内有住所。

2. 发起人应认缴出资。我国公司法虽然废除了注册资本最低限额的要求，但仍要求有注册资本，只是法律不再作为强制性规定。法律规定仍然实行最低注册资本制的公司有商业银行、外资银行、金融资产管理公司、信托公司、财务公司等 27 类企业。〔1〕

3. 依法制定公司章程。公司章程是记载公司组织和行为规范的基本法律文件，是公司最为重要的自治规则，应当由公司全体股东共同制定，以体现股东全体意志。而股份有限公司如果以募集设立方式设立，其公司章程由发起人制定，并由经出席创立大会认股人所持表决权过半数通过。

4. 有公司名称，建立符合公司要求的组织机构。公司名称是公司在其营业活动中所使用的名称，它是公司在从事法律行为时用以表彰自己营业的名称，是区别其他商事主体的标志。公司名称应当具有独特性，不得与已经使用或已经注册的名称相同或欺骗性相似，同时公司名称不得含有公司不得从事的非法业务的内容。

任何公司都必须建立自己的组织机构。根据我国公司法规定，有限责任公司和股份有限公司应当设立股东会、董事会和监事会。但同时法律也规定，如公司规模较小、股东人数较少的情况下，也可以不设立董事会或监事会，而只设立一名执行董事或一至两名监事。一人有限公司和国有独资公司不设股东会。

5. 有公司住所。现行 2018 年《公司法》仅要求公司有住所，从而废除了 2004 年《公司法》规定的“有固定的生产经营场所和必要的生产经营条件”要求。

（二）公司设立的程序

1. 订立发起人协议。发起人协议是发起人之间订立的确定各发起人之间有关权利和义务的书面协议。在有限责任公司中，由将来的股东直接担任发起人订立协议；在股份有限公司中，则由发起人订立协议，其他公众认股人无法参加发起人协议的订立。

2. 签署公司章程。公司章程的制定应严格按照法律规定的条件和程序制定。其中有限责任公司章程由全体股东共同制定，包括一人公司的章程由该唯一股东制定，国有独资公司章程由国有资产监督管理机构制定或者由董事

〔1〕 参见 2014 年国务院发布的《注册资本登记制度改革方案》（国发〔2014〕7 号）。

会制定报国有资产监督管理机构批准。股份有限公司章程由发起人制定，以募集方式设立的股份有限公司章程应经创立大会通过。

3. 认缴资本。在有限责任公司中，股东应当按期足额缴纳公司章程中规定的各自认缴的出资额。股东以货币出资的，应当将货币出资足额存入有限责任公司在银行开设的账户；以非货币财产出资的，应当依法办理其财产权的转移手续。

为确保发起人出资的真实性、充分性与合法性，夯实公司资本基础，维护交易安全，股东可以基于自愿原则，在其实际缴纳出资后，委托依法设立的验资机构验资并出具验资证明。

案例5：其他股东、董事、高管等协助股东抽逃出资应承担连带责任[1]

案由：股东出资纠纷

光×××公司、宝×××向甘肃高院一审诉讼请求：①判令龙××公司向光×××公司返还抽逃的出资 20 549 424.23 元及利息；②袁某某对龙××公司抽逃注册资金的行为承担连带责任。

一审法院审理查明：2007 年 9 月 20 日，龙××公司和宝×××签订公司章程，龙××公司以货币出资 2719.2 万元，占注册资本的 51.5%；宝×××以货币出资 2560.8 万元，占注册资本的 48.5%，成立光×××公司，袁某某为该公司董事长兼总经理。同年 9 月 28 日，宝×××对光×××公司的出资到位。翌日，由宝×××作为协调人并担保，龙××公司向瑞××公司借款 1439 万元，专用于龙××公司作为股东的光×××公司所需注册资金。同日，龙××公司向光×××公司出资亦全部到位。袁某某既是光×××公司的法定代表人，也是其股东龙××公司的法定代表人，同时还是龙××公司下属子公司某疏浚公司的法定代表人。2007 年 12 月 4 日，光×××公司以支付工程款名义向某疏浚公司汇款 1439 万元。第二日，某疏浚公司将该笔款又以工程款名义转付给瑞××公司。同年 12 月 7 日，袁某某在光×××公司该笔用途为工程款的资金使用申请单上签字。某疏浚公司与光×××公司没有事实上的工程合同关系或委托关系；光×××公司支付给某疏浚公司的 1439 万元未用于工程建设，而是由某疏浚公司支付给瑞××

[1] 参见最高人民法院（2014）民二终字第 00092 号民事判决书。

公司偿付了借款。龙××公司持有某疏浚公司80%的股份，是某疏浚公司的控股股东，某疏浚公司的法定代表人是袁某某，而袁某某是龙××公司持有50%股份的股东，可见两公司具有关联性；光×××公司注册成立后，其法定代表人系袁某某，光×××公司与龙××公司及某疏浚公司是关联公司。

原审法院认为，该案属于股东出资纠纷。袁某某将龙××公司投到光×××公司1439万元的注册资金，以虚构的工程款名义转到了关联公司某疏浚公司，再由某疏浚公司支付给瑞××公司，最终偿还了龙××公司向瑞××公司的1439万元借款。由此可见，该行为已构成抽逃出资。根据《公司法司法解释（三）》第12条第2项、第14条第1款规定，龙××公司应当承担返还抽逃出资并赔偿利息损失的法律责任。被告龙××公司虚构债权债务关系抽逃1439万元出资偿还其借款时，袁某某既是龙××公司的法定代表人，也是光×××公司的法定代表人。没有袁某某的协助，龙××公司是不可能实现抽逃其出资的。根据《公司法司法解释（三）》第14条第1款规定，袁某某应当对龙××公司返还抽逃出资的本息承担连带责任。

袁某某不服原审判决，向最高人民法院上诉。最高人民法院认为，根据《公司法司法解释（三）》第14条第1款规定，公司的其他股东、董事、高管人员等，只要实施了协助股东抽逃出资的行为，即应承担连带责任，而与协助行为对抽逃出资所起作用的大小、是否为抽逃出资的必要条件等无关。故原审法院认定袁某某实施了协助抽逃出资的行为，应当承担连带责任并无不妥。二审法院驳回上诉，维持原判。

点评：我国《公司法》虽然没有强制要求公司成立时其注册资金必须实缴到位，但股东一旦将出资缴付，则非经法定程序不能抽回，公司的其他股东、董事和高管人员实施了协助行为的，也应承担连带责任。

问题：股东资格的确认标准是什么？

关于股东资格的确认，对于公司与股东之间发生的股权纠纷，一般应以股东名册作为认定股东资格的依据；对于当事人均为股东的，则主要考察出资的事实；对于第三人与公司股东的认定，则应重点审查工商登记情况。

4. 确立公司组织机构。有限责任公司和以发起方式设立的股份有限公司的组织机构由股东和发起人确立。以募集方式设立的股份有限公司的组织机构则通过公司创立大会确立。在有限责任公司中，公司设股东会的，董事由股东会选举产生；公司不设股东会的，董事由股东委任。在股份有限公司中，由公司的创立大会选举公司的董事组成董事会，并由董事会选举董事长。公司章程应对公司的股东会、董事会和监事会作出规定，并且把董事会成员作为申请登记的内容。

5. 公司设立登记。股东认足公司章程规定的出资后，由全体股东指定的代表或共同委托的代理人向公司登记机关报送公司登记申请书、公司章程等文件，申请设立登记。申请设立国有独资公司应由国务院或地方人民政府授权的国有资产监管机构作为申请人，申请设立登记。

依法设立的公司，由公司登记机关发放营业执照。公司营业执照签发日期为公司的成立日期。未经公司登记机关登记的行为人不得以公司名义从事经营活动。

三、公司设立的效力

（一）公司登记的效力

1. 创设效力。即公司的法律人格的取得要经过注册登记。注册登记的法律事实，是认定公司是否具有独立法律人格的依据；不经过注册登记，公司不能取得法律人格。

2. 公信效力。公信效力指公司登记及公告仅根据登记及公告的内容赋予法律上的公信力，即使登记及公告的内容有瑕疵，法律对信赖登记及公告内容的第三人也加以保护。公司登记公信效力是商法外观主义原则的具体表现。

（二）公司设立不能

1. 公司设立不能的原因。设立不能即设立失败，是指未能完成公司设立的情形。公司设立不能的原因有两种：一是未获准登记注册；二是设立停止。

未获准登记注册是指没有满足公司法律的要求，包括没有满足法定的设立条件或设立程序。设立停止是指发起人因为各种原因自动停止设立公司的行为。如我国《公司法》第 90 条第 2 款第 7 项规定，发生不可抗力或者经营条件发生重大变化直接影响公司设立的，创立大会可以作出不设立公司的决议。

2. 设立不能的后果。如果公司设立不能，对在公司设立过程中产生的债务和费用，发起人应对设立行为所产生的债务和费用负连带责任。

在采取募集方式设立股份有限公司的情形，认股人如果已经缴纳了股款，发起人应当对认股人已经缴纳的股款，负返还并加算银行同期存款利息的责任。

（三）设立瑕疵

1. 公司设立瑕疵的概念和分类。公司设立瑕疵是指经过公司登记机关登记而宣告成立的公司，在设立过程中存在不符合公司法规定的条件或程序的情形。根据瑕疵产生的原因不同，设立瑕疵可分为主观瑕疵和客观瑕疵。主观瑕疵是指设立人存在行为能力和意思表示方面缺陷的情形。客观瑕疵是指设立行为本身存在的瑕疵，主要表现为设立行为违反法律规定的条件或程序。根据瑕疵内容的不同，设立瑕疵可分为实体瑕疵和程序瑕疵。实体瑕疵是指公司设立违反了公司法所规定的实质要件。而程序瑕疵是指公司设立违反了法律的程序性规定。根据瑕疵造成的后果的不同，设立瑕疵可分为可以补救的瑕疵和无法补救的瑕疵。

2. 公司设立瑕疵的法律后果。对于公司设立瑕疵的法律后果，我国《公司法》并没有作出全面细致的规定。我国《公司法》第 198 条规定，违反本法规定，虚报注册资本、提交虚假材料或者采取其他欺诈手段隐瞒重要事实取得公司登记的，由公司登记机关责令改正，对虚报注册资本的公司，处以虚报注册资本金额 5%以上 15%以下的罚款；对提交虚假材料或者采取其他欺诈手段隐瞒重要事实的公司，处以 5 万元以上 50 元以下的罚款；情节严重的，撤销公司登记或者吊销营业执照。我国《公司法》第 198 条将撤销公司登记的行为限于虚报注册资本、提交虚假材料和采取其他欺诈手段隐瞒重要事实 3 种情形，远远不能涵盖公司设立瑕疵的各种情形。而且何谓情形严重缺乏明文标准，在执行中无法掌握，难免会造成行政权力的滥用。有学者认为，公司设立瑕疵应推定有效，但可赋予行政机关提起可撤销之诉的权力。〔1〕

---

〔1〕 参见施天涛：《公司法论》（第 4 版），法律出版社 2018 年版，第 95~103 页。

案例6：何某与内蒙古突泉县财政局公司设立纠纷[1]

案由：发起人责任纠纷

原告突泉县财政局向突泉县人民法院提出的诉讼请求：解除与何某签订的发起出资设立协议，返还占有的财产，赔偿使用费及违约金等。

法院审理查明，2010年9月3日，突泉县财政局与何某双方签订《突泉县宝××粮油贸易有限公司发起设立出资协议书》，协议中约定："……拟注册公司名称：突泉县宝××粮油贸易有限责任公司……；注册资本：人民币228万元……；出资方式：一、突泉县财政局以国有固定资产出资人民币116万元，占公司注册资本的51%。二、何某以现金出资人民币68万元，购买政府资产出资44万元，共计112万元，占公司注册资本49%。出资双方于本协议签订之日起3日内，将各自应缴纳的货币出资打入在突泉农发行新设立的账户接受验资，其余资产的转移手续办理，按本协议第5条处理。第4条出资人的权利和义务、责任：权利……四、如公司不能设立时，在承担发起人义务和责任的前提下，有权收回所认缴的出资。五、出资人有义务对不履行、不完全履行或不适当履行出资义务的出资人承担相应法律责任。出资人违反本协议，不按规定缴纳出资，应向已足额缴纳出资股东承担违约责任，违约方应按其应出资额的10%承担违约责任。出资人不按规定缴纳出资导致公司不能成立的，按其应出资额20%向其他出资人承担违约责任。第5条手续办理：经股东协商，一致同意由何某具体负责办理设立公司的有关手续，并负责公司设立过程中的其他具体事务。"同日，突泉县财政局、何某双方作为股东共同制定了《突泉县宝××粮油贸易有限责任公司章程》，该章程中第11条规定："股东在2010年7月5前应足额缴纳各自所认缴的出资，股东全部缴纳出资后，经具有资质的验资机构验资并出具证明。"

另查明，1998年5月8日突泉县宝A粮油贸易公司成立，2007年6月28日，突泉县宝A粮油贸易公司在工商行政部门进行了核准，企业类型为全民所有制企业，企业法定代表人变更为何某。2010年12月29日，突泉县工商行政管理部门以逾期未年检为由吊销了突泉县宝A粮油贸易公司的营业执照。

[1] 参见内蒙古自治区兴安盟中级人民法院（2017）内22民终718号民事判决书。

2010年7月2日，何某交付突泉县财政局44万元用于出资。在签订设立出资协议前，何某已实际占有突泉县宝A粮油贸易公司的固定资产。该协议签订后，何某未使用国有固定资产进行营利性活动。

一审法院认为，突泉县财政局作为国有资产的出资机构，用宝A粮油贸易公司的国有资产与何某签订《突泉县宝××粮油贸易有限公司发起设立出资协议书》，该协议系双方真实意思表示，符合法律、行政法规规定，对其效力应予以确认。何某至今未按该协议约定履行完全出资及办理设立公司相关手续的义务，致使合同约定成立突泉县宝××粮油贸易有限责任公司的目的难以实现，该协议应予解除。双方因该协议取得财产应相互返还。何某虽占有管理国有固定资产，但未进行生产经营也无收益，因此，突泉县财政局要求何某赔偿占有国有资产使用费及给付违约金的诉讼请求，该院不予支持。由于何某亦未以拟成立公司名义进行生产、经营，也无债务。拟设立的公司因故未能成立，何某以拟设立公司股东的名义取得各项补偿款没有法律依据，属不当得利。突泉县财政局要求何某返还补偿款的诉讼请求，该院应予支持。判决：一、解除原告突泉县财政局与被告何某于2010年9月3日签订的《突泉县宝××粮油贸易有限公司发起设立出资协议》。二、被告何某依据上述协议而实际占有的原突泉县宝A粮油贸易公司的国有资产返还原告突泉县财政局。三、原告突泉县财政局返还被告何某用于出资购买国有固定资产款44万元。四、被告何某返还原告突泉县财政局因占用原突泉县宝A粮油贸易公司的土地、设施及火灾损失等补偿款1 430 038元。

何某向兴安盟中级人民法院上诉主张，其与突泉县财政局签订的发起设立出资协议，是在双方自愿、协商一致的基础上达成的，故该协议应继续履行。突泉县财政局反驳主张，双方签订发起设立出资协议后，何某未能按约定缴纳出资款，在合理期间内也未履行设立公司的义务，公司至今尚未设立，合同目的不能实现，故出资协议应予解除。

经二审法院查明后认为，双方签订出资协议后理应积极履行各自权利义务，但从双方签订协议之日起至今已达7年之久，拟设立公司并未注册成功，已经使得双方期待利益落空。现双方已丧失基本的信任关系，设立公司陷于僵局，继续合作已无可能。对于拟设立公司未注册成功的原因，从双方所提交的证据审查，既有原宝A粮库发票丢失没有销号，拟设立公司无法注册的原因，也有何某未按出资协议履行出资义务的原因。故依据《合同法》第120条规定，“当事人双方都违反合同的，应当各自承担相应的责任”。另外，何某要求继续履行协议，确切地说是要继续履行合作行为而非金钱义务，现突泉财政局已无合作之意。《合同法》第110条规定，“当事人一方不履行非金钱债务或者履行非金钱债务不符合约定的，对方可以要求履行，但有下列情形之一的除外：……（二）债务的标的不适于强制履行或者履行费用过高”。因何某上诉主张继续履行合同的请求不适用强制执行，符合上述法律规定，故本院对其主张不予支持。

点评：在本案中，突泉县财政局与何某签订的拟设立突泉县宝××粮油贸易有限公司的发起人协议虽然成立并生效，但该公司一直未设立，出现设立不能。设立不能是客观原因和双方的主观原因共同导致的结果。由于合同目的不能实现，法院判决解除了双方出资协议，返还财产并根据双方的过错程度赔偿相应的损失。

四、公司设立无效

（一）公司设立无效的概念和特征

公司设立无效是指公司经登记机关登记颁发营业执照后，由于公司在设立条件或程序上存在实质性缺陷，由法院宣告该公司的设立行为无效并进行清算的法律制度。公司设立无效的特征：

1. 公司已经取得法人资格。公司设立无效的前提是公司已经登记机关登记注册，取得营业执照，具备了法人资格。

2. 公司被法院宣告设立无效。经过有关主体如公司登记机关、债权人、发起人等向法院提起诉讼，请求确认公司设立无效，法院经过审理裁决公司设立无效。在法院裁决无效之前，公司仍然具有法人资格。在被法院宣告设立无效后，公司彻底丧失法人资格，这不同于“揭开公司面纱”情况下在个案中否定公司的法人资格。

3. 公司设立无效的原因是不符合公司设立条件或程序。公司设立无效的原因不同于设立不能。公司设立无效是设立不能的原因之一，公司设立不能可能还有其他客观原因导致发起人设立不能。

（二）公司设立无效的法律后果

世界上有许多国家或地区的法律规定了公司设立无效或可撤销制度。如韩国、日本。[1]我国《公司法》并未规定公司设立无效制度。但在公司实务中还是存在大量公司设立无效的情形。如公司发起人滥用假身份证或者借用他人身份证而设立公司；发起人设立公司的目的和主要经营活动在于实施赌博、贩毒或诈骗等犯罪活动。

关于公司设立无效的原告主体，各国法律均规定为股东、董事、监事。关于公司设立无效的被告，各国法律一般限定为公司。在诉讼管辖机构方面，各国一般限定为法院，不包括仲裁机关。

案例7：对于行政机构登记错误的公司设立属于行政诉讼的受案范围[2]

原告×亨公司一审诉请南京市中级人民法院判令××康厚公司设立无效。

一审法院经审理查明，×厦公司系我国香港与内地合资的企业，股东为×亨公司、××田园公司、××金智公司，其中××金智公司持股72.14%、××田园公司持股21.86%、×亨公司持股6%。×厦公司章程第30条规定："董事会会议应有过半数的董事出席方可举行。董事会就下述事项作出的决议，必须经全体董事的2/3以上通过方为有效：……（四）对外投资，包括但不限于……投资设立新企业……"2011年7月30日，××康厚公司在江宁工商局登记设立，×厦公司是其唯一股东。

2012年6月11日，×亨公司将江宁工商局作为被告、×厦公司和××康厚公司作为第三人，向本院提起行政诉讼，要求判令撤销××康厚公司的工商设立登记。后×亨公司申请撤诉。

庭审过程中，×亨公司与×厦公司均认可2011年6月15日×厦公司七位董事会成员中的六位即丁××、李××、王××、吴××、徐×、吴××的董事身份。但对第七位董事，×亨公司认为当时还是朱×，×厦公司认为当时已经变更为马××。

一审法院认为，×厦公司就设立××康厚公司已经形成董事会决议，公司登记机关亦有备案。×亨公司以本案民事诉讼的方式主张×厦公司对××康厚公司

---

〔1〕参见范健、王建文：《公司法》（第5版），法律出版社2018年版，第111页。

〔2〕参见江苏省高级人民法院（2015）苏商外终字第00039号民事裁定书。

的设立行为无效，没有法律依据。×亨公司要求确认××康厚公司设立无效，应通过申请公司登记机关撤销设立登记，或者通过行政诉讼要求判令公司登记机关撤销设立登记的途径寻求救济。本案并非属于人民法院受理民事诉讼的范围，驳回×亨投资有限公司的起诉。

×亨公司不服上诉至江苏省高级人民法院，二审法院认为最高人民法院《民事案件案由规定》规定的公司设立纠纷，是指公司设立过程中产生的民事纠纷，而不涉及行政纠纷。二审法院驳回上诉，维持原判。

点评：×亨公司如认为×厦公司没有依法依章召开董事会及未通过有效董事会决议即设立××康厚公司的设立行为无效，应当依法向公司登记机关请求撤销登记。如不服公司登记机关的处理决定，且符合行政诉讼起诉条件的，可以依法提起行政诉讼。故××康厚公司设立效力争议的处理不属于人民法院受理民事诉讼的范围。

第三节　公司发起人

一、公司发起人概述

（一）公司发起人的概念

我国《公司法》未对发起人作出统一的立法规定。学理认为，公司发起人是指参与公司设立和公司章程的起草与制定，认购公司股份及缴付股款，并向公司登记机关申请公司设立登记的自然人或法人。根据最高人民法院《公司法司法解释（三）》第1条的规定，为设立公司而签署公司章程、向公司认购出资或者股份并履行公司设立职责的人，应当认定为公司的发起人，包括有限责任公司设立时的股东。

在股份有限公司中，发起人与认股人不是同一个概念。认股人是应发起人邀请而认购设立中公司股份的自然人或者法人。在公司设立后，虽然发起人和认股人均取得公司股东身份，但其权利和义务不同。

（二）公司发起人的资格和人数

1. 公司发起人的资格。能够作为发起人的法律主体有：

（1）自然人。自然人作为发起人应当具有行为能力，而且具有某些特定身份的人包括公务员、法官和检察官等因不能从事商业经营活动而不能作为发起人。同时对于股份有限公司的过半数的发起人在中国境内必须有住所。

（2）法人。在我国，由于党政机关、军队等公法人禁止经商办公司从事营利性活动，因此党政机关、军队等公法人不得作为公司发起人。

2. 公司发起人的人数。我国公司法对有限责任公司的发起人人数没有作出规定，因此从理论上讲有限责任公司的发起人最高可以达到 50 人，当然最低得有一个发起人。我国《公司法》第 78 条规定，设立股份有限公司应当有 2 人以上 200 人以下为发起人，其中须有半数以上的发起人在中国境内有住所。

二、公司发起人的权利和义务

（一）发起人的权利

1. 出资方式选择权。公司发起人可以用货币出资，也可以用实物、知识产权、土地使用权等作价出资。

2. 报酬请求权。公司发起人是否具有报酬请求权取决于发起人协议的约定。如果公司设立成功，发起人在设立期间支付的必要合理的费用可以由公司补偿。

3. 公司章程制定权。制定公司章程是公司设立中的重要事项，发起人可以通过公司章程规定公司认股方式的选择权、股息红利优先分配权、新股优先认购权、剩余财产优先分配权、设立报酬请求权、设立费用受偿权以及董事和监事的推选权等。

4. 公司组织形式和设立方式选择权。公司发起人可以自主决定设立有限责任公司或股份有限公司。如果决定设立股份有限公司，发起人可以决定采用发起设立或募集设立方式。

（二）发起人的义务

1. 出资瑕疵责任。公司发起人负有及时足额出资的义务，并就其出资财产对公司负有出资财产质量瑕疵担保责任与权利瑕疵担保责任。如果发起人出资存在瑕疵的，既要对及时、足额出资的其他发起人承担违约责任，还要对公司承担资本充实责任，即补缴出资并承担相应的赔偿责任。在发起人怠于履行出资义务时，一方面，公司可以请求其他发起人承担连带责任；另一方面，公司的债权人在公司怠于履行追索义务时，可以行使代位权提起诉讼，请求发起人对公司债务承担补充清偿责任。

案例8：公司未成立，公司发起人应承担相应责任[1]

案由：发起人责任纠纷

2010年6月30日，梅某某与黄某某、王某某、田某某及第三人李某某和柳某某、朱某某等7人签订出资合同，约定由7人共同出资，建立A玲珑、B玲珑系列酒店，计划投资600万元。出资合同约定了各人在拟成立公司的职务。7人在出资合同中约定每人出资60万元，占总投资的10%，同时约定退股需经董事会同意。合同签订后，梅某某于2010年9月出资70万元。2010年10月4日，上述7人开会约定每名股东按80万元出资，定于20日前到位，上述7人均在该会议记录上签字确认。2010年11月柳某某、朱某某退出合作体。经黄某某介绍，曹某某、周某某分别出资80万元成为×龙公司股东。2010年12月12日，被告王某某、田某某与×龙厨师公司的股东韩某某、张某某、全某某达成股权转让协议，约定韩某某、张某某、全某某将其持有的×龙厨师公司60%的股权以30万元的价格转让给王某某、田某某，同日，被告黄某某与×龙厨师公司的股东陈某某达成股权转让协议，约定陈某某将其持有的×龙厨师公司40%的股权以20万元的价格转让给黄某某。股权转让协议签订后，被告王某某、田某某和黄某某于当天召开股东会，决定三人分别出资15万元、15万元和20万元，各占公司30%、30%和40%的股权。

2010年12月15日，被告黄某某向信阳市工商行政管理局提交有限公司变更登记申请书，申请将×龙厨师公司变更为×龙餐饮公司，股东也由韩某某、陈某某、张某某、全某某变更为王某某、田某某和黄某某三人。2010年12月20日，信阳市工商行政管理局为×龙餐饮公司颁发企业法人营业执照，该营业执照显示：法定代表人姓名为黄某某，职务，董事长；注册资本为50万元；实收资本为50万元。

梅某某在签订出资协议后，参与了×龙餐饮公司成立之前的筹备工作，并在相关单据的经手人及会议记录上签字。×龙餐饮公司成立后，2011年1月31日，该公司给梅某某出具一张收据，注明收到梅某某投资款现金70万元，

[1] 参见河南省信阳市中级人民法院（2015）信中法民终字第2027号民事判决书。

并加盖公司的财务专用章。梅某某也曾直接参与该公司成立之后的经营和管理。2011 年 5 月 1 日，该公司制定×龙酒店目标管理责任合同，约定由目标责任人王某某负责酒店的独立经营和管理，并对其他事项作出详细的约定。对该目标管理责任合同，梅某某没有签字。2012 年 8 月 7 日，梅某某给该公司出具一张收条，注明：今收到×龙大酒店梅某某股金款 500 元。

2010 年 6 月 30 日梅某某等 7 人签订的出资合同，约定成立信阳 A 玲珑、B 玲珑系列酒店并未注册成立。×龙厨师公司股权转让给王某某、黄某某、田某某后，成立的×龙餐饮公司没有重新订立公司章程。×龙餐饮公司 2011 年 1 月 31 日收到梅某某 70 万元，于诉讼中即 2014 年 5 月 27 日，提交了《股东出资证明书》。

2011 年 5 月 1 日，王某某负责酒店的独立经营和管理，承包期至 2016 年 12 月，目标管理责任合同约定，王某某的承包费首先用于偿还公司债务，每月上交公司 8 万元。

法院认为，梅某某与黄某某等 7 人签订了“出资合同”，约定共同出资建立信阳 A 玲珑、B 玲珑酒店。发起人是黄某某，梅某某投入资金 70 万元，出资合同约定成立的系列酒店并未注册成立。×龙公司系黄某某、王某某、田某某以股权转让形式变更为现在的公司。工商注册登记的股东为黄某某、王某某、田某某，梅某某未被登记为×龙公司股东。虽然梅某某在王某某承包经营前参与了×龙公司的筹备工作，但未向其签发出资证明书，未在工商登记中登记为股东，在公司的经营中股东曾多次分红，公司并未给梅某某分过一次分红。

梅某某在签订 7 人出资合同后，出资 70 万元，由田某某出具收条，之后，田某某将该款转入×龙公司，×龙公司于 2011 年 11 月 30 日向梅某某出具收据。梅某某要求×龙公司返还 70 万元的主张应予支持。梅某某不是×龙公司的股东，该公司收到梅某某的资金应当返还。王某某是×龙公司的承包经营者，不是以个人名义或在承包期中收受梅某某资金者，王某某不应承担连带清偿责任。但王某某在其承包经营中的承包费即股东红利应优先用于清偿公司债务。黄某某是原 7 人出资合同的发起人，出资合同约定成立的酒店未成立，由此造成梅某某出资损失的，黄某某应当承担相应的赔偿责任。最后法院判决×龙公司和黄某某连带返还梅某某的出资款项。

点评：公司如果设立失败，公司发起人应承担返还出资的责任。但如何认定公司的发起人，也即本案中哪些人是公司的发起人，则值得研究。

2. 返还出资义务。以募集方式设立股份有限公司的，发起人在认足一定比例的股份以后，其余部分应当向社会公开募集。发起人向社会公开募集股份的，如果由于发生不可抗力或者经营条件发生重大变化，创立大会作出不设立公司决议的，发起人应当将认股人已经缴纳的股款加算银行同期利息后返还给出资人。

3. 债务连带清偿责任。根据《公司法》第94条第1项的规定，股份有限公司的发起人在公司不能成立时，对设立行为所产生的债务和产生的费用负连带责任。对有限责任公司设立不能时所产生的债务也是如此。根据我国《公司法》第94条第3项规定，在公司设立过程中，由于发起人的过失致使公司利益受到损害的，应当对公司承担赔偿责任。我国《公司法司法解释（三）》第5条规定，发起人因履行公司设立职责造成他人损害，公司成立后受害人请求公司承担侵权赔偿责任的，人民法院应予支持；公司未成立，受害人请求全体发起人承担连带赔偿责任的，人民法院应予支持。公司或无过错的发起人承担赔偿责任后，可以向有过错的发起人追偿。

案例9：公司未成立，发起人应将其他发起人的出资予以返还〔1〕

案由：发起人责任纠纷

张某某向一审法院广州市白云区人民法院起诉请求：黄某涛、黄某年立即退还张某某合资本金人民币305 233元及相应利息。

张某某提交一份于2015年8月19日只有张某某个人作为乙方签名，没有约定任何内容的空白《合资成立有限公司协议书》和一份没有任何人签名的《合资成立有限公司协议书》。该协议书的内容为张某某、黄某涛和黄某年各出资30万元、40万元和30万元成立××公司。张某某支付了2000元注册费。此后，张某某、黄某涛、黄某年在申请《企业名称预先核准申请书》表中作为申请人签字，在公司登记资料的空白打印件《无偿提供场地使用证明》《指

〔1〕 参见广东省广州市中级人民法院（2017）粤01民终10947号民事判决书。

定代表或者共同委托代理人授权委托书》《有限公司章程》，以股东或自然人股东身份签字。

2015 年 10 月 19 日，广州白云工商分局向张某某出具了《企业名称预先核准通知书》，核准企业名称为保××公司，投资人黄某年、黄某涛、张某某，后核准名称的公司并没有成立。

一审法院认为，张某某与黄某涛、黄某年在空白的公司章程、承诺书等文本中以股东身份签字，足以证明张某某与黄某涛、黄某年拟成立公司的意思表示。根据《企业名称预先核准申请书》，张某某与黄某涛、黄某年拟定的公司被工商部门预先核准企业名称为保××公司，但该公司实际并未登记成立，因此，对公司设立过程中发生的费用应由发起人承担。黄某涛、黄某年均没有证据证明在设立公司过程中发生了费用，因此，黄某涛收取了张某某投入的资金 240 834 元应予以退回。对张某某超出 240 834 元部分的 64 399 元请求，一审法院不予支持。一审法院于 2017 年 3 月 15 日作出判决：黄某涛于判决生效之日起 5 日内给付张某某 240 834 元及利息。张某某不服一审判决，提出上诉。

二审广州市中级人民法院依法认定张某某出资 252 894 元。张某某与黄某涛、黄某年拟共同设立公司，但公司并未实际登记设立成功，对公司设立过程中发生的费用应由发起人承担。黄某涛主张在设立公司过程中发生了费用 1 183 576元，张某某应按投资比例分摊该费用，但其提供的现有证据不足以证明该费用的发生是为未成立的公司所支出的，张某某亦不予确认，本院对此不予确认。因此，张某某在公司设立过程中出资 252 894 元，现公司并未设立成功，黄某涛应将其收到张某某的出资 252 894 元予以退回，并支付相应利息。张某某主张黄某年拒绝签名并提供资料备案是导致预设公司未能设立成功的主要原因之一，但其并未提供证据予以证明，且黄某年并未收取张某某的出资，故张某某要求黄某年承担退回出资款及利息的责任，依据不足，法院不予采纳。

点评：公司如果设立失败，则公司的发起人应对已出资的投资者承担返还出资责任。但法院在审理时应查明公司设立失败的原因，并根据各自过错的大小确定相应的返还责任。

第四节 设立中公司

一、设立中公司的概念和特征

(一) 设立中公司的概念

设立中公司是指从发起人订立发起人协议时起到公司设立登记手续完成前的公司雏形。我国《公司法》虽然没有明文规定设立中公司的概念，但有关行政法规和《公司法司法解释（三）》及司法实践已经承认了设立中公司的存在。在公司实务中，设立中公司通常以“某公司（筹）”或“某公司(筹备处)”开展活动。

对于设立中公司的性质和地位，理论界有“无权利能力社团说”“（准）合伙说”“非法人团体说”和“折中说”等多种观点。[1]笔者较赞同“（准）合伙说”。

(二) 设立中公司的特征

1. 设立中公司有自己的名称。设立中公司通过在公司登记部门预先名称核准登记的方式，以自己的名义对外发生法律行为。

2. 设立中公司有自己的成员和机构。设立中公司的发起人或认股人是设立中公司的成员。设立中的公司有发起人或认股人共同作为公司的意思表示机关和执行机关，也可以初选董事和监事等成员。

3. 设立中公司有自己的组织规则。发起人在发起人协议中明确其发起行为以设立公司为目的，其所有的行为均是按此规则来行事。

4. 设立中公司有一定程度的独立的财产。设立中的公司有自己独立的临时账户，并以此账户接受发起人的出资。在公司设立过程中，设立中公司还可获得其他财产，并归属于设立中公司名下。

二、设立中公司的法律行为及其责任

设立中公司的法律责任在不同情形下有所不同：

〔1〕 参见范健、王建文：《公司法》（第5版），法律出版社2018年版，第116页。

（一）发起人以设立中公司的名义实施的法律行为的责任

设立中公司是一种具有一定权利能力和行为能力的特殊组织，它能以自己的名义实施一定的法律行为。如果法律行为是由设立中公司的意思机关作出并由执行机关实施，即被认为是设立中公司的法律行为，设立中公司应在其责任范围内对该法律行为的后果承担相应的法律责任。如果发起人以设立中公司名义作出的超出设立中公司行为能力范围的行为，该法律行为应为无效，该行为产生的后果由发起人和设立中公司承担连带责任。

根据我国《公司法司法解释（三）》第 3 条的规定，发起人以设立中公司的名义签订合同的，应由设立后的公司对第三人承担合同责任。除非设立后的公司有证据证明发起人利用设立中公司的名义为自己的利益与第三人签订合同的，设立后的公司可以拒绝承担合同责任，但相对人为善意的除外。

（二）发起人以自己的名义实施的法律行为的责任

在发起人或设立中公司的董事以自己名义实施法律行为时，应根据委托理论来解决责任的承担。根据我国《公司法司法解释（三）》第 2 条的规定，发起人为设立公司以自己名义对外签订合同，合同相对人请求该发起人承担合同责任的，人民法院应予以支持。公司成立后对前款规定的合同予以确认，或者已经实际享有合同权利或者履行合同义务，合同相对人请求公司承担合同责任的，人民法院应予支持。

案例10：发起人以设立中公司的名义实施的法律行为应由设立后的公司承担法律后果[1]

案由：公司设立纠纷

平××公司向一审法院起诉请求：××混凝土公司立即向平××公司支付装卸费人民币 314 585 元。

一审法院认定事实：平××公司与××混凝土公司于 2015 年 1 月 3 日签订《码头吊卸作业协议书》约定：发包方为××混凝土公司、承包方为平××公司，承包范围为码头砂石料，吊卸工作；承包价格为单价 1.49 元/吨，按照上料吨位数×合同单价确定给付金额，全年保底吊卸数量为 50 万吨，如数量不足

〔1〕 参见湖北省高级人民法院（2017）鄂民终 667 号民事判决书。

则按保底量结算；每月20日由××混凝土公司材料班据实结算，年底清算；××混凝土公司凭平××公司出具的全额发票付款，每月10日前支付上月总额的70%，应付未付的30%在下一年度春节前结清；本合同经双方协商暂签至2016年4月16日；平××公司根据××混凝土公司生产需要，实行365天×24小时为××混凝土公司服务；码头上料作业由××混凝土公司材料班通知和安排。协议书还约定了双方的其他权利和义务。平××公司自2015年2月21日起进入××混凝土公司指定场地开始施工，直至2016年4月20日施工结束。施工期间，××混凝土公司依照合同约定，按月与平××公司进行对账并出具吊料结算单。平××公司根据对账金额按月开具了装卸费增值税普通发票，发票总金额为423 310.49元。××混凝土公司在收到平××公司开具的发票后，已陆续向平××公司支付了423 310.49元装卸费。经查，平××公司自2015年2月21日至2016年2月23日间，累计为××混凝土公司吊卸234 905吨；自2016年2月24日至4月20日间，为××混凝土公司吊卸49 196吨。合同到期后，双方未续签合同。平××公司于2015年也为××市政公司提供砂石料吊卸服务，吊卸数量88 101吨。

另查明，平××公司于2015年2月11日取得营业执照，经营范围包括普通货物装卸服务等。

一审法院认为：本案系港口作业纠纷。平××公司与××混凝土公司签订合同的时间为2015年1月3日，平××公司成立的时间为2015年2月11日。平××公司为自然人独资的有限责任公司，公司发起人为股东朱某某。根据《公司法司法解释（三）》第3条第1款的规定，“发起人以设立中公司名义对外签订合同，公司成立后合同相对人请求公司承担合同责任的，人民法院应予支持”。由此可见，公司成立之前以公司名义签订的合同并非无效。本案中，双方实际履行合同始于2015年2月21日（公司成立之后），且双方均以各自的行为履行了主要义务，对方亦接受。故平××公司与××混凝土公司签订的合同书系双方当事人真实意思表示，且不违反法律规定，合法有效。当事人应当按照约定全面履行自己的义务。平××公司已经依约完成了吊卸作业，履行了自己的义务，××混凝土公司应当按照约定的价格和结算方式支付费用。

双方约定全年（12个月）保底吊卸数量为50万吨，如数量不足则按保底量结算（包含市政公司）。××混凝土公司作为发包人，根据其自身生产需要安排平××公司作业的具体时间和数量，平××公司作为承包人，投入人力、物力随时待命为××混凝土公司服务，双方对保底数量的约定既不违反法律规定，亦合乎常理。按照约定，全年吊卸数量多于50万吨则应按实际数量结算，不足50万吨则应按50万吨结算。平××公司自2015年2月21日至2016年2月23日累计吊卸234 905吨，上述期间内的作业，双方应当按照50万吨结算。××混凝土公司已就实际数量234 905吨付款，其还应按照约定的单价1.49元/吨支付差额265 095吨部分的费用。

平××公司主张以其2015年为××市政公司吊卸的88 101吨从××混凝土公司尚应付费的265 095吨中抵扣，其主张未加重××混凝土公司负担，亦符合合同的约定，同时××混凝土公司亦认可平××公司为××市政公司吊卸88 101吨的事实，故一审法院对平××公司的上述主张予以支持。抵扣88 101吨后，××混凝土公司尚应按照176 994吨付费，根据合同单价计算，××混凝土公司应依约付款263 721元。平××公司主张××混凝土公司应就2015年2月21日至2016年2月23日的差额176 994吨付款263 721元，一审法院对其主张予以支持。

平××公司自2016年2月24日至同年4月20日吊卸49 196吨，因双方未约定全年保底数量可以折算每月保底数量，折算月保底量既无合同依据亦不合理，此期间的作业应当按照实际吊卸数量结算（××混凝土公司已支付）。平××公司关于此两月应保底吊卸83 333吨，差额34 137吨××混凝土公司应付款50 864元的主张，缺乏事实依据，一审法院不予支持。

××混凝土公司不服，提出上诉，请求依法改判驳回平××公司的全部诉讼请求。后二审法院根据查明的事实终审判决××混凝土公司支付平××公司装卸补偿费171 491.55元。

点评：《公司法司法解释（三）》第3条第1款规定“发起人以设立中公司名义对外签订合同，公司成立后合同相对人请求公司承担合同责任的，人民法院应予支持”，由此可见，在公司设立阶段，发起人可以以设立中公司的名义对外签订合同。本案中，××混凝土公司与平××公司的委托代理人张某明签订涉案合同时，平××公司尚在设立阶段，嗣后，平××公司履行了合同义务，××混凝土公司及设立后的平××公司对此均无异议。故即使平××公司于2015年2

月 11 日成立，其代理人于 2015 年 1 月 3 日以设立中的公司名义签订的合同得到平××公司的追认，合同成立的时间仍应认定为 2015 年 1 月 3 日，涉案合同于该日成立并发生法律效力，对双方当事人均产生约束力。

第五节　公司章程

一、公司章程的概念和特征

（一）公司章程的概念

所谓公司章程是指公司必备的由公司发起人共同制定并对公司、股东、公司经营管理人员具有约束力的调整公司内部关系和经营行为的自治文件。公司章程以书面形式记载了全体股东共同一致的意思表示，记载了公司组织和运营的基本准则，是公司成立和存续的前提，是指导和规范公司运行的公司宪章。我国《公司法》第 11 条规定，设立公司必须依法制定公司章程。它包括如下含义：①公司章程是公司成立的必备要件；②公司章程是公司治理的基本准则；③公司章程属于自治规则。

（二）公司章程的特征

1. 公司章程的法定性。所谓法定性是指公司章程的法律地位、内容、形式、修改程序以及效力均由公司法明确规定。具体体现在：

（1）法律地位的法定性。公司章程是公司法强制要求的设立公司不可缺少的法律文件。我国《公司法》第 11 条规定，公司章程对公司、股东、董事、监事、高级管理人员具有约束力。

（2）内容的法定性。公司章程的内容尤其是绝对必要记载事项都由公司法作出明确规定，否则可能导致公司章程无效。《中华人民共和国公司登记管理条例》（已失效，以下简称《公司登记管理条例》）第 23 条规定，“公司章程有违反法律、行政法规的内容的，公司登记机关有关要求公司作相应修改”。

（3）形式的法定性。公司章程作为具有特殊地位与法律效力的基本文件，各国法律均规定必须采用书面形式并履行法定备案或审批手续才能生效。

（4）修改程序的法定性。各国公司法都规定公司章程一经确定，非因法定事由并经法定程序不得修改。

2. 公司章程的公开性。公司章程的公开性是指公司章程要对投资者、债权人等社会公众公开。公司章程的公开性有利于股东了解公司基本状况，有利于维护交易相对人的合法权益，有利于社会公众理性投资。

3. 公司章程的自治性。公司章程是股东或发起人意思自治的产物，只要其内容不违反法律的强制性规定，均具有法律约束力。其自治性主要表现在：①公司章程不是由国家而是由公司依法自行制定。②公司章程作为一种自治规范不由国家强制力来保证实施。③公司章程的效力仅及于公司和利害关系人，不具有普遍约束力。

4. 公司章程的真实性。公司章程的真实性是指公司章程内容的记载必须与事实相符。如果公司章程存在虚假记载，则将发生一定的法律后果：①登记机关拒绝登记。公司登记机关在对公司章程进行审查时如果发现公司章程存在虚假记载将会拒绝登记注册。②承担民事责任。如果公司章程存在虚假记载，第三人因此受到欺诈的，公司将因此受到民事责任。③受到行政处罚。公司登记机关可以对公司章程存在虚假记载的公司根据其具体情形作出相应的行政处罚。

二、公司细则

公司细则是指根据公司章程制定的公司经营管理的规范性文件。〔1〕公司细则是治理公司的内部规则，是公司董事和管理人员的行动指南。公司细则既可以由股东或发起人制定，也可以由董事会制定，但在实务中一般由公司董事制定和修正。

我国《公司法》并未使用公司细则的概念，但对公司细则的有关内容有相关规定。我国《公司法》第 46 条规定了董事会有权制定公司的基本管理制度，第 49 条规定了经理有权制定公司的具体规章。关于股份有限公司的董事会和经理的职权也有类似的规定。《上市公司章程指引》直接使用了章程细则的规定。〔2〕

公司细则是由董事会和经理制定的适用于公司内部规范性文件，它必须

---

〔1〕 郑云瑞：《公司法学》（第 2 版），北京大学出版社 2019 年版，第 258 页。

〔2〕《上市公司章程指引》第 194 条规定：“董事会可依照章程的规定，制订章程细则。章程细则不得与章程的规定相抵触。”

根据公司章程的规定，并且不得违反法律和公司章程的规定。

三、公司章程的内容

公司章程的内容为公司章程的记载事项。我国《公司法》第25条和第81条分别规定了有限责任公司和股份有限公司的章程应记载事项。

（一）强制记载事项

强制记载事项，也可称为绝对必要记载事项，是公司章程必须记载的事项。缺少其中任何一项或任何一项不符合法律规定，整个公司章程即有可能无效。强制记载事项通常是关于公司根本的重大事项，往往是与公司的设立、运行和终止等有重大关系的基础事项。

我国《公司法》第25条规定了有限责任公司章程必须记载的事项有：公司名称和住所，公司经营范围，公司注册资本，股东的姓名或名称，股东的出资方式、出资额和出资时间，公司的机构及产生办法、职权、议事规则，公司的法定代表人等。我国《公司法》第81条规定了股份有限公司章程必须记载的事项有：公司名称和住所，公司经营范围，公司设立方式，公司股份总数、每股金额和注册资本，发起人的姓名、名称和认购的股份数、出资方式和出资时间，董事会的组成、职权和议事规则，公司法定代表人，监事会的组成、职权和议事规则，公司利润分配办法，公司的解散事由与清算办法，公司的通知和公告办法等。目前世界各国公司法对公司章程强制记载事项已经呈现出简化倾向，以减少对公司的过多干预。

（二）任意记载事项

任意记载事项是由公司股东或发起人自己决定公司章程需要记载的事项。这些任意记载事项属于授权性法律规范，公司记载与否并不影响公司章程的效力。

我国《公司法》第34条、第41条、第42条、第44条第3款、第45条、第49条、第67条第3款、第71条第4款、第75条、第105条、第166条第4款等规定，均为公司章程任意记载事项。

虽然公司章程的任意记载事项的记载与否和如何记载由公司股东或发起人自主决定，但任意事项的记载也不能违反法律和公司章程的强制性规定。而且任意记载事项一旦记载于公司章程，即对公司、股东、董事、监事和经理等人员具有法律约束力。

四、公司章程的效力

公司章程的效力是指公司章程的时间效力和对人效力。公司章程的时间效力指公司章程的生效时间和失效时间。公司章程的生效时间的界定以公司成立说为通说。[1]公司终止会导致公司章程失效，但公司解散和清算并非公司章程失效的原因。

（一）公司章程对公司的效力

1. 公司章程对公司内部组织活动的约束力。公司章程对内约束力即对公司内部组织和行为的约束力，具体表现为公司的成立、解散和组织机构的设立与运行都受到公司章程的约束。

2. 公司章程对公司外部行为的约束力。公司章程对外约束力即对公司自身行为的约束力，也就是对公司的权利能力和行为能力的影响，具体表现为对公司经营范围的影响。根据我国《公司法》第 12 条规定，公司应当在公司章程记载的经营范围内从事经营活动。

那么对于公司超载经营范围的经营活动，其行为是否有效呢？早期无论是普通法系还是大陆法系各国均确定了公司超越经营范围从事经营活动的越权原则并进而确定为无效，但为了保护第三人利益和交易安全，现代公司法严格限制公司越权行为无效的适用范围。我国《民法典》第 505 条规定，当事人超越经营范围订立的合同的效力，应当依照《民法典》第一编第六章第三节和本编的有关规定确定，不得仅以超越经营范围确认合同无效。

（二）公司章程对股东的效力

公司章程是公司全体股东共同意志的体现，对全体股东具有约束力。公司章程对股东的效力，不仅包括制定章程时的原始股东以及参与修改公司章程的股东，而且包括公司成立后加入公司的其他股东。

---

〔1〕 关于公司章程的生效时间，理论上有签字说、公司成立说、区别说等多种观点，参见郑云瑞：《公司法学》（第 2 版），北京大学出版社 2019 年版，第 269 页。

案例11：公司章程约定了股东的融资义务，但董事会没有形成决议，股东未完成融资不构成违约〔1〕

承××公司一审诉讼请求：历××公司赔偿承××公司损失人民币3.7亿元。

2005年10月21日，承××公司三股东签订出资协议，约定公司注册资本2.24亿元，历××公司持股人民币1.12亿元，持股比例50%，A公司持股人民币10 752万元，持股比例48%，B集团持股人民币448万元，持股比例2%。三方股东应于领取营业执照之日起20个工作日内分别向承××公司账户汇入其相应的增资款项。

承××公司开发的宏庙危改小区工程总投资额为人民币6.7亿元，总投资额与注册资本的差额部分之中，人民币0.68亿元由A公司以股东借款的方式投入（已完成），人民币0.68亿元由历××公司以股东借款的方式投入；剩余的人民币3.1亿元由历××公司以承××公司的名义向境内外银行负责融资。历××公司应在领取营业执照后的8个月内将人民币3.1亿元的融资款汇入承××公司账户。如历××公司未按照约定全面、足额、按期完成融资义务，则应立即向A公司支付人民币1亿元违约金。A公司收到该笔违约金后，该融资义务由历××公司、A公司各承担50%。

同日，历××公司、A公司和B集团签订《合资合同》，约定：各方同意通过股权转让，增资扩股，将承××公司变更为中外合资经营企业，注册资本增至人民币2.24亿元。同日，历××公司、A公司和B集团共同签署了《承××公司章程》，除未有《合资合同》中关于历××公司未按约定全面、足额、按期完成融资义务，则应立即向A公司支付违约金人民币1亿元，A公司收到该笔违约金后，该融资义务由历××公司、A公司各承担50%的内容之外，其余内容与《合资合同》的约定内容基本一致。

2005年11月4日，北京市人民政府向承××公司颁发中华人民共和国外商投资企业批准证书，同年11月14日，北京市工商行政管理局向承××公司换发了新营业执照。

2006年3月13日，上元××公司出具验资报告，截至2006年3月7日，本

〔1〕 参见北京市高级人民法院（2015）高民（商）终字第3832号民事判决书。

期验证的出资连同第一期出资和合资变更前出资，承××公司共收到全体股东缴纳的注册资本人民币 2.24 亿元。

2007 年 5 月 10 日，承××公司召开董事会并形成以下决议：同意将公司的投资总额由人民币 6.7 亿元增加到人民币 10.54 亿元；同意将公司的注册资本由人民币 2.24 亿元增加到人民币 5.27 亿元，各股东按其现持有的股权比例认购增资；同意各股东按如下时间缴付增资款：公司申请注册资本变更登记时缴付 20%的增加注册资本，其中历××公司缴付折合人民币 3030 万元的港币，A 公司缴付人民币 2908.8 万元，B 集团缴付人民币 121.2 万元。自承××公司完成本次增资的工商变更登记之日起 2 年内，历××公司缴付折合人民币 12 120 万元的港币，A 公司缴付人民币 11 635.2 万元，B 集团缴付人民币 484.8 万元。并同意修改公司章程、合资合同。

同日，历××公司、A 公司和 B 集团共同签署《章程修正案》，对《承××公司章程》中关于合营公司营业规模、宏庙危改小区工程计划总投资额、合营公司的注册资本的内容作出相应修订。同时，约定：投资总额与注册资本的差额部分之中，历××公司和 A 公司已分别以股东借款的方式投入人民币 0.68 亿元（共计完成人民币 1.36 亿元），还剩人民币 3.91 亿元待融资。历××公司和 A 公司各自承担合营公司的 50%的融资义务，融资的具体安排根据合营公司项目开发进度及资金需求按董事会决议安排。2009 年 11 月 2 日，承××公司变更工商登记。

2009 年 11 月 27 日，上元××公司出具验资报告，截至 2009 年 11 月 23 日止，承××公司已收到历××公司缴纳的新增注册资本（实收资本）人民币 30 301 375.78元，A 公司缴纳的新增注册资本（实收资本）人民币 29 088 000 元，B 集团缴纳的新增注册资本（实收资本）人民币 1 212 000 元，股东以货币出资合计人民币 60 601 375.78 元。至此，变更后的累计注册资本为人民币 5.27 亿元，实收资本人民币 284 601 375.78 元。

2012 年 3 月 19 日，上元××公司出具验资报告，截至 2012 年 3 月 1 日止，承××公司已收到股东历××公司、A 公司和 B 集团缴纳的增资第二期出资，即本期实收注册资本人民币 242 398 624.22 元，各股东累计实缴注册资本人民币 5.27 亿元，占已登记注册资本总额的 100%。

2012 年 7 月 19 日，A 公司和 B 集团向历××公司发出《关于尽快完成融资义务的函》，要求历××公司于同年7月25日前完成人民币1.66亿余元的融资义务。8月3日，A公司和B集团共同致函历××公司，针对承××公司公章使用问题作出回应，并要求历××公司立即将人民币1.66亿余元融资款汇入承××公司，并在同月15日前，就增加中方董事、增资及下一步融资进度安排事宜做出明确答复。8月22日，A公司和B集团向历××公司发出《再次要求立即完成融资义务等事项的函》，函中称，融资义务是中外各方所签协议中约定的义务，现中方股东的融资义务已全部完成，请历××公司将融资余额人民币1.66亿余元立即汇入承××公司。增资义务是中外各方均应履行的法定义务，须尽快形成董事会决议，加紧办理各项手续。

北京市高级人民法院认为，历××公司履行融资义务的前提条件尚不具备，故承××公司主张历××公司因未履行融资义务而要求赔偿的请求权基础亦不存在。且宏庙危改小区项目开发成本达人民币59亿余元，在没有对项目现状、公司财务账目进行评估、审计的情况下，法院无法认定历××公司未履行融资人民币1.66余亿元义务对项目拆迁造成的影响及程度，故承××公司在本案中要求历××公司承担赔偿责任的请求没有事实和法律依据，法院不予支持。

点评：由于历××公司是承××公司的占有50%股权的股东，承××公司起诉历××公司应为A公司和B集团实行股东代表诉讼。但由于三方股东关于融资义务的约定一直处于变化之中，应以2007年5月10日的《章程修正案》为准。而该《章程修正案》所约定的融资义务须等董事会作出决议，但截止到起诉之日，承××公司并没有作出董事会决议，故法院驳回了承××公司的诉讼请求。不过法院应对2005年10月21日的出资协议的效力作出认定。

（三）公司章程对公司管理人员的效力

公司的管理人员从广义上讲包括董事、监事和高级管理人员。公司董事、监事和高级管理人员应当严格按照公司章程的规定行使职权。我国《公司法》第149条规定："董事、监事、高级管理人员执行公司职务时违反法律、行政法规或者公司章程的规定，给公司造成损失的，应当承担赔偿责任。"该法第152条规定："董事、高级管理人员违反法律、行政法规或者公司章程的规定，损害股东利益的，股东可以向人民法院提起诉讼。"

如果公司章程存在瑕疵[1]，法院是否享有直接变更公司章程的权力？司法可以介入公司章程的效力认定，但不宜直接擅自代替公司重新拟定公司章程内容，或者强行将《公司法》的规定代替公司章程条款并强迫公司必须接受。

五、公司章程的制定和修改

（一）公司章程的制定

公司章程的制定是指公司初始章程的起草与制作。公司章程的制定包括共同制定与部分制定两种情形。共同制定是指由全体股东或发起人协商、起草制定公司章程的方式。部分制定是指由部分发起人或股东制定公司章程，再经其他发起人、股东签字同意的制定方式。首先，公司章程的制定必须确保公司章程内容的合法性。为此，必须做到公司章程的内容完整，且不能违反法律、行政法规的强制性规定。其次，公司章程的制定必须突出重点性。由于每个公司的具体情形不同，因此制定公司章程必须突出各自公司的特殊性，其特殊性是章程制定的重点。

有限责任公司的章程制定应当由股东共同制定，经过全体发起人一致同意后，由全体发起人在公司章程上签名盖章。其中一人有限责任公司的公司章程由该一人股东制定，国有独资公司的公司章程由国有资产监督管理机构制定或者由董事会制定报国有资产监督管理机构批准。

股份有限公司的公司章程制定因公司设立方式的不同而有差异。其中以发起方式设立的股份有限公司的公司章程由全体发起人制定并签名盖章。而以募集方式设立的股份有限公司的公司章程由发起人制定后，须经出席创立大会的认股人所持表决权过半数通过后才能登记注册。

（二）公司章程的修改

公司章程的修改是指对公司章程内容的变更。公司章程的修改除了不得违反法律、行政法规的强制性规定外，还必须遵循一定的原则和程序。

1. 公司章程修改程序的限制。公司章程的修改提案一般由董事会提交公司股东会讨论决定。此外，控股股东也可提议修改公司章程，但必须经董事

---

〔1〕 所谓公司章程瑕疵，是指公司章程缺乏必须记载事项，或者所记载的事项与法律或行政法规相冲突。

会审议通过后才能提交股东会。对修改公司章程作出决议的只能是公司的股东会，其他任何机构或个人无权决定修改。对于修改公司章程决议的表决，有限责任公司必须经代表 2/3 以上表决权的股东通过；股份有限公司修改公司章程必须经出席股东大会的股东所持表决权的 2/3 以上通过。公司章程的修改应当在公司登记机关办理相应的变更登记手续，否则不得对抗善意第三人。

2. 公司章程修改的内容限制。这具体表现在以下几个方面：公司章程的修改不得删除强制记载事项；非经股东同意，公司章程的修改不得变更该股东的既得权；非经股东同意，公司章程的修改不得为该股东设定新义务；非经股东一致同意，公司章程的修改不得仅为部分股东设定新权利。

案例12：修改公司章程未经过法定程序不发生法律效力[1]

张某玉原审诉称：请求判令确认××泰公司《股东会决议》及《章程修正案》无效，××泰公司撤销变更登记手续。

原审法院审理查明：张某玉与张某系夫妻关系，案外人张某恒系二人之子。2008 年 5 月 29 日，××泰公司经省商务厅批准成立，张某、张某玉、张某恒各出资 20 万美元，占 33.3%，投资总额 80 万美元，注册资本 60 万美元。公司实行董事会领导下的总经理负责制，设立 4 人董事会，董事长、法定代表人由张某担任。截至 2008 年 12 月 10 日，张某缴纳注册资本 20 万美元。

2009 年 10 月 16 日，省商务厅批准以下事项变更：一、公司注册资本由 60 万美元调整为 20 万美元，投资总额由 80 万美元调整为 28 万美元；二、注册资本调整后，公司各投资方出资额和出资比例为张某出资 10 万美元，持股 50%；张某玉出资 5 万美元，持股 25%；张某恒出资 5 万美元，持股 25%；三、同意各投资方于 2009 年 7 月 19 日修订的公司章程（以下简称“2009 年公司章程”），原章程同时废止。2010 年 8 月 25 日，××泰公司召开股东会，形成《股东会决议》，同日，××泰公司根据上述股东会决议修改了公司章程。同年 9 月 1 日，经省工商局核准变更了以上决议事项。张某玉称其未亲自参

[1] 参见海南省高级人民法院（2014）琼民终三字第 1 号民事判决书。

加也未委托他人参加2010年8月25日的股东会会议，张某恒也称对××泰公司召开股东会会议不知情，也未参加，亦未委托他人参加，《股东会决议》《章程修正案》落款处的签名非张某恒本人书写，也未委托他人代为签名，且此前也不知道有上述文书及其内容的存在；张某确认上述股东会决议和章程修正案上张某玉和张某恒的签名是其代为签署，得到了张某玉的口头授权，但张某玉予以否认。

一审海口市中级人民法院认为，《公司法》第22条第1、2款规定：公司股东或者股东大会、董事会的决议内容违反法律、行政法规的无效。股东会或者股东大会、董事会的会议召集程序、表决方式违反法律、行政法规或者公司章程，或者决议内容违反公司章程的，股东可以自决议作出之日起60日内，请求人民法院撤销。本案中，张某作为××泰公司的法定代表人，在张某玉未亲自参加亦未委托他人参加公司的股东会，未同意持股比例变更的情况下，擅自作出股东出资额和持股比例变更的股东会决议和章程修正案，系无处分权人未经权利人许可，处分权利人财产的行为，该行为未得到张某玉的追认，应认定无效。故张某于2010年8月25日作出的《股东会决议》的内容违反法律规定，张某玉请求确认××泰公司于该日作出的《股东会决议》和《章程修正案》无效符合法律规定，予以支持。××泰公司不服，提出上诉。

海南高院认为，××泰公司在变更注册资本及股东出资比例的过程中，张某玉和张某恒并不知晓公司注册资本减少和持股比例变更，事后也不同意变更持股比例，张某主张张某玉和张某恒知晓并同意减资和变更股东出资比例证据不足。根据公司初始章程第18条规定的“其他事项（包括减资）由出席董事会会议2/3以上的董事通过”，仅张某一人同意减少注册资本及变更股东出资比例，不符合公司章程的规定，且张某持股比例及表决权亦不符合《公司法》（2005年修订）第44条“股东会会议作出修改公司章程、增加或者减少注册资本的决议，以及公司合并、分立、解散或者变更公司形式的决议，必须经代表2/3以上表决权的股东通过”的规定，张某无权擅自变更公司注册资本及持股比例，××泰公司于2010年8月25日作出的《股东会决议》因未经合法的表决程序而不符合法律和公司章程之规定，关于公司减少注册资本和变更股东出资比例的决议无效，2009年公司章程亦无效。张某玉股东资格未经法定程序撤销前，张某玉仍为××泰公司的股东，张某主张张某玉无权以股东身份提起本案诉讼的理由不成立，本院不予支持。二审判决驳回上诉，维持原判。

点评：××泰公司尽管为家族公司，夫妻之间享有日常家事代理权，但公司变更注册资本及持股比例属于商事范围，不属于日常家事范围，任何股东包括控股股东未经法定程序都不能擅自变更公司章程。

第三章

Chapter 3

公司资本与融资制度

第一节　公司资本

一、公司资本的概念

（一）公司法上公司资本的概念

公司资本是一个相当复杂的概念，它在不同的语境下有不同的含义。公司法所称的公司资本，是指公司章程所记载并由全体股东认缴的出资总额。从严格的法律意义上来说，公司资本指股权资本即注册资本。公司资本通常由货币、实物和无形财产构成。根据资本形成时间的不同，公司资本有初始资本和新增资本之分。初始资本是公司资本的原始形成；新增资本是公司成立后通过增资程序而发行的资本。其中，股份有限公司首次公开发行的新股，实务上称之为 IPO（Initial Public Offering）。公司资本既是股东对公司承担有限责任的物质基础，也是公司对外承担债务的物质保障。

（二）公司实务中公司资本的形态

1. 注册资本。注册资本是公司登记成立时公司章程记载的并由公司登记机关核准的资本总额。在这个意义上来讲，注册资本与狭义的公司资本相同，即股权资本。《公司法》第 26 条第 1 款规定，有限责任公司的注册资本为公司登记机关登记的全体股东认缴的出资额。《公司法》第 80 条第 1、2 款规定，以发起方式设立的股份有限公司的注册资本为公司登记机关登记的全体发起人认购的股本总额，以募集方式设立的股份有限公司的注册资本为在公司登记机关登记的实收股本总额。我国注册资本制度经历了从实缴制到认缴制的发展历程。

2. 公司资产。公司资产是指公司可以支配的全部财产。公司资产包括股东出资、以承担债务为代价而获得的财产和经营期间的收入。在大多数情形下，公司资产大于公司资本。在资产负债表上，公司资产表示为负债与所有者权益之和，其中，所有者权益包括公司股本、资本公积金和未分配利润等。公司资产的具体形态主要有固定资产、流动资金和递延资产。〔1〕

3. 公司净资产。公司净资产是指公司全部资产减去全部负债后的净额，它包括公司资本金、资本公积金、盈余公积金和未分配利润等。净资产是反映公司经营状况的重要指标，经营较好的公司的净资产大于公司资产；经营不善的公司可能资不抵债，净资产为负数。

4. 股东权益。股东权益是指股东对公司净资产享有的权利，包括公司股本、资本公积、盈余公积和可分配利润，又称为所有者权益。公司资本是股东权益的一部分，股东权益通常大于公司资本。

5. 发行资本。发行资本指公司已经发行在外的资本总额。在法定资本制下，由于注册资本须由股东全部认缴，所以公司注册资本即为发行资本。而在授权资本及折中授权资本制下，发行资本为公司实际发行的资本，其范围小于授权资本。

6. 实缴资本。实缴资本又称为实收资本，是指公司收到的股东实际缴付的资本。在法定资本制下，股东实缴资本与公司注册资本是一致的；但在授权资本制及折中授权资本制下，注册资本则包括实缴资本和认缴资本。

二、公司资本三原则

为了保障交易安全和债权人利益，大陆法系国家公司法确立了公司资本三原则，即资本确定原则、资本维持原则和资本不变原则。公司资本三原则在各国公司法中并没有明文规定，它来源于公司法理的总结。大陆法系以资本三原则为基础，确立了法定资本制。资本三原则仍是我国现行《公司法》所确立的资本原则。

---

〔1〕 递延资产是指不能全部计入当年损益，应在以后年度内较长时期摊销的除固定资产和无形资产以外的其他费用支出，包括开办费、租入固定资产改良支出，以及摊销期在一年以上的长期待摊费用等。

案例13：公司资本一经增加，非经法定程序不可随意变更，但其他股东对出资者的承诺可以认定有效[1]

案情：最高人民法院认为，从查明的事实看，《投资合作协议》成立以后，纪某某已于《投资合作协议》约定的2012年12月31日前完成了支付2250万元的义务，并不存在违约情形。而××公司、卓某某未能按照《投资合作协议》第3条的约定按期成立万××公司、金品××公司、加工公司和销售公司，显然已构成违约。经合法工商变更登记程序，纪某某成为持有××公司25%股权的股东，同时，纪某某积极参与了对××公司的经营管理。虽然卓某某与××公司的行为违反了《投资合作协议》约定，根据合同第10.4条，纪某某有权要求返还款项，但合同中的自由约定应以不违反法律强制性规定为前提。纪某某要求××公司返还与增资额等额款项的诉请涉及公司资本制度，公司资本制度多为强行性规范。《投资合作协议》约定纪某某以2250万元的对价获得××公司25%的股份，其中360万元注入注册资本，1890万元注入资本公积，但无论是注册资本还是资本公积，均是公司资本。公司以资本为信用，公司资本的确定、维持和不变，是保护公司经营发展能力，保障债权人利益以及交易安全的重要手段。纪某某对××公司具有相应股权，只能依法行使股东权利，不得抽回出资。但卓某某在合同第10.4条中承诺若其违约，将返还纪某某于本次增资款等额款项的约定，并不损害公司及公司债权人的利益，不违反法律、行政法规的禁止性规定，是当事人的真实意思表示，应当认定有效。卓某某向纪某某承担违约责任后，因纪某某在××公司的股权失去了对价，卓某某可以实际出资人的身份对其权益归属另行主张。

点评：股东的出资一旦投放公司成为公司的注册资本以后，若没有具备法定条件并经过法定程序的则不能抽回出资，但股东之间关于不能抽回出资的违约约定并不违反法律，应属有效。

（一）资本确定原则

资本确定原则又称为资本法定原则，指资本总额在公司设立时应明确记

[1] 参见最高人民法院（2015）民申字第811号民事裁定书。

载于公司章程并由股东足额缴付。由资本法定原则所产生的资本制是法定资本制。它包括三层含义：其一，公司资本必须在公司章程中明确规定。其二，公司章程确定的公司资本必须由股东认足。其三，出资方式必须确定。法律明确规定了可以出资的财产，超出法律规定的范围不能作为出资财产，如劳务、信用等。我国现行《公司法》虽然废除了注册资本最低限额制度，但资本确定仍然是公司资本的首要原则。

（二）资本维持原则

所谓资本维持原则，又称为资本充实原则，是指公司应当维持与公司资本总额相当的财产。这一原则包括以下几层含义：公司成立后，股东不得抽回出资；公司转投资受到一定的限制；公司的原始股东对现金以外的出资负价值担保责任；公司不得以低于股票面额的价格发行股票；除依公司法特别规定的目的和程序外，公司不得收购本公司的股票；公司不得以本公司的股票设立质权；公司在弥补亏损、提取法定公积金之前，不得向股东分配利润。

一般认为，资本维持原则（capital maintenance doctrine）源于英国19世纪的普通法，特别是在Trevor v. Whitworth一案〔1〕后为德国制定法所采纳，并成为大陆法系公司资本制度的基石。

资本维持是公司资本制度的灵魂，包含两个方面的基本含义：股东向公司真实出资和维持其出资的真实。〔2〕

（三）资本不变原则

资本不变原则是指公司资本一经确定，非经法定程序不得改变。资本不变原则要求，公司无论是增加资本还是减少资本均须履行法定程序。设定资本不变原则的目的是防止公司资本总额减少而导致公司责任能力下降，以强化对交易安全和债权人的保护。

---

〔1〕（1887）12 App Cas 409. 在该案中法官确立了资本的使用必须合乎经营目的，不可用于股权回购等滥用。参见［英］珍妮特·丹恩：《公司法》（第4版），法律出版社2003年版，第130页；沈钛滔：《公司资本维持概念的界析》，载朱慈蕴主编：《商事法论集》（总第28卷），法律出版社2016年版，第56~57页。

〔2〕参见上海市第二中级人民法院（2016）沪02民终10330号民事判决书。冯果：《慎重对待"资本维持原则"的存废》，载《中国法律评论》2020年第3期。

案例14：公司减资不符合法定程序，股东承担补充法律责任[1]

德××公司向一审法院起诉请求：一、判令江苏博×公司向德××公司支付货款 777 000 元；二、判令上海博×公司、冯某在 19 000 万元减资范围内对江苏博×公司应向德××公司支付的货款共同承担补充赔偿责任。

一审法院认定事实：2011 年 3 月 29 日，德××公司与江苏博×公司签订《电气电工产品买卖合同》，合同约定，江苏博×公司向德××公司购买 20 台高压开关柜、一台交流屏、一套直流屏等电气设备，合同总金额为 111 万元。合同签订生效后，德××公司按合同约定交付了上述全部设备。江苏博×公司向德××公司支付货款 333 000 元，尚欠 777 000 元未付。2012 年 9 月，江苏博×公司的股东召开股东会，通过减资决议，决定江苏博×公司减资 19 000 万元，注册资本由 2 亿元减为 1000 万元，其中冯某减资 19 000 万元，并办理了工商变更登记，但江苏博×公司在减资前未向德××公司清偿前述债务。

一审法院认为：德××公司与江苏博×公司之间的买卖合同关系符合有关法律规定，是合法有效的，应受到法律保护，双方均应全面履行合同义务。德××公司已按约完成了供货义务，江苏博×公司应当按约及时支付货款。现江苏博×公司拖欠不付的行为已经构成违约，应承担金钱债务的实际履行责任，故德××公司第一项诉请于法无悖，一审法院予以支持。一审法院认为，江苏博×公司未能在减资时对德××公司之债权进行清偿或提供担保，现德××公司要求其股东冯某在减资范围内对江苏博×公司的债务承担补充赔偿责任，并无不当，应予支持。德××公司要求上海博×公司在减资范围内对江苏博×公司结欠德××公司的债务承担补充赔偿责任，缺乏事实和法律依据，一审法院不予支持。判决如下：一、江苏博×公司应于判决生效之日起 10 日内支付德××公司货款 777 000 元；二、冯某在减资 19 000 万元的范围内对江苏博×公司结欠德××公司的上述债务承担补充赔偿责任。

德××公司不服提出上诉请求：请求撤销一审判决第二项，改判上海博×公司在人民币 19 000 万元减资范围内对江苏博×公司应向德××公司支付的货款承担连带责任。

---

〔1〕 参见上海市第二中级人民法院（2016）沪 02 民终 10330 号民事判决书。

二审法院认为，根据现行公司法之规定，股东负有按照公司章程切实履行全面出资的义务，同时负有维持公司注册资本充实的责任。尽管公司法规定公司减资时的通知义务人是公司，但公司是否减资系股东会决议的结果，是否减资以及如何进行减资完全取决于股东的意志，股东对公司减资的法定程序及后果亦属明知，同时，公司办理减资手续需股东配合，对于公司通知义务的履行，股东亦应当尽到合理注意义务。江苏博×公司的股东就公司减资事项先后在2012年8月10日和9月27日形成股东会决议，此时德××公司的债权早已形成，作为江苏博×公司的股东，上海博×公司和冯某应当明知。但是在此情况下，上海博×公司和冯某仍然通过股东会决议同意冯某的减资请求，并且未直接通知德××公司，既损害江苏博×公司的清偿能力，又侵害了德××公司的债权，应当对江苏博×公司的债务承担相应的法律责任。公司未对已知债权人进行减资通知时，该情形与股东违法抽逃出资的实质以及对债权人利益受损的影响，在本质上并无不同。因此，尽管我国法律未具体规定公司不履行减资法定程序导致债权人利益受损时股东的责任，但可比照公司法相关原则和规定来加以认定。由于江苏博×公司减资行为上存在瑕疵，致使减资前形成的公司债权在减资之后清偿不能的，上海博×公司和冯某作为江苏博×公司股东应在公司减资数额范围内对江苏博×公司债务不能清偿部分承担补充赔偿责任。二审法院改判被上诉人上海博×公司在减资人民币19 000万元的范围内对被上诉人江苏博×公司结欠上诉人德××公司的上述债务承担补充赔偿责任。

点评：资本维持原则要求公司保持与其注册资本相当的资产，我国公司法要求公司减资时应通知已知的债权人并提前清偿债务或提供相应的担保，否则公司股东应在减资的范围内对债权人承担补充赔偿责任。

（四）公司资本三原则的评价

公司资本三原则是大陆法系国家遵循的基本原则，其根本目的在于维持公司清偿债务的能力。其基本逻辑是：资本确定原则确定公司资本的基本水准，资本维持原则确保此水准得以真实反映公司财力，资本不变原则是在债权人利益获得确切保障前，禁止此水准之变动。[1]但传统的资本三原则也存

〔1〕 方嘉麟：《论资本三原则理论体系之内在矛盾》，载《政大法学评论》1998年第59期。

在如下缺陷：

首先，以资本三原则为基础的公司资本制度不符合交易自由原则。一方面，高资本准入门槛以及严格的资本实缴义务成为投资者自由选择投资工具的巨大障碍；另一方面，严格的法定资本制堵塞了投资者的退出渠道。

其次，以资本三原则为基础的公司资本制度不符合交易效率原则。最低法定资本要求和严格的实缴资本制度增加了企业融资的难度，资本维持和资本不变原则下的程序要求增加了交易成本。

最后，以资本三原则为基础的公司资本制度难以实现交易安全。立法所规制的公司资本只能是反映在公司章程上的抽象资本，其并不能起到担保公司信用的作用。事实上，公司的资产信用特别是公司的实际财产、经营绩效和发展前景更能担保公司的信用，而这是资本三原则无能为力的。

（五）我国《公司法》对资本三原则的修正

为应对经济全球化条件下增强企业国际竞争力的迫切需要，我国逐渐放松对企业的政府管制，增强企业的自治权利，对传统的资本三原则进行了一定程度的修正。

我国《公司法》对资本三原则的修正主要表现在：废除法定资本最低限额规定；公司注册资本由实缴制改为认缴制；取消提供公司注册资本验资证明文件的规定；出资方式多样化；公司回购自己股份的放松；公司发行债券限制的缓和等。

第二节　公司资本制的类型

由于文化背景、司法制度和社会伦理观念的差异，大陆法系国家的公司资本制度形成了法定资本制，英美法系国家的公司资本制度形成了授权资本制。为克服法定资本制的缺陷，大陆法系国家和地区通过吸收授权资本制的合理因素，又形成了介于前两者之间的折中资本制。

一、法定资本制

法定资本制是指公司设立时公司章程必须记载公司资本总额并由公司发起人实缴的一种公司资本制度。法定资本制为法国所首创，后来为其他大陆法系国家所普遍采用。法定资本制的核心是资本确定原则。法定资本制的宗旨和立法目的是保护公司债权人的利益，确保交易安全。但法定资本制一方面抑制了投资人设立公司的积极性，另一方面导致了大量虚报注册资本骗取公司登记的现象，严重扰乱了社会经济秩序，破坏了交易安全。鉴于上述情况，我国在2013年《公司法》中修改了严格的法定资本制。

二、授权资本制

授权资本制是指公司设立时，发起人只需缴付公司章程记载的公司资本的部分，其余资本授权公司董事会在公司成立后根据需要发行的制度。因授权资本并非实际发行的资本，故又称为名义资本。授权资本包括如下含义：

（1）在公司设立时，必须在公司章程中明确记载公司拟发行的资本总额，即授权资本总额。

（2）公司章程确定的资本总额在公司设立时不需要一次性缴足，其余部分资本可以分期缴纳。

（3）公司成立后如需要增加资本，在授权资本范围内，董事会可自行决定发行新股，不必经过股东会决定修改公司章程。

授权资本制的优点是筹集资本灵活方便，资本利用率高，有利于公司的设立；并且公司成立后增资程序简便，有利于公司规模的迅速扩大。但其缺点是容易引起公司设立中的欺诈和投机等非法行为的滋生，不利于保护债权人利益和交易安全。

三、折中资本制

折中资本制，又称为折中授权资本制，是指公司在设立后，公司章程确定的资本总额不必一次募足，但首期发行股份不得少于法定最低限额，授权公司董事会在法定期限内随时发行新股。折中资本制是大陆法系国家在吸收英美法系授权资本制的基础上，为了调和传统的资本原则以保护债权人，而对英美的授权资本制进行的改造。现在德国、法国、日本等都被认为是实行折中资本制。折中资本制有两种形式：

（1）缴付折中资本制。它是指公司注册资本应当全部发行与认足，但股东无须全部缴付公司所发行资本的一种资本制度。公司章程授权董事会在公司设立后一定期限内，在授权的公司资本一定比例范围内发行新股和筹集资本，而无须股东会的特别决议。法定资本制下注册资本须一次发行，一次足额缴付。而在缴付折中资本制下，公司注册资本允许分期缴付，且对分期缴付出资没有严格的期限规定。德国、法国和意大利等均实行该制度。

（2）发行折中资本制。它是指公司设立时注册资本无须全部发行和认购，但对已经发行和认购的股份股东必须全部缴足的资本制。法律规定，公司第一次发行资本不得低于资本总额一定比例，未发行的股份授权董事会在公司成立后可随时发行。如日本公司法实行发行折中资本制。

折中资本制融合了法定资本制和授权资本制的优点，既便于公司的设立，又在一定程度上避免了设立欺诈行为。无论对于公司及其股东还是对于公司债权人利益的保护，折中资本制都是一种较为理想的公司资本制度。

案例15：公司成立后抽逃出资应承担法律责任〔1〕

原告××汇公司、××未来公司一审向毕节市中级人民法院提出诉讼请求：判令三被告叶某、高某某、叶某强立即连带返还抽逃的对××汇公司的出资本金75万元，并连带支付利息。

一审判决查明：三被告叶某、高某某、叶某强于2005年11月16日共同制定《××汇公司章程》，章程载明：××汇公司经登记机关核准登记，取得法人资格，公司出资总额与注册资本为300万元，其中货币出资100万元，实物出资200万元；公司由股东叶某、高某某、叶某强出资设立。

2012年10月18日，三被告叶某、叶某强、高某某作为甲方与原告××未来公司作为乙方、××汇公司作为丙方签订《织金县××汇矿业有限公司股权转让协议》（以下简称“2012年股权转让协议”），协议内容为：第1条股权转让的价格、期限及支付方式：1. 甲方（三被告）将持有的××汇公司100%股权转让价格为280万元。2. 自本协议生效之日起被转让之股权转移至乙方（××未来公司），乙方（××未来公司）拥有丙方（××汇公司）100%股权。协议签订后，三被告与原告××未来公司于2013年5月16日办理了公司证照及股权工商变更登记。

---

〔1〕 参见贵州省高级人民法院（2020）黔民终126号民事判决书。

2015年，叶某、叶某强、高某某以××未来公司拖欠股权转让款为由诉至一审法院，一审法院于2016年3月25日作出（2015）黔毕中民初字第113号民事判决，判令××未来公司自该判决书生效之日起15日内，支付叶某、高某某、叶某强股权转让款80万元及迟延履行金。后××未来公司不服，向贵州省高级人民法院提起上诉，贵州省高级人民法院于2016年8月15日作出（2016）黔民终347号民事判决书，判决驳回××未来公司的上诉，维持原判。

另查明，《××汇公司章程》（2012年10月19日）载明：公司注册资本为人民币300万元。2007年至2009年的3年间，公司实收资本225万元。在此期间，××汇公司不具有法定减资情形。还查明，截至二原告提起本案诉讼之日，××汇公司实收资本金仍尚未补足。在案《××汇公司年检报告书》所附“资产负债表”载明，2007年至2009年期间，××汇公司实收资本均为225万元，与“资产负债表”记载的2006年度公司实收资本300万元相较，减少75万元。二原告主张三被告抽逃出资款75万元，符合《公司法司法解释（三）》第12条“公司成立后，公司、股东或者公司债权人以相关股东的行为符合下列情形之一且损害公司权益为由，请求认定该股东抽逃出资的，人民法院应予支持：……（四）其他未经法定程序将出资抽回的行为”之规定，应予以确认。

依据××未来公司签订2012年股权转让协议之时的真实意思表示，不能认定三被告抽逃出资构成对××未来公司权益的损害。再者，形式上看，公司人格独立，公司意志遵循资本多数决原则。但本案中，××未来公司向三被告受让××汇公司100%的股权，成为公司唯一股东，××汇公司实质上已变更为只有一个法人股东即××未来公司的一人有限公司，××汇公司与××未来公司在对外意思表示上存在意志混同，××汇公司提起本案诉讼，实质是执行××未来公司意志的行为。依据前述分析，在××汇公司明知且放任三被告抽逃出资，而受让瑕疵股权系××未来公司依据真实意思“主动为之”的情况下，二原告诉请三被告承担出资补足责任，缺乏事实依据且有违诚实信用责任，依法应予驳回。

上诉人××汇公司、××未来公司不服一审判决向贵州省高级人民法院提出上诉。

二审法院认为，叶某、叶某强、高某某抽逃出资，违反了《公司法》第

35条的规定，根据2011年《公司法司法解释（三）》第12条“公司成立后，公司、股东或者公司债权人以相关股东的行为符合下列情形之一且损害公司权益为由，请求认定该股东抽逃出资的，人民法院应予支持：（一）将出资款项转入公司账户验资后又转出；（二）通过虚构债权债务关系将其出资转出；（三）制作虚假财务会计报表虚增利润进行分配；（四）利用关联交易将出资转出；（五）其他未经法定程序将出资抽回的行为”、第14条第1款“股东抽逃出资，公司或者其他股东请求其向公司返还出资本息、协助抽逃出资的其他股东、董事、高级管理人员或者实际控制人对此承担连带责任的，人民法院应予支持”的规定，叶某、叶某强、高某某应就其抽逃出资，不当转移公司财产的侵害行为，对公司承担侵权责任。抽逃出资行为，如前所述，侵犯了公司经营管理秩序，股东的权益，也侵犯了不特定公司债权人的利益，这一责任的承担，不以公司和其他股东的意思和主观心态为转移，公司和其他股东即使明知叶某、叶某强、高某某实施的抽逃出资行为，也不意味着公司和其他股东失去了依据《公司法司法解释（三）》第14条的规定，请求抽逃出资股东承担返还出资本息责任的权利。

何况，在本案中，××汇公司和作为股东的××未来公司也并没有认可叶某、叶某强、高某某对自身权益的损害。叶某、叶某强、高某某抽逃出资是其自身实施的侵犯公司权益的行为，未经××汇公司股东大会或董事会形成公司决议，不是公司意志，不代表当时的××汇公司认可这一抽逃行为，不存在××汇公司自己侵犯自己的权益，也并不代表××汇公司放弃追究叶某、叶某强、高某某返还出资本息的责任，××汇公司完全有权利追究其抽逃出资责任，要求其返还投资款本金和利息。可见，××未来公司没有认可叶某、叶某强、高某某对自身权益的损害，没有放弃对叶某、叶某强、高某某侵权行为责任的追究，在关联案件中自始至终主张相应权利，得不到支持后，才提起本案诉讼。

因此，根据《公司法司法解释（三）》第14条的规定，××汇公司、××未来公司要求叶某、叶某强、高某某连带返还出资本金75万元及利息的诉求，于法有据，应予以支持。一审判决认定叶某、叶某强、高某某抽逃出资，这一认定正确，但以××汇公司和××未来公司明知和认可抽逃出资行为，认定叶某、叶某强、高某某不承担返还出资本息的责任，系认定事实和适用法律错误，应予以纠正。

二审判决：一、撤销贵州省毕节市中级人民法院（2018）黔05民初110号民事判决；二、由被上诉人叶某、叶某强、高某某于本判决生效后10日内连带返还上诉人织金县××汇公司抽逃出资额75万元，并连带支付该笔款的利息。

点评：公司资本是公司得以维系的核心，亦是公司对外承担责任的基础。股东应当按期足额缴纳公司章程规定的各自所认缴的出资额。公司成立后，股东不得抽逃出资。股东抽逃出资，是指公司依法成立、完成实缴注册资本后，股东将其所缴纳的注册资本金，通过虚构债权债务关系、利用关联交易等形式从公司转出，而仍保留股东原有出资数额的欺诈性违法行为。因抽逃出资的实质是股东滥用股权和有限责任，损害公司和其他股东利益，违反公司资本制度，故为法律所禁止。

第三节　我国公司资本制度

我国的公司资本制度在本质上仍然属于法定资本制，我国现行《公司法》对于1993年和2005年《公司法》的资本制度进行了修改，主要体现在删除最低注册资本限制、首次出资最低比例限制和货币出资最低比例限制等方面。

从法律层面定位，我们仍然可以断定修订后的公司资本制度是法定资本制而非授权资本制。〔1〕英美法系的授权资本制规定的注册资本仅仅是一种名义资本，它表达的法律含义是股东会对公司董事会发行资本的一种最高限量授权，因此也称授权资本。公司成立时这种授权资本通常不会全额发行完毕，往往只发行一股或者两股。股东对公司缴付资本的义务只是由接受发行资本的数额多少所确定，与注册资本即名义资本（授权资本）无关。在名义资本限量范围内，董事会决定何时发行，每次发行数额多少、向谁发行，都不是股东会的决策事项，也就不能构成股东履行出资义务的法律责任。

〔1〕 甘培忠、吴韬：《论长期坚守我国法定资本制的核心价值》，载《法律适用》2014年第6期。

一、废除注册资本最低限额制

我国现行《公司法》完全废除了注册资本最低限额。公司的注册资本为在公司登记机关登记的全体股东认缴的出资额。公司的注册资本由公司股东或发起人自主决定认缴出资额、出资方式和出资期限等，排除了法律的干涉，体现了股东自治原则。

注册资本废除最低限额制并非取消注册资本。虽然在理论上说，注册资本为0元与1元的公司可能出现，但其无疑将受到市场主体和债权人的质疑，对于公司未来的发展未必是一件好事。而且注册资本为0元的公司也不影响股东权益比例的确定。

同时，我国为了维护金融安全和社会公共利益的需要，对于资金密集型和风险密集型企业，例外地保留了最低注册资本制度。这些公司或行业包括：①《公司法》规定的采取募集方式设立的股份有限公司；②现行法律、行政法规规定的银行业金融机构（包括商业银行、外资银行、金融管理公司、信托公司、财务公司、金融租赁公司、消费金融公司、货币经纪公司、村镇银行、贷款公司、农村信用合作社、农村资金互助社）、证券公司、期货公司、基金管理公司、保险公司、保险专业代理机构、保险经纪人、外资保险公司、直销企业、对外劳务合作企业、融资性担保公司；③2013年10月25日国务院第28次常务会议决定的劳务派遣企业、典当行、保险资产管理公司、小额贷款公司。

二、实行资本认缴制

我国现行《公司法》废除了对公司资本缴付的法律管制，由实缴制改为认缴制。公司的发起人可以根据公司章程记载的注册资本自行认购出资数额。发起人对认购的出资额既可以是一次性足额缴付，也可以是分期缴付。

注册资本认缴制适用于各种公司，既包括有限责任公司，也包括以发起方式设立的股份有限公司；既包括股权多元化的公司，也包括一人公司；既包括以发起方式设立的股份有限公司，也包括以募集方式设立的股份有限公司〔1〕；

---

〔1〕 有学者认为，注册资本认缴制不适用于以募集设立方式设立的股份有限公司，这种观点值得商榷。参见郑云瑞：《公司法学》（第2版），北京大学出版社2019年版，第209页。

既包括普通实体公司，也包括投资公司。其中一人有限责任公司的公司资本也可以实行认缴制，不过一人有限责任公司的股东不能证明公司财产独立于股东自己财产的，应当对公司债务承担连带责任。

三、废除强制验资制度

强制验资制度要求公司发起人缴纳全部出资后还应经法定验资机构验资并出具验资证明，这种制度是与注册资本实缴制是相适应的。现行《公司法》废除了强制验资制度，验资证明不必再作为公司申请设立登记的必备法律文件。

同时2014年《全国人民代表大会常务委员会关于〈中华人民共和国刑法〉第一百五十八条、第一百五十九条的解释》作出相应规定，刑法关于虚报注册资本、虚假出资、抽逃注册资本罪的规定仅适用于实行公司注册资本实缴登记制的公司。

第四节　股东出资制度

一、股东出资概述

股东出资是指公司设立或增加资本时，根据发起人协议、法律和公司章程的规定，股东向公司缴付金钱或履行其他给付义务的行为。狭义的股东出资仅指公司成立时股东的出资，广义的股东出资也包括在公司存续的任何期间，公司股权转让、增加资本、减少资本、公司分立和新股发行等行为。股东出资是股东最基本的义务，也是公司设立的必要条件之一，对公司未来的发展至关重要。

我国《公司法》第27条第1款规定："股东可以用货币出资，也可以用实物、知识产权、土地使用权等可以用货币估价并可以依法转让的非货币财产作价出资；但是，法律、行政法规规定不得作为出资的财产除外。"也即我国现行《公司法》是采用列举加概括的规定方式规定股东出资的种类，这极大地满足了股东和公司的投资需要。

二、股东出资方式

（一）货币出资

以货币出资是股东最常见的出资方式。我国现行公司法取消了货币出资占全部注册资本比例的规定。关于货币出资有以下两个问题需要探讨。

1. 贷款获得的现金能否出资。关于用贷款获得的现金能否出资，我国《公司法》没有明文规定。中国人民银行《贷款通则》第 20 条第 3 项规定，借款人不得用贷款从事股本权益性投资，国家另有规定的除外。有人据此否定贷款出资的法律效力。笔者认为，中国人民银行的《贷款通则》在性质上属于部门规章，违反其禁止性规定并不必然导致出资无效。且货币为特殊形式的财产，其为种类物，以占有为公示原则，在公司和其他股东为善意的情况下，不宜否认以贷款获得的现金出资的法律效力。

2. 以违法犯罪所得出资的法律效力。对于以违法犯罪所得出资的法律效力在司法实践中存在三种观点：出资有效，股权无效；出资无效，设立有效；出资无效，设立无效。为了统一认识，《公司法司法解释（三）》第 7 条第 2 款明确规定："以贪污、受贿、侵占、挪用等违法犯罪所得的货币出资后取得股权的，对违法犯罪所得予以追究、处罚时，应当采取拍卖或者变卖的方式处置其股权。"根据《公司法司法解释（三）》的规定，以违法犯罪所得的出资，出资行为本身有效，但对出资人因此取得的股权属于违法犯罪所得，应该予以追缴。不过，如果违法犯罪所得的出资构成了公司的主要注册资本，或者其他股东明知其出资是违法犯罪所得，或者以违法犯罪所得出资是全体发起人的共谋行为，则该出资和公司设立应为无效。

（二）实物出资

实物指能够以现金评估其价值的有体物，包括建筑物、厂房、机器设备等有形财产。作为出资的实物必须具备以下条件：①该实物可以通过估价对其价值进行评估和计算。②出资人对该实物拥有所有权并可以依法转让。③该实物对被投资公司应具有有益性。有学者认为，作为实物出资的实物应该一次性缴纳，[1]但从我国《公司法》的规定中并不能得出这样的结论。该法第

---

〔1〕 参见范健、王建文：《公司法》（第 5 版），法律出版社 2018 年版，第 247 页。

28条和第83条规定："……以非货币财产出资的，应当依法办理其财产权的转移手续……"

(三) 知识产权出资

知识产权指专利权、商标权、著作权和非专利技术等无形财产权。我国现行的《公司法》取消了对于知识产权出资比例的限制，将更有利于高新技术的发展。但知识产权必须评估，评估必须客观真实。

(四) 土地使用权出资

土地使用权是指土地使用权人对他人土地加以利用并获得收益的权利。在我国，土地属于国家或集体所有，公民或法人取得土地使用权只能通过出让或转让方式取得。作为土地使用权出资入股必须具备以下条件：①土地的出资是使用权的出资，而不是所有权的出资。②用于出资的土地使用权只能是国有土地的使用权，而不能是集体土地的使用权。③用于出资的土地使用权只能是出让土地的使用权，而不能是划拨土地的使用权。④用于出资的土地使用权应是未设权利负担的土地使用权。

(五) 其他非典型出资

1. 股权出资。股权出资具有普遍性。股权从理论上讲既包括有限责任公司的股权，也包括股份有限公司的股权；既包括上市公司的股权，也包括非上市公司的股权。根据《公司法司法解释（三）》第11条第1款的规定，作为股权出资必须具备以下条件：①出资的股权由出资人合法持有并可以依法转让；②出资的股权无权利瑕疵或权利负担；③出资人已履行关于股权转让的法定手续；④出资的股权已依法进行了价值评估。

为规范涉及外资企业的股权出资行为，商务部于2012年9月21日发布了《商务部关于涉及外商投资企业股权出资的暂行规定》（已失效），允许境内外投资者以其持有中国境内企业的股权作为出资，设立及变更外资企业。

2. 债权出资。债权出资又称债转股，是指投资人以其对公司或第三人的债权向公司出资的情形。债权人可以将其依法享有的对在中国境内设立的公司的债权转为公司股权。转为公司股权的债权应当符合下列情形之一：①债权人已经履行债权所对应的合同义务，且不违反法律、行政法规、国务院决定或者公司章程的禁止性规定；②经人民法院生效裁判或者仲裁机构裁决确认；③公司破产重整或者和解期间，列入经人民法院批准的重整计划或者裁定认可的和解协议。

用以转为公司股权的债权有两个以上债权人的，债权人对债权应当已经作出分割。债权转为公司股权的，公司应当增加注册资本。

3. 探矿权、采矿权出资。探矿权、采矿权出资，是指探矿权人和采矿权人将其依法取得的探矿权、采矿权转让给设立中的公司或已经成立的公司作为出资的情形。探矿权是指在依法取得的勘查许可证规定的范围内，勘查矿产资源的权利。采矿权是指在依法取得的采矿许可证规定的范围内，开采矿产资源和获得其矿产品的权利。

探矿权和采矿权是可以作为设立公司的出资的，不过这种出资要办理探矿权和采矿权的转让手续才能办理。根据我国《探矿权采矿权转让管理办法》的相关规定，转让探矿权需要具备下列条件：①自颁发勘查许可证之日起满2年，或者在勘查作业区内发现可供进一步勘查或者开采的矿产资源；②完成规定的最低勘查投入；③探矿权属无争议；④按照国家有关规定已经缴纳探矿权使用费、探矿权价款；⑤国务院地质矿产主管部门规定的其他条件。转让采矿权，应当具备下列条件：①矿山企业投入采矿生产满1年；②采矿权属无争议；③按照国家有关规定已经缴纳采矿权使用费、采矿权价款、矿产资源补偿费和资源税；④国务院地质矿产主管部门规定的其他条件。国有矿山企业在申请转让采矿权前，应当征得矿山企业主管部门的同意。

案例16：以探矿权出资入股已办理转让手续可认定出资到位〔1〕

××云南公司一审诉讼请求：一、判令恒××A公司、广××公司、林某向××云南公司交纳设立公司的出资10 857万元，由×林公司承担连带责任；二、判令恒××A公司、广××公司、林某赔偿××云南公司经济损失32 400 698.54元，由×林公司承担连带责任。

云南省高级人民法院一审法院认定事实：2010年5月7日，×煤集团与广××公司、恒××A公司、××经营部签订了关于××云南公司的《出资人协议》。××云南公司注册资本为1亿元，×煤集团占51%，广××公司占9%，恒××A公司占34%，××经营部占6%。×煤集团以货币5100万元出资；广××公司以拥

〔1〕 参见最高人民法院（2019）最高法民终1391号民事判决书。

有的 A 煤矿勘探权作价出资 900 万元；恒××A 公司以其拥有的 D 煤矿探矿权作价出资 3400 万元；××经营部以其拥有的 B 煤矿精查探矿权、C 煤矿探矿权作价出资。协议各方同意，广××公司、恒××A 公司、××经营部拥有的探矿权聘请具有资质的评估机构进行评估，并以评估为依据，协商作价，由各方共同签署《探矿权出资作价协议》。同时，协议约定探矿权协议作价超过股权出资部分，作为合资公司对恒××A 公司、广××公司等的负债处理，如评估价值低于作价出资，恒××A 公司、广××公司等同意以现金补足。

2010 年 2 月 10 日，××山公司根据委托人丰×公司的委托，出具了××山矿权评报字（2009）128 号、129 号、130 号、133 号评估报告。结论为：A 煤矿勘探探矿权于评估基准日 2009 年 11 月 30 日所表现的评估价值为 2179.89 万元；B 煤矿精查探矿权评估基准日 2009 年 11 月 30 日所表现的评估价值为 1155.69 万元；C 煤矿探矿权于评估基准日 2009 年 11 月 30 日所表现的评估价值为 375.82 万元；D 煤矿勘探探矿权于评估基准日 2009 年 11 月 30 日所表现的评估价值为 8848.32 万元。

2010 年 5 月 7 日，×煤集团作为甲方与广××公司（乙方）、恒××A 公司（丙方）、××经营部（丁方）签订了《探矿权出资作价协议》。各方确认前述××山公司对案涉拟出资探矿权的评估结果。并对拟出资的探矿权作价如下：乙方拥有的 A 煤矿探矿权协商作价 1965 万元，股权出资作价 900 万元，占注册资本 9%；丙方拥有 D 煤矿探矿权协商作价 7508 万元，股权出资作价 3400 万元，占注册资本 34%；丁方拥有的 B 煤矿、C 煤矿探矿权协商作价 1045 万元、339 万元，股权出资作价共 600 万元，占注册资本 6%。

2011 年 2 月 1 日，××云南公司各股东通过股东会决议，一致确认，××云南公司注册资本增加到 22 157 万元，其中：×煤集团认缴出资额 11 300 万元，占比 51%，出资方式为货币；广××公司认缴出资额 1965 万元，占比 8.87%；恒××A 公司认缴出资额 7508 万元，占比 33.88%；××经营部认缴出资额 1384 万元，占比 6.25%。广××公司、恒××A 公司、××经营部出资方式均为探矿权。2011 年 7 月 19 日，×煤集团向××云南公司转款 6200 万元。此后，按照上述修改公司章程事项，××云南公司完成相应工商变更登记。

2011 年云南省矿业权交易中心出具证明，恒××A 公司、广××公司、××经营部分别将其控制的探矿权以 3400 万元、900 万元、200 万元和 400 万元已转让给××云南公司。

2011 年 10 月，恒××A 公司、广××公司、××经营部分别与×林公司签订股权转让协议，分别将其持有的××云南公司的 33.88%、8.87%、6.25%股权作价转让给×林公司。

2012 年 3 月 26 日，×煤集团发出《关于无偿划转××云南公司股权的通知》，决定以 2012 年 1 月 1 日为基准日，将×煤集团所持有××云南公司 51%的股权，无偿划转给×煤贵州公司持有。

本案一审争议焦点如下：一、××云南公司要求恒××A 公司、广××公司、×林公司、林某补足出资的诉请能否成立；二、××云南公司要求恒××A 公司、广××公司、×林公司、林某承担损失责任的诉请能否支持。

依本案查明的事实，××云南公司系原股东×煤集团与恒××A 公司、广××公司、××经营部共同出资设立。其中×煤集团占股 51%，货币出资 11 300 万元；恒××A 公司、广××公司、××经营部以名下拥有的四个探矿权作价出资，合计占股 49%，探矿权评估作价出资 10 857 万元。此后，恒××A 公司、广××公司、××经营部将上述股份全数转让给×林公司。××云南公司认为，恒××A 公司、广××公司、××经营部同时存在虚假出资与出资不足两种情形，用虚假地质资料进行评估的探矿权没有价值，应按照公司章程全额补足出资。

围绕××云南公司的诉请分析，一审法院认为，案涉探矿权系国土资源主管部门颁发真实有效的权利证书，在××云南公司成立之后，从恒××A 公司、广××公司等名下已转移至××云南公司所有，依法办理了相应的权属变更登记，四个探矿权已属于××云南公司名下的财产。本案××云南公司的诉讼主张应指恒××A 公司、广××公司等存在出资不足，即案涉四个探矿权对应的价值显著低于公司章程规定，从而要求恒××A 公司、广××公司等补足出资。

一审法院认为：第一，按照《出资人协议》等相关约定，×煤集团以现金出资，恒××A 公司、广××公司等以探矿权作价出资共同设立××云南公司是时任各发起人股东的一致意思表示；第二，按照××云南公司提交的江西省国有资产监督管理委员会文件证实，××云南公司成立经过了江西省国资委的事前合规性审查，同意×煤集团以现金出资，恒××A 公司、广××公司等以名下探矿权作价出资；第三，按照法律规定以探矿权作价出资需依法对探矿权价值进行评估；第四，案涉四个探矿权由×煤集团下属关联企业丰×公司委托××山公司出具了《矿权价值评估报告》。以上事实证明，从形式上判断，××云南公司系当事人意思自治并按照法律规定程序设立。从实质分析，首先，2009年9月，××云南公司另一发起人股东，即本案第三人×煤集团的下属关联企业丰×公司在与恒××A公司、广××公司等合作过程中，出具了包括案涉探矿权在内的《云南煤矿项目尽职调查报告》，该报告披露了案涉四个探矿权基本情况、存在问题及风险，并形成了相应结论。其中明确D煤矿、A煤矿煤炭资源量待评审，C煤矿未作地质工作，可参考A煤矿地质报告资料，B煤矿地质工作程度较低，只有一个地质钻孔，需进一步进行地质勘探工作。之后，丰×公司委托××山公司对案涉四个煤矿探矿权进行评估，形成四份评估报告。虽丰×公司最终未与恒××A公司、广××公司等合作，但此后事实证明，×煤集团认可该份尽职调查报告，并在此基础上，采用了丰×公司委托××山公司出具的评估报告的内容及结论。其次，从××山公司的四份评估报告内容分析，也注意到C煤矿、B煤矿完成的前期工作程度较低，仅为预测性质，报告确定的储量已进行相应扣减。同样，D煤矿、A煤矿依据地质资料预估的资源储量按照评估规范进行了调整。以上两点证实，设立××云南公司的各发起人，尤其是×煤集团对拟要开展的合作，即恒××A公司、广××公司等股东出资的风险情况是明知且愿意接受，其自身作为从事煤炭行业的国有企业，对于该商业风险的判断能力并不低于一般商业主体。最后，回到探矿权本身而言，该种权利价值与风险并存。从××云南公司成立后至2014年间，对四个煤矿的勘探、开发情况来看，2010年2月11日，云南省国土资源厅出具评审备案证明，表明D煤矿的探明储量已经得到国土部门的评审备案。同时，D煤矿的评审意见书明确载明该矿系在原恒××A公司委托223队勘查基础上，编制了勘探报告，后经修改补充，报送云南省国土资源厅矿产资源储量评审中心申报评审，该评审意见书对勘探报告中载明的储量6962万吨予以认可。与××山公司关于D煤矿勘探探矿权评估报告中的资源储量依据及数据一致，且评估报告出具日期（2010年2月10日）与评审意见通过日期（2010年2月11日）仅相差一天。以上事实证明，在××云南公司设立时用于出资的D煤矿探矿权载明的资源储量得到有权机构评审认可，且具备相应价值。××云南公司提交的相关证据不能充分证实其上述主张。云南省高级人民法院一审判决驳回××云南公司的诉讼请求。××云南公司提出上诉，最高人民法院驳回上诉，维持原判。

点评：以探矿权和采矿权出资不违反公司法的规定，但要办理权属转移手续。本案中，各股东已经办理了探矿权的转移手续，国土部门出具了相关证明，并经过了法定机构的评估，符合出资条件。

4. 公路经营权出资。在我国，随着高等级收费公路的出现，在收费公路上形成了公路经营权。为了盘活资金，缓解筹资压力，我国原交通部于1996年颁布了《公路经营权有偿转让管理办法》（已失效）。其第5条规定，公路经营权是依托在公路实物资产上的无形资产，是指经省级以上人民政府批准，对已建成通车公路设施允许收取车辆通行费的收费权和由交通部门投资建成的公路沿线规定区域内服务设施的经营权。在这里，公路经营权是作为无形资产用作出资的。当然，公路经营权作为无形资产出资也必须经过评估作价才能投资入股。

5. 劳务、信用、姓名、商誉、特许经营权等。劳务是指行为人以提供活劳动的形式满足他人某种需要的活动。劳务在法律上不属于有体物或财产权利，而是行为，它既包括体力劳动，也包括脑力劳动。在有些国家或地区允许以劳务作为出资，但数量不多。由于我国公司法规定作为出资必须能够"以货币估价并可以依法转让"，所以目前公司法不允许以劳务出资。[1]基于同样的原理，信用、自然人姓名 、商誉和特许经营权等在我国均不允许作为设立公司或公司增资时的出资方式。

第五节　股东瑕疵出资

一、股东瑕疵出资及表现形式

股东瑕疵出资指股东违反出资义务的所有行为，包括未履行出资义务、未全面履行出资义务以及抽逃出资等。

---

〔1〕《中华人民共和国合伙企业法》第16条第1款规定，合伙人可以用货币、实物、知识产权、土地使用权或者其他财产权利出资，也可以用劳务出资。

股东瑕疵出资具有如下特征：第一，股东对公司存在出资义务，这是股东瑕疵出资的前提。第二，股东瑕疵出资涉及多重责任。首先是对公司的责任，其次是对公司债权人的责任，最后是对其他股东的违约责任。第三，瑕疵出资责任的承担主体多样。这里所说的责任主体不仅包含瑕疵出资的股东，而且包含公司设立时的其他股东。

在公司实务中股东瑕疵出资主要有以下几种表现形式：

（一）未出资和未完全出资

未出资是指股东完全没有履行任何出资义务。依据股东的主观状态，未出资又分为拒绝出资和出资不能。未完全出资是指股东虽然履行了出资，但是存在不及时、不足额、不适当出资等情形，这些都是实践中的常见现象。

（二）虚假出资

虚假出资是指股东出资存在不真实的情况。实践中，对出资财产的虚构行为主要通过以下形式表现出来：一是针对货币出资，公司发起人违反有关法律，未将货币交付给公司却欺骗公司进行出资登记。二是针对实物或产权出资，发起人违反法律规定的转移程序，或者对财产不进行实质的转移、过分高估实物财产的价值。

（三）抽逃出资

抽逃出资是指公司成立后未按照法定条件或程序就将其出资全部或部分撤回的情形。股东抽逃出资有以下的行为方式：①股东直接将其出资撤回。②通过虚构债权债务关系将其出资转出。③制造虚假的财务会计报表虚增利润进行分配。

二、股东瑕疵出资的民事责任

（一）瑕疵出资股东对公司的资本充实责任

瑕疵出资股东的资本充实责任，就是股东应继续向公司履行其未完成的出资义务。它来源于法律的强制性，不以公司发起人协议的约定为前提。承担资本充实责任的主体不仅包括瑕疵出资股东，还包括公司中存在过错的董事、高级管理人员和其他实际控制人。

《公司法司法解释（三）》第 13 条第 1 款规定，股东未履行或者未全面履行出资义务，公司或者其他股东请求其向公司依法全面履行出资义务的，人民法院应予支持。股东必须在规定时间内足额缴纳其所承诺的出资额度，当股东的非货币出资价值与评估价值以及公司要求的出资金额有明显差距时，则要尽快补足差额，抽逃出资的股东要承担补足出资的义务。

案例17：股东未履行出资义务应向公司承担补足出资义务[1]

2016年5月16日××集团向法院一审起诉请求：判令××嘉公司向××集团公司支付其于2003年1月10日至2004年9月期间占用南京市12幢建筑物的占用费约5 069 504元及利息400万元。

一审认定事实：案外人王某某原系××集团公司国际业务部主任。2003年1月2日××集团公司与王某某作为发起人共同签订《发起人（集资）协议》，该协议载明：预计注册资本为1000万元；××集团公司出资方式为实物，数额为600万元，王某某出资方式为货币，数额为400万元；预计到位时间2003年1月5日；公司名称为××集团××嘉公司。同日，××嘉公司召开首次股东会议，确认××嘉公司股东为××集团公司和王某某，其中××集团公司以实物出资600万元，王某某以货币出资400万元，于2003年1月3日已全部到位，决定公司合资经营期限为10年，并讨论通过公司章程等。

2003年1月10日，受××嘉公司（筹）全体股东的委托，南京××会计师事务所出具《验资报告》，该报告载明：经审验，截至2003年1月10日止，贵公司（筹）已收到全体股东缴纳的注册资本合计1000万元整。各股东以货币出资400万元，实物出资600万元。在该报告的验资事项说明“三、审验结果”中载明：××集团公司缴纳600万元。于2003年1月9日投入位于白下区的建（构）筑物，评估价值为600.41万元，全体股东确认的作价为600万元。江苏××资产评估有限公司已对××集团公司出资的实物资产进行了评估，并出具了资产评估报告书，在左下方的接受单位全体股东处，有“王某某”的签名字样及××集团公司公章。

2003年1月13日，南京市工商行政管理局核准设立××嘉公司。2005年1月19日王某某因涉嫌挪用资金罪被刑事拘留，后被南京市下关区人民法院判决犯挪用资金罪和公司人员受贿罪，决定执行有期徒刑5年6个月。

---

[1] 参见江苏省高级人民法院（2015）苏商终字第00606号民事判决书。

2013 年 6 月 27 日王某某以××嘉公司经营期限届满为由，向南京市中级人民法院提出强制清算申请。2013 年 11 月 25 日该院作出民事裁定书，裁定受理王某某要求指定清算组对××嘉公司进行清算的申请，并指定江苏××清算事务所有限公司员工为清算组成员。

2014 年 3 月 18 日××嘉公司清算组向××嘉公司法定代表人杨××、××嘉公司工作人员张×、××集团公司分别发函，要求移交××嘉公司资料。2014 年 3 月 26 日××集团公司向××嘉实业清算组移交了××嘉公司公章、企业法人营业执照正本、副本，税务登记证书正本、副本，机构代码证副本及 IC 卡。

后××集团公司向××嘉公司清算组申报债权，其中包含涉案房屋占有使用费 5 069 504 元和利息 400 万元，××嘉公司清算组认为××集团公司未能提供充分证据，未将××集团公司申报的债权编入债权表。

一审法院经审理，判决××集团公司于判决生效之日起 10 日内向××嘉公司以货币方式补缴注册资本 600 万元，并赔偿相应的利息损失。××集团公司不服该判决，向江苏省高级人民法院提起上诉。

江苏省高级人民法院经审理认为，本案中，××嘉公司设立之初，××集团与王某某所签署的《发起人（集资）协议》及公司章程均明确××集团系实物出资，验资报告载明的实物为建（构）筑物，评估价值为 600.41 万元。本院庭审中，××集团再次确认以上述实物的所有权出资，但由于该构筑物一直未办理且也无法办理权属转移手续，故××集团的出资不符合法律规定。原审法院根据《公司法》的相关规定，及《公司法司法解释（三）》第 13 条第 1 款规定，支持××嘉公司要求××集团以货币方式补齐出资并按照银行同期贷款利率标准承担利息损失，有事实和法律依据。至于双方所争议的××集团是否已实际将上述房地产交付××嘉公司使用、使用费用承担等问题系××嘉公司与××集团另一法律关系，双方可另行协商解决，驳回上诉，维持原判决。

点评：《公司法》第 27 条规定："股东可以用货币出资，也可以用实物、知识产权、土地使用权等可以用货币估价并可以依法转让的非货币财产作价出资；但是，法律、行政法规规定不得作为出资的财产除外……" 第 28 条规定："股东应当按期足额缴纳公司章程中规定的各自所认缴的出资额。股东以货币出资的，应当将货币出资足额存入有限责任公司在银行开设的账户；以非货币财产出资的，应当依法办理其财产权的转移手续……”股东未履行或未全面履行出资义务的行为，违反了公司资本维持原则，对债权人利益构成较大威胁。为了保护债权人利益，法律明确公司或者其他股东请求其向公司依法全面履行出资义务的，人民法院应予支持。在本案中，××集团公司虽然承诺以实物即建筑物出资，但一直未办理权属转移手续，××嘉公司对该建筑物只是占用关系，应认定××集团公司未履行出资义务，需承担补足出资责任。

（二）瑕疵出资股东对公司债权人的赔偿责任

《公司法司法解释（三）》第13条第2款规定，公司债权人请求未履行或者未全面履行出资义务的股东在未出资本息范围内对公司债务不能清偿的部分承担补充赔偿责任的，人民法院应予支持；未履行或者未全面履行出资义务的股东已经承担上述责任，其他债权人提出相同请求的，人民法院不予支持。根据该司法解释：①瑕疵出资股东对公司债权人所负的不是连带责任，而是补充责任。即只有在公司难以偿还债务时，才能由瑕疵出资股东来承担赔偿责任。②瑕疵出资股东的赔偿限额不能超过其应出资的本息之和，这反映了股东的责任是有限的。瑕疵出资股东进行了补充赔偿之后，其他债权人无权继续要求瑕疵出资股东向其承担赔偿责任。

案例18：股东未履行出资义务，对公司的债权人应在出资不实的范围内承担连带补充赔偿责任[1]

原告张某某向重庆市第一中级人民法院一审诉称：关于张某某诉××洋公司买卖合同纠纷一案，重庆市渝北区人民法院作出民事判决书，由××洋公司向张某某支付欠款1 489 241元。判决书生效后，张某某向法院申请强制执行。在执行过程中，因××洋公司无可供执行财产，至今其未履行任何付款义务。张某某现查明，××洋公司系于1998年成立的合资经营公司，其出资设立股东为A公司、B公司、C公司，××洋公司在注册成立时其股东A公司未能全面履行出资义务，存在虚假出资的情况。故根据法律相关规定，在××洋公

[1] 参见重庆高级人民法院（2014）渝高法民终字第00202号民事判决书。

司无力承担债务的情况下，作为虚假出资的股东A公司应在出资不实的本息范围内对××洋公司的债务承担赔偿责任，其他二股东承担连带赔偿责任。

一审法院判决查明事实：1998年，A公司、B公司、C公司作为发起人，共同投资设立××洋公司。章程规定：××洋公司注册资本为1750万元，其中B公司投资700万元，C公司投资87.5万元，A公司投资962.5万元。各方应在约定时间内以各自的形式完成投资。投资完成后，由法定的验资机构对各方投入的实物资产以及工程量进行估价，以确定各方实际投入的资本数量。重庆××会计师事务所于2000年2月28日出具《验资报告》，证明××洋公司的注册资本金全部到位。A公司的出资方式为实物出资，其中含混凝土搅拌车8辆。固定资产移交清单载明，该8辆混凝土搅拌车投入金额为6 298 855.83元。2005年6月9日，重庆市工商行政管理局作出行政处罚决定书，称A公司实物出资的价值6 298 855.83元的混凝土搅拌车未依法办理财产权转移手续，其所有权仍属××贸易公司所有，A公司在设立××洋公司过程中有虚假出资行为，据此要求A公司改正并处罚金。2008年，重庆市南岸区人民法院作出民事判决书，判决××洋公司返还××贸易公司8台混凝土罐车。

另查明，关于张某某与××洋公司买卖合同纠纷一案，重庆市渝北区人民法院于2010年9月21日作出民事判决书，××洋公司在判决生效后10日内给付张某某货款1 489 241.12元。该判决书生效后，张某某就该案向重庆市渝北区人民法院申请强制执行。在执行过程中，重庆市渝北区人民法院于2011年8月8日作出民事裁定，因××洋公司无可供执行财产，裁定终结本次执行程序。

法院判决认定：根据张某某所举示的民事判决书和民事裁定书载明的内容，在A公司、B公司、C公司无相反证据予以反驳的情况下，足以证明××洋公司应向张某某承担相应的偿付义务，且至今为止，××洋公司没有可供执行的财产。A公司系××洋公司的股东，重庆市工商行政管理局于2005年查处其在××洋公司设立时有虚假出资行为，虚假出资为价值6 298 855.83元的8辆混凝土搅拌车，此后该8辆混凝土搅拌车被判决返还××贸易公司，也无证据显示A公司另行补足了出资。据此，足以认定A公司虚假出资的金额为6 298 855.83元。鉴于××洋公司现已无财产可供清偿债务，且张某某在本案中诉请A公司承担的债务金额未超过A公司虚假出资6 298 855.83元本息的范围，故对张某某要求A公司在虚假出资6 298 855.83元的本息范围内对××洋公司应履行付款债务不能清偿部分承担补充赔偿责任的请求，原审法院予以支持。另根据《公司法司法解释（三）》第13条第3款的规定，股东在公司设立时未履行或者未全面履行出资义务，依照本条第1款或者第2款提起诉讼的原告，请求公司的发起人与被告股东承担连带责任的，人民法院应予支持。B公司及C公司系××洋公司设立时的股东，亦为公司发起人，A公司在公司设立时未履行或者未全面履行出资义务，发起人B公司、C公司应对出资不实股东A公司承担的上述债务承担连带责任。张某某请求B公司、C公司与A公司承担连带责任的诉讼请求，原审法院予以支持。遂判决：一、被告A公司在虚假出资金额6 298 855.83元的本息范围内对××洋公司向原告张某某履行的债务承担补充赔偿责任；二、被告B公司、C公司对上述第一项债务承担连带责任。

B公司对上述判决不服，向重庆市高级人民法院提起上诉。二审法院判决驳回上诉，维持原判。

点评：根据《公司法司法解释（三）》第13条第2款的规定，公司债权人请求未履行或者未全面履行出资义务的股东在未出资本息范围内对公司债务不能清偿的部分承担补充赔偿责任的，人民法院应予支持。其他股东应与出资不实的股东对公司债务在公司不能清偿的债务范围内承担连带清偿责任。本案中，作为××洋公司的股东的A公司存在虚假出资，其应在出资不实的范围内对××洋公司的债权人承担补充赔偿责任，其他两个发起人B公司和C公司承担连带赔偿责任。

（三）出资瑕疵股东对其他股东的违约责任

股东出资不到位，导致公司成立后缺乏必要的营业资本而陷入困境，给公司造成损失，也损害了其他股东的权益。无论是基于公司设立协议还是公司章程，已支付全部资本的股东都有权要求违反出资义务的股东承担违约责任。我国《公司法》第28条第2款规定，股东不按照前款规定缴纳出资的，除应当向公司足额缴纳外，还应当向已按期足额缴纳出资的股东承担违约责任。

案例19：股东未完全履行出资义务不同于未履行出资义务〔1〕

亿B公司向汕头市中级人民法院一审起诉请求：1. 确认乐×××公司对亿A公司未履行出资义务；2. 确认乐×××公司对亿A公司不享有利润分配请求权、新股优先认购权、剩余财产分配请求权等股东权利；3. 判令乐×××公司向亿B公司支付违约金106.64万港元。

一审法院查明：

1993年11月29日，亿B公司、乐×××公司、××二建公司签订《关于合资成立“××厂房开发有限公司”协议书》，约定三方合资成立亿A公司。

1993年12月25日，亿B公司、乐×××公司、××二建公司签订《合资成立“××厂房开发有限公司”合同》，约定亿A公司的注册资本为3100万港元，其中乐×××公司提供9.3亩土地使用权折价1333万港元，占43%；亿B公司投入资金1240万港元，占40%；××二建公司投入资金527万港元，占17%及负责全部工程基建任务；乐×××公司应于领取工商营业执照之日起一个月内交付9.3亩土地使用权；亿B公司应在三个月内投入第一期资金500万港元；××二建公司投入资金200万港元，其余款项在一年内投完。同日，三方制定了《××厂房开发有限公司章程》。

1995年3月31日，亿A公司记账凭证记载，乐×××公司交付5.65亩土地使用权，按实收资本人民币8 098 333元入账，并附有亿A公司出具的收到乐×××公司人民币8 098 333元的《收款收据》。

1996年6月28日，受亿A公司委托，××审计师事务所出具《验资报告》载明：经验证，亿A公司截至1995年12月31日投入注册资本如下：一、乐×××公司已交付海滨路北侧5.65亩土地使用权，折合人民币8 098 333元，占应缴注册资本1333万港元的60.74%。二、亿B公司已汇入310万港元，折合人民币3 415 620元，占应缴注册资本1240万港元的25%。三、××二建公司负责全部工程基建任务，并以工程款527万港元作为投入注册资本，因工程未竣工，故尚未转入。

2012年3月30日，亿A公司召开董事会议，对乐×××公司在亿A公司的股东权利作出限制，主要内容是：因乐×××公司未履行出资义务，乐×××公司

〔1〕 参见最高人民法院（2016）最高法民再357号民事判决书。

对亿A公司不享有利润分配请求权、新股优先认购权、剩余财产分配请求权等股东权利。

另查明：1994年7月26日至2012年5月31日期间，亿B公司向亿A公司共投资1500万元左右；1994年6月15日至1999年3月8日期间，亿B公司向亿A公司共投入人民币3 476 088元；2011年6月1日至2012年5月31日期间，亿B公司向亿A公司共投入人民币7 672 026元。

一审法院认为：本案争议的焦点是，乐×××公司是否依照约定履行了对亿A公司的出资义务。

关于乐×××公司是否依照约定履行了对亿A公司的出资义务的问题。亿B公司、乐×××公司和××二建公司签订的《合资成立“××厂房开发有限公司”合同》依法成立，合法有效，三方均应按照约定全面履行自己的义务。三方当事人为设立亿A公司所制定的《××厂房开发有限公司章程》对亿A公司、亿B公司、乐×××公司和××二建公司均具有约束力。本案中，亿B公司主张5.65亩土地使用权是基于亿A公司与惠州城市管理公司的权益转让协议受让取得的，相关对价均由亿A公司支付，乐×××公司实际上并没有依照约定履行对亿A公司的出资义务。根据2011年《公司法司法解释（三）》第21条关于“当事人之间对是否已履行出资义务发生争议，原告提供对股东履行出资义务产生合理怀疑证据的，被告股东应当就其已履行出资义务承担举证责任”的规定，乐×××公司既没有提供证据证明在设立亿A公司时其拥有9.3亩土地使用权，也没有提供证据证明在海滨路5.65亩土地使用权确权到亿A公司名下之前其已经取得土地使用权。乐×××公司关于其已履行了大部分出资义务的抗辩，证据不足，理由不成立，不予采纳。亿B公司起诉请求法院确认乐×××公司没有履行出资义务，证据充分，事实清楚，予以支持。

关于乐×××公司是否应对亿B公司承担没有对亿A公司出资的违约责任的问题。本案中，按照合资合同的约定，亿B公司应投入资金1240万港元，于领取工商营业执照之日起三个月内投入第一期资金500万港元，其余款项在一年内投完。亿A公司领取企业法人营业执照的时间是1994年4月11日，则亿B公司应于1994年7月11日前投入第一期资金500万港元，其余款项在1995年4月11日前投完。根据查明的事实及亿B公司的主张可以看出，亿B公司并没有完全按照合同约定投入资金。因此，亿B公司本身非守约方，无权要求乐×××公司对其承担没有出资的违约责任。亿B公司请求判令乐×××公司向其支付违约金106.64万港元，理由不成立，予以驳回。

一审判决：一、确认乐×××公司未履行向亿A公司出资的义务；二、确认乐×××公司不享有亿A公司的股东利润分配请求权、新股优先认购权、剩余财产分配请求权等股东权利；三、驳回亿B公司的其他诉讼请求。

乐×××公司不服一审判决，向广东省高级人民法院提起上诉。二审法院认为：一审判决对此认定恰当，应予维持。乐×××公司不服二审判决，向最高人民法院申请再审。

最高人民法院认为，根据查明的事实，乐×××公司的出资义务是以土地使用权作为出资方式，而非以资金作为出资方式。由于乐×××公司的出资义务是提供9.3亩土地使用权，而其仅提供了5.65亩土地使用权，因此，乐×××公司并未完全履行出资义务。不能将亿A公司代为支付对价的行为等同于亿A公司履行股东出资义务的行为，因为亿A公司恰恰是股东之间合资成立的目标公司，并非合资公司的股东。一、二审法院混淆了股东履行出资义务的行为和因履行出资义务而对外支付对价的行为，仅以亿A公司获得5.65亩土地使用权的对价实际系由亿A公司支付为由，认定乐×××公司未履行出资义务，属于认定事实错误，应予纠正。

最高人民法院终审判决撤销广东省高级人民法院民事判决以及广东省汕头市中级人民法院民事判决，驳回亿B公司的诉讼请求。

点评：土地使用权的出资不同于现金出资，不能仅因土地使用权的对价是由他人支付就否定其出资行为。在认定乐×××公司部分出资的情况下，亿A公司支付对价与其是另一债权债务法律关系，乐×××公司可另行主张。

（四）瑕疵出资产生的其他主体的民事责任

1. 未履行勤勉义务的董事和高级管理人员。勤勉义务和忠实义务是公司董事以及高管人员的基本义务。在公司增资过程中，公司董事、高管应严格督促各股东及时履行出资义务，当董事、高管人员因为自己的过错而导致公司利益受损时，则应视其过错程度让其承担相应的民事责任。

我国《公司法司法解释（三）》第13条第4款规定，股东在公司增资时未履行或者未全面履行出资义务，依照本条第1款或者第2款提起诉讼的原告，请求未尽《公司法》第147条第1款规定的义务而使出资未缴足的董事、高级管理人员承担相应责任的，人民法院应予支持；董事、高级管理人员承担责任后，可以向被告股东追偿。须注意的是，该司法解释将公司监事排除在责任外。

案例20：公司董事协助抽逃出资应承担连带责任[1]

光×××公司、宝×××向甘肃省高级人民法院一审诉讼请求：1. 确认龙××公司抽逃了对光×××公司的出资20 549 424.23元；2. 判令龙××公司向光×××公司返还抽逃的出资20 549 424.23元，并支付同期银行贷款利息；3. 判令袁某某对龙××公司抽逃注册资金的行为承担连带责任；4. 判令若龙××公司未在合理期限返还20 549 424.23元出资，光×××公司应及时办理减少龙××公司20 549 424.23元出资的法定手续。

一审法院审理查明：2007年9月20日，龙××公司和宝×××的前身某某资源控股有限公司签订了《光×××兰州新区建设有限公司章程》，其中第7条约定：龙××公司以货币出资2719.2万元，占注册资本的51.5%；宝×××以货币出资2560.8万元，占注册资本的48.5%。同日，光×××公司董事会选举袁某某为该公司董事长兼总经理。同年9月28日，宝×××对光×××公司的2560.8万元出资到位。翌日，由宝×××作为协调人并担保，龙××公司向瑞××公司借款1439万元，专用于龙××公司作为股东的光×××公司所需注册资金。同日，龙××公司向光×××公司交纳1439万元和1280.2万元两笔出资，其出资亦全部到位。袁某某既是光×××公司的法定代表人，也是光×××公司股东龙××公司的法定代表人，同时还是龙××公司下属子公司某疏浚公司的法定代表人。2007年12月4日，光×××公司以支付工程款名义向某疏浚公司汇款1439万元。第二日，某疏浚公司将该笔款又以工程款名义转付给瑞××公司。同年12月7日，袁某某在光×××公司该笔用途为工程款的资金使用申请单上签字。另案由最高人民法院作出的（2012）民一终字第52号民事判决认定某疏浚公司与光×××公司没有事实上的工程合同关系或委托关系；光×××公司支付给某疏浚公司的1439万元未用于工程建设，而是由某疏浚公司支付给瑞××公司偿付了借

〔1〕参见最高人民法院（2014）民二终字第00092号民事判决书。

款。海南省高级人民法院（2012）琼民一终字第42号民事判决书认定，龙××公司持有某疏浚公司80%的股份，是某疏浚公司的控股股东，某疏浚公司的法定代表人是袁某某，而袁某某是龙××公司持有50%股份的股东，这两个公司具有关联性；光×××公司注册成立后，其法定代表人系袁某某，光×××公司与龙××公司及某疏浚公司是关联公司；龙××公司向某疏浚公司支付的1439万元款项未用于工程施工建设，而是由某疏浚公司支付给瑞××公司偿付了借款。

另查明，兰州市七里河区人民法院于2008年6月13日作出（2008）七法民督字第3002号支付令，第3003号支付令、第3004号支付令，该支付令均已执行完毕，合计执行光×××公司款项6 159 424.23元。

原审法院认为，双方争议的焦点问题是：1. 龙××公司是否存在抽逃出资的行为，抽逃出资应当承担何种法律责任；2. 袁某某是否应对龙××公司抽逃出资的行为承担连带责任；3. 光×××公司关于若龙××公司存在抽逃出资行为且在合理期限未返还所抽逃出资，办理减资手续的诉讼请求能否成立？

对于第一个焦点，原审法院认为，被告袁某某利用关联公司的便利，从光×××公司以支付工程款名义向某疏浚公司汇款1439万元，第二天又从某疏浚公司将该笔款再次以工程款名义转付给瑞××公司，最高人民法院（2012）民一终字第52号民事判决及海南省高级人民法院（2012）琼民一终字第42号民事判决均认定，某疏浚公司与光×××公司没有事实上的工程合同关系或委托关系；龙××公司持有某疏浚公司80%的股份，是某疏浚公司的控股股东，光×××公司以工程款名义向某疏浚公司支付的1439万元款项未用于工程施工建设，而是由某疏浚公司支付给瑞××公司偿付了龙××公司的借款。故被告袁某某将龙××公司投到光×××公司1439万元的注册资金，以虚构的工程款名义转到了关联公司某疏浚公司，再由某疏浚公司支付给瑞××公司，最终偿还了龙××公司向瑞××公司的1439万元借款。由此可见，该行为已构成抽逃出资。关于被告龙××公司抽逃出资应当承担的法律责任问题，原审法院认为，根据《公司法司法解释（三）》第12条第2项、第14条第1款规定，龙××公司应当承担返还抽逃出资并赔偿利息损失的法律责任。

关于第二个焦点问题，原审法院认为，被告龙××公司虚构债权债务关系抽逃1439万元出资偿还其借款时，袁某某既是龙××公司的法定代表人，也是光×××公司的法定代表人。没有袁某某的协助，龙××公司是不可能实现抽逃其出资的。根据《公司法司法解释（三）》第 14 条第 1 款规定，袁某某应当对龙××公司返还抽逃出资的本息承担连带责任。

关于第三个焦点问题，原审法院认为，原告在主张由被告龙××公司返还抽逃出资 20 549 424.23 元的同时，又主张“若不返还……将请求判令原告公司办理减少被告龙××公司 20 549 424.23 元出资的法定手续”，该项假设性、选择性诉求，显然不能成立，故不予支持。

综上，甘肃省高级人民法院作出（2012）甘民二初字第 3 号民事判决，判定：一、确认龙××公司抽逃了对光×××公司的出资 1439 万元；二、龙××公司向光×××公司返还抽逃的出资 1439 万元并支付相应利息；三、袁某某对龙××公司返还抽逃出资 1439 万元及利息承担连带责任。

袁某某不服原审判决，向最高人民法院上诉，请求依法撤销原审判决第（三）项，改判其不承担龙××公司返还抽逃出资 1439 万元及利息的连带责任。

最高人民法院二审驳回上诉，维持原判。

点评：龙××公司抽逃出资的方式，是通过虚构光×××公司与某疏浚公司之间的工程款债务，将款项从光×××公司转入某疏浚公司，再从某疏浚公司转入瑞××公司，用以偿还了龙××公司欠瑞××公司的借款。在光×××公司为龙××公司抽逃出资而出具的《资金使用申请单》上，袁某某签字同意。虽然该行为发生在款项已经转出之后，但仍代表袁某某对龙××公司抽逃出资行为的认可。根据《公司法司法解释（三）》第 14 条第 1 款规定，公司的其他股东、董事、高管人员等，只要实施了协助股东抽逃出资的行为，即应承担连带责任，而与协助行为对抽逃出资所起作用的大小、是否为抽逃出资的必要条件等无关。故原审法院认定袁某某实施了协助抽逃出资的行为，应当承担连带责任并无不妥。

2. 瑕疵出资股东的受让股东。在公司成立后股东的股权可以依法转让。对于瑕疵出资股东的股权是否可以转让，我国《公司法》没有作出明文规定。但既然法律没有禁止，根据民法意思自治原则，即使存在瑕疵出资的股权也可以依法转让。那么谁要对瑕疵出资承担责任，我国《公司法司法解释（三）》第 18 条规定：“有限责任公司的股东未履行或者未全面履行出资义务即转让股权，受让人对此知道或者应当知道，公司请求该股东履行出资义务、受让人对此承担连带责任的，人民法院应予支持；公司债权人依照本规定第13条第2款向该股东提起诉讼，同时请求前述受让人对此承担连带责任的，人民法院应予支持。受让人根据前款规定承担责任后，向该未履行或者未全面履行出资义务的股东追偿的，人民法院应予支持。但是，当事人另有约定的除外。”

案例21：出资存在瑕疵仍可转让股权，受让人应按合同约定支付对价[1]

楚某某向广州市番禺区人民法院一审诉讼请求：曾某某偿还所欠楚某某股权转让款人民币100万元及利息。

原审法院经审理查明：九A公司2012年7月19日成立时在工商行政管理部门登记的股东为曾某、彭某、楚某某、曾某某。曾某、彭某、楚某某、曾某某分别认缴注册资本360万、180万、360万和900万元，他们分别实缴出资200万、100万、200万和500万元。

2014年6月23日，楚某某作为转让方，曾某某、彭某作为受让方，签订《股东转让出资合同书》，楚某某将出资100万元占公司注册资本的10%转让给彭某，同意楚某某将出资100万元占公司注册资本的10%转让给曾某某，九A公司作出股东会决议予以确认。

之后，九A公司在工商行政管理部门登记的股东变更为彭某、曾某某、曾某。在庭审中，楚某某和曾某某都承认曾某、楚某某、彭某、曾某某并未实际出资。另查明：2015年11月2日，曾某某向九A公司支付了款项100万元。

原审法院认为，曾某、楚某某、彭某、曾某某对九A公司验资后相关出资已抽走的事实无异议，故可认定楚某某对九A公司的出资为瑕疵出资。因曾某某受让涉案股权时，曾某某和楚某某对楚某某的出资为瑕疵出资均为明知，故应认定楚某某出让涉案股权给曾某某的行为有效。本案中，涉案股权为瑕疵股权，曾某某和楚某某约定曾某某按原始出资金额100万元有偿受让，相关价款应交付公司。事实上，曾某某亦已于2015年11月2日向九A公司支付了100万元。因此，楚某某要求曾某某支付股权转让款及利息的主张，

〔1〕参见广东省高级人民法院（2017）粤民申4854号民事裁定书。

于法无据，原审法院不予支持，依法予以驳回。

上诉人楚某某不服一审判决，向广州市中级人民法院提起上诉。

广州市中级人民法院认为，根据案件查明的事实，曾某、楚某某、彭某、曾某某在向九A公司出资并验资后，已经将出资抽走。原审法院认定该行为构成抽逃出资，从而认定楚某某对九A公司的出资存在瑕疵并无不当。但是，本案处理的并不是股东瑕疵出资问题，而是股权转让纠纷。作为受让人的曾某某，其自身亦属瑕疵出资股东，且对于楚某某出资瑕疵是知晓的。在此前提之下，曾某某仍愿意签订《股权转让协议》，以100万元作为对价受让楚某某的股权。该合同的签订，并不存在欺诈等情形，也没有违反法律的强制性规定，对合同当事人仍有约束力。目前，涉案股权已经办理变更登记手续至曾某某名下，则曾某某应当履行支付100万元对价的义务。

诉讼中，曾某某提出已经向九A公司付款100万元的问题，二审法院认为，该笔款项并不是代楚某某向九A公司支付的出资款，因为他既没有楚某某的事前授权，也没有其事后追认。虽然曾某某向九A公司支付了100万元，亦不能免除其向曾某某支付股权转让款100万元的义务。被上诉人曾某某在本判决生效之日起10日内向上诉人楚某某支付款项100万元及利息。曾某某向广东省高级人民法院提出再审，广东高院驳回其再审申请。

点评：股东出资存在瑕疵与股东转让股权属于两个不同的法律关系，不应混为一谈。即使楚某某的出资存在瑕疵，法律并无禁止瑕疵出资股东转让其股权，因此，楚某某仍有权转让其股权。股权的价值并非以出资作为判断的唯一依据，而应当结合公司的资产等因素予以认定。因此，原审仅基于楚某某出资存在瑕疵，则认为涉案股权转让本身并无价值的理据并不充分。至于楚某某出资瑕疵的问题，应当根据公司法的规定，由适格的主体另行向其主张。

（五）出资瑕疵股东的权利限制

出资瑕疵股东的股东资格不因出资瑕疵而受到影响，但是，出资瑕疵股东的股权会受到一定程度的限制。这些限制包括以下两个方面：

1. 限制股东的自益权和表决权。自益权是指股东为了获得利益而享有的股东权利。它是与共益权相对的。它包括股息、红利分配请求权、剩余财产分配请求权、股份转换请求权、新股认购权、股份转让权以及请求收买股份权等。共益权是股东基于公司利益，同时也为自己的利益而行使的权利。共益权包括对公司事务的参与管理权和对公司机关行为的监督权，如出席股东会权、召集股东会权、表决权、请求法院宣告股东会决议无效权、查阅公司文件请求权、对董事监察人起诉权、申请法院检查公司业务及财产状况权等。《公司法司法解释（三）》第16条规定："股东未履行或者未全面履行出资义务或者抽逃出资，公司根据公司章程或者股东会决议对其利润分配请求权、新股优先认购权、剩余财产分配请求权等股东权利作出相应的合理限制，该股东请求认定该限制无效的，人民法院不予支持。"

2. 股东除名。对于出资瑕疵的股东，经公司催告后在合理期限内仍然未缴付出资的，经股东会决议除名，可以解除其出资瑕疵股东资格。《公司法司法解释（三）》第17条第1款规定，有限责任公司的股东未履行出资义务或者抽逃全部出资，经公司催告缴纳或者返还，其在合理期间内仍未缴纳或者返还出资，公司以股东会决议解除该股东的股东资格，该股东请求确认该解除行为无效的，人民法院不予支持。

案例22：限制股东权利或对股东除名必须经过股东会决议或公司章程决定〔1〕

一审查明事实：2007年9月4日，×信公司与案外人A公司、自然人B投资设立了××业公司，同日××业公司召开股东会，通过了××业公司章程，选举B为公司第一届执行董事，聘请B为公司第一届监事。2007年××业公司通过股权转让持有YY公司100%股权。2008年2月25日，根据股东决定和公司章程的规定，YY公司的注册资本由原来的1200万元增加至2450万元，同意吸收D公司为公司股东，其缴纳的注册资本为1250万元，××业公司占48.98%，D公司占51.02%。

×信公司向上海市金山区人民法院一审诉称，要求确认D公司不享有在YY公司的分红权利，责令YY公司依法解除D公司在该公司的股东资格。

D公司、YY公司和××业公司原审辩称，不同意×信公司的诉讼请求，×信公司行使的不是股东代表诉讼的权利，而是股东直接诉讼的权利。YY公司

〔1〕参见上海市第一中级人民法院（2015）沪一中民四（商）终字第929号民事判决书。

至今没有分红，谈不上取消分红权。×信公司第二项诉请缺乏相应法律依据，亦应驳回。

原审法院认为，×信公司的诉请是要求判令D公司不享有在YY公司的分红权利并要求YY公司解除D公司的股东资格。解决此问题的关键在于厘清×信公司、D公司、YY公司和××业公司之间的关系，从而确定×信公司是否具有相应诉讼主体资格。经审理查明，×信公司是××业公司的股东，而××业公司和D公司同为YY公司的股东。本案中，×信公司欲代表××业公司行使××业公司在YY公司所享有的救济权利，而根据法律规定，股东代表诉讼是指当公司由于某种原因没有就其所遭受的某种行为的侵害提起诉讼时，公司股东可以代表公司获得赔偿等救济为目的而针对该种行为所提起的诉讼，股东代表诉讼的诉权原属于公司享有和行使。也就是说只有当YY公司的权益受到侵害而拒绝或怠于起诉时，××业公司作为其股东为了公司的利益有权提起诉讼。显然，×信公司无权越过××业公司提起诉讼，故×信公司的诉请缺乏相应的事实和法律依据，应不予支持，判决驳回×信公司的全部诉讼请求。

×信公司不服原审判决，上诉认为，其原审中提交的××业公司与D公司签订的合作协议书、备忘录和YY公司应收款明细账和企业公示信息，证明D公司从YY公司间接转出资金用于自己出资。原审法院未依其请求调取YY公司银行对账单以证明上述事实不当。我国《公司法》第34条和YY公司章程第32条规定，未出资的股东不享有分红权利。其系为××业公司利益代表××业公司起诉D公司和YY公司，原审法院认定其代表YY公司为YY公司利益提起本案诉讼不当。×信公司请求撤销原审判决，改判支持其原审全部诉讼请求或将案件发回重审。

D公司、YY公司和××业公司不同意×信公司的上诉请求和上诉理由，答辩认为，×信公司无权要求法院调取证据证明不存在的事实。YY公司不存在分红行为，没有讨论股东是否享有分红权利的前提。×信公司如代表××业公司行使权利，应根据××业公司章程、股东会决议行使。×信公司本案起诉不符合我国《公司法》第151条关于股东代表诉讼的规定。

经审查，YY公司工商登记备案材料记载，其股东D公司已缴纳注册资本金1250万元，该1250万元是否为从YY公司借款，不影响上述事实的认定。

上海市中级人民法院认为，×信公司认为××业公司持股的YY公司久未分红，另一股东D公司未实际出资，却享有YY公司权益，损害了其持股的××业公司的股东利益，故提起本案诉讼，要求判决D公司不享有YY公司股东分红权，及解除D公司在YY公司的股东资格。但本案中，YY公司工商登记资料及验资的银行凭证、询证函、验资报告均证明，D公司已足额向YY公司缴入用于增资的注册资本金1250万元。×信公司主张D公司未实际出资，与实际不符，应不予采信。×信公司主张D公司从YY公司转出资金用于自己验资，并无相关证据可予证实。即使D公司用于缴纳出资的款项系其外借而来，亦系其与出借人之间的借款债权债务关系，不影响对D公司已缴纳出资和其系YY公司股东两节事实的认定。

本案中，如××业公司或×信公司认为D公司未履行或者未全面履行出资义务，应由YY公司根据公司章程或通过股东会决议决定是否限制D公司的分红权。×信公司请求法院判决D公司不享有YY公司股东分红权，没有法律依据，应不予支持。

本案中，如××业公司或×信公司认为D公司未履行出资义务，应在经YY公司催告缴纳无果后，由YY公司以股东会决议决定是否解除D公司的股东资格。×信公司起诉请求法院判决解除D公司的股东资格，同样没有法律依据，亦不应支持。

综上，×信公司主张D公司未履行出资义务，没有事实依据，本院不予采信。×信公司请求法院判决D公司不享有分红权及解除D公司的股东资格，没有法律依据，应不予支持。因此驳回上诉，维持原判。

点评：我国《公司法》第34条规定，股东按照实缴的出资比例分取红利。我国《公司法司法解释（三）》第16条规定，股东未履行或者未全面履行出资义务或者抽逃出资，公司根据公司章程或者股东会决议对其利润分配请求权、新股优先认购权、剩余财产分配请求权等股东权利作出相应的合理限制，该股东请求认定该限制无效的，人民法院不予支持。根据以上规定，股东存在上述情形的，应由公司对其上述股东权利作出合理限制。我国《公司法司法解释（三）》第17条第1款规定，有限责任公司的股东未履行出资义务或者抽逃全部出资，经公司催告缴纳或者返还，其在合理期间内仍未缴纳或者返还出资，公司以股东会决议解除该股东的股东资格，该股东请求确认该解除行为无效的，人民法院不予支持。根据以上规定，股东存在上述情形的，是否解除股东资格，应由公司以股东会决议作出决定。由于我国公司法并未肯定股东多重代表诉讼，故×信公司在本案中诉讼主体资格存在障碍。

（六）资产评估、验资或验证机构的责任

承担资产评估、验资或验证机构对于股东出资瑕疵的资产评估、验资或验证存在过错，根据《公司法》第207条的规定，除了要承担没收违法所得、罚款、停业、吊销资格证书和营业执照等行政责任外，如果给公司债权人造成损失的，除能够证明自己没有过错的以外，在其评估或者证明不实的金额范围内承担赔偿责任。笔者认为资产评估机构、验资或者验证机构的损害赔偿责任属于侵权责任，应适用诉讼时效。

案例23：验资机构在验资过程中存在过错应承担补充清偿责任[1]

珠海市××银行诉A公司等借款合同案中，会计师事务所在验资过程中，没有按照规定实施必需验资程序，其为A公司提供了虚假验资报告，致使A公司工商登记注册资本得以由50万元变更为1000万元，具有过错。依据《中华人民共和国注册会计师法》第42条及《最高人民法院关于会计师事务所为企业出具虚假验资证明应如何承担责任问题的批复》的规定，会计师事务所应在A公司、杨某某、杨某强不能清偿债务时，在证明金额范围内承担补充清偿责任。鉴于××银行向A公司发放贷款有抵押物担保，并非完全信赖A公司变更后的注册资本，故酌定会计师事务所在出具虚假证明金额950万元的80%即760万元范围内对本案债务承担补充清偿责任。

点评：2014年以前的《公司法》要求股东出资必须经过验资机构验资，但2018年《公司法》取消了验资的法律程序，该案发生在取消验资强制程序之前。但在2018年《公司法》取消验资的情形下，如果公司或股东自愿聘请验资机构进行验资，验资机构如果存在过错导致验资结论不真实，也应在过错范围内承担相应法律责任。

---

〔1〕 参见广东省高级人民法院（2004）粤高法民二终字第102号民事判决书。

（七）出资瑕疵的诉讼时效

股东的出资瑕疵责任不因诉讼时效的届满而免除瑕疵出资股东的责任。这既包括公司或其他股东请求出资瑕疵股东向公司全面履行出资义务或者返还出资，被告股东不得以诉讼时效为由进行抗辩，也包括公司债权人请求出资瑕疵股东承担赔偿责任，被告股东不得以超过诉讼时效为由进行抗辩。《公司法司法解释（三）》第 19 条规定："公司股东未履行或者未全面履行出资义务或者抽逃出资，公司或者其他股东请求其向公司全面履行出资义务或者返还出资，被告股东以诉讼时效为由进行抗辩的，人民法院不予支持。公司债权人的债权未过诉讼时效期间，其依照本规定第 13 条第 2 款、第 14 条第 2 款的规定请求未履行或者未全面履行出资义务或者抽逃出资的股东承担赔偿责任，被告股东以出资义务或者返还出资义务超过诉讼时效期间为由进行抗辩的，人民法院不予支持。"《最高人民法院关于审理民事案件适用诉讼时效制度若干问题的规定》第 1 条也规定："当事人可以对债权请求权提出诉讼时效抗辩，但对下列债权请求权提出诉讼时效抗辩的，人民法院不予支持：……（三）基于投资关系产生的缴付出资请求权；……"

（八）出资瑕疵的刑事责任

《中华人民共和国刑法》（以下简称《刑法》）第 158 条规定了虚报注册资本罪，《刑法》第 159 条规定了虚假出资、抽逃出资罪。为了推动投资创业活动的开展，全国人大常委会 2014 年 4 月 24 日通过的《全国人民代表大会常务委员会关于〈中华人民共和国刑法〉第一百五十八条、第一百五十九条的解释》规定，《刑法》第 158 条、第 159 条的规定，只适用于依法实行注册资本实缴登记制的公司。这样一来，"两虚一逃"的罪名不适用于绝大多数的实行注册资本认缴制的公司。

第六节　股东出资加速到期制度

一、股东出资加速到期概述

股东出资加速到期制度是指，在公司存续期间，当公司无法清偿债权人的到期债务时，债权人可以请求尚未缴足出资的股东在认缴范围内承担补充赔偿责任，而不受章程中约定的出资期限的约束。股东出资加速到期制度是加速到期制度的一种，加速到期的是股东出资义务，股东在章程中约定的出资期限这一期限利益丧失。期限利益是在期限到来之前当事人享受的利益，[1] 在法定或者约定事由发生之前，期限利益受到保护，当事人都应当遵守合同中关于期限的约定。但是在法定或当事人约定事项发后，债务人的期限利益丧失，被要求提前履行债务。对于股东出资加速到期制度内涵的理解应注意以下几点：

第一，该制度既适用于公司存续期间，也适用于公司破产或解散情形。

第二，加速到期的是股东的出资义务，其结果是导致股东丧失其在章程中约定的出资期限利益。

第三，其适用条件是公司无法清偿债权人的到期债务。

第四，股东承担的责任属于补充赔偿责任，责任范围以股东认缴为限。

二、构建股东出资加速到期制度的意义

在法律上构建公司股东出资加速到期制度具有重要意义：

（1）有利于保障债权人权益。认缴制情形下，公司资本制度给予了股东极大的出资权利，导致对债权人的利益保护严重不足。股东出资加速到期制度通过削弱股东出资期限利益，提前要求股东履行出资义务，在认缴出资范围内代公司偿还债权人债务，从而有效保障债权人利益。

（2）有利于实现股东利益。如果公司因为无法偿还债务，债权人申请公司进入破产程序，那么股东不仅需要承担提前缴纳尚未届期的出资的责任，更有可能面临公司破产的后果。在这两种结果中进行比较衡量，股东出资加速到期制度的适用更加符合股东利益。

（3）有利于公司的长远发展。股东在破产时进行加速到期，不如在公司存续期间加速到期，在公司不能偿债时，平衡利弊，放弃期限利益。通过股东加速到期解决公司债务危机，保证公司渡过难关，获取更加长远的利益。

三、我国关于股东出资加速到期的态度

目前是否在公司制度层面全面建立公司股东出资加速到期制度，理论界

---

〔1〕［日］山本敬三：《民法讲义Ⅰ总则》（第3版），解亘译，北京大学出版社2012年版，第272页。

存在肯定说[1]和否定说[2]两种观点，在司法实践中也认识不一。

《公司法司法解释（三）》第13条第2款规定，公司债权人请求未履行或者未全面履行出资义务的股东在未出资本息范围内对公司债务不能清偿的部分承担补充赔偿责任的，人民法院应予支持；未履行或者未全面履行出资义务的股东已经承担上述责任，其他债权人提出相同请求的，人民法院不予支持。有人认为，对于《公司法司法解释（三）》第13条第2款中的出资义务应做扩大解释，也就是要包含未到期的出资，而不是仅仅局限于已届履行期的出资。

加速到期制度虽然在我国基本法上没有统一的规定，但是分布在各个部门法中，主要有以下两种情形：

（一）破产程序中股东出资义务加速到期

《企业破产法》第35条规定，人民法院受理破产申请后，债务人的出资人尚未完全履行出资义务的，管理人应当要求该出资人缴纳所认缴的出资，而不受出资期限的限制。“尚未完全履行的出资”和“未缴纳的出资”，在公司进入破产或清算程序后应加速到期，未届期出资纳入公司财产清偿债务。

（二）《全国法院民商事审判工作会议纪要》第6条的规定

2019年11月8日最高人民法院公布的《全国法院民商事审判工作会议纪要》（以下简称《九民纪要》）第6条规定，在注册资本认缴制下，股东依法享有期限利益。债权人以公司不能清偿到期债务为由，请求未届出资期限的股东在未出资范围内对公司不能清偿的债务承担补充赔偿责任的，人民法院不予支持。但是，下列情形除外：①公司作为被执行人的案件，人民法院穷尽执行措施无财产可供执行，已具备破产原因，但不申请破产的；②在公司债务缠身后，公司股东会决议或以其他方式延长股东出资期限的。

---

[1] 杨秋宇：《论公司债权人对未出资股东的直接请求权》，载《大连海事大学学报（社会科学版）》2017年第3期。

[2] 李建伟：《认缴制下股东出资责任加速到期研究》，载《人民司法》2015年第9期。

第四章

Chapter 4

公司股份和公司债券

第一节　公司股份概述

一、公司股份的概念和特征

（一）公司股份的概念

广义的公司股份指各类公司的出资人对公司的出资。狭义的公司股份指股份有限公司以股票为表现形式、体现股东权利和义务、划分为等额的公司资本构成单位。在我国公司法中，一般把有限责任公司股东的出资称为出资或股权证书，而把股份有限公司股东的出资称为股份。股份的外在表现形式就是股票。股票是由股份有限公司发行的表示其股东权益的书面凭证。

（二）股份的特征

1. 股份的平等性。股份是构成股份有限公司资本的最小基本单位，每一股份所享有的权利和承担的义务是相同的。

2. 股份的可转让性。除了特定情形之外[1]，股份可以自由转让。股份的转让是通过股票的转让来实现的。其中，无记名股票的转让只需交付即可，而记名股票的转让需要背书和办理过户手续。

3. 股份的证券性。股份的外在表现形式是股票。股票是股份有限公司签发的证明股东所持股份的凭证。股票属于证券中有价证券的一种。股票是一种证券性有价证券，它是代表某种权利的凭证。股票是一种流通证券，它可以在证券市场自由流通。股票是一种风险证券，股票的交易存在风险，因此投资人谨

---

〔1〕 我国《公司法》第141条规定了特定股份持有人如发起人、公司董事、监事、高级管理人员的股份转让的限制。

慎。股票是一种要式证券，股票必须记载一定事项，并且必须有法定代表人签名和公司盖章。但现在随着电子证券的推行，纸质证券的使用将会日趋减少。

二、公司股份的分类

（一）普通股和优先股

这是依据股份所代表的权利的不同对股份所做的分类。

1. 普通股。普通股是指股份有限公司发行的无特别权利的股份。它是与优先股相对应的最重要和最基本的股份。目前我国在沪深两市上市的A、B股均为普通股。持有普通股的股东只有在公司偿还了债务和优先股股息之后才能分配股利。但普通股股东享有参与经营权、收益分配权（劣后于优先股）、优先认股权和剩余财产分配权。

2. 优先股。优先股是指股东享有优先权的股份。优先股的股息一般是固定的，不受公司经营状况的影响，但其表决权受到限制。优先股的优先性表现在：优先于普通股东分配股利；在公司破产或解散清算时，优先于普通股东分配公司剩余财产。优先股又可分为累积优先股、非累积优先股和盈余累积优先股[1]；参与优先股与非参与优先股；可转换优先股和与不可转换优先股。[2]优先股一般不能出席股东大会，所持股份不享有表决权。

案例24：优先股未经过法定程序不能转为普通股[3]

陈某某向广州市海珠区人民法院提起一审诉讼请求，A工厂立即为陈某某82 800普通股股权颁发股权证。

原审法院经审理查明，A工厂于1959年9月成立，现在的企业类型为股份合作制。陈某某曾是A工厂的职工。该工厂于2010年9月全面永久停产，2010年9月28日A工厂与陈某某双方解除了劳动合同，A工厂已向陈某某支付了经济补偿。

自2001年开始，A工厂单位进行股份合作的转制改革，陈某某缴纳了

[1] 参见施天涛：《公司法论》（第4版），法律出版社2018年版，第198~200页。

[2] 参见郑云瑞：《公司法学》（第2版），北京大学出版社2019年版，第230页。

[3] 参见广东省广州市中级人民法院（2014）穗中法民二终字第1668号民事判决书。

82 800元，占A工厂单位股份的5.86%。2004年9月8日，A工厂向陈某某退还了股金82 800元。2004年11月，A工厂向陈某某等股东发放了确认书。

2006年11月23日股东大会通过的A工厂单位章程（股份合作制）规定，由企业向全体股东签发《广州市A工厂股权证》，该证作为拥有本企业股份的有效书面证明，股东所持有的股份分为普通股和优先股，在职职工所持股份为普通股，其他股东所持股份为优先股。2006年11月23日股东大会通过的股权管理办法规定，本厂由股份合作制改组转制，首次工商登记注册资本额为141万元，全部由职工个人认购，股东所持有的股份分为普通股和优先股，在职职工所持股份为普通股，其他股东所持股份为优先股，非本企业职工继承的普通股和离开企业的职工所持有普通股自动转为优先股，优先股可由企业按每股面值回购，等等。

陈某某主张，A工厂单位在2010年10月27日的股东大会上通过了“取消优先股、全部为普通股”的决议，之后两次的股东大会上陈某某均行使了普通股的股权。对此A工厂解释，2010年10月27日的股东大会上提出了“取消优先股、全部为普通股”的提案，但会议过程中现场情况混乱，会议最终没有通过确定的决议。为此A工厂提供了黎某、周某某、陆某某的证人证言作证。

另查，2004年9月8日A工厂向陈某某退还82 800元时签名表上明确记载为“股金额”，而诉讼中陈某某主张该82 800元是与股金等额的分红。

原审法院认为，根据2006年11月23日通过的章程以及股权管理办法的规定，在职职工所持的股份为普通股，其他股东所持股份为优先股。陈某某已经于2010年9月与A工厂解除了劳动合同关系，因此，诉讼时陈某某已经不是在职职工。《广东省股份合作企业条例》第19条第2款规定，优先股股东可以与企业协商转为普通股股东或者由企业购回其股份。本案中，没有证据证明A工厂单位同意将优先股转为普通股。最后，关于陈某某所陈述的在2010年12月29日会议上的投票表决问题，原审法院意见是，A工厂单位在停产后为妥善处理后续事宜，在考虑全体职工公平的情况下进行的投票表决，并不能认定A工厂单位将所有的优先股转为了普通股。综上所述，一审法院依照《最高人民法院关于民事诉讼证据的若干规定》第2条之规定，于2014年7月30日作出如下判决：驳回陈某某的诉讼请求。

判后，陈某某不服，向广州市中级人民法院提起上诉。

广州市中级人民法院认为，股权性质转变的依据是经过与企业协商，有企业的明确意思表示方可认定。而本案中，陈某某提交的分红表、表决票、股东大会的照片等并不能形成有效的证据链证明其与A工厂之间经过协商，明确了陈某某由优先股股东转变为普通股股东，其关于股权性质已经转变的主张不能成立。二审法院驳回上诉，维持原判。

点评：普通股与优先股是性质不同的股份，公司对普通股和优先股的转换涉及公司的经营方针和投资计划，也关系到公司的利润分配方案和弥补亏损方案，因此必须经过公司股东大会通过才能生效。

（二）记名股与无记名股

这是根据股票上有无记载股东姓名为标准的分类。我国《公司法》第129条规定，公司既可以发行记名股票，也可以发行无记名股票。记名股是指将股东姓名记载于股票的股份。记名股票的转让必须以背书方式或者法律、行政法规规定的其他方式转让，将受让人的姓名或名称记载于股东名册，否则不得对抗第三人。根据我国相关法律规定，法人股、发起人股、外资股（含境内上市和境外上市）均必须为记名股票。

无记名股是指在股票上不记载股东姓名的股份。对于无记名股票的转让，只需要将股票交付于受让人即可。

（三）面额股与无面额股

这是根据股票是否以金额表示所作的分类。面额股是指股票上记载一定金额的股票。面额股的每股金额必须相同，其发行价格不得低于票面金额。

无面额股是指股票票面上不记载一定金额，而只是注明其占公司资本总额一定比例的股份。包括我国在内的许多国家的公司法不允许发行无面额股。

（四）表决权股与无表决权股

这是根据股东是否对公司经营管理享有表决权所作的分类。表决权股是指股东享有表决权的股份。根据每一股所代表的表决权的多少，表决权股又可分为普通表决权股、多数表决权股与限制表决权股。[1]无表决权股是指股

[1] 范健、王建文：《公司法》（第5版），法律出版社2018年版，第314页。我国公司法只承认普通表决权。

东不享有表决权的股份。股份持有人虽然可以参加股东大会，但无权参与公司经营管理。在公司实务中，公司自有股份及优先股为无表决权股。对于公司自有股份，我国《公司法》第 142 条规定了公司收购本公司股份的六种例外情形。[1]

（五）我国特有的股份分类

1. 国有股、法人股和社会公众股。这是根据公司投资主体的性质为标准所作的分类。国有股是指国有资本投资形成的股份，包括国家股和国有法人股。国家股是指有权代表国家投资的机构或部门向股份有限公司投资形成的股份。国家股的登记主体为国家资产监督管理机构或其授权单位，行使其所有权职能的是主管部门。国有法人股是指国有法人单位（包括国有资产比例超过 50%的国有控股企业）向股份有限公司投资或依法取得的股份。国有股的登记主体为国有企业或事业单位及其他单位持有的股份。

法人股是指非国有法人资产投资于股份有限公司形成的股份。它包括民营企业法人股和外商法人股。

社会公众股是指我国境内个人和投资机构投资于股份有限公司形成的股份。内部职工股也属于广义的社会公众股。

2. A 股、B 股、H 股、N 股、S 股、红筹股、蓝筹股等。这是以公司上市地点和股份购买者身份为标准所作的分类。

A 股，即人民币普通股，是指由我国境内公司发行和交易，供我国境内单位或个人以人民币认购和交易的股票。A 股股票分别在上海和深圳两家证券交易所上市交易。

B 股，即人民币特种股，是指以人民币标明面值，以外币认购和交易，在中国境内证券交易所上市交易的外资股。2001 年以后参与投资的主体限于外国人，中国香港、澳门、台湾地区居民和定居在国外的中国公民。

H 股是指公司在中国内地注册成立，其股票在中国香港地区上市，供境外投资者投资和交易的股份。

---

[1] 《公司法》第 142 条第 1 款规定，公司不得收购本公司股份。但是，有下列情形之一的除外：①减少公司注册资本；②与持有本公司股份的其他公司合并；③将股份用于员工持股计划或者股权激励；④股东因对股东大会作出的公司合并、分立决议持异议，要求公司收购其股份；⑤将股份用于转换上市公司发行的可转换为股票的公司债券；⑥上市公司为维护公司价值及股东权益所必需。

N 股是指在中国境内注册但在美国纽约证券交易所上市的外资股票。我国在纽约证券交易所有近百家大型国有企业和知名民营企业上市。

S 股是指公司核心业务在中国境内，但公司注册地在新加坡或其他地区，公司股票在新加坡证券交易所上市的股份。我国到新加坡上市的公司超过 100 家。

红筹股（Red Chip）是指在中国境外注册、在中国香港地区上市的带有中国内地概念的股票。"带有中国内地概念"主要指中资控股和主要业务在中国内地。早期的红筹股，主要是一些中资公司收购香港中小型上市公司后改造而形成的，如"中信泰富"等。近年来出现的红筹股，主要是内地一些省市将其在香港的窗口公司改组并在香港上市后形成，如"上海实业""北京控股"等。

蓝筹股（Blue Chip）是指长期稳定增长的、大型的传统工业股及金融股。"蓝筹"一词源于西方赌场，在西方赌场中，有三种颜色的筹码，其中蓝色筹码最为值钱，红色筹码次之，白色筹码最差，投资者把这些行话套用到股票。证券市场上通常将那些经营业绩较好，具有稳定且较高的现金股利支付的公司股票称为"蓝筹股"。蓝筹股有很多，可以分为：一线蓝筹股、二线蓝筹股、绩优蓝筹股、大盘蓝筹股和蓝筹股基金。

第二节　股份发行

一、股份发行的概念

股份发行即股票的发行，是指股份有限公司为筹集资金依法向投资者出售股份的行为。由股份发行而形成的市场又称为股票发行市场或股票一级市场。股份发行是证券市场的最基本类型，具有核心作用。有限责任公司不存在股份发行。股份公司以募集方式设立的，公司发起人仅认购公司对外发行股份的一部分，其余部分需要向社会公众募集，股份募集是股份发行的起点。在我国，对股份发行进行规范的主要是证券法，公司法也有许多原则性规范。

二、股份发行的原则

根据我国《公司法》第 126 条的规定，股份的发行应遵循公平、公正和平等原则。

（1）公平原则。它是指发行股份所代表权利的公平和发行股份条件的公平。公平原则适用于发行公司与股东之间的股权关系、发行公司与承销券商之间的承销关系、发行公司与中介机构之间的服务关系。

（2）公正原则。指在股份发行过程中，公司应当保护公正性，禁止任何人通过内幕交易、价格操纵、价格欺诈等不正当行为获得非法利益。

（3）平等原则。指同股同权，同股同利。

三、股份发行的方式

股份发行的方式在公司实务中丰富多样，根据不同的标准可以作出不同的分类。

（一）公开发行与私募发行

这是根据股份发行范围的不同所作的分类。公开发行，又称公募发行，指股份公司向不特定的社会公众募集股份。在上海证券交易所和深圳证券交易所上市交易的股份，均采取公开募集股份的方式。

私募发行，又称不公开发行、内部发行、定向发行或私人配售，是指向少数特定投资者发行股份的发行方式。私募发行的特定对象主要是自我保护能力较强的投资者，包括个人投资者和机构投资者。根据《证券法》第 9 条第 2 款的规定，向特定对象发行证券累计超过 200 人的，但依法实施员工持股计划的员工人数不计算在内，视为公开发行。当然，不论是公开发行还是私募发行，发行公司都必须保护认股人的合法权益。

（二）直接发行与间接发行

这是以发行股份是否需要中介机构参与所作的分类。直接发行是指股份有限公司不通过证券中介机构，而是自己直接与证券投资者签订股份认购合同。证券承销机构虽然参与股份有限公司的股份发行，但仅起协助作用。当股份发行结束时，如果还有未发行完的股份，证券承销机构应全部退还给股份公司。

间接发行是指股份有限公司将股份发行委托给证券承销机构，由其包销所发行的全部股份。当股份发行结束时，如果还有未发行完的股份，证券承销机构必须全部认购。

（三）设立发行与增资发行

这是根据股份发行的目的不同而作的分类。设立发行是指在股份公司设立过程中为筹集股本而发行股份的方式。它又分为发起设立发行和募集设立发行两种情形。

增资发行，又称增资扩股，是指股份公司成立后为了增加资本而发行股份的方式。在公司实务中，增资发行包括有偿增资发行、无偿增资发行和混合增资发行三种情形。

四、新股发行

根据发行时间的不同，股份有限公司的股票公开发行分为股票首次公开发行（IPO）和上市公司新股发行。IPO是股份公司股票上市的主渠道。为了规范首次公开发行股票并上市的行为，中国证监会于2006年5月17日通过了《首次公开发行股票并上市管理办法》（已失效），并于2006年5月18日起施行。该管理办法经过了2015年、2018年、2020年和2022年四次修正。该管理办法对首次公开发行股票并上市的主体资格、规范运行、财务与会计等条件作出了明确而具体的规定，并规范了其发行程序和信息披露。为了规范首次公开发行股票并在创业板上市的行为，促进自主创新企业及其他成长型企业的发展，中国证监会于2009年3月31日发布了《首次公开发行股票并在创业板上市管理暂行办法》（已失效）。

新股发行是指股份公司成立以后，为了增加注册资本而发行股份的行为。新股的发行方式有向原股东配售股份（配股）和向不特定对象公开募集股份（增发）两种方式。

（一）发行新股的条件

根据《证券法》第12条的规定，公司首次公开发行新股，应当符合下列条件：①具备健全且运行良好的组织机构；②具有持续经营能力；③最近3年财务会计报告被出具无保留意见审计报告；④发行人及其控股股东、实际控制人最近3年不存在贪污、贿赂、侵占财产、挪用财产或者破坏社会主义市场经济秩序的刑事犯罪；⑤经国务院批准的国务院证券监督管理机构规定的其他条件。上市公司发行新股，应当符合经国务院批准的国务院证券监督管理机构规定的条件，具体管理办法由国务院证券监督管理机构规定。公开发行存托凭证的，应当符合首次公开发行新股的条件以及国务院证券监督管理机构规定的其他条件。

《证券法》第 14 条规定，公司对公开发行股票所募集资金，必须按照招股说明书或者其他公开发行募集文件所列资金用途使用；改变资金用途，必须经股东大会作出决议。擅自改变用途，未作纠正的，或者未经股东大会认可的，不得公开发行新股。

（二）发行新股的程序

1. 股东大会决议。关于新股发行股东大会决议的程序，《公司法》第 133 条规定，公司发行新股，股东大会应当对下列事项作出决议：①新股种类及数额；②新股发行价格；③新股发行的起止日期；④向原有股东发行新股的种类及数额。

2. 证券监督管理机构核准。《公司法》第 134 条规定，公司经国务院证券监督管理机构核准公开发行新股时，必须公告新股招股说明书和财务会计报告，并制作认股书。《证券法》第 13 条规定，公司公开发行新股，应当报送募股申请和下列文件：①公司营业执照；②公司章程；③股东大会决议；④招股说明书或者其他公开发行募集文件；⑤财务会计报告；⑥代收股款银行的名称及地址。依照本法规定聘请保荐人的，还应当报送保荐人出具的发行保荐书。依照本法规定实行承销的，还应当报送承销机构名称及有关的协议。

所谓保荐人就是为证券交易市场的上市公司的上市申请承担推荐职责，为上市公司的信息披露行为向投资者承担担保职责的证券公司。担保职责是保荐人最具特点的职责。保荐人必须是具有股票主承销商资格的证券公司或中国证监会认定的其他机构。《证券法》第 10 条第 1 款规定：“发行人申请公开发行股票、可转换为股票的公司债券，依法采取承销方式的，或者公开发行法律、行政法规规定实行保荐制度的其他证券的，应当聘请证券公司担任保荐人。”

3. 签订证券承销协议和代收股款协议。关于股票承销，《公司法》第 87 条规定，发起人向社会公开募集股份，应当由依法设立的证券公司承销，签订承销协议。

关于代收股款，《公司法》第 88 条规定，发起人向社会公开募集股份，应当同银行签订代收股款协议。代收股款的银行应当按照协议代收和保存股款，向缴纳股款的认股人出具收款单据，并负有向有关部门出具收款证明的义务。

4. 制定作价方案。关于新股的作价方案，《公司法》第135条规定，公司发行新股，可以根据公司经营情况和财务状况，确定其作价方案。

根据发行价格与股票票面金额的关系，股份发行的价格可分为平价发行、溢价发行与折价发行三种。平价发行，也称面额（值）发行、等价（额）发行，是指股份发行价格与票面金额相等的发行方式。溢价发行，是指股票发行价格高于票面金额的发行方式。在发达的证券市场中，公司发行新股多采用根据同类公司股票在流通市场的价格确定自己发行价格的时价发行方式；而公司增发新股时，通常根据已发行股票在流通市场的价格来确定发行价格的时价发行方式。而我国股份公司向原有股东配售股份时，通常会采用介于股票面额与时价之间的中间价发行。折价发行，是指股票发行价格低于票面金额的发行方式。我国现行证券法不允许折价发行。

五、新股发行中的优先认购权

（一）新股优先认购权的含义

新股优先认购权，是指已经发行在外股份的持有人按照其持股比例优先认购公司所发行新股的权利。在公司实务中，公司发行新股，原有股东凭借优先认购权认购的股份称为配股或新股配售。法律承认原有股东新股优先认购权的法理基础在于：公司发行新股将不可避免地稀释原有股东在公司股份中的比例，从而侵害原有股东的比例利益，损害原有股东的控制地位。为了维持原有股东对公司的比例利益和控制利益，法律赋予原有股东在新股发行时享有优先认购权。

（二）新股优先认购权的特征

1. 新股优先认购权的主体只能是股份公司的原有股东。除此之外的其他主体不享有优先认购权。当然，原有股东享有的只是发行新股的认购权，而不是在发行价格或其他认购条件上的特殊权利。

2. 新股优先认购权属于选择权。是否行使新股优先认购权完全由公司原有股东自主决定，公司或者董事会不能强力干涉。因为新股认购也存在一定的商业风险和法律风险，这需要由原有股东自主判断从而作出决定。

3. 新股优先认购权是期待权。在公司未发行新股时，原有股东所享有的只是一种期待权。只有当公司通过股东大会决定或董事会决议发行新股时，公司原有股东的该项权利才能转化为实际权利。

（三）新股优先认购权的限制

1. 公司可以通过公司章程或股东大会决议对股东新股优先认购权予以排除或限制。我国《公司法》第 34 条规定，股东按照实缴的出资比例分取红利；公司新增资本时，股东有权优先按照实缴的出资比例认缴出资。但是，全体股东约定不按照出资比例分取红利或者不按照出资比例优先认缴出资的除外。

2. 新股优先认购权不适用于库藏股、不同种类股份等特殊股份。所谓库藏股又称“回收股”，指股份公司有权在市场上用公司资本或法定公积金收买自己发行的股票，或由股东赠给原公司发行的股票。库藏股必须同时具备以下几个重要特征：①必须是本公司自己股票。库藏持有的其他公司发行的股票，是本公司的参股投资项目，不属于库藏股范围。②必须是已经发行的股票。所库藏的业已印刷、尚未发行的股份属未发行股而不属于库藏股之列。③库藏股必须为没有办理注销的股票。为了核定资本，准备注销的股票也不能被视为库藏股。④它是还可再次出售的股票。因此，凡是公司未发行的、持有其他公司的及已收回并注销的股票都不能被视为库藏股。由于库藏股是公司持有自己的股份，其不是本公司的股东，所以没有赋予其新股优先认购权的必要。

不同种类的股份如普通股和优先股之间不能相互享有新股优先认购权，这是因为不同股份的性质和代表的权利、承担的义务并不相同，相互承认其新股优先认购权势必破坏它们之间的区别，从而丧失了分类的意义。

另外，以现物出资或者以其他公司股份出资作为认购条件的股份也不适用于优先认购权。因为在此种情况下，公司往往存在拥有现物或其他股份的强烈需要，对公司的生存和发展至关重要。此时需要原有股东放弃其优先认购权，从而保护公司的整体利益。

第三节 公司债券

一、公司债券概述

（一）公司债券的概念和特征

根据《公司法》第153条第1款的规定，公司债券是指公司依照法定程序发行的、约定在一定期限还本付息的有价证券。公司债券既是公司筹集长期巨额债权资本的重要融资手段，也是风险偏好较为保守的投资者青睐的金融投资商品。[1]公司债券属于广义的公债，而公债包括企业债券、公司债券、金融债券、政府债券和国家债券等。实践中企业债券已基本上表现为公司债券。公司债券具有如下特点：

1. 公司债券是有价证券。公司债券记载票面金额，能够证明债券持有人有权按期取得一定收入并可以自由转让的债权凭证。

2. 公司债券是一种要式证券。公司债券必须记载一定事项。我国《公司法》第155条规定，公司以实物券方式发行公司债券的，必须在债券上载明公司名称、债券票面金额、利率、偿还期限等事项，并由法定代表人签名，公司盖章。

3. 公司债券的持有人与公司之间是债权债务关系。公司债券从本质上是一种债的关系，公司债券持有人享有到期要求公司还本付息的权利，即享有债权请求权。

4. 公司债券具有可让与性和可回赎性。根据我国《公司法》第159条和第160条的规定，无论是记名债券还是无记名债券，公司债券均可以依法转让。公司债券也可因公司的请求或债券持有人的请求，由公司支付相应对价而赎回。

5. 公司债券可依法转换为公司股票。公司可以发行可转换公司债券，可转换债券持有人可以选择是否将其转换为公司股票。

（二）公司债券的种类

1. 公司债券的学理分类。

（1）记名公司债券和不记名公司债券。这是以公司债券上是否记载持有

---

〔1〕 刘俊海：《现代公司法》（第3版·下册），法律出版社2015年版，第856页。

人姓名或名称所作的分类。记名公司债券是指在票面上记载债券持有人姓名或名称的公司债券。记名公司债券的转让需要以背书的方式进行，也就是由转让人在公司债券上记载受让人姓名或名称，并经转让人签章后交付给受让人，从而完成公司债券的转让。不记名公司债券是指不需要在公司债券上记载持有人的姓名或名称的公司债券。不记名公司债券的转让只需要交付即可完成债券的转让。

（2）担保公司债券和无担保公司债券。这是以公司债券是否有担保为标准所作的分类。担保公司债券是指以公司的全部或部分资产作为偿还本息的担保而发行的公司债券。这种担保既包括发行公司的担保，也包括发行公司之外的第三人提供的担保。无担保公司债券是指没有其他财产担保而仅以公司信用为基础而发行的公司债券。我国《公司法》对于有担保和无担保公司债券的发行要求没有作出区分，只规定发行可转换公司债券必须提供担保，但最近一期未经审计的净资产不低于人民币 15 亿元的公司除外。

（3）可转换公司债券与不可转换公司债券。这是以公司债券是否可转换为公司股票为标准所作的分类。可转换公司债券是指债券持有人可以将其转换为公司股份的公司债券，否则即为不可转换公司债券。可转换公司债券兼有债权和期权的特征。我国《公司法》第 161 条规定，上市公司经股东大会决议可以发行可转换为股票的公司债券，并在公司债券募集办法中规定具体的转换办法。可转换公司债券的利率一般低于普通公司债券的利率。

（4）可赎回公司债券与不可赎回公司债券。这是以公司是否可以赎回已经发行的公司债券为标准所作的分类。可赎回公司债券是指在债券到期前公司有权赎回的债券，反之则为不可赎回债券。可赎回公司债券的发行人可以在债券到期日前，以事先确定的价格，按照债券招募说明书中所规定的方式发出赎回通知，赎回部分或者全部债券。

2. 我国的公司债券种类。

（1）普通公司债券。普通公司债券是债券发行人根据《公司法》和《公司债券发行与交易管理办法》等法律法规的规定，向国务院证券监督管理机构申请发行的除了可转换公司债券、认股权和债券分离交易的可转换公司债券和可交换公司债券之外的一般公司债券。

如 2020 年 7 月 23 日，中信建投证券（06066）发布公告，该公司拟公开发行2020年公司债券（面向专业投资者）（第四期），债券规模为不超过60亿元（含60亿元）。本期债券品种一发行规模不超过60亿元（含60亿元），品种二发行规模不超过60亿元（含60亿元）；本期债券品种一和品种二总计发行规模不超过60亿元（含60亿元）；发行方式为采用面向专业投资者公开发行的方式。债券期限视本期债券两个品种而定，品种一为1年期，品种二为3年期。〔1〕

（2）可转换公司债券。可转换公司债券是公司债券的发行人根据相关法律规定，向国务院证券监督管理机构申请发行的，在一定期限内根据约定条件可以转换成公司股票的公司债券。

如2020年6月17日，南京三超新材料股份有限公司公开发行可转换公司债券已获得中国证监会"证监许可〔2020〕1183号"文核准。本次共发行1.95亿元可转债，每张面值为人民币100元，共计195万张，按面值发行。本次发行的可转换公司债券简称为"三超转债"，债券代码为"123062"。本次发行的可转债向发行人在股权登记日（2020年7月24日，T-1日）收市后登记公司登记在册的原股东优先配售，原股东优先配售后余额部分（含原股东放弃优先配售部分）通过深圳证券交易所交易系统网上向社会公众投资者发行。〔2〕

（3）认股权和债券分离交易的可转换公司债。其简称为"分离交易可转债"，是指公司债券发行人根据相关法律规定，向国务院证券监督管理机构申请发行的，附认股权证的公司债券。它是债券和股票的混合融资品种。分离交易可转债由两大部分组成，一是可转换债券，二是股票权证。分离交易可转债与普通可转债的区别主要有：

其一，分离交易可转债的债券与期权可分离交易。也就是说，分离交易可转债的投资者在行使了认股权利后，其债权依然存在，仍可享有到期归还本金并获得利息的权利；而普通可转债的投资者一旦行使了认股权利，则其债权就不复存在了。

---

〔1〕参见《中信建投证券拟发行60亿元2020年公司债券（第四期）| 中信建投证券》，载新浪财经网，http://finance.sina.com.cn/stock/relnews/hk/2020-07-23/doc-iivhuipn4715280.shtml，最后访问日期：2021年1月18日。

〔2〕参见《南京三超新材料股份有限公司创业板公开发行可转换公司债券募集说明书提示性公告 | 可转债》，载新浪财经网，http://finance.sina.com.cn/roll/2020-07-23/doc-iivhuipn4550762.shtml，最后访问日期：2021年1月18日。

其二，分离可转债不设重设和赎回条款。这有利于发挥发行公司通过业绩增长来促成转股的正面作用，避免了普通可转债发行人往往不是通过提高公司经营业绩完成转股，而是以不断向下修正转股价或强制赎回方式促成转股而带给投资人的损害。同时，分离交易可转债持有人与普通可转债持有人同样被赋予一次回售的权利，从而极大地保护了投资人的利益。

其三，分离交易可转债中的认股权与债券并不是同步到期。《上市公司证券发行管理办法》第 33 条第 1 款规定，分离交易可转债“认股权证的存续期间不超过公司债券的期限，自发行结束之日起不少于 6 个月”，因为认股权证分离交易导致市场风险加大，缩短权证存续期有助于减少投机。

如马钢股份（600808）公司董事会 2006 年 11 月 7 日公告：公司本次发行分离交易的可转换公司债券已获中国证监会核准。公司拟发行 550 000 万元分离交易的可转换公司债券，票面金额为 100 元/张，发行数量为 550 万手（5500 万张），债券期限为 5 年，票面利率预设区间为 1.40%～2.00%。本次发行的分离交易可转债的到期日为 2011 年 11 月 13 日，兑付日期为到期日 2011 年 11 月 13 日之后的 5 个工作日。每张马钢股份分离交易可转债的最终认购人可以同时获得发行人派发的 23 份认股权证，行权比例为1∶1，即每 1 份认股权证代表 1 股发行人发行的 A 股股票的认购权利，每张权证的认购价格为人民币 3.40 元/股。[1]

（4）可交换公司债券。可交换债券（Exchangeable Bonds，EB）全称为“可交换他公司股票的债券”，是指上市公司股份的持有者通过抵押其持有的股票给托管机构进而发行的公司债券，该债券的持有人在将来的某个时期内，能按照债券发行时约定的条件用持有的债券换取发债人抵押的上市公司股权。可交换债券是一种内嵌期权的金融衍生品。

可交换债券相比于可转换公司债券，有相同之处。其要素与可转换债券类似，也包括票面利率、期限、换股价格和换股比率、换股期等；对投资者来说，与持有标的上市公司的可转换债券相同，投资价值与上市公司业绩相关，且在约定期限内可以以约定的价格交换为标的股票。不同之处主要有：一是发债主体和偿债主体不同，前者是上市公司的股东，后者是上市公司本

〔1〕 参见《［公告］马钢股份分离交易的可转换公司债券发行公告》，载中财网，https://www.cfi.net.cn/newspage.aspx，最后访问日期：2021 年 1 月 18 日。

身。二是所换股份的来源不同，前者是发行人持有的其他公司的股份，后者是发行人本身未来发行的新股。三是可转换债券转股会使发行人的总股本扩大，摊薄每股收益；而可交换公司债券换股不会导致标的公司的总股本发生变化，也无摊薄收益的影响。

如 2020 年 7 月 22 日，上海证券交易所发布公告称，上海市北高新（集团）有限公司 2020 年非公开发行可交换公司债券（第一期）发行完成，最终发行规模为 12 亿元，票面利率为 0.50%，最终到期赎回价格为 100 元。[1]

二、公司债券的发行

（一）公司债券发行的主体

根据我国《公司法》第 153 条的规定，各类公司主体包括股份有限公司、有限责任公司（含国有独资公司、两个以上的国有企业或者其他两个以上的国有投资主体投资设立的有限责任公司），只要符合法律规定的条件，均可发行公司债券。

（二）公司债券的发行条件

1. 普通公司债券的发行条件。我国《证券法》第 15 条规定，公开发行公司债券，应当符合下列条件：①具备健全且运行良好的组织机构；②最近 3 年平均可分配利润足以支付公司债券一年的利息；③国务院规定的其他条件。公开发行公司债券筹集的资金，必须按照公司债券募集办法所列资金用途使用；改变资金用途，必须经债券持有人会议作出决议。公开发行公司债券筹集的资金，不得用于弥补亏损和非生产性支出。上市公司发行可转换为股票的公司债券，除应当符合第 1 款规定的条件外，还应当遵守本法第 12 条第 2 款的规定。但是，按照公司债券募集办法，上市公司通过收购本公司股份的方式进行公司债券转换的除外。这是公司发行债券的积极条件。

《证券法》第 17 条有下列情形之一的，不得再次公开发行公司债券：①对已公开发行的公司债券或者其他债务有违约或者延迟支付本息的事实，仍处于继续状态；②违反本法规定，改变公开发行公司债券所募资金的用途。这

〔1〕 参见《关于上海市北高新（集团）有限公司 2020 年非公开发行可交换公司债券（第一期）挂牌的公告 关于上海市北高新（集团）有限公司 2020 年非公开发行可交换公司债券（第一期）挂牌》，载中财网，https://stock.cfi.cn/newspage.aspx，最后访问日期：2021 年 1 月 18 日。

是公司再次发行债券的消极条件。

2. 可转换公司债券发行条件。证监会《上市公司证券发行管理办法》第14条第1款规定，公开发行可转换公司债券的公司，除应当符合普通股票和债券的规定外，还应当符合下列规定：①最近3个会计年度加权平均净资产收益率平均不低于6%。扣除非经常性损益后的净利润与扣除前的净利润相比，以低者作为加权平均净资产收益率的计算依据；②本次发行后累计公司债券余额不超过最近一期末净资产额的40%；③最近3个会计年度实现的年均可分配利润不少于公司债券1年的利息。

3. 发行可交换公司债券的条件。中国证监会《上市公司股东发行可交换公司债券试行规定》第2条规定，申请发行可交换公司债券，应当符合下列规定：①申请人应当是符合《公司法》《证券法》规定的有限责任公司或者股份有限公司；②公司组织机构健全，运行良好，内部控制制度不存在重大缺陷；③公司最近一期末的净资产额不少于人民币3亿元；④公司最近3个会计年度实现的年均可分配利润不少于公司债券1年的利息；⑤本次发行后累计公司债券余额不超过最近一期末净资产额的40%；⑥本次发行债券的金额不超过预备用于交换的股票按募集说明书公告日前20个交易日均价计算的市值的70%，且应当将预备用于交换的股票设定为本次发行的公司债券的担保物；⑦经资信评级机构评级，债券信用级别良好；⑧不存在《公司债券发行试点办法》第8条规定的不得发行公司债券的情形。

（三）公司债券发行程序

当前我国《证券法》对公司申请发行公司债券采取了核准制，即必须报经国务院授权的部门或中国证监会核准。其主要程序如下：

1. 作出决议或决定。股份有限公司、有限责任公司发行公司债券，由董事会制订方案，股东会作出决议；国有独资公司发行公司债券，应由国家授权投资的机构或者国家授权的部门作出决定。

2. 报送批准。申请发行公司在作出发行公司债券的决议或者决定后，必须依照公司法规定的条件，向国务院授权的部门提交规定的申请文件，报请批准，所提交的申请文件，必须真实、准确、完整。向国务院授权的部门提交的申请文件包括：公司登记证明、公司章程、公司债券募集办法、资产评估报告和验资报告。

3. 发行公司债券的批准。国务院授权的部门依照法定条件负责批准公司债券的发行，该部门应当自受理公司债券发行申请文件之日起规定期限内作出决定；不予审批的，应当作出说明。

4. 公告募集办法。发行公司债券申请经批准后，应当公告债券募集办法；在募集办法中应当载明下列事项：①公司名称；②债券总额和债券的票面金额；③债券的利率；④还本付息的期限和方式；⑤债券发行的起止日期；⑥公司净资产额；⑦已发行的尚未到期的公司债券总额；⑧公司债券的承销机构。

5. 公司债券的载明事项。公司发行公司债券，必须在债券上载明公司名称、债券票面金额、利率、偿还期限等事项，并由董事长签名，公司盖章。

6. 置备公司债券存根簿。公司发行公司债券应当置备公司债券存根簿。发行记名公司债券的，应当在公司债券存根簿上载明下列事项：①债券持有人的姓名或者名称及住所；②债券持有人取得债券的日期及债务的编号；③债券总额，债券的票面金额，债券的利率，债券的还本付息的期限和方式；④债券的发行日期。

7. 纠正不当发行行为。国务院授权的部门对已作出的审批公司债券发行的决定，发现不符合法律、行政法规规定的，应当予以撤销；尚未发行的，停止发行；已经发行公司债券的，发行的公司应当向认购人退还所缴股款并加算银行同期存款利息。

（四）公司债券的发行方式

1. 平价发行、溢价发行和折价发行。这是以公司债券的实际发行价格与票面价格的关系所作的划分。平价发行，指债券的发行价格和票面额相等，因而发行收入的数额和将来还本数额也相等。其前提是债券发行利率和市场利率相同，这在西方国家比较少见。溢价发行，指债券的发行价格高于票面额，以后偿还本金时仍按票面额偿还。只有在债券票面利率高于市场利率的条件下才能采用这种方式发行。折价发行，指债券发行价格低于债券票面额，而偿还时却要按票面额偿还本金。折价发行是因为规定的票面利率低于市场利率。

2. 公募发行和私募发行。这是以公司债券的发行对象所作的划分。公募发行是指公开向广泛不特定的投资者发行债券。公募债券发行者必须向证券管理机关办理发行注册手续。由于发行数额一般较大，通常要委托证券公司等中介机构承销。公募债券信用度高，可以上市转让，因而发行利率一般比私募债券利率较低。私募发行是指面向少数特定的投资者发行债券。一般以少数关系密切的单位和个人为发行对象，不对所有的投资者公开出售。具体发行对象有两类：一类是机构投资者，如大的金融机构或是与发行者有密切业务往来的企业等；另一类是个人投资者，如发行单位自己的职工，或是使用发行单位产品的用户等。私募发行一般多采取直接销售的方式，不经过证券发行中介机构，不必向证券管理机关办理发行注册手续，可以节省承销费用和注册费用，手续比较简便。但是私募债券不能公开上市，流动性差，利率比公募债券高，发行数额一般不大。

3. 储架发行。储架发行是相对于传统发行而生的概念，是指在证券发行实行注册制的基础上，发行人一次注册，多次发行的制度。国内文献翻译为“储架注册”或“橱柜登记”。储架发行的内涵取决于证券市场监管模式的发展。事实上，传统证券发行监管模式是一事一审（注册制也需要审核）的事前行政审批管理模式，储架发行转变为对一揽子项目进行事前、事中、事后的持续监管模式。储架发行反映了“在法制体系和审核资源相对健全的基础上，放松行政审批管制、强化监管成效，借助市场作用，转变证券发行监管模式”的内涵。在多层次市场环境下的储架发行，有利于各板块中再融资行为的系统化监管体系构建。目前，美国、英国、加拿大、日本、法国、西班牙、比利时等发达国家，马来西亚等发展中国家都在施行“储架注册”。

例如 2021 年 7 月 19 日，中原豫资控股集团近日成功发行首单储架式公司债券，发行规模 10 亿元，期限为 3 年，最终票面利率 3. 38%，全场认购倍数 5. 12 倍，发行利率创 2021 年中部 6 省地方国有企业同期限同类债券票面利率最低。从发行资料来看，本期债券简称 21 中豫 01，债券代码 188407. SH，牵头主承销商及簿记管理人为中金公司，联席主承销商为中信证券。主体及债项评级均为 AAA。[1]

（五）公司债券发行中的保荐人和其他中介机构

公司发行债券，也要如发行股票一样需要由保荐人保荐。2007 年中国证

---

〔1〕 参见 https://baijiahao. baidu. com/s? id = 1705727235912480764&wfr = spider&for = pc，最后访问日期：2021 年 7 月 20 日。

监会公布的《公司债券发行试点办法》（已失效）第 14 条规定，发行公司债券，应当由保荐人保荐，并向中国证监会申报。保荐人应当按照中国证监会的有关规定编制和报送募集说明书和发行申请文件。第 16 条规定，保荐人应当对债券募集说明书的内容进行尽职调查，并由相关责任人签字，确认不存在虚假记载、误导性陈述或者重大遗漏，并声明承担相应的法律责任。第 17 条规定，为债券发行出具专项文件的注册会计师、资产评估人员、资信评级人员、律师及其所在机构，应当按照依法制定的业务规则、行业公认的业务标准和道德规范出具文件，并声明对所出具文件的真实性、准确性和完整性承担责任。第 18 条规定，债券募集说明书所引用的审计报告、资产评估报告、资信评级报告，应当由有资格的证券服务机构出具，并由至少 2 名有从业资格的人员签署。债券募集说明书所引用的法律意见书，应当由律师事务所出具，并由至少 2 名经办律师签署。

（六）公司债券的上市

1. 公司债券上市的含义。债券上市是指已经依法发行的债券经证券交易所批准后，在交易所公开挂牌交易的法律行为。债券上市是连接债券发行和债券交易的桥梁。凡是在证券交易所内买卖的债券就称之为上市债券；相应的，债券发行人称为上市公司。2022 年 4 月，经中国证监会批准，新修订的《上海证券交易所公司债券上市规则》（以下简称《上市规则》）及《上海证券交易所非公开发行公司债券挂牌规则》正式发布实施。

2. 公司债券上市的条件。在还没有统一的债券上市规则的情况下，上海和深圳证券交易所分别制定了基本相同的上市规则。以上海证券交易所颁布的《上市规则》为例，申请上市的企业债券必须符合下列条件：

（1）符合《证券法》等法律、行政法规规定的公开发行条件；

（2）经有权部门注册并依法完成发行；

（3）债券持有人符合本所投资者适当性管理规定；

（4）本所规定的其他条件。

3. 公司债券的上市程序。申请公司债券上市与申请股票上市的程序基本相同，主要有以下步骤：

（1）发行公司提出上市申请；

（2）证券交易所初审；

（3）证券监督管理机构核准；

（4）订立上市契约；

（5）发行公司缴纳上市费用；

（6）确定上市日期；

（7）挂牌买卖。

在债券上市后，证券交易所一旦发现该上市债券违背基准规定，有权停止该债券上市，该债券必须转为“整顿阶段”一定时间后完全停止上市。

《证券法》第 49 条规定，对证券交易所作出的不予上市交易、终止上市交易决定不服的，可以向证券交易所设立的复核机构申请复核。

根据该《上市规则》，申请上市的公司债券期限应为 1 年以上，实际发行额不少于人民币 5000 万元，并须经资信评级机构评级，且债券的信用级别良好。债券上市实行上市推荐人制度，债券在交易所申请上市，必须由 1 至 2 个交易所认可的机构推荐并出具上市推荐书。交易所设立上市委员会对债券上市申请进行审核，交易所根据上市委员会意见作出是否同意上市的决定。

第五章
Chapter 5

公司财务会计制度

第一节　公司财务会计报告制度

一、公司财务会计制度的概念

公司财务会计制度是公司财务制度和会计制度的全称。公司财务是指公司在生产经营活动中有关资金筹集、使用、管理和收益分配的活动。公司会计是指以货币为主要计量标准对公司的整个财务活动和经营状况以记账、算账、报账等方式进行的核算与监督活动。我国《公司法》规定的财务会计制度主要包括：财务会计管理、财务会计报告、公积金制度、利润分配制度和内部审计制度等。

二、公司财务会计报告

公司财务会计报告是指由公司编制，反映公司某一特定日期财务状况和某一会计期间经营成果、现金流量的文件。公司的财务会计报告由会计报表和会计报表附注组成。

公司财务会计报告分为年度、半年度、季度和月度财务会计报告。年度、半年度财务会计报告应当包括：会计报表；会计报表附注；财务情况说明书。季度、月度财务会计报告通常仅指会计报表，会计报表至少应当包括资产负债表和损益表。

1. 资产负债表。资产负债表是反映公司在某一特定日期财务状况的报表。资产负债表按照资产、负债和股东权益（也称所有者权益）分类分项列示。通过资产负债表，可以了解公司的资本结构、资产构成、负债及偿债能力、股东权益、资产的运作能力等重要经济信息。

资产是公司过去交易形成并由公司拥有或者控制的资源。在资产负债表上，按照资产流动性分类分项列示，包括流动资产、长期投资、固定资产、无形资产及其他资产。负债是公司过去的交易形成的现时义务，履行该义务预期会导致经济利益流出公司。在资产负债表上，负债应当按照其流动性分类分项列示，包括流动负债、长期负债等。股东权益是股东在公司资产中享有的经济利益，其金额为资产减去负债后的余额。在资产负债表上，所有者权益应当按照实收资本（或者股本）、资本公积、盈余公积、未分配利润等项目分项列示。

2. 损益表。损益表也称利润表，是反映公司在一定会计期间经营成果的报表。损益表应当按照各项收入、费用以及构成利润的各个项目分类分项列示。通过损益表，可以分析公司的经营能力。

3. 财务状况变动表。财务状况变动表也称现金流量表，是反映公司一定会计期间现金和现金等价物流入和流出的报表。财务状况变动表应当按照经营活动、投资活动和筹资活动的现金流量分类分项列示。

4. 利润分配表。利润分配表是反映公司一定会计期间对实现净利润以及以前年度未分配利润的分配或者亏损弥补的报表。

5. 财务情况说明书。财务情况说明书是指进一步说明公司财务相关事项，对公司各财务会计报表中所列示或未列示的事项所作的说明或补充的会计文件。

财务情况说明书至少应当对下列情况作出说明：第一，公司生产经营的基本情况；第二，利润实现和分配情况；第三，资金增减和周转情况；第四，对公司财务状况、经营成果和现金流量有重大影响的其他事项。

会计报表附注（accounting statement notes），就是对会计报表的编制基础、编制原理和方法及主要项目等所作的解释和进一步说明，以便报表的使用者全面、正确地理解会计报表。一般而言，传统报表附注包括五方面的内容：公司的一般情况；公司的会计政策；会计报表主要项目附注；分行业资料；重要事项的揭示。

关于公司财务会计报告的制作，我国《公司法》第 164 条规定，公司应当在每一会计年度终了时编制财务会计报告，并依法经会计师事务所审计。财务会计报告应当依照法律、行政法规和国务院财政部门的规定制作。

关于财务会计报告的公开，我国《公司法》第165条规定，有限责任公司应当依照公司章程规定的期限将财务会计报告送交各股东。股份有限公司的财务会计报告应当在召开股东大会的20日前置备于本公司，供股东查阅；公开发行股票的股份有限公司必须公告其财务会计报告。

案例25：公司证照属于公司的财产应按股东会决议的方式进行保管[1]

案由：公司证照返还纠纷

××云天公司向珠海市香洲区人民法院一审起诉请求：陈某某向××云天公司返还2017年2月24日刻制的公司公章、财务专用章以及营业执照副本、中国银行购证卡（副联）、开户许可证、机构信用代码证。

原审法院认定事实：××云天公司由陈某某和林某某共同出资380万元成立，其中陈某某占72%，林某某占28%。2017年1月22日，陈某某同意将持有的42%股权以人民币231万元转让给林某某，林某某在工商受理之日当天以转账形式一次性支付80万元给陈某某账户，余款在财务对清之日一次性付清给陈某某。2017年1月25日林某某向陈某某支付了股权转让款80万元，同日双方按照股权转让协议之补充协议的约定办理股权变更登记。

2017年2月13日，××云天公司召开临时股东会议，林某某、陈某某参加会议，并作出如下决议：同意原公司印章和财务专用章失效，失效之前由公司会计和出纳保管，新印章由林某某、陈某某共同申请刻印后，由公司会计和出纳存放新保险柜共同保管，并建立使用台账，任何一方使用印章应得到双方同意签名确认，否则由使用方独自承担法律责任；同意双方2017年2月28日前安排变更法人代表，若不能依期变更，由林某某负责出任法人代表一职；同意由林某某担任××云天执行董事，负责公司所有营运管理。林某某、陈某某均在该股东会议决议上签名确认。××云天公司和陈某某均确认××云天公司的会计是林某娥，出纳是郭某。随后陈某某申请刻制了××云天公司的公章和财务专用章并于2017年2月24日领取了前述两个印章。

在本案一审开庭之时，陈某某携带××云天公司公章、财务专用章、营业执照正本及副本、中国银行购证卡（副联）、开户许可证、机构信用代码证原

[1] 参见广东省珠海市中级人民法院（2017）粤04民终2539号民事判决书。

件进行核对，并将××云天公司营业执照正本交还××云天公司，将中国银行购证卡（副联）、开户许可证、机构信用代码证交由原审法院保管，由于公司正常经营的需要，陈某某不同意将营业执照副本、公章和财务专用章交由原审法院保管。陈某某称××云天公司诉请返还的印章、证照等材料均由陈某某交给××云天公司财务部郭某保管，郭某是陈某某的妻妹，相关印章、证照存放在××云天公司处，不存在返还一说。

××云天公司主张因陈某某占有公司公章，林某某作为××云天公司法定代表人，在本案起诉状上签名代表公司做出提起诉讼的意思表示。陈某某称在林某某未支付股权转让协议约定的转让款之前，2017 年 2 月 13 日的股东会决议未发生效力，陈某某仍然是公司的大股东，林某某并非公司的法定代表人，无权代表公司诉讼，也无权代表公司管理、持有公司证照。

一审法院认为，陈某某主张涉案证照均由其交给出纳郭某进行保管，即便涉案证照现确由出纳郭某进行保管，出纳郭某的保管行为也是在陈某某的授意下进行。在本案庭审中，陈某某向原审法院出示了××云天公司诉请的相关证照，据此可知，××云天公司诉请的相关证照实际是由陈某某控制。根据《公司法》第 3 条的规定，有限责任公司作为独立法人，有独立的法人财产，享有法人财产权。2017 年 2 月 13 日召开的临时股东会议决议将××云天公司的法定代表人在 2017 年 2 月 28 日前进行变更，但至今为止××云天公司的法定代表人变更事项尚未顺利完成，××云天公司以此主张陈某某控制公司证照影响××云天公司的正常经营有事实依据，原审法院予以采纳，陈某某应向××云天公司返还其持有的××云天公司的公章、财务专用章以及营业执照副本、中国银行购证卡（副联）、开户许可证、机构信用代码证。由于在 2017 年 2 月 13 日召开的临时股东会议上××云天公司股东已对××云天公司的公章、财务专用章的保管方式作出决议，公章、财务专用章由公司会计和出纳存放新保险柜共同保管，××云天公司在收到陈某某返还的公章和财务专用章应按该决议内容进行保管。

一审判决如下：陈某某于本判决发生法律效力之日起 10 日内向××云天公司返还××云天公司的公章、财务专用章、营业执照副本、中国银行购证卡（副联）、开户许可证、机构信用代码证。被告不服上诉至珠海市中级人民法院。

二审法院珠海市中级人民法院认为，法人的合法民事权益受到法律保护，任何组织和个人不得侵犯。法人财产不仅包括公司的货币、固定资产、债权等，还包括公章、证照及公司经营中依法建立的财务资料等，法人对此依法享有所有权。公司的股东会有权决定公章及证照的保管主体及管理制度。被上诉人2017年2月13日召开的股东会，对公司公章及证照的保管部门和责任人已有明确的决议，该股东会决议没有违反法律、行政法规的强制性规定，且公司的股东均在股东会议决议上签字认可，因此，该决议内容合法有效。上诉人依照公司股东会议决议的规定，应当将案涉诉争的公司公章及证照移交给被上诉人的相关保管部门和保管责任人。虽然上诉人因为工商登记变更未完成的原因，在2017年2月28日以后仍然担任公司的法定代表人，但根据公司股东会议决议，上诉人已不再负有任何代表公司的职能，对于公司的公章及证照，被上诉人有权要求上诉人予以返还。二审法院驳回上诉，维持原判。

点评：公司证照属于××云天公司的法人财产，××云天公司拥有证照的所有权。林某某作为公司的法定代表人有权代表公司起诉股东返还其所占有并控制的公司证照等无形财产。

第二节　公积金制度

一、公积金的概念

公积金，又称储备金，是指公司依照法律和公司章程规定或者股东会决议从公司税后利润中积累的资金。公积金依据不同的标准可以作出不同的分类。

（1）以是否依法律规定强制提取为标准，可把公积金分为法定公积金和任意公积金。法定公积金，是指依据法律规定而必须强制提取的公积金。其提取比例（或数额）及用途，都由法律直接规定。法定公积金亦称“强制公积金”。任意公积金，是指公司根据公司章程或股东大会决议而于法定公积金上自由设置或提取的公积金。所以，任意公积金是否设置及如何提取和使用，全凭公司自由决定，法律不加干涉。

（2）以公积金的来源为标准，可把公积金分为盈余公积金和资本公积金。盈余公积金，是指公司从其税后的营业利润中提取的公积金。故其来源是唯一的，即只能是来自公司的盈余。资本公积金，是指公司非营业活动所产生的收益中提取的公积金。

二、公积金的作用

依我国《公司法》第168条及有关法规的规定，公积金的作用主要有：

（1）弥补亏损。当公司出现亏损时，必须设法弥补，否则即违背了资本维持原则。

（2）扩大公司生产经营。在不增加资本的情况下，用历年所提取的公积金来扩大公司的生产经营，无疑是一条方便而又快捷的重要途径。

（3）增加资本。公司可在需要时将公积金转增股本。

（4）特殊情况下可用于分配股利。一般来说，公司当年无利润时，不得分配股利。但公司为维护股票信誉，在已用盈余公积金弥补亏损后，经股东会特别决议，可按不超过股票面值6%的比率用盈余公积金分配股利，但分配股利后，公司法定盈余公积金不得低于注册资本的25%。

三、公积金的提取

（1）法定公积金。法定公积金是指根据公司法的规定，公司在年终结算时，对上年的税后利润在分配前，扣除不少于10%的部分作公积金，用于弥补经营亏损和发展的准备金。当公司法定公积金累计额达到公司注册资本的50%时，可以不再提取。由此可见，公积金是为了防范经营亏损风险和为公司发展准备财力，公司法以强制性规定要求公司将盈利的一部分作公积金，正是为了保证公司的财力储备。我国《公司法》第166条所谓的“法定公积金”，实际上属于学理上的法定盈余公积金的范畴。

（2）任意公积金。任意公积金是指公司的上年税后利润在扣除不少于10%利润额的法定公积金后，或者法定公积金已达公司注册资本的50%，不再增加时，由公司的权力机构股东会决定再从利润中扣除若干份额作为任意公积金。任意公积金与注册资本的比例没有限制，完全由公司权力机构根据发展需要扣除。因为公积金是公司为弥补亏损和发展所作的储备金，储备金的多少由股东会决定，公司法不予干涉，属于公司自治的范畴。

《公司法》第 166 条第 3 款规定："公司从税后利润中提取法定公积金后，经股东会或者股东大会决议，还可以从税后利润中提取任意公积金。"

（3）资本公积金。资本公积金是指依照法律的规定，将公司特定的公司资本或者特定的项目列入资本公积账户的积累资金。即资本公积金从形成来源是投资者投入的资本金额中超过法定资本部分的资本，或者其他人（或单位）投入的不形成实收资本的资产的转化形式，它不是由公司实现的净利润转化而来，本质上属于资本的范畴。

《公司法》第 167 条对资本公积金及其来源作了规定："股份有限公司以超过股票票面金额的发行价格发行股份所得的溢价款以及国务院财政部门规定列入资本公积金的其他收入，应当列为公司资本公积金。"

第三节　公司利润分配制度

一、公司利润分配概述

公司利润分配是公司在一定时期（通常为年度）内对所实现的利润总额以及从联营单位分得的利润，按规定在国家与公司、公司与股东之间的分配。公司利润分配需要遵循以下原则：

1. 依法分配原则。公司利润分配的对象是公司缴纳所得税后的净利润，这些利润是公司的权益，公司有权自主分配。国家有关法律、法规对公司利润分配的基本原则、一般次序和重大比例也作了较为明确的规定，其目的是保障公司利润分配的有序进行，维护公司和所有者、债权人以及职工的合法权益，促使公司增加积累，增强风险防范能力。国家有关利润分配的法律和法规主要有公司法、外商投资法等，公司在利润分配中必须切实执行上述法律、法规。利润分配在公司内部属于重大事项，公司章程必须在不违背国家有关规定的前提下，对本公司利润分配的原则、方法、决策程序等内容作出具体而又明确的规定，公司在利润分配中也必须按规定办事。

2. 资本保全原则。资本保全是责任有限的现代公司制度的基础性原则之一，公司在分配中不能侵蚀资本。利润的分配是对经营中资本增值额的分配，不是对资本金的返还。按照这一原则，一般情况下，公司如果存在尚未弥补的亏损，应首先弥补亏损，再进行其他分配。

3. 充分保护债权人利益原则。债权人的利益按照风险承担的顺序及其合同契约的规定，公司必须在利润分配之前偿清所有债权人到期的债务，否则不能进行利润分配。同时，在利润分配之后，公司还应保持一定的偿债能力，以免产生财务危机，危及公司生存。此外，公司在与债权人签订某些长期债务契约的情况下，其利润分配政策还应征得债权人的同意或审核方能执行。

4. 利益兼顾原则。利益机制是制约机制的核心，而利润分配的合理与否是利益机制最终能否持续发挥作用的关键。利润分配涉及投资者、经营者、职工等多方面的利益，公司必须兼顾，并尽可能地保持稳定的利润分配。

二、公司利润分配规则

利润分配的顺序根据《公司法》等有关法规的规定，公司当年实现的净利润，一般应按照下列内容、顺序和金额进行分配：

1. 计算可供分配的利润。将本年净利润（或亏损）与年初未分配利润（或亏损）合并，计算出可供分配的利润。如果可供分配的利润为负数（即亏损），则不能进行后续分配；如果可供分配利润为正数（即本年累计盈利），则可进行后续分配。

2. 提取法定盈余公积金。在不存在年初累计亏损的前提下，法定盈余公积金按照税后净利润的10%提取。法定盈余公积金已达注册资本的50%时可不再提取。提取的法定盈余公积金用于弥补以前年度亏损或转增资本金。但转增资本金后留存的法定盈余公积金不得低于注册资本的25%。

3. 提取任意盈余公积金。任意盈余公积金计提标准由股东大会确定，如确因需要，经股东大会同意后，也可用于分配。

4. 向股东（投资者）支付股利（分配利润）。企业以前年度未分配的利润，可以并入本年度分配。公司股东会或董事会违反上述利润分配顺序，在抵补亏损和提取法定公积金之前向股东分配利润的，必须将违反规定发放的利润退还公司。

案例26：可供投资者分配的利润是否作为红利向股东分配，股东会有权作出决定[1]

B公司向山西省高级人民法院一审起诉请求：判令A公司返还为筹措公司“流动资金”而侵占B公司分红款28 812 251.02元，并赔偿相应利息。

原审法院认定事实：××堡公司成立于2003年6月26日，后吸收A公司、B公司为股东。2008年2月3日××堡公司一届二次董事会议开会，形成决议通过了《关于设立企业发展基金的议案》，议定修改××堡公司章程，形成了2010年8月20日《公司章程》。《公司章程》第17条规定，公司注册资本为人民币28 947万元，由3个法人股东共同出资设立。股东名称、出资方式及出资比例如下：1. A公司，以货币出资16 500万元，占股本总额的57%；2. 某县国有资产经营管理中心，出资8106万元，占股本总额28%；3. B公司，以货币出资4341万元，占出资总额的15%。3个股东设立××堡公司为目标公司后，每年都要召开股东会、董事会，研究公司重大事项，形成决议，并在会上要通过上年度的利润分配预案。自2008年至2014年，B公司、A公司、某县国有资产经营管理中心都在决议及分配预案上签了字并领取到应分配的利润。

2008年9月18日，××堡公司第一届第七次董事会会议议定，太行大酒店项目建设资金由××堡公司董事会根据工程进展从××堡煤矿各股东应得分红中逐年按比例划拨给太行置业有限公司，但不得影响职工股的分红比例。2014年4月25日，××堡公司的股东已变更为B公司、××杨公司、××能源公司。2015年4月29日，B公司以A公司、××堡公司扣除其流动资金分红款28 812 251.02元，向原审法院提起诉讼，形成本案。

山西省高级人民法院认为，从法庭审理情况看，第一，××堡公司认可自己只是实现股东会决议的执行者，而B公司作为股东是××堡公司经营方针的决策者；第二，××堡公司认可扣划B公司流动资金分红款的事实存在；第三，××堡公司扣划流动资金分红款，是股东们通过董事会的决议决定的，且每个股东都被扣划，履行的是同股同权、同权同利的原则；第四，根据《公司章

[1] 参见最高人民法院第四巡回法庭（2017）最高法民终392号民事判决书。

程》第39条、第40条、第41条之规定，公司提取法定公积金，任意公积金是有据可查的，并不违法。原审法院认为，既然扣划股东们流动资金分红款是合法正当的，仅靠公司章程的规范，而不经过董事会讨论形成决议后再执行，行为有瑕疵。从现有证据看，也只有《××堡公司2012年度利润分配预案》和第三届第二次董事会临时会议决议有提及，故××堡公司扣划在先，决议形成在后，对此行为的不当之处应以纠正。为此扣划的B公司的流动资金分红款应予退还。一审法院判决：××堡公司返还为筹措公司“流动资金”而侵占B公司的分红款28 812 251.02元。××堡公司不服一审判决，向最高人民法院提出上诉。

最高人民法院认为，B公司确认××堡公司2008年至2013年利润分配方案的真实性，并确认其实际取得了利润分配方案载明的利润。根据《公司法》第37条第1款第6项的规定，审议批准公司的利润分配方案和弥补亏损方案属于股东会的职权。××堡公司章程亦做了同样规定。××堡公司2011年至2013年的利润分配预案均是股东会决议通过，并非原判决认定的未经董事会决议。B公司并未主张相应股东会决议存在无效或可撤销的情形，却主张应按可供投资者分配数额向其分配红利，与股东会决议不符，不应予以支持。因行为可以被追认，故原判决以“扣划在先，决议形成在后”判令退还，属于适用法律错误，本院予以纠正。二审判决：撤销一审民事判决，驳回B公司的诉讼请求。

点评：向股东分配的红利不等于可供投资者分配的利润，经有效的股东会决议向投资者分配的利润才是股东的红利。可供投资者分配的利润能否作为红利向股东分配，股东会有权根据企业的经营状况、市场环境、企业的发展方向等因素作出决议。

第六章

◂◂◂◂◂ Chapter 6

股东权利

第一节 股权概述

一、股权的概念和特征

（一）股权的概念

股权，即股东权利，是指公司股东基于股东身份而享有的参与公司经营管理并获取收益的权利。[1]我国《公司法》第 4 条概括性地规定了股东的股权，主要包括股东依法享有资产收益、参与重大决策和选择管理者等权利。股东的财产权是股东权的核心，是股东投资的主要目的，而参与公司经营管理是股东获得财产权的手段和保障。

（二）股权的特征

1. 股权是包括财产权和经营管理权的综合性权利。股东向公司投资的主要目的就是获取投资回报，在法律上就体现为受益权。股东的受益权集中体现为公司盈利时股东享有的股利分配权和公司清算时股东享有的剩余财产分配权。股东经营管理权利主要是股东参加公司重大决策的权利和选择管理者的权利。在现代公司制度中，公司的所有权和经营权原则上是分离的。股东虽然是公司财产的所有者，但往往并不直接参与公司的经营管理，这在股份有限公司尤其是上市公司中表现得特别明显。股东行使经营管理权表现为通过选举董事会（执行董事）及监事会（监事）来间接行使。通过财产权和经营管理权可引申出股东一系列权利，包括知情权、股权转让权、股权质押权、股份回购权、股东会或董事会决议提起无效或撤销权等。

---

〔1〕 郑云瑞：《公司法学》（第 2 版），北京大学出版社 2019 年版，第 145 页。

2. 股权以股东向公司的出资为基础。公司法中一项重要原则就是股权平等原则，公司股东在分配股利或者分配剩余财产时，原则上按照股东的出资比例或者所持有的股份进行。股权平等原则在表决权方面则体现为一股一权，即每一股份只能享有一个表决权。股权平等原则也有例外，如我国《公司法》第 34 条规定，股东按照实缴的出资比例分取红利；公司新增资本时，股东有权优先按照实缴的出资比例认缴出资。但是，全体股东约定不按照出资比例分取红利或者不按照出资比例优先认缴出资的除外。《公司法》第 166 条第 4 款也有相应规定，公司弥补亏损和提取公积金后所余税后利润，有限责任公司依照本法第 34 条的规定分配；股份有限公司按照股东持有的股份比例分配，但股份有限公司章程规定不按持股比例分配的除外。

3. 对股权可以作出合理限制。股东如果存在出资瑕疵，包括未履行或者未全面履行出资义务或抽逃出资，公司可以根据公司章程的规定或者股东会决议对股东的利润分配请求权、新股优先认购权、剩余财产分配请求权等股东权利作出相应的合理限制。实际上对于股东出资瑕疵，公司不仅可以对其财产权利作出合理限制，对于其表决权也可以根据公司章程或者股东会决议作出相应合理限制。如我国《公司法》第 16 条第 2、3 款分别规定，公司为公司股东或者实际控制人提供担保的，必须经股东会或者股东大会决议。前款规定的股东或者受前款规定的实际控制人支配的股东，不得参加前款规定事项的表决。该项表决由出席会议的其他股东所持表决权的过半数通过。《公司法》第 124 条规定，上市公司董事与董事会会议决议事项所涉及的企业有关联关系的，不得对该项决议行使表决权，也不得代理其他董事行使表决权。

案例27：对于股东资格的认定应结合公司章程、股东名册、工商登记、出资情况、出资证明书、股权行使等因素综合考虑[1]

案由：股东资格纠纷

因 A 要求甲公司将其确认为股东未果，2011 年 6 月 22 日，A 向一审法院提起诉讼，请求确认其系甲公司股东，出资 510 万元注册资本金，持有公司 53%的股权；判令甲公司配合 A 办理公司股东变更的工商登记手续。

---

〔1〕 参见最高人民法院（2014）民提字第 00054 号民事判决书。

一审法院查明，2004 年 5 月 27 日，甲公司设立，法定代表人为唐某良。甲公司共有 B、C、D、E 四个股东，其中 B 出资 40 万元，占注册资本 40%，C 出资 32 万元，占注册资本 32%，D、E 各出资 14 万元，分别占注册资本 14%、14%。2007 年 4 月 26 日，甲公司变更注册资本为 1200 万元，各股东持股比例不变。在公司运营活动中，经法定代表人唐某良授权，由股东 D 全权处理公司日常事务，D 并有权代表 B 公司行使股东权利。2008 年 6 月，为了公司建设的需要，D、E 拟增资扩股，遂与 A 协商，由 A 出资 510 万元，占公司 30%股权。2008 年 7 月 29 日，A 以个人名义向丽江市某信用合作社贷款 530 万元，由甲公司两个股东 E 及 C 以资产作抵押担保，D 作为甲公司的授权代理人也在借款合同上签字，借款用途为“电站投资”。2008 年 8 月 4 日，A 将所借 510 万元打入了甲公司账户，甲公司会计凭证记载为“实收资本”。2008 年 8 月 10 日，D、E 和 A 签署了一份《甲公司章程》，其中载明 A 于 2008 年 8 月 10 日认缴出资 510 万元，占公司注册资本的 30%。2010 年 1 月 3 日，A、E、C、D 作出《股东会决议》，决定将公司股权转让，并约定转让金按当时的出资比例进行分配，还明确了各股东到账股金的比例为：A、510 万元，占 53%；D、唐某良（B 公司法定代表人）117 万元，占 17.7%；E、52 万元，占 5.4%；C、230 万元，占 23.9%。但因后来未找到受让方，股权没能转让。2010 年 11 月 20 日，D 向 A 补写了一张《借条》，内容为：“借到 A 人民币 510 万元，此款已于 2008 年 8 月 4 日打入公司账户，由公司承担信用社利息和本金归还，期限为一年半，若到期未能偿还作为资本债转为公司股金”。2011 年 6 月 20 日及 6 月 23 日，甲公司作出《账务自查结论》，其中注明“实收 A 资本金 510 万元”。其间，D 于 2009 年 7 月 26 日、2010 年 5 月 18 日向 A 账户内打入人民币 110 万元，2011 年 3 月 3 日，D 又将 400 万元人民币打入 A 账户内。

一审法院认为：A 将 510 万元打入甲公司账户后，A、D、E 于 2008 年 8 月 10 日签署的《甲公司章程》已明确了 A 属甲公司股东且占公司 30%的股权，《甲公司章程》虽只有原股东 D、E 的签字，但 D 同时还代表了 B 公司，故该章程并未违反《公司法》的规定，应视为各方当事人之间的约定，由此可以认定 A 的 510 万元属投资款。但 2010 年 11 月 20 日甲公司出具的《借条》已将 A 支付的 510 万元认定为借款，该借条约定还款期限为一年半，超过一年半该借款才能转为公司股金，而还款期限应从出具借条之日，即2010年11月20日起算，甲公司于2011年3月3日归还了A全部借款，故A成为甲公司股东的条件不成就。一审法院驳回了A的诉讼请求。

A不服一审判决，提起上诉。二审法院驳回上诉，维持原判。A不服上述二审判决，向最高人民法院申请再审。

最高人民法院认为，本案再审争议的焦点问题是：A是否为甲公司的股东。

一、A是否取得了甲公司的股东身份

根据本案查明的事实，最高人民法院认为A已经取得了甲公司的股东身份。

首先，A已经向甲公司实缴出资，A打入甲公司账户的510万元为出资款而非借款。2008年6月，代表甲公司处理日常事务的D及甲公司股东E与A协商，由A向甲公司出资510万元，占30%的股权。由此证明，A在出资之前，已经与甲公司及其股东就出资事宜达成了合意。2008年7月29日，A向云南省丽江市某信用合作社贷款530万元，贷款用途明确约定为“电站投资”。2008年8月4日，A将所贷的510万元打入了甲公司的账户，实缴了出资，履行了先前约定的出资义务，甲公司的会计凭证也将该510万元记载为“实收资本”。直至2011年3月15日，D还认可A投入甲公司的510万元是投资款。2011年6月20日及23日，甲公司作出的《账务自查结论》仍然注明“实收A资本金510万元”。以上事实足以证明，A已经按认缴的出资额向甲公司实缴了出资，A支付的510万元为出资款而非借款。

其次，A的股东身份已经记载于《甲公司章程》，A也以股东身份实际参与了甲公司的经营管理。2008年8月10日，D、E和A共同修订并签署了新的《甲公司章程》。虽然在《甲公司章程》上签字的自然人股东只有D、E两人，但由于D同时还代表甲公司的另一法人股东B公司，故甲公司章程的修改经过了代表2/3以上表决权的股东通过，符合法定的修改程序，甲公司的另一股东C在本案二审中也明确表示认可修订后的《甲公司章程》，故其应为合法有效。《甲公司章程》中载明，A于2008年8月10日认缴出资510万元，占甲公司注册资本的30%。其后，A以甲公司董事长的身份，出席了C的复工典礼，并多次参加甲公司的股东会，讨论公司经营管理事宜，实际行使了股东权利。

A主张，以2010年1月3日所作的《股东会决议》为依据，确认其持有甲公司53%的股权。但该《股东会决议》是为甲公司对外转让股权这一特定事宜而作出，后来因未能找到受让方，股权转让事宜并没有付诸实施。《股东会决议》确定的股东持股比例是以各股东当时到账的出资数而非以股东认缴的出资数为依据计算出来的，主要目的在于分配股权转让款，《股东会决议》本身并没有对《甲公司章程》中确定的各股东出资数及持股比例作出改变，也不涉及甲公司的减资事项，《股东会决议》事项并未实施，《甲公司章程》依然合法有效，各股东仍应按其中所认缴的出资数额继续履行出资义务的情况下，应以《甲公司章程》为据确定A持有甲公司的股权比例，即A持有甲公司的股权比例为30%，其主张持有甲公司53%的股权，法院不予支持。

二、A对甲公司的股权是否转变为债权

2010年11月20日，D代表甲公司给A补写了一张《借条》，其中载明："借到A人民币510万元，此款已于2008年8月4日打入公司账户，由公司承担信用社利息和本金归还，期限为一年半，若到期未能偿还作为资本债转为公司股金。"《借条》出具之前，D于2009年7月26日、2010年5月18日分两次向A的账户共汇入110万元，《借条》出具之后，D于2011年3月3日再次向A的账户汇入400万元，合计510万元。甲公司主张其与A之间的投资关系已经因《借条》的出具而转变为借款关系，并且通过D的还款行为而将借款进行了清偿，A对此予以否认。因此，《借条》及D的汇款，是否使A对甲公司的股权转变成了债权，是本案当事人争议的关键问题。根据既有的法律规定，综合考虑案件事实情况，法院认为A对甲公司的股权并未转变为债权。理由是：

第一，股东不得抽逃出资是公司法的一项基本制度和原则，我国《公司法》对此作了明确规定。本案中，A打入甲公司账户的510万元性质上为出资款，且为《甲公司章程》所确认，该510万元进入甲公司的账户后，即成为甲公司的法人财产，无论是A主动要求甲公司将其出资转变为借款，还是D代表甲公司向A出具《借条》并将出资作为借款偿还，抑或是A与甲公司协商一致，将出资转变为借款而归还，本质上都是根本性改变A对甲公司出资性质的违法行为，都会导致A抽回出资并退股的法律后果，这是有违公司法的禁止性规定的，因而上述行为均应无效，A 的股东身份自然也不应因此种无效行为而改变。尤为强调的是，抽逃出资并不限于抽逃注册资本中已经实缴的出资，在公司增资的情况下，股东抽逃尚未经工商部门登记、但已经成为公司法人财产的出资同样属于抽逃出资的范畴，亦在公司法禁止之列。故此，二审法院关于甲公司并未将 A 出资的 510 万元登记为公司注册资本，甲公司或者 A 将 510 万元转变为借款并非抽逃出资的认定不当，法院予以纠正。

第二，《借条》并不能证明 A 对甲公司的出资已经转变为借款。即便不考虑前述法律禁止性规定的因素，单纯从《借条》这一证据本身分析，亦不能得出 A 对甲公司的出资已经转变为借款的结论。《借条》对 A 打入甲公司账户的 510 万元规定了一年半的还款期限，在此期限内甲公司如未能归还本息，则该 510 万元即转为股金。A 和甲公司对一年半的借款期限究竟应从何时起算存在争议。最高人民法院认为，在当事人没有特别约定的情况下，按照交易惯例，借款期限应从款项实际交付给借款人时起算。具体到本案，即使将 A 的出资当作借款，借款期限也应从 510 万元打入甲公司账户的 2008 年 8 月 4 日起算，这与 A 从丽江市某信用合作社贷款一年半的期限正好吻合。甲公司主张借款期限应从《借条》出具的 2010 年 11 月 20 日起算，但此时 A 已经将该款项打入甲公司 2 年多，甲公司实际占有和使用此款项却不属于借款，当然也无需支付借款的利息，而 A 从银行贷款帮助甲公司渡过难关，不但没有获得任何对价，还需要自行承担贷款的利息，这不但违背常理，也有失公平，故本院对甲公司的此项主张不予支持。按 2008 年 8 月 4 日计算借款期限，至 2010 年 2 月 4 日一年半的期限届满，甲公司并未归还全部借款，按《借条》的约定，A 支付的 510 万元也应转为出资而非借款。从另一方面看，《借条》载明应由甲公司承担 510 万元贷款的利息归还义务，但事实上该项贷款的利息 919 820.88 元系由 A 偿还，无论借款期限从何时起算，甲公司均未在《借条》约定的一年半的借款期限内偿付利息，从这一角度考量，A 支付的 510 万元也应属于出资而非借款。因此，原一、二审法院认定《借条》已将 A 与甲公司之间的投资关系转变为借款关系确有不当，最高人民法院予以纠正。在 A 向甲公司支付的 510 万元属于出资款，不应作为借款返还的情形下，唐某云可以另行向 A 主张返还其所支付的 510 万元。最后，最高人民法院撤销

一、二审判决，确认A为甲公司的股东，出资510万元，持有30%的股权。甲公司应于本判决生效之日起15日内，配合A办理股东变更登记手续。

点评：股东身份的确认，应根据当事人的出资情况以及股东身份是否以一定的形式为公众所认知等因素进行综合判断。股东向公司出资后，出资财产即转变为公司的法人财产，其独立于股东个人的财产而构成公司法人的物质基础。股东从公司抽回出资，则会减少公司资本，动摇公司的独立法人地位，侵害公司、其他股东和公司债权人的利益，因而为法律所严禁。不过本案虽然最高人民法院确认了万某某的股东资格，但其存在出资瑕疵，公司应该可以向其另行主张返还出资，而这当然是另一法律关系。

问题：是否只要在公司实际出资就当然是公司的股东？

最高人民法院在（2015）民申字第1671号民事裁定书中认为，公司的实际出资人并不当然具备股东资格，法院有必要查明公司股东名册和章程记载及公司登记机关登记的股东情况。

二、股权的分类

股权作为一种新型的复合性权利，根据不同的标准可以作出不同的分类。

（一）自益权与共益权

这是以股东行使权利的目的和内容所作的分类。自益权和共益权的划分来源于学理和司法实践的分类，我国公司立法没有作出这样的划分。

自益权是指股东为自己的利益而行使的股东权利。[1]股东的自益权主要包括利润分配请求权、股份转让权、剩余财产分配请求权和新股优先认购权等财产性权利。

共益权是股东为全体股东的共同利益而间接为自己的利益而行使的权利。[2]共益权主要包括表决权、知情权、提案权等经营管理权利（也有学者认为，

〔1〕施天涛：《公司法论》（第4版），法律出版社2018年版，第257页。

〔2〕施天涛：《公司法论》（第4版），法律出版社2018年版，第257页。

知情权既是自益权，也是共益权）。

自益权是共益权行使的目的，而共益权是自益权行使的手段，自益权与共益权的界线是相对的。自益权旨在维护股东的个体利益，共益权则以维护公司利益和股东整体利益为目的；自益权主要与财产利益相关，共益权则主要与公司治理利益相关。自益权均为单独股东权，而共益权则不受此限。从本质上说，两类权益的最终目的均在于确认和保护股东利益，具有同一性。

案例28：股权被法院冻结期间，股东仍可行使其共益权[1]

杨某某与李某森、李某蓉损害股东利益责任纠纷再审一案，广西壮族自治区高级人民法院认为：

（一）关于李某森等人的行为是否损害公司及杨某某的合法权益问题

1. 根据一、二审查明的事实，2005年2月7日，时任A公司股东的杨某某将其持有的A公司55%股份以440万元价格转让给李某蓉，并依法办理了股权变更登记手续。2008年12月19日、2009年10月9日及11月16日，A公司时任全体股东李某蓉、李某森、王某某、李某某、李某彬、黄某某一致同意将A公司名下的两宗地分别抵偿何某某、况某某债务。2010年3月22日，南宁市工商行政管理局根据南宁市中级人民法院某协助执行通知书的要求，将李某蓉所持有的A公司55%的股权变更登记至杨某某名下。因此，在2005年2月7日至2010年3月22日期间，杨某某不持有A公司的股权，不是A公司的股东，不享有A公司的股东权利。

2. 根据《公司法》第3条第1款“公司是企业法人，有独立的法人财产，享有法人财产权。公司以其全部财产对公司的债务承担责任”的规定，A公司具有独立法人人格，其有权依法开展经营活动，并以其全部财产对公司债务承担责任。况某某、何某某与李某森、A公司因债权债务产生民事诉讼，2008年12月19日、2009年10月9日及11月16日，各方当事人经永××县人民法院主持调解达成调解协议和以物抵债协议，A公司将其名下的两宗地分别抵偿所欠何某某、况某某的债务，上述协议已经发生法律效力。这是A公

[1] 参见广西壮族自治区南宁市中级人民法院（2015）南市民二终字第531号民事判决书，广西壮族自治区高级人民法院（2016）桂民申680号民事裁定书。

司与债权人况某某、何某某之间正常债权债务关系，虽然杨某某现为A公司的股东，但是由于杨某某当时不是A公司的股东，A公司和债权人达成调解协议和以物抵债协议与杨某某没有法律关系，杨某某主张A公司及其股东行为损害其利益于法无据，对其主张不予支持。李某森、李某蓉持有的A公司股权被法院冻结期间，李某森、李某蓉作为股东仍可行使共益权，有权利对公司资产的处置行使股东表决权，杨某某主张李某森等人无权对公司资产进行处置缺乏法律依据，不予采纳。

（二）关于李某蓉等是否违反《公司章程》及公司法规定的问题

1. 根据《公司法》第16条“公司向其他企业投资或者为他人提供担保，依照公司章程的规定，由董事会或者股东会、股东大会决议；公司章程对投资或者担保的总额及单项投资或者担保的数额有限额规定的，不得超过规定的限额。公司为公司股东或者实际控制人提供担保的，必须经股东会或者股东大会决议。前款规定的股东或者受前款规定的实际控制人支配的股东，不得参加前款规定事项的表决。该项表决由出席会议的其他股东所持表决权的过半数通过”的规定，《公司法》并不禁止公司为公司股东或者实际控制人提供担保，公司章程没有约定的事项，只要不违反《公司法》及相关法律、法规规定，股东或公司均可以为之。且从一、二审李某森等人提交的况某某与李某蓉、李某森、A公司签订的《借款协议书》看，况某某的300万元借款用于为杨某某付A公司欠广西某金属回收公司的预付款200万元和交付A公司的某号宗地土地出让金100万元，借款人虽为李某蓉，但该款实为A公司的债务，李某森、李某蓉同意用公司财产为公司债务作担保，李某蓉作为股东参与表决并不违反上述法律规定。

2. 况某某、何某某借款本息至执行时已经达到9 133 368元、4 028 541元，有已经生效的永××县人民法院民事裁定书、执行裁定书确认，债权人况某某、何某某与A公司等达成调解协议和以物抵债协议属于正常的民事法律行为，因此杨某某主张李某森等人主动承揽利息、主动用公司替代李某蓉成为债务人，抽逃公司全部资产的行为于法无据，对其主张，不予支持。综上，杨某某的再审申请不符合《中华人民共和国民事诉讼法》第200条规定的情形。裁定驳回杨某某的再审申请。

点评：根据《公司法》第4条“公司股东依法享有资产收益、参与重大决策和选择管理者等权利”的规定，股东权包括股东共益权和自益权两方面，其中股东共益权是基于股东的共同利益而享有和行使的权利，主要表现为如股东参与公司重大决策等有关带有人身性质的权利，股东自益权则是为了实现自己的利益而享有和行使的权利，主要表现为股东所享有的各种财产权。股权冻结是人民法院在诉讼或执行中采取的一种保全或执行措施，主要是限制股东从公司获取利益（收取股息或红利）以及处分股权（股权转让或股权质押），防止股权收益的不当流失。股东共益权的行使以其是公司股东为前提，不因股权冻结而限制股东对共益权的行使。

（二）固有权与非固有权

这是根据股东权是否能够被公司章程或股东大会决议限制或剥夺为标准所作的分类。

固有权又称法定股东权，是指未经股东本人同意，即使以公司章程或股东大会决议也不能剥夺的权利。股东固有权是股东基于股东身份而取得的，依赖于公司法强制性规范赋予，这项权利对于维系股东根本利益具有重要作用，具有法定性和不可剥夺性的特征。股东的固有权主要包括以下权利：

（1）资产收益类权利。具体又可分为股利分配请求权和剩余财产分配请求权。

（2）参与管理类权利。具体又可分为股东会出席权、提案权、表决权和股东会召集权。

（3）知情权。具体可分为查阅权与质询权、信息接收权。

（4）法律救济类权利。具体又可分为强制解散公司请求权、异议股东股权回购请求权和股东诉讼权。

非固有权是指股东可由公司章程的规定或股东大会决议予以剥夺的权利。事实上，赋予股东权的规范大多属于强行性规范，故多数股东权都属于固有权。[1]一般认为，公司的股权转让权、新股优先认购权、有限公司股权优先购买权等可以由公司章程作出禁止性或限制性规定，应属于非固有权。

---

〔1〕 范健、王建文：《公司法》（第5版），法律出版社2018年版，第271页。

（三）单独股东权与少数股东权

这是根据是否股东需要持有一定比例的股份才能行使权利对股权所作的分类。单独股东权，即可由股东一人单独行使的股东权。与必须达到一定的股份数额才能行使的少数股东权不同，这类权利只要持有一个股份即可行使。这些权利主要有：股东会议表决权、宣告决议无效请求权、分派股息请求权等。

少数股东权，“单独股东权”的对称，是指必须持有一定股份数额的股东才能行使的权利。在我国《公司法》中规定的少数股东权主要有：股东会或其临时会议召开请求权；股东大会的召集和主持权；股东大会临时提案权；召开董事会临时会议提议权；股东派生诉讼提起权；解散公司请求权。

（四）普通股东权与特别股东权

这是以股东身份为标准对股权所作的分类。普通股权是指公司普通股东权利。特别股东权是指专属于公司特定类型股东所享有的权利、如优先股股东权。

（五）比例股东权与非比例股东权

这是以股东权是否以股东持股比例为标准所作的分类。比例股东权是指股东权内容应当按照股东持有公司股份的比例来确定。这些权利主要有：利润分配请求权、剩余财产分配请求权、新股优先认购权、表决权等。非比例股东权的内容不以股东持有公司股份的比例来确定。一般认为，股东的各种诉权属于非比例股东权。

三、股东的义务

股东享有股东权利的同时，也必须承担股东的义务，这是最基本的法律原理，否则权利就极有可能被滥用。根据我国《公司法》的规定，公司股东的义务主要有：

1. 认缴出资的义务。股东认缴公司资本的出资是其最基本和最核心的义务。股东必须按照公司章程的规定及时足额完成缴纳出资的义务。在发起人签订入股协议公司成立后，公司股东无正当理由拒不缴纳出资义务的，对其他已经足额缴纳出资的股东应承担违约责任；对公司造成损失的，还应对公司承担损害赔偿责任。

2. 遵守公司章程的义务。公司章程依法制定后对公司全体股东均具有约束力。这些股东既包括公司的原始股东，也包括继受股东。既包括足额出资股东，也包括出资瑕疵股东。

3. 资本充实义务。为了维持公司的资本充实，其一，股东不得抽逃出资。我国《公司法》第35条禁止公司股东抽逃出资，并在第200条规定了对抽逃出资的处罚，《公司法司法解释（三）》规定了抽逃出资相关责任人的损害赔偿责任。其二，股东具有填补资本义务。我国《公司法》第30条规定了不足额缴付出资股东对出资差额的补足义务，公司其他发起人股东对该差额承担连带责任。《最高人民法院关于适用〈中华人民共和国公司法〉若干问题的规定（二）》［以下简称《公司法司法解释（二）》］第22条规定，公司解散时，未出资或者出资不足的股东在未缴出资范围内对公司债务承担连带清偿责任。《公司法司法解释（三）》第13条规定了未履行或者未全面履行出资义务的股东在未出资本息范围内对公司债务不能清偿的部分承担补充赔偿责任。

四、股权的法律性质

对于股权究竟是一种什么性质的权利，理论界认识不一。我国对股权的法律性质的观点主要有以下几种学说。

1. 所有权说。持股权所有权说的观点认为股权就是物权的所有权。在公司中有两个所有权，公司拥有所有权，股东也拥有所有权。股东的所有权并不因公司享有所有权而被消灭。〔1〕

2. 债权说。持股权债权说认为，股东出资给公司是用所有权换取公司的债权，股东对公司主要的权利就是收益，即取得盈余分配的权利。〔2〕

3. 社员权说。持股权社员权说认为股权是社员权，即股东因出资创办社团成为该社团法人成员，并在法人内部拥有的权利，股东通过转移财产的所有权以取得相应的权利。股东把享有社员权作为产权交换的代价。〔3〕

4. 独立民事权利。持股权独立民事权利说的人认为，股权是一种自成一

---

〔1〕 王利明：《论股份制企业所有权的二重结构——与郭锋同志商榷》，载《中国法学》1989年第1期。

〔2〕 郭锋：《股份制企业所有权问题的探讨》，载《中国法学》1988年第3期。

〔3〕 储育明：《论股权的性质及其对我国企业产权理论的影响》，载《安徽大学学报（哲学社会科学版）》1989年第3期。

体的独立权利，股权是作为股东转让出资财产所有权的对价的民事权利。[1]目前独立民事权利说已经成为我国学界的通说。

案例29：不承担经营风险不参与利润分配的股东无权请求股东名册登记[2]

案由：股东名册记载纠纷

杨某某一审向青海省玛沁县人民法院起诉请求：A公司向其签发出资证明书并办理变更登记。

一审法院经审理查明：2006年10月30日，A公司成立，注册资本858万元，杨某某投入实物资产（车辆）9.12万元，占注册资本的1.07%。《公司章程》中记载，以车辆入股的股东，只限于入股车辆的经营，独立承担经营风险，不参与公司其他经营活动和经营成果的分配，车辆经营年限到期退出营运市场，股份也同时退出。公司除收取必要的费用外，也不参与车辆经营成果的分配。股东分为职工内部股东和以车辆入股的股东。持公司内部股的股东有权参加股东大会，以车辆入股的股东不能参加公司股东大会，也没有选举权和被选举权。杨某某未在公司章程上签名。2014年6月27日，A公司董事会决议决定，取消杨某某等32辆客车车主股东身份。

一审法院认为，有限责任公司的股东应以其认缴的出资额为限对公司承担责任，并应当在公司章程上签名、盖章。本案中，杨某某在A公司只对自己的车辆经营管理，独立承担经营风险，不参与公司其他经营活动和经营成果的分配，也不参加公司股东大会，且杨某某未在公司章程上签名、盖章。杨某某在A公司并未享有股东权利，也未承担股东义务。因此，杨某某无A公司的股东资格，故对杨某某要求判令将其以1.07%的出资比例记载在A公司股东名册上，并签发出资额为9.12万元的出资证明书及将杨某某的姓名、出资额及出资比例在公司登记机关办理变更登记的诉讼请求，不予支持。

原告不服向青海省果洛藏族自治州中级人民法院提起上诉。二审法院驳回上诉，维持原判。

---

〔1〕江平、孔祥俊：《论股权》，载《中国法学》1994年第1期。

〔2〕参见青海省高级人民法院（2016）青民申385号民事裁定书。

点评：本案中，杨某某提供的工商登记备案的验资报告等仅证明公司改制过程中其作为发起人投入的实物资产经评估后价值为9.12万元，占注册资本1.07%的事实，但不能证明该资产已经必然转换为对A公司的出资，亦不能证明其已经实际履行了出资义务。公司成立时，投入车辆的所有人员在从事客运期间，独立承担经营风险，车辆所有权及经营收益归个人所有，不参与公司的经营管理和分红，A公司只收取车辆管理费，车辆所有人与A公司之间属挂靠关系。

第二节　股权的具体内容

关于股东权利的具体内容，我国《公司法》在第4条集中规定了股东的资产收益权、参与重大决策权和选择管理者权利。但股权的内容远不止于第4条的规定。在《公司法》其他条文中零散规定了其他股东权利。概括起来，股东权利主要有以下方面。

一、利润分配请求权

（一）利润分配请求权的概念和性质

股东利润分配请求权，也是股利分配请求权、分红权、盈余分配请求权等，是指股东基于公司股东的身份和地位，请求公司向自己分配公司税后利润的权利。[1]

关于股东利润分配请求权的法律性质：首先，股东利润分配请求权是请求权。请求权，在法律中主要表现为特定的主体请求特定的主体为特定行为（作为或者不作为）的权利。股东利润分配请求权是股东基于其股东地位而享有请求公司支付利润的权利。其次，股东利润分配请求权是财产权。股东利润分配请求权是以公司利润为标的的一项权利，财产权的实现是股东的最终目的。

（二）我国立法的相关规定

股东利润分配请求权相关权利规定主要包括：《公司法》第4条对股东权

〔1〕李建伟：《公司法学》，中国人民大学出版社2008年版，第307页。

的保护，第34条股东分取红利的法律依据和第166条利润分配的程序规定，第46条关于董事会负责制定利润分配方案的表述，第37条股东会负责审批董事会制定的利润分配方案。反向禁止性规定主要包括：第20条禁止股东滥用权利和第21条禁止股东关联交易行为的规定。当股东利润分配请求权遭受侵害时的救济性规定主要有第22条所规定的股东会决议无效、撤销之诉、第72、73条规定的股权转让制度、第75条规定的异议股东股权回购制度以及第152条规定的股东代表诉讼。《最高人民法院关于适用〈中华人民共和国公司法〉若干问题的规定（四）》［以下简称《公司法司法解释（四）》］第13条至第15条规定了股东利润分配请求权之诉。

（三）我国公司股东利润分配请求权保护存在的问题

1. 公司章程事先约定不足。我国《公司法》并没有规定把股利分配政策作为法定的必要记载事项登记在公司章程中，不需要法律来强制规定，完全属于公司意思自治的内容，但这恰恰为大股东压榨小股东提供了契机，成为股利分配纠纷出现的诱因。

2. 法律对大股东诚信义务的规制不足。大股东往往利用其资本多数决的优势，采用各种方式阻止股东会通过利润分配方案，违反股东诚信义务，通过过高提取任意公积金、提高管理者薪酬、关联交易等方式实现利润操纵。

3. 异议股东的股利回购请求权缺乏操作性。《公司法》第74条规定了异议股东的股利回购请求权，但我国的相关制度和配套程序还不够完善，不能很好地运用该项制度解决股东权利问题。

4. 股东会决议相关之诉局限性。《公司法司法解释（四）》第14条规定了公司股东可以直接依据载明具体利润分配方案的股东会决议提起强制分配股利之诉，《公司法》第22条规定了股东会决议无效及可撤销之诉。但配套程序和相关制度的不完善也有可能导致该项救济权利在司法实践中难以行使。

5. 股东知情权在范围上立法与司法的矛盾。《公司法》第33条第1款规定了公司股东享有知情权，可供查阅和复制的范围仅限于公司章程、股东会会议记录、董事会会议决议、监事会会议决议和财务会计报告。《公司法》第33条第2款规定了股东可以查阅公司会计账簿，但必须书面申请，且公司可以拒绝。对于股东查阅公司账簿无复制权，这显然对股东主张利润分配请求权不利。

（四）司法干预股东利润分配的条件

第一，公司存在可予以分配的盈余。公司经营管理的一大原则就是“无盈不分”，《公司法》第 166 条就对公司可供分配的利润进行了规定。股东分配利润的资金来源为公司当年税后利润弥补亏损、提取法定公积金与任意公积金后的余额。

第二，公司不予分配或不合理分配盈余。这是股东盈余分配请求权遭受侵害的客观表现情况。若公司拥有可予以分配的盈余，却不分或者只分不合理的数额，那么股东的盈余分配请求权就不能实现。

第三，不予分配盈余或者不合理分配盈余存在恶意。毕竟盈余分配事项属于自治范围，即便公司拥有可予以分配的利润，为了其发展，在某年度不予分配或少分配也可能是合理商业判断的结果。我国《公司法司法解释（四）》明确提出，股东权利救济需要其他股东存在“滥用股东权利”或者董事、高级管理人员存在“欺诈行为”这样的主观适用条件。

第四，股东需穷尽内部救济。盈余分配事项属于公司的内部事务，当发生纠纷时，理应首先适用公司的内部救济措施。股东如若能够通过内部途径予以解决，就毋须司法的介入，以免造成司法资源的浪费，以及双方人力、财力的消耗。根据我国《公司法》第 37 条和第 98 条的规定，只有股东会才有权“审议批准公司的利润分配方案和弥补亏损方案”。易言之，在股东会作出分配股利的决议之前，任何股东均无权请求分配股利，除非大股东或控制股东滥用股东权利拒绝或阻碍公司作出利润分配的决议。对此《公司法司法解释（四）》第 14 条规定，股东提交载明具体分配方案的股东会或者股东大会的有效决议，请求公司分配利润，公司拒绝分配利润且其关于无法执行决议的抗辩理由不成立的，人民法院应当判决公司按照决议载明的具体分配方案向股东分配利润。股东请求分配公司利润的案由为“公司盈余分配纠纷”，对于其诉讼主体，《公司法司法解释（四）》第 13 条规定，股东请求公司分配利润案件，应当列公司为被告。一审法庭辩论终结前，其他股东基于同一分配方案请求分配利润并申请参加诉讼的，应当列为共同原告。

案例30：××门业公司与××热力公司公司盈余分配纠纷[1]

案由：公司盈余分配纠纷

××门业公司向甘肃省高级人民法院一审诉讼请求：一、××热力公司对盈余的7000余万元现金和盈余的32.7亩土地（从政府受让取得时的地价款为330万元）向××门业公司进行分配；二、李某某对××门业公司的第一项诉讼请求承担连带责任。

一审法院认定事实：××热力公司由李某某和张某某二人于2006年3月设立，公司注册资本1000万元，李某某以货币212万元、实物438万元总计出资650万元，占注册资本65%；张某某出资350万元，占注册资本35%。2006年6月，××热力公司注册成立。2006年10月，××热力公司受让取得甘肃省庆阳市46 200.4㎡市政设施建设用地。

2007年4月，张某某与××门业公司签订股权转让协议，将其在××热力公司的350万元股权转让给××门业公司。2007年5月，李某某与××工贸公司、××门业公司签订股权转让协议，将其在××热力公司的股权600万元转让给××工贸公司，50万元转让给××门业公司。同年5月，××热力公司修改公司章程，将公司股东变更为××工贸公司和××门业公司，××工贸公司持股比例60%，××门业公司持股比例40%，并在工商行政管理部门进行变更登记。

2009年9月29日，庆阳市人民政府决定对××热力公司进行整体收购，并形成第23期会议纪要。2009年10月6日，庆阳市某区人民政府（甲方）与××热力公司（乙方）签订《回购合同》约定，按照庆阳市人民政府2009年会议纪要制定该合同，回购××热力公司资产，经××会计师事务所评估价款，甲方再支付乙方收购价款7000万元。合同还约定，甲方已于2009年10月前向乙方支付1000万元，其余6000万元于2009年采暖期结束前一次性付清。2010年7月10日，庆阳市××有限公司向××热力公司支付资产转让余款57 616 003.25元。

另查明，截至2014年10月31日，××热力公司资产总额93 635 362.38元，负债总额4 856 924.26元；所有者权益88 778 438.12元。

一审法院认为：根据《公司法》规定及××热力公司章程，××门业公司享

〔1〕 参见最高人民法院（2016）最高法民终528号民事判决书。

有按照其在××热力公司的出资比例分取红利的权利。××热力公司应当依法向股东××门业公司分配利润。

关于××热力公司应当分配的利润数额。法院认定，××热力公司截至2014年10月31日可分配利润为51 165 691.87元（75 973 413.08元-3 444 6241.21元+10 382 100元-743 580元）。

关于××热力公司应向××门业公司分配利润的比例。××热力公司章程约定、工商登记记载××门业公司的出资比例为40%，故××热力公司应向××门业公司分配的盈余数额为20 466 276.4元（51 165 691.87元×40%）。××热力公司长期占用××门业公司应分配利润，应当按中国人民银行同期贷款利率支付资金占用期间的利息。

李某某系××热力公司执行董事、法定代表人，在庆阳市人民政府整体收购××热力公司全部资产后，违反《公司法》及××热力公司章程规定，未经公司股东会决策同意，将资产转让所得款项中5600万余元转入某建安公司，由该公司长期占用，形成××热力公司账面巨额应收款项，严重损害公司股东利益，给公司造成损失，应当对××热力公司支付××门业公司的盈余分配款承担赔偿责任。××门业公司要求李某某承担赔偿责任的诉讼请求成立，应予支持。

××热力公司、李某某不服一审判决，向最高人民法院提出上诉。最高人民法院经过审理认为，××门业公司应分得的盈余数额，以一审判决认定的××热力公司截至2014年10月31日可分配利润51 165 691.87元为基数，扣减存在争议的入网“接口费”1038.21万元，再按××门业公司40%的股权比例计算，即为16 313 436.72元。在司法干预的强制盈余分配情形下，在盈余分配判决未生效之前，公司不负有法定给付义务，故不应计付利息。

最后，最高人民法院终审判决：一、撤销甘肃省高级人民法院（2013）甘民二初字第8号民事判决；二、庆阳市××热力有限公司于本判决生效后10日内给付甘肃××门业有限责任公司盈余分配款16 313 436.72元；三、庆阳市××热力有限公司到期不能履行上述给付义务的，由李某某承担赔偿责任。

点评：公司股东会行使审议批准公司的利润分配方案和弥补亏损方案的职权，即公司股利分配属于公司股东大会决策事项。至本案诉讼前，××热力公司的两股东未形成任何公司股利分配方案或者作出决定。××热力公司存在可供分配的利润，但长期不向股东分配，严重损害股东合法权益。董事、高级管理人员违反法律、行政法规或者公司章程的规定，损害股东利益的，股东可以向人民法院提起诉讼。

二、剩余财产分配请求权

公司剩余财产分配权，是指股东依照法律、公司章程的规定参与对公司剩余财产的分配的权利。公司剩余财产是指公司依法解散并清算后，清算组依照法律规定对公司财产再分别支付清算费用、职工的工资、社会保险费用和法定补偿金，并缴纳所欠税款、清偿公司债务后的剩余财产。股东能够得到公司剩余财产分配的前提条件是公司依法进行清算时，其全部财产在向公司全体债权人清偿债务之后尚有剩余。

《公司法》第186条第2、3款规定，公司财产在分别支付清算费用、职工的工资、社会保险费用和法定补偿金，缴纳所欠税款，清偿公司债务后的剩余财产，有限责任公司按照股东的出资比例分配，股份有限公司按照股东持有的股份比例分配。清算期间，公司存续，但不得开展与清算无关的经营活动。公司财产在未依照前款规定清偿前，不得分配给股东。

股东享有公司剩余财产分配请求权的依据是《公司法》的规定和公司章程的规定。对公司剩余财产的分配应体现股份平等原则。

案例31：A实业公司申请分配公司剩余财产纠纷[1]

A实业公司向重庆市第一中级人民法院提起诉讼请求：1. 确认《合资经营章程》有效；2. 确认C资产公司某权属证书所属土地中全部附着物归A实业公司所有；3. 判令B实业公司、C资产公司立即将重庆市江北区某某范围内土地上全部附着物移交给A实业公司。

一审法院审理查明：B实业公司2005年9月11日《合资经营章程》第1.3条至第1.6条载明："合资各方：①甲方：A实业公司，②乙方：B控股公司。"第3.3条载明："合资期间，甲方将土地提供给合资公司使用，用于修建高尔夫球场、练习场、俱乐部会所及其配套设施建设。合资期满后，甲

〔1〕参见重庆市高级人民法院（2019）渝民终362号民事判决书。

方提供的土地及其地上所有附着物所有权无偿归甲方所有。”第 10.9 条载明：“合资期满后，公司附着在土地上的全部不动产，乙方承诺无偿归甲方所有。”2005 年 12 月 20 日，重庆市对外贸易经济委员会确认《合资经营章程》生效。

重庆市江北区人民法院 C 资产公司诉 B 实业公司租赁纠纷案判决书中载明：“经审理查明，2003 年 8 月 19 日，B 实业公司与 A 实业公司签订了《土地租赁协议》，A 实业公司将位于×××、面积 1529.03 亩土地租给 B 实业公司使用，租期为 30 年，从 2000 年 9 月 18 日至 2030 年 9 月 18 日，租金 3.8 万元/亩，30 年租金共计 58 103 140 元，由 B 实业公司按年均支付。协议约定，B 实业公司按时支付租金后即可使用该场地，并负责对所租赁场地进行整理和维护。”

2017 年 5 月 19 日，一审法院作出（2017）渝 01 破申 2 号民事裁定书，受理重庆 D 公司对 B 实业公司的破产清算申请。

一审法院认为，本案的争议焦点为：1.《合资经营章程》第 3.3 条和第 10.9 条是否有效；2. A 实业公司是否对×××土地上附着物享有所有权。

针对第一个争议焦点，一审法院认为，《合资经营章程》第 3.3 条和第 10.9 条约定内容并不属于公司存续期间向公司股东转移资产，不属于抽逃出资，未违反法律法规的禁止性规定，应当有效。

针对第二个争议焦点，一审法院认为，《合资经营章程》虽可预先约定对 B 实业公司解散后资产的处理，但是该分配程序应在破产清算完成之后。现 B 实业公司处于破产清算程序中，清算尚未进行完毕，A 实业公司无权依据《合资经营章程》的约定分配公司财产。

一审法院判决：一、确认 B 实业公司《合资经营章程》（2005 年 9 月 11 日）第 3.3 条、第 10.9 条有效；二、驳回 A 实业公司的其他诉讼请求。

A 实业公司向重庆市高级人民法院上诉请求：撤销一审判决，依法改判。二审法院认为，一审法院不予支持 A 实业公司的该诉讼请求并无不当，本院应予维持。

点评：《合资经营章程》第 3.3 条和第 10.9 条合法有效，但 A 实业公司并不享有案涉土地地上附着物的所有权。该章程第 3.3 条及第 10.9 条合法有效，但对 A 实业公司尚未生效。上述条款约定的地上附着物归 A 实业公司所有的内容，均载明以“合资期满”为前提，属于公司股东之间就合同终止并按法律规定清算完毕后对合资公司剩余财产分配的约定，其性质属于公司解散后的结算、清理条款，本身并不违反强制性法律规定，合法有效。但其所附条件“合资期满”应为生效条件，现A实业公司与B控股公司合资期限尚未届满，B实业公司即进入破产清算程序，其约定的生效条件并未成就，因此A实业公司据此主张案涉土地地上附着物亦缺乏法律和事实依据。

三、新股优先认购权

（一）新股优先认购权的概念

股东新股优先认购权指股东基于公司股东的资格和地位，在公司发行新股时，优先于一般投资者按照原有持股比例认购新股的权利。〔1〕它与一般的股权优先购买权相比有以下区别：

1. 在适用范围上，股东优先购买权仅存在于有限责任公司中，但是，股东优先认购权不仅可以存在于有限责任公司中，在股份公司中也可以得到适用。〔2〕

2. 在保护的利益方面，股东优先认购权保护的是股东的比例性利益，避免公司发行新股后股东的表决权比例被稀释；优先购买权则保护了有限责任公司股东的地位，防止公司股东之外的第三人成为公司的股东，体现了有限责任公司的人合性特点。

（二）新股优先认购权的功能

1. 保护股东的比例性利益。施天涛认为向股东赋予新股优先认购权应当体现平等原则，即按照原有股东持有股权比例进行分派，〔3〕防止股权被稀释。韩国学者李哲松先生认为股东新股认购权是一项保护股东比例性价值利益的权利。〔4〕

2. 保护中小股东的利益。为了防止中小股东受到不利挤压，有必要以法律的形式赋予其新股优先认购权，以此来制约控股股东势力的失控式扩大。

〔1〕 刘俊海：《股份有限公司股东权的保护》（修订本），法律出版社2004年版，第228页。

〔2〕 对于股份有限公司的股东是否享有新股优先认购权，学者之间尚有争议。

〔3〕 施天涛：《公司法论》（第2版），法律出版社2006年版，第196页。

〔4〕 ［韩］李哲松：《韩国公司法》，吴日焕译，中国政法大学出版2000年版，第556页。

（三）我国新股优先认购权的立法现状

我国《公司法》第 34 条规定，股东按照实缴的出资比例分取红利；公司新增资本时，股东有权优先按照实缴的出资比例认缴出资。但是，全体股东约定不按照出资比例分取红利或者不按照出资比例优先认缴出资的除外。《公司法》第 133 条规定，公司发行新股，股东大会应当对下列事项作出决议：①新股种类及数额；②新股发行价格；③新股发行的起止日期；④向原有股东发行新股的种类及数额。

（四）新股优先认购权的行使

1. 权利行使的条件。股东会作出发行新股的决议之后，股东随即享有按照其实缴资本的比例优先于公司以外的第三人认购股份的权利。因此，公司权力机关是否作出新股发行的决议是股东享有具体性新股优先认购权的决定性条件。

2. 权利主体。法律赋予有限责任公司的股东新股优先认购权毋庸置疑，旨在保证有限责任公司的人合性以及股东的比例性利益；但对股份公司股东新股优先认购权的认定，法律仅对挂牌公司股东的新股优认购权予以了肯定，不过对其排除制度规定得较为笼统，导致实践中出现任意排除的情形。除此以外的其他公众公司法律并没有明确规定，且在学界存在较大争议。

3. 权利行使范围。根据我国《公司法》规定，有限公司新增资本时，其股东只能依照实缴的出资比例认购新增股份。

4. 权利行使期限。我国对原有股东行使优先于非股东认购或认缴权利的行使期限未作出具体的规定。

四、表决权

具体内容可参见本书第十三章第二节“上市公司股东表决机制”。

五、知情权

（一）股东知情权的概念

股东知情权是指公司股东了解公司信息的权利。[1]股东知情权是股东查阅权、检查人选任请求权和质询权等权利的总称。

---

〔1〕 施天涛：《公司法论》（第 4 版），法律出版社 2018 年版，第 264 页。

（二）股东知情权的特征

1. 股东知情权是基础性权利。只有通过充分了解公司的一些基本状况、运行机制、获利情况等，公司的股东才能更加有效、更加合理地行使自己的权利，获得自己应有的利益。

2. 股东知情权属于单独股东权。当投资人在获得股东资格时，就认为该股东具有股东知情权，并没有持股比例、出资情况等限制。

3. 股东知情权的行使需要受到一定约束。为了平衡公司的利益与股东的利益，需要对股东知情权的行使范围与方式进行一定的限制。同时对股东行使知情权的目的进行正当性的审查，在保证股东权利的同时也保护商业秘密。

（三）股东知情权的性质

1. 股东知情权是自益权和共益权的结合。股东知情权主要是自益权，但股东行使知情权不仅保护了股东自身的利益，也能做出一定的决策来保护公司的利益。

2. 股东知情权属于固有权。股东知情权的产生是随着股东资格的获得而自然享有的，来源于法律的直接赋予，公司章程、股东大会决议等不可通过约定的方式限制或者剥夺此种权利。

3. 股东知情权属于工具性权利。权利行使的价值归属不同，所体现的权利的性质也不同。工具性权利，是保障其他权利行使的工具，其本身的目的不是为了保障自身权利的行使；而目的性权利的目的就在于权利本身的实现，最终目的体现在实现该权利所带来的利益上。立法者设立股东知情权的最终目的并不单单是为了保护其本身的行使，而是在于通过股东知情权的行使保障股东其他权利的行使。

（四）股东知情权的行使

1. 股东知情权的行使主体。在一般情况下，股东知情权的行使主体无疑是公司股东，包括有限责任公司的股东和股份有限公司的股东。值得研究的是特殊情形下股东的知情权行使问题。

（1）出资瑕疵股东。股东知情权作为一项固有性权利，具有法定性，股东登记在股东名册即认为具有股东资格。尽管股东出资瑕疵，股东资格的获取与其出资情况无关，无论其是否有出资瑕疵，都可以将其视为股东从而具有股东的权利，因此其也具备作为基础性权利的股东知情权。

（2）原股东行使股东知情权问题。在新的《公司法司法解释（四）》中也提到，股东如果有证据证明公司在其股权转让前作出损害了其利益的行为，可以允许该股东行使知情权。

（3）新任股东行使知情权问题。即便是新任股东，也可以对其成为股东前的信息进行查阅。

（4）隐名股东行使股东知情权问题。如果实际出资的隐名股东想要自己行使股东知情权，可根据《公司法司法解释（三）》第23、24条规定，可以根据出资证明或者继受股权的证明向法院申请确认其股东身份，变更为显名股东后，方可行使相应的股东权利。

2. 股东知情权行使的方式和范围。我国《公司法》第33条规定，有限责任公司的股东有权查阅、复制公司章程、股东会会议记录、董事会会议决议、监事会会议决议和财务会计报告。股东可以要求查阅公司会计账簿。我国《公司法》第97条规定，股份有限公司的股东有权查阅公司章程、股东名册、公司债券存根、股东大会会议记录、董事会会议决议、监事会会议决议、财务会计报告，对公司的经营提出建议或者质询。

目前争议最多的是关于股东能否查阅公司原始会计凭证的问题。我国《公司法》规定有限责任公司股东有权查阅会计账簿，但其表述仅止步于“会计账簿”，而未对会计账簿的具体范围作出规定。

在司法实践中，最高人民法院的公告案例明确了股东有权查阅原始会计凭证〔1〕，多数地区的高级人民法院均扩张解释了“会计账簿”的概念，认定原始会计凭证包括在查阅权对象范围内。但由于并无法律的明文规定，即使多数法院承认会计账簿包括原始会计凭证，司法实践中也常出现持不同态度的判决，如贵州省高级人民法院在“王某某、凯里市黔甬蓝莓有限公司股东知情权纠纷案”中认为《公司法》第33条并未明确将原始会计凭证列为查阅权对象，故不支持上诉人查阅原始会计凭证的诉讼请求。〔2〕北京市第二中级人

〔1〕李某君、吴某、孙某、王某兴诉江苏佳德置业发展有限公司股东知情权纠纷案，载《最高人民法院公报》2011年第8期（总第178期）。“上诉人查阅权行使的范围应当包括会计账簿（含总账、明细账、日记账和其他辅助性账簿）和会计凭证（含记账凭证、相关原始凭证及作为原始凭证附件入账备查的有关资料）。”

〔2〕参见王某某、凯里市黔甬蓝莓有限公司股东知情权纠纷案，贵州省高级人民法院（2018）黔民终1215号民事判决书。

民法院在“灰石时尚文化发展（北京）有限公司与吴某股东知情权纠纷案”中也认为由于并未被明确列举，故原始会计凭证不属于股东查阅权的对象。[1]

刘俊海教授支持股东查阅原始凭证的权利，并提出了法官可运用目的解释的方法，对“公司特定材料”和“会计账簿”作扩张解释，对特定科目存疑时应支持股东在签署保密协议书的前提下查阅该科目对应的原始凭证，且进一步认为公司法中“复制”的概念应做扩大解释，法院应准许适格原告股东复制会计账簿及其支撑性原始凭证。[2] 石少侠教授认为应当支持股东有权查阅公司会计凭证：一是《中华人民共和国会计法》中明确定义了公司会计账簿都是以会计凭证为依据制作的，当股东对会计账簿的真实性提出质疑时，公司自然有义务为股东提供会计凭证进行解释；二是股东如果不能查阅会计凭证，就无法判断公司的真实经营情况，无法实现保障股东的自益权共益权，导致股东的知情权最终落空。[3]笔者也支持法律应保障股东可以查阅并复制公司会计凭证，以保障其完整的知情权的实现。

3. 股东知情权行使的限制。

（1）正当目的规则。根据我国《公司法》第33条第2款的规定，股东查阅公司账簿前应向公司提出书面请求并说明目的，若公司有合理根据认为股东持不正当目的，可能损害公司合法利益的，则有权拒绝股东行使账簿查阅权。《公司法司法解释（四）》中以列举式的方式规定了不正当目的的判断标准，其第8条规定，认定股东持有不正当目的的情形可分为四种：股东经营的公司与公司的主营业务间存在着实质性竞争关系；股东为向他人泄露公司信息而查阅公司会计账簿且可能损害公司利益；曾在3年内通过查阅公司会计账簿向他人泄露公司财务信息，并损害公司合法利益的；股东有不正当目的的其他情形。

（2）股东及查阅辅助人的保密义务。我国公司法规定股东查阅公司文件时，在一定条件下可聘请依据执业行为规范负有保密义务的专业人士辅助查

---

〔1〕 参见灰石时尚文化发展（北京）有限公司与吴某股东知情权纠纷案，北京市第二中级人民法院（2019）京02民终15365号二审民事判决书。

〔2〕 刘俊海：《公司自治与司法干预的平衡艺术：〈公司法解释四〉的创新、缺憾与再解释》，载《法学杂志》2017年第12期。

〔3〕 石少侠：《〈对《公司法》司法解释（四）〉若干规定的理解与评析》，载《当代法学》2017年第6期。

阅。可以知道我国公司法要求对于行使查阅权的股东及其查阅辅助人对于查阅内容负有保密义务，该保密义务的适用范围应当为股东查阅权范围内的非公开文件，即公司会计账簿和未登记、备案的其他文件，对于已经公开的文件则不必负担保密义务。〔1〕

案例32：甲公司股东知情权纠纷案〔2〕

案由：股东知情权纠纷

一审诉讼请求：A公司向福建省龙岩市中级人民法院提出诉讼请求：判令甲公司立即提供自2011年以来的章程及章程修正案、股东会会议记录、董事会会议决议、监事会会议决议、财务会计报告（资产负债表、损益表、现金流量表、财务情况说明书和利润分配表）、会计账簿（包括总账、明细账、日记账和其他辅助性账簿）及其会计凭证（含记账凭证、原始凭证及应作为原始凭证附件入账备查的有关资料）等资料，供A公司查阅、复制。

一审法院审理查明：2006年12月26日，甲机械公司成立。2015年6月30日，甲机械公司股权变更，股东由甲（香港）机械控股有限公司变更为甲（香港）机械控股有限公司、A公司、B公司、C公司，企业类型也由台港澳法人独资变更为中外合资企业。2016年2月4日，新增股东D公司。2016年7月15日，甲机械公司变更为甲科技公司，A公司至今持有39.96%股份。

2018年7月12日，A公司致函给甲科技公司，其中载明："作为公司的股东，我司对公司的经营状况并不了解，公司至今没有向股东作任何分红，且对外拖欠大量债务。为充分了解、掌握公司的真实、完整财务状况和经营状况，维护自身合法权益，我司现在正式要求至公司住所地查阅公司相关资料：1. 公司自2011年以来的章程及章程修正案、股东（大）会会议记录、董事会会议决议、监事会会议决议、财务会计报告；2. 公司自2011年以来的会计账簿（包括总账、明细账、日记账和其他辅助性账簿）和会计凭证（含记账凭证、相关原始凭证及应作为原始凭证附件入账备查的有关资料）；3. ……请公司于本函发出15天内书面回复我司，明确指定具体日期时间（无

〔1〕吴高臣：《股东查阅权研究》，载《当代法学》2007年第1期。

〔2〕参见福建省高级人民法院（2019）闽民终1330号民事判决书。

论如何开始查阅、复制的时间不晚于2018年7月31日)、指定公司住所地内的具体场所并准备好上述文件供我司的代表前查阅、复制”。

2018年7月20日，甲科技公司向A公司发出一份《甲公司召开临时股东会通知书》，会议时间为2018年7月31日，会议地点为甲科技公司办公楼，会议出席对象为全体股东，其中审议事项中载明：解决A公司于2018年7月12日发函给甲科技公司要求了解公司经营状况事宜。但该临时股东会召开时未就A公司所主张的知情权作出处理。

本案的争议焦点为：A公司行使知情权是否符合法律所规定的实质要件和程序要件。

原审法院认为，本案A公司作为甲公司的股东主张行使股东知情权合法合理，不属于滥用股东知情权。

关于A公司行使股东知情权的范围的问题。首先，根据《公司法》第33条的规定，股东有权查阅、复制公司章程、股东会会议记录、董事会会议决议、监事会会议决议和财务会计报告，故A公司有权查阅、复制财务会计报告。其次，根据《公司法》第33条的规定，股东可以要求查阅公司会计账簿，故A公司可以查阅会计账簿。会计账簿登记必须以经过审核的会计凭证为依据，会计凭证包括原始凭证和记账凭证，而记账凭证应当根据经过审核的原始凭证及有关资料编制，凡是能反映公司财务与经营状况的会计账簿及会计凭证（包括原始凭证和记账凭证），都应当属于股东知情权的查询范围，故A公司查阅会计账簿时有权同时查阅相应的会计凭证（包括原始凭证和记账凭证）。最后，关于A公司是否能够查询入股前公司资料的问题。由于A公司已明确其查阅目的是了解公司的经营情况及财务状况，这一目的本身并不存在不正当性。公司经营是一个整体延续性的过程，A公司对其成为股东之前的公司运营情况和财务信息的了解和掌握属于股东正当行使股东知情权的范围。一审判决：被告甲科技公司于本判决发生法律效力之日起20日内将公司2011年以来的章程及章程修正案、股东会会议记录、董事会会议决议、监事会会议决议、财务会计报告（资产负债表、损益表、现金流量表、财务情况说明书和利润分配表）、会计账簿（包括总账、明细账、日记账和其他辅助性账簿）及其会计凭证（含记账凭证、原始凭证）置备于公司，供原告A公司查阅、复制。

甲公司不服一审判决，向福建省高级人民法院提起上诉。二审法院驳回上诉，维持原判。

点评：除非公司有证据证明股东有不正当目的，否则公司拒绝股东查询公司的法定信息没有法律依据。证明股东查询公司法定信息的不正当目的的举证责任在公司。

第三节　股东诉讼权利

一、股东诉讼权利的概念

股东诉讼权利，简称“股东诉权”，是指股东由于其权益受到损害而提起诉讼的权利。根据提起诉讼的原因和目的的不同，股东诉讼可分为股东直接诉讼和股东间接诉讼。股东直接诉讼是指股东为自己的利益，以自己的名义向公司或者其他权利侵害人提起的诉讼。[1]股东间接诉讼即股东代表诉讼，是指当公司的正当利益受到控股股东、董事、高级管理人员或者其他人的侵害，而公司拒绝或者怠于通过诉讼追究侵害人的责任以及实现其他民事权利时，具备法定资格的股东为了公司的利益，依据法定程序以自己的名义提起的诉讼。[2]此处股东诉讼权利仅指股东直接诉讼权利，股东间接诉讼权利将在其他章节另行论述。股东诉讼主要有以下几种形式。

二、公司决议效力之诉

公司决议效力之诉是指股东对公司股东大会、董事会决议请求法院确认其是否成立、有效、无效或可撤销的诉讼。公司决议的效力包括决议的成立、有效、无效和可撤销等方面。

（一）公司决议的成立

针对公司决议是否成立，股东可能向法院提起公司决议成立确认之诉或公司决议不成立确认之诉两种情形。对于公司决议的不成立，《公司法司法解

〔1〕 江平、李国光主编：《最新公司法条文释义》，人民法院出版社 2006 年版，第 380 页。

〔2〕 廖中洪主编：《民事诉讼改革热点问题研究综述（1991—2005）》，中国检察出版社 2006 年版，第 902 页。

释（四）》第5条规定，股东会或者股东大会、董事会决议存在下列情形之一，当事人主张决议不成立的，人民法院应当予以支持：①公司未召开会议的，但依据《公司法》第37条第2款或者公司章程规定可以不召开股东会或者股东大会而直接作出决定，并由全体股东在决定文件上签名、盖章的除外；②会议未对决议事项进行表决的；③出席会议的人数或者股东所持表决权不符合《公司法》或者公司章程规定的；④会议的表决结果未达到《公司法》或者公司章程规定的通过比例的；⑤导致决议不成立的其他情形。对于股东请求法院确认公司决议已经成立的诉讼，法院是否应受理和作出裁判，法律及司法解释没有作出明文规定。

案例33：A华荣公司请求确认公司决议不成立纠纷[1]

A华荣公司向安顺市中级人民法院一审起诉请求：依法确认2018年4月26日甲华荣公司股东会决议和董事会决议不成立。

一审审理查明，甲华荣公司2012年3月2日章程载明，公司注册资本为485 100 000元，由两个股东组成，B公司占51%，A华荣公司占49%。第23条规定："公司召开股东会议，应当在会议召开15日前通知双方股东，并提供会议议题及相关资料"。第27条："股东会议由股东按照其出资比例行使表决权，采用记名投票表决的程序。股东会作出决议，必须经代表2/3以上表决权股东通过。"第39条："董事会由7人组成，由股东会委派产生；董事会设董事长1人；副董事长1人；其中B公司推荐4名；其中1名任董事长；A华荣公司推荐3名，其中1名任副董事长。"第46条："董事会每年至少召开两次会议，由董事长召集，于会议召开15日前书面通知全体董事和监事。"第50条："董事会会议应有过半数的董事出席方可举行。董事会作出决议，必须经全体董事过半数通过；出席董事会的董事人数不足3人的，应将该事项提交股东会审议。董事会决议的表决，实行一人一票。"

甲华荣公司拟于2018年4月26日召开2018年第一次股东会暨一届九次董事会、监事会。2018年4月3日，甲华荣公司在某某早报公告召开股东会暨董事会、监事会时间、地点和具体议案事项。股东会议案（10项）：1. 关于

[1] 参见贵州省高级人民法院（2019）黔民终914号民事判决书。

审议公司《2017 年董事会工作报告》的议案；2. 关于审议《2017 监事会工作报告》的议案；3. 关于审议公司 2017 年财务决算报告及 2018 年财务预算安排方案的议案；4. 关于审议公司 2017 年利润分配的议案；5. 关于审议公司提起股东注资的议案；6. 关于审议公司对煤矿进行安全隔离的议案；7. 关于审议公司煤矿复产的议案；8. 关于审议公司“产能置换”的议案；9. 关于审议公司董事会换届改选建议的议案；10. 关于审议公司监事会换届改选建议的议案。一届九次董事会议案（8 项）：1. 关于审议公司 2017 年度总经理工作报告的议案；其余议案与股东会议案中第 3~9 项一致。

甲华荣公司于 2018 年 4 月 11 日，通过邮政 EMS 方式向 A 华荣公司委派的董事董某某邮寄《确认收到召开董事会通知的回执》，地址为×××，但未填写收件人电话。EMS 回执显示×××妥投。同日，甲华荣公司通过向 A 华荣公司法定代表人及其委派的董事朱某某邮寄《召开董事会通知的回执》，地址为×××。EMS 回执显示：×××妥投。2018 年 4 月 11 日王某连签署《确认收到召开董事会通知的回执》。甲华荣公司 2018 年第一次股东会会议记录中记载 A 华荣公司未出席本次会议。甲华荣公司 2018 年一届九次董事会议决议上应到董事 7 名，实到 4 名，王某连、朱某某、董某某未出席会议。到会董事对相关议案进行表决。2018 年 10 月 11 日，A 华荣公司在文件签收回执单上签字，签收文件的内容为：“甲华荣公司 2018 年第一次‘三会’通知和议案以及相关董事会决议、股东会会议记录。”

一审认为，在本案中，从甲华荣公司通知召开股东会、董事会通知方式来看，是采取登报方式，某某早报虽然为当地报刊，但在信息传播多元的网络社会，登报方式不能完全保证甲华荣公司的股东看到登报的内容。从甲华荣公司 EMS 邮寄的给 A 华荣公司的法定代表人的资料并非召开股东会的通知而是仅涉及收到董事会通知的确认回执，且从 A 华荣公司于 2018 年 10 月 11 日签字的“文件签收回执单”来看，存在后补嫌疑。故甲华荣公司未能按照公司法和公司章程的方式有效通知股东。由于甲华荣公司未能到会导致股东会决议表决不符合公司章程对表决权的规定，因此，认定甲华荣公司未对股东会会议决议的事项进行表决。根据《公司法司法解释（四）》第 5 条第 2、3 项的规定及甲华荣公司的自认，其诉请确认 2018 年 4 月 26 日甲华荣公司第一次股东会不成立的诉请，一审予以支持。

对于A华荣公司诉请确认2018年4月26日甲华荣公司董事会一届九次会议作出决议不成立的问题。根据一审查明的事实，甲华荣公司虽未能有效地通知朱某某和董某某，但根据甲华荣公司章程的规定，董事会作出决议，必须经全体董事过半数通过，甲华荣公司应到会董事为7人，实际到会4人，已经过半数董事通过董事会决议事项，故对A华荣公司的该项诉请一审不予支持。

一审判决：一、确认甲华荣公司2018年4月26日第一次股东会会议决议不成立。二、驳回A华荣公司其他诉讼请求。

上诉人A华荣公司向贵州省高级人民法院上诉请求：改判确认2018年4月26日甲华荣公司董事会第一届第九次会议作出的决议不成立或依法撤销。贵州省高级人民法院二审驳回上诉，维持原判。

点评：根据《公司法》第41条第1款"召开股东会会议，应当于会议召开15日前通知全体股东；但是，公司章程另有规定或者全体股东另有约定的除外"的规定，以及《公司法司法解释（四）》第5条："股东会或者股东大会、董事会决议存在下列情形之一，当事人主张决议不成立的，人民法院应当予以支持：……（三）出席会议的人数或者股东所持表决权不符合公司或者公司章程规定的……"等相关规定，本案中甲华荣公司召开股东会的通知程序存在缺陷，导致股东会的决议无效。但对于董事会的召开，其通知程序虽有瑕疵，但对其董事会决议的效力不产生实质性影响。

（二）公司决议的无效

公司决议无效之诉，是指"股东会、董事会决议的内容违反法律、行政法规的，股东可以以公司为被告向法院提起诉讼，请求确认股东会、董事会的决议无效"。[1]根据公司决议主体之不同，又可分为股东会决议无效之诉和董事会决议无效之诉。《公司法》第22条第1款规定，公司股东会或者股东大会、董事会的决议内容违反法律、行政法规的无效。需要说明的是，提起公司决议无效之诉的原告是股东、董事或监事，并且可以以自己的名义提起，而公司决议无效之诉的被告是公司。

〔1〕 李东方：《公司法学》，中国政法大学出版社2012年版，第333页。

案例34：张某玉请求确认《股东会决议》和《章程修正案》无效纠纷[1]

张某玉向海口市中级人民法院一审诉称：请判令确认××泰公司《股东会决议》及《章程修正案》无效，××泰公司撤销变更登记手续。

原审法院审理查明：张某玉与张某系夫妻关系，案外人张某恒系二人之子。2008年5月29日，××泰公司经省商务厅批准成立，张某、张某玉、张某恒各出资20万美元，占33.3%，投资总额80万美元，注册资本60万美元。公司实行董事会领导下的总经理负责制，设立4人董事会，董事长、法定代表人由张某担任。截至2008年12月10日，张某缴纳注册资本20万美元。2009年10月16日，省商务厅批准以下事项变更：一、公司注册资本由60万美元调整为20万美元，投资总额由80万美元调整为28万美元；二、注册资本调整后，公司各投资方出资额和出资比例为张某出资10万美元，持股50%；张某玉出资5万美元，持股25%；张某恒出资5万美元，持股25%；三、同意各投资方于2009年7月19日修订的公司章程（以下简称“2009年章程”），原章程同时废止。2010年8月25日，××泰公司召开股东会，形成《股东会决议》，同日，××泰公司根据上述股东会决议修改了公司章程。同年9月1日，经省工商局核准变更了以上决议事项。张某玉称其未亲自参加也未委托他人参加2010年8月25日的股东会会议，张某恒也称对××泰公司召开股东会会议不知情，也未参加，亦未委托他人参加，《股东会决议》《章程修正案》落款处的签名非张某恒本人书写，也未委托他人代其签名，且此前也不知道有上述文书及其内容的存在。张某确认上述股东会决议和章程修正案上张某玉和张某恒的签名是其代为签署，得到了张某玉的口头授权，但张某玉予以否认。

一审法院认为，关于本案的实体处理问题。《公司法》第22条第1、2款规定：公司股东或者股东大会、董事会的决议内容违反法律、行政法规的无效。股东会或者股东大会、董事会的会议召集程序、表决方式违反法律、行政法规或者公司章程，或者决议内容违反公司章程的，股东可以自决议作出之日起60日内，请求人民法院撤销。本案中，张某作为××泰公司的法定代表

[1] 参见海南省高级人民法院（2014）琼民终三字第1号民事判决书。

人，在张某玉未亲自参加亦未委托他人参加公司的股东会，未同意持股比例变更的情况下，擅自作出股东出资额和持股比例变更的股东会决议和章程修正案，系无处分权人未经权利人许可，处分权利人财产的行为，该行为未得到张某玉的追认，应认定无效。故张某于2010年8月25日作出的《股东会决议》的内容违反法律规定，张某玉请求确认××泰公司于该日作出的《股东会决议》和《章程修正案》无效符合法律规定，予以支持。判决：一、确认××泰公司于2010年8月25日作出的《股东会决议》和《章程修正案》无效；二、××泰公司须于本判决发生法律效力之日起30日内办理撤销股权变更登记至撤销变更之前的状态。

××泰公司向海南省高级人民法院上诉请求：恳请二审法院撤销原审判决，并依法改判××泰公司于2010年8月25日作出的《股东会议决议》和《章程修正案》合法有效。二审判决驳回上诉，维持原判。

点评：根据公司初始章程第18条规定的“其他事项（包括减资）由出席董事会会议2/3以上的董事通过”，仅张某一人同意减少注册资本及变更股东出资比例，不符合公司章程的规定，且张某持股比例及表决权亦不符合《公司法》第43条第2款“股东会会议作出修改公司章程、增加或者减少注册资本的决议，以及公司合并、分立、解散或者变更公司形式的决议，必须经代表2/3以上表决权的股东通过”的规定，张某无权擅自变更公司注册资本及持股比例，××泰公司于2010年8月25日作出的《股东会决议》因未经合法的表决程序而不符合法律和公司章程之规定，关于公司减少注册资本和变更股东出资比例的决议无效，2009年章程亦无效。

（三）公司决议的可撤销

公司决议的可撤销是指股东会、董事会在召集程序或者表决方式上违反法律、行政法规的规定或公司章程的约定，或者决议内容违反公司章程的，股东可以请求撤销股东会、董事会的决议。《公司法》第22条第2款规定，股东会或者股东大会、董事会的会议召集程序、表决方式违反法律、行政法规或者公司章程，或者决议内容违反公司章程的，股东可以自决议作出之日起60日内，请求人民法院撤销。我国《民法典》第85条规定，营利法人的权力机构、执行机构作出决议的会议召集程序、表决方式违反法律、行政法规、法人章程，或者决议内容违反法人章程的，营利法人的出资人可以请求人民法院撤销该决议。但是，营利法人依据该决议与善意相对人形成的民事法律关系不受影响。

案例35：郭某某请求撤销董事会决议纠纷[1]

郭某某向海淀区人民法院一审起诉请求：撤销××发公司于2018年6月5日作出的董事会决议。

原审查明，××发公司于2012年1月19日注册成立，公司注册资本2000万元，其中A公司认缴出资1130.4万元，占56.52%股权；郭某某、钟某煌均认缴出资434.8万元，各占21.74%股权。××发公司章程第14条规定：公司设董事会，成员为3人，由股东会选举产生。董事任期3年，任期届满，可连选连任。董事会设董事长1人，副董事长1人，由董事会选举产生。第15条规定：董事会会议由董事长召集主持；第16条规定：公司设经理，由董事会决定聘任或者解聘，经理对董事会负责。

2018年5月11日，××发公司作出股东会决议，形成决议如下：1. 接受钟某辉辞去公司董事长、法定代表人的职务申请。2. 接受钟某荣辞去公司监事的职务申请。3. 罢免钟某煌的董事职务。4. 选举钟某荣、钟某辉、郭某某为公司董事。提名钟某荣为公司董事长、法定代表人；现有董事会组成人员为钟某荣、钟某辉、郭某某。5. 选举袁某某为公司监事。6. 规范和保障股东知情权的行使，明确股东可要求查阅公司会计账簿、股东会决议等材料，但每次查阅均应签署保密协议，否则公司有权拒绝查阅；不允许股东之外的人协助股东查阅。7. 会议决定立即生效，并安排专人办理相关变更登记相关事项。

2018年6月4日，××发公司作出《关于召开董事会的通知》，通知载明："钟某荣、钟某辉、郭某某：为落实××发公司2018年5月11日股东会决议内容，根据公司章程规定，现通知你们于2018年6月5日16点30分在×××会议室召开董事会议。会议的议题有：1. 选举公司董事长、法定代表人；2. 由新一届董事长任命公司总经理、副总经理。"该通知于2018年6月4日在××

---

〔1〕 参见北京市第一中级人民法院（2019）京01民终5422号民事判决书。

发股东微信群里发布，并于当日邮寄给郭某某。

2018年6月5日15时16分，××发公司在其股东工作微信群中发布《董事会决议》，载明："会议时间：2018年6月5日；会议地点：××发公司会议室；会议性质：2018年第一次董事会；会议内容：选举董事长、法定代表人、副董事长及聘任公司总经理；主持人：钟某荣。本次会议应到董事3人，实到2人。根据公司法及公司章程规定，已到会董事符合规定人数，形成决议如下：1. 钟某荣同志为公司董事长、法定代表人；2. 郭某某同志为公司副董事长；3. 根据董事长决定，由吴某某同志担任公司总经理，免去钟某煌同志公司总经理职务；4. 会议决定立即生效，并安排专人办理相关变更登记事项。"决议底部盖有××发公司公章，董事签字处有钟某荣、钟某辉签字。

2018年6月13日，××发公司在工商局作了变更登记，其法定代表人及董事长由钟某辉变更登记为钟某荣，公司董事成员由郭某某、钟某煌、钟某辉变更登记为钟某荣、钟某辉、郭某某，公司监事由钟某荣变更登记为袁某某。公司经理为钟某煌。

另查，钟某煌、郭某某曾于2018年5月15日向××发公司发出要求召开临时股东会的函。2018年6月4日10时57分，××发公司发函通知2018年6月5日15时30分召开临时股东会；2018年6月5日10时37分郭某某提出召集和通知程序、通知时间不符合公司法和公司章程规定，本人不予认可。当日14时，××发公司发出通知本次临时股东会延后。2018年6月5日15时16分，××发公司在其股东工作微信群中发布了本案所争议的董事会决议。

一审法院认为，《公司法》第22条第2款规定，股东会或者股东大会、董事会的会议召集程序、表决方式违反法律、行政法规或者公司章程，或者决议内容违反公司章程的，股东可以自决议作出之日起60日内，请求人民法院撤销。《公司法司法解释（四）》第4条规定，股东请求撤销股东会或者股东大会、董事会决议，符合《公司法》第22条第2款规定的，人民法院应当予以支持，但会议召集程序或者表决方式仅有轻微瑕疵，且对决议未产生实质影响的，人民法院不予支持。

就本案而言，涉及会议程序瑕疵的审查，即董事会会议的召集程序、表决方式是否违反法律、行政法规或者公司章程的规定。通过本案查明事实可知，钟某荣虽经××发公司2018年5月11日股东会提名为公司董事长和法定代表人人选，但在2018年6月5日即涉案董事会召开之时，钟某荣并非为××发公司董事会选举的董事长，根据公司章程的规定，其无权召集与主持董事会会议，案涉董事会的召集程序违反国家法律及公司章程的相关规定。另，虽然我国公司法未对有限责任公司董事会的开会通知方式及通知时限作出明确规定，××发公司章程中对此亦无相应规定，但根据公司法原理，公司董事会的召集通知程序应保障每个董事参加会议的可能性，以及公平地参与多数意思的形成并获取对此所需的信息等各项权利。本案中，××发公司仅于董事会召开前一日，通过微信群向全体董事发出通知，未给参会董事留出合理且必要的准备时间，致使当时身在广州的董事郭某某无法到场参加会议，该次会议通知客观上排除了郭某某作为公司董事参加公司董事会并行使相应权利，应视为此次董事会的召集程序存在重大瑕疵，郭某某要求撤销××发公司上述董事会决议的理由有事实依据，且符合法律及司法解释的相关规定，法院对其诉讼请求予以支持，判决撤销××发公司2018年6月5日的董事会决议。

××发公司向北京市第一中级人民法院上诉请求：撤销一审判决，改判驳回郭某某一审全部诉讼请求。二审法院驳回上诉，维持原判。

点评：公司决议作为公司的意思表示，其本质是通过会议的形式根据多数决的规则作出。因此，只有公司决议的程序公正且内容合法才能发生法律效力。本案中，案涉董事会定于2018年6月5日16时30分在北京召开，××发公司于2018年6月4日12时1分向××发公司股东工作群中发出案涉董事会召开通知，并于当日向郭某某留存的广东省的通信地址邮寄了书面通知，未给郭某某留出合理且必要的准备时间，客观上排除了郭某某作为公司董事参加公司董事会并行使相应权利，其决议应撤销。

三、损害赔偿之诉

股东损害赔偿之诉是指公司、控股股东、实际控制人、董事、监事及高级管理人员违反法律、行政法规或者公司章程的规定，侵犯股东合法权益，股东对侵害人提起的诉讼。这类诉讼的侵权主体主要有两类，一类是其他股东，主要是控股股东和实际控制人；另一类是董事、监事或高级管理人员。

《公司法》第21条规定，公司的控股股东、实际控制人、董事、监事、高级管理人员不得利用其关联关系损害公司利益。违反前款规定，给公司造成损失的，应当承担赔偿责任。第112条第3款规定，董事应当对董事会的决议承担责任。董事会的决议违反法律、行政法规或者公司章程、股东大会决议，致使公司遭受严重损失的，参与决议的董事对公司负赔偿责任。但经证明在表决时曾表明异议并记载于会议记录的，该董事可以免除责任。第152条规定，董事、高级管理人员违反法律、行政法规或者公司章程的规定，损害股东利益的，股东可以向人民法院提起诉讼。

案例36：A公司请求公司董事承担损害赔偿纠纷〔1〕

A公司一审向诸暨市人民法院起诉请求：B公司、甲公司、朱某某、陈某某、金某某连带赔偿A公司股权损失278.5238万美元，以及利息33.0883万美元。

一审法院认定事实：2008年7月3日，A公司与B公司签订合资经营合同，共同出资成立甲公司，A公司占股份51%，B公司占股份49%，甲公司于2008年8月1日经公司登记而设立。2011年，双方协商变更股权比例，A公司出资占股份25%，B公司出资额占股份75%，并经公司变更登记。

甲公司的公司董事为朱某某、陈某某、金某某及A公司方委派的赖某某、莫某某。2014年5月7日，A公司将其在甲公司25%的股权转让给B公司。后甲公司申请，将其股东变更登记为B公司唯一股东。

2015年3月7日，A公司与B公司签订框架协议，主要内容为A公司将甲公司25%的股权转让给B公司，转让价为实际出资额761.4754万美元，扣除相关费用后净值672.0051万美元，B公司应于2015年4月30日付2 958 249美元，余款3 761 802美元于2015年8月30日支付。B公司于2015年3月18日付1250万元人民币作为诚信金，A公司收到诚信金后，双方尽快开始草拟与甲公司股权转让的正式转让合同，并在2015年3月31日前签具，在签具股份转让合同后，B公司负责办理相应手续，A公司给予配合。

2015年9月24日，A公司与B公司签订备忘录，主要内容为，根据框架

〔1〕参见浙江省绍兴市中级人民法院（2018）浙06民终554号民事判决书。

协议，B公司于2015年9月1日支付第一笔款项50万美元，尚欠3 261 802美元，B公司要求：A公司在两周内交付股权转让协议，并分期支付余款等；A公司要求：B公司尽快支付余款，并要求朱某某提供担保等。双方同意将上述安排分别提交各自权力机构讨论和批准，一周内达成协议等。

2016年3月21日，A公司与B公司签订会谈纪要，主要内容为："A公司意见：根据2015年11月双方会谈纪要精神，关于B公司于2016年4月、6月、9月分别退还股份50万美元、50万美元、70万美元，2016年年底，退清所有股份余额。如朱某某提供个人担保，A公司将提供同意甲公司股权转让的董事签名，如上述条件能满足，将走司法程序。B公司意见：B公司已退还A公司投资款3 934 873美元，但A公司仍未承诺同意股权转让，B公司当初同意股权平价转让，现要求A公司承担其他损失，并于2016年6月底签订股权转让协议等。"

B公司分别于2015年3月17日支付A公司股权转让款18 386 098.88元人民币，2015年8月31日支付A公司股权转让款3 195 800.00元人民币，2016年1月12日支付A公司股权转让款3 294 850.00元人民币。

另查明，根据B公司的申请，该院于2016年4月19日裁定受理B公司破产清算一案，A公司向管理人申报债权，申报金额为7 614 754美元，管理人审查临时债权金额49 887 808.49元人民币。经甲公司申请，该院于2016年11月15日裁定受理甲公司的破产清算一案。

一审法院认为，处理本案关键在以下四个问题：一、B公司、甲公司、朱某某、陈某某、金某某于2014年5月7日所实施的股权转让行为是否属于侵权行为；二、框架协议等是否属于A公司与B公司之间的股权转让行为；三、如果B公司、甲公司、朱某某、陈某某、金某某的侵权行为成立，是否给A公司造成了经济损失；四、如果B公司、甲公司、朱某某、陈某某、金某某存在侵权行为，A公司请求赔偿的诉讼请求是否应当支持。

关于第一个问题，朱某某、陈某某、金某某未经A公司同意签订董事会决议，后又签订股份转让协议，终止甲公司合同、章程协议，进行A公司异议的股权转让行为，侵害了A公司在甲公司的股东权利。B公司据此受让A公司的股权，B公司的法定代表人朱某某直接参与上述行为，对侵权行为是明知的，因此B公司侵害了A公司在甲公司的股东权利。甲公司的法定代表人陈某某，也直接参与上述股权转让行为，对侵权行为是明知的，并根据这些材料向政府主管部门申请批准，并办理了公司股权变更登记手续，侵犯了A公司的股权。

关于第二个问题，根据框架协议等内容，A公司与B公司已就A公司在甲公司的股权转让达成了意向，为此B公司已经支付了部分股权转让款，只是双方对股权转让的某些履行问题最终没能达成一致意见而产生纠纷，故该框架协议的实质是股权转让协议。

关于第三个问题，B公司、甲公司、朱某某、陈某某、金某某的侵权行为开始发生于2014年5月7日，直至2014年6月6日办理公司股权变更登记。A公司诉称，其于2015年2月前后发现上述公司股权变更登记的侵权行为，而在2015年3月7日其与B公司签订框架协议，与B公司进行股权转让的协商，并按照框架协议收取B公司的股权转让款，A公司没有提供证据证明在此期间其主动要求行使股东权利，或者其股东权利受到妨碍，也没有证据证明在此期间对其的股权价值存在实质损害的情况。实际上，A公司是因为B公司、甲公司经营不善等原因造成破产情况，使其股权价值受损。

关于第四个问题，B公司、甲公司、朱某某、陈某某、金某某共同侵权，B公司违法受让了股权，因此，A公司可以通过法律途径，要求对其享有的对甲公司的股权予以恢复，因此受到的其他经济损失，也有权要求赔偿。A公司未及时行使权利，现B公司、甲公司尚未被该院宣告破产，其也可以要求恢复股权。在A公司一直未要求恢复股权的情况下，现要求违法受让股权的B公司按股价计算赔偿经济损失，两者相悖，与法律规定不符，也不切合本案实际。即使其存在损失，不能单纯按其主张的股权价值计算经济损失。故A公司请求赔偿损失的诉讼请求，依据不足，不应支持。

综上，A公司主张的B公司、甲公司、朱某某、陈某某、金某某的侵权行为成立，但其主张的按框架协议收取的款项为赔偿款与事实不符，其主张的经济损失依据不足，故其相应的诉讼请求不予支持，驳回A公司的诉讼请求。

A公司不服一审判决，上诉至绍兴市中级人民法院。

经审理，二审法院对一审判决认定的事实予以确认。另查明：1. B公司已向A公司支付部分款项计393.4873万美元；2. 2011年9月29日，B公司委派陈某某担任甲公司董事长及法定代表人；3. 2016 年 7 月 28 日的工商登记信息显示：朱某某、陈某某均系 B 公司的投资人。二审判决如下：一、撤销浙江省诸暨市人民法院一审民事判决；二、确认 B 公司应赔偿 A 公司股权损失 2 785 178 美元；三、朱某某对 B 公司的上述第二项债务中的 20%承担连带责任，款限于 B 公司破产程序终结后 30 日内付清；四、陈某某对 B 公司的上述第二项债务中的 10%承担连带责任，款限于 B 公司破产程序终结后 30 日内付清。

点评：由于 A 公司的不知情，其在甲公司的股权被非法转让，公司的股东 B 公司及董事长、法定代表人应承担相应的法律责任。不过法院免除甲公司另一董事的赔偿责任，其说理似乎不够透彻。

四、查阅权请求之诉

查阅权请求之诉，是指当公司拒绝提供股东查阅法律或公司章程规定的公司资料的，股东向法院起诉请求公司予以提供的诉讼。

我国《公司法》第 33 条规定了有限责任公司股东对公司基本信息的查阅权和复制权，对会计账簿的查阅权；《公司法》第 97 条规定了股份有限公司股东对公司基本信息的查阅权（无复制权）。在司法实践中多表现为请求账簿查阅权之诉。对于公司账簿的原始凭证是否允许查阅在司法审判中争议较大，其中既有支持的判例，也有驳回诉请的判例。

案例37: 股东知情权纠纷[1]

A 公司一审向北京市第四中级人民法院提出诉讼请求：1. 判令甲公司将其成立以来的公司章程、股东会会议记录、董事会会议决议、监事会会议决议、财务会计报告的原件完整备置于其住所地以供 A 公司查阅和复制，并向 A 公司完整提供上述材料的纸质复印件；2. 判令甲公司将其成立以来的公司会计账簿和会计凭证的原件完整备置于其住所地以供 A 公司查阅。

[1] 参见北京市高级人民法院（2019）京民终 323 号民事判决书。

一审法院查明，甲公司成立于2015年2月27日，公司类型为有限责任公司，A公司与北京B管理咨询有限公司为甲公司股东。2018年3月27日，北京市××律师事务所律师李某某代表A公司向甲公司、贾某某发出律师函，要求行使其股东知情权，请求查阅、复制公司章程、股东会会议记录、会计账簿和会计凭证。甲公司于2018年3月28日收到该《律师函》后至今拒绝答复。

一审法院认为，本案的争议焦点可确定为：1. A公司是否依照法律规定已经履行了股东知情权的前置程序；2. A公司行使股东知情权是否存在不正当目的，是否存在损害公司利益的行为；3. A公司行使股东知情权的范围。

首先，A公司行使股东知情权是否依照法律规定已经履行了股东知情权的前置程序。依据法院查明的事实，A公司在向本院提起诉讼之前已向甲公司邮寄了要求复制和查阅相关文件的《律师函》，甲公司收到《律师函》后在起诉前一直拒绝回复，因此可以认定A公司履行了请求法院强制公司实现股东知情权的前置程序。

其次，A公司行使股东知情权是否具有不正当目的、是否存在损害公司利益的行为。甲公司称，A公司申请查阅会计账簿是为其不正当目的，允许其查阅会损害甲公司利益，对上述意见甲公司未提交证据予以证明。A公司为了解其持股公司的运营情况，要求查阅会计账簿并无不当，且甲公司不能提供证据证明A公司行使其股东知情权有其不正当目的以至损害公司利益，故对甲公司的该项抗辩意见不予采纳。

最后，关于A公司要求行使股东知情权的范围。A公司的第一项诉讼请求符合《公司法》第33条第1款的规定。关于A公司提出的第二项诉讼请求，根据《中华人民共和国会计法》第15条第1款规定，会计账簿包括总账、明细账、日记账和其他辅助性账簿。另外，有限责任公司的会计凭证和原始凭证是形成公司会计账簿的重要资料，且会计账簿的真实性和完整性是通过原始凭证反映，股东通过查阅会计凭证和原始凭证可以充分保障其自身合法权益，故A公司要求查阅甲公司会计凭证、原始凭证等资料，一审法院予以支持。

因此，一审判决如下：一、被告甲公司于本判决生效之日起10日内在公司住所地提供2015年2月27日至今的公司章程、股东会会议决议、董事会会议决议、监事会会议决议、财务会计报告供原告A投资有限公司查阅、复制；二、被告甲公司于本判决生效之日起10日内在公司住所地提供2015年2月27日至今的会计账簿及原始凭证供原告A投资有限公司查阅。

甲公司不服一审判决，向北京市高级人民法院提出上诉。

二审法院认为，我国《公司法》规定股东有查阅公司会计账簿的权利，未将制作公司会计账簿涉及的有关凭证列入股东可以行使该项股东知情权的范围，故A公司诉讼请求中有关查阅的范围和方式超出我国《公司法》规定的部分，二审法院不予支持。

二审终审判决如下：一、撤销北京市第四中级人民法院（2018）京04民初545号民事判决；二、甲公司于本判决生效之日起10日内在公司主要办事机构所在地提供2015年2月27日至今的公司章程、股东会会议记录、董事会会议决议、监事会会议决议、财务会计报告供A投资有限公司查阅、复制；三、甲公司于本判决生效之日起10日内在公司主要办事机构所在地提供2015年2月27日至今的会计账簿供A投资有限公司查阅；四、驳回A投资有限公司的其他诉讼请求。

点评：一、二审法院对公司会计凭证是否属于股东知情权的范围的认定存在截然相反的结论，主要在于法律对此没有明确的规定，建议最高人民法院对此作出专门的司法解释，从而统一裁判尺度。

五、异议股东股份回购请求之诉

异议股东股份回购请求权是指在对公司股东大会决议持反对意见的股东享有的在特定情形下要求公司以公平合理的价格收购自己股份的权利。对于有限责任公司，我国《公司法》第74条第1款规定，有下列情形之一的，对股东会该项决议投反对票的股东可以请求公司按照合理的价格收购其股权：①公司连续5年不向股东分配利润，而公司该5年连续盈利，并且符合本法规定的分配利润条件的；②公司合并、分立、转让主要财产的；③公司章程规定的营业期限届满或者章程规定的其他解散事由出现，股东会会议通过决议修改章程使公司存续的。对于股份有限公司，我国《公司法》第142条第1款第4项规定，公司不得收购本公司股份。但是，股东因对股东大会作出的公司合并、分立决议持异议，要求公司收购其股份的情形除外。

对于异议股东股份回购请求权有以下问题需要明确：

（一）适用主体

直接持股的股东当然有权行使股权回购请求权，但对隐名股东来说却存在疑问。笔者认为，在隐名股东显名之前，其异议回购请求权主体宜限于显名股东。

（二）回购事由

异议股东的回购请求事由主要包括：公司有利润可供分配而5年以上不分配利润、公司合并和分立、公司章程修改和公司资产处分等。

（三）回购程序

《公司法》第74条第2款规定，自股东会会议决议通过之日起60日内，股东与公司不能达成股权收购协议的，股东可以自股东会会议决议通过之日起90日内向人民法院提起诉讼。这里的期间应当被认定为除斥期间，如果异议股东不在此期间内行使权利，就将失去股权回购请求权。

（四）股权回购中股价的确定

通过诉讼的程序请求法院确定股份价格，法官可以根据公司情况去计算价格，也可以委托第三方去确定最终价格。

案例38：股东和公司之间的对赌协议有效，公司应该进行股权回购〔1〕

华××公司向扬州市邗江区人民法院一审起诉请求：1. ××集团公司、潘某某等共同回购华××公司持有的××集团公司股份，并共同支付股权回购款本金2200万元及利息；2. ××集团公司、潘某某等连带向华××公司支付股权回购款罚息。

一审法院认定事实：2011年7月6日，华××公司与××集团公司等共同签订《增资扩股协议》一份，约定以集团公司2011年预测净利润9350万元为基础，按10.12倍PE估值，以增资后注册资本8600万元计算，确定本次增资的价格为人民币11元/股注册资本，华××公司以现金2200万元人民币对公司增资，其中200万元作为注册资本，2000万元列为公司资本公积金。

〔1〕参见江苏省高级人民法院（2019）苏民再62号民事判决书。

同日，潘某某等作为甲方，××集团公司作为乙方，华××公司作为丙方，三方就增资的有关事宜达成《补充协议》一份。《补充协议》第1条股权回购第1款约定：若乙方在2014年12月31日前未能在境内资本市场上市或乙方主营业务、实际控制人、董事会成员发生重大变化，丙方有权要求乙方回购丙方所持有的全部乙方的股份，乙方应以现金形式收购；第1条第2款约定：乙方回购丙方所持乙方股权的价款按以下公式计算：回购股权价款=丙方投资额+（丙方投资额×8%×投资到公司实际月份数/12）－乙方累计对丙方进行的分红；第3款约定：甲方、乙方应在丙方书面提出回购要求之日起30日内完成回购股权等有关事项，包括完成股东大会决议，签署股权转让合同以及其他相关法律文件，支付有关股权收购的全部款项，完成工商变更登记；第1条第4款约定：若甲方、乙方在约定的期间内未予配合并收购丙方所持有公司股份，则乙方应按丙方应得回购股权价款每日的千分之五比率支付罚息，支付给丙方；第3条违约责任约定：本协议生效后，乙方的违约行为导致丙方发生任何损失，甲方、乙方承担连带责任。

2011年7月20日，华××公司向××集团公司实际缴纳新增出资2200万元，其中注册资本200万元，资本溢价2000万元。××集团公司出具收据，载明收款事由为投资款。

2011年11月20日，××集团公司召开创立大会，所有股东参加，股东一致表决同意通过新的公司章程，章程第1条规定：××集团公司为股份有限公司；第2条规定：本公司章程自生效之日起，即成为规范公司的组织与行为、公司与股东、股东与股东之间权利义务关系的具有法律约束力的文件，对公司、股东、董事、监事、高级管理人员具有法律约束力；第16条记载华××公司为公司股东；第21条规定：公司在下列情况下可以依照法律、行政法规、部门规章和本章程的规定回购本公司的股份：（一）减少公司注册资本；（二）与持有本公司股份的其他公司合并；（三）将股份奖励给本公司职工；（四）股东因对股东会作出的公司分立、合并决议持异议，要求公司回购其股份。除上述情形外，公司不进行买卖本公司股份的活动。

2012年11月至2014年4月，因证监会暂停18个月IPO申报，××集团公司于2014年10月16日召开临时股东大会通过申报新三板的议案，并于2014年10月22日致函华××公司要求其明确是否支持公司申报新三板。

2014年11月25日，华××公司致函××集团公司，述称华××公司除口头提出请求外，亦以书面提出回购请求如下：根据《补充协议》，鉴于××集团公司在2014年12月31日前不能在境内资本市场上市，现要求××集团公司以现金形式回购华××公司持有的全部公司股份，回购股权价格同《补充协议》的约定。

2012年7月27日、2013年7月3日、2014年8月18日、2016年6月8日，华××公司分别从××集团公司领取分红款各26万元，合计104万元。根据《补充协议》约定，在案涉股权回购有效且回购条件成就的情况下，截至2015年7月19日，华××公司应获得的股权回购价款为：本金2200万元、利息626万元。

2016年3月29日，××集团公司向股东发送2016年第二次临时股东大会会议通知，拟审议与S有限公司合资及股权转让、修改公司章程、确定合资公司中方董事、监事人选等事项。

一审法院认为本案的焦点为：1.《补充协议》约定的股权回购主体除××集团公司外是否还包括原××集团公司股东；2. 案涉股权回购约定的效力应如何认定。

对于争议焦点1，一审法院认为，《补充协议》关于股权回购的主体仅限于××集团公司，对赌双方为华××公司与目标公司××集团公司。首先，《补充协议》第1条股权回购第1款、第2款、第4款对于××集团公司作为股权回购主体、回购价款及罚金给付主体的约定清晰明确；而第3款、第4款则系对于××集团公司及原股东可能发生的约定义务事项（包含配合义务事项）的不完全概括性罗列，在股权回购主体已得到协议其他条款明确的情形下，不能作出协议各方已就原股东亦作为股权回购主体形成了一致意思表示的推定及解释；其次，其他私募股权投资方在投资后以与原股东签订股权转让协议的方式退出系双方在投资后另就股权转让形成的一致意思表示，华××公司未能提供证据证明该股权转让就是对作为格式合同的《补充协议》项下股权回购义务的履行，故该事实亦不能作为判断原股东系股权回购主体的依据；最后，华××公司在本案起诉前并未向原股东提出过股权回购主张，其要求履行回购义务的对象一直为××集团公司。综上，案涉股权回购主体为××集团公司，不包含××集团公司原股东。

对于争议焦点2，一审法院认为，案涉股权回购约定因违反《公司法》禁止性规定且违背公司资本维持和法人独立财产原则而无效。在公司有效存续期间，股东基于其投资可以从公司获得财产的途径只能是依法从公司分配利润或者通过减资程序退出公司，而公司回购股东股权必须基于法定情形并经法定程序。首先，《公司法》第142条对于4种法定情形外公司不得收购本公司股份作出了明确规定。案涉《补充协议》关于约定情形下公司应以现金形式按约定计算方法回购股权的约定不符合上述法定情形、违反了上述禁止性规定；其次，该约定实际是让华××公司作为股东在不具备法定回购股权的情形以及不需要经过法定程序的情况下，直接由公司支付对价而抛出股权，使股东可以脱离公司经营业绩、不承担公司经营风险而即当然获得约定收益，损害了公司、公司其他股东和公司债权人的权益，与《公司法》第20条资本维持、法人独立财产原则相悖。故该股权回购约定当属无效。同时，××集团公司2011年新公司章程对公司回购股份情形的重新约定系各股东真实意思表示，构成对《补充协议》约定的否定，对华××公司具有约束力。2011年11月20日，××集团公司所有股东参加股东会并一致表决通过并经工商部门变更登记备案的新公司章程第21条对公司回购股份的情形作了重新约定，并规定除上述情形外，公司不进行买卖本公司股份的活动。该规定符合《公司法》第142条股份有限公司不得收购本公司股份的规定，系各股东对股权回购等内容的真实意思表示，亦是对《补充协议》中股权回购约定的否定，对作为股东的华××公司具有约束力。

一审判决：驳回华××公司的诉讼请求。

华××公司不服一审判决，向扬州市中级人民法院提起上诉。二审判决：驳回上诉，维持原判决。华××公司向江苏省高级人民法院提出上诉。

江苏省高级人民法院再审认为：

（一）案涉协议约定的股权回购主体应认定为××集团公司。华××公司认为××集团公司股东系股权回购共同责任主体，不能成立。

（二）××集团公司新章程未对对赌协议作出变更。××集团公司新章程规定与《补充协议》约定的股份回购并不存在冲突，即××集团公司可在不违反《公司法》及公司章程关于股份回购强制性规定的情形下，通过履行法定手续和法定程序的方式合法回购华××公司持有的股份。故××集团公司等关于公司章程对原对赌协议作出变更的辩解理由，不能成立。

（三）案涉对赌协议效力应认定有效。案涉对赌协议签订时××集团公司系有限责任公司，且该公司全体股东均在对赌协议中签字并承诺确保对赌协议内容的履行。××集团公司及全部股东对股权回购应当履行的法律程序及法律后果是清楚的，即××集团公司及全部股东在约定的股权回购条款激活后，该公司应当履行法定程序办理工商变更登记，该公司全体股东负有履行过程中的协助义务及履行结果上的保证责任。华××公司、××集团公司及××集团公司全体股东关于华××公司上述投资收益的约定，不违反国家法律、行政法规的禁止性规定，不存在《合同法》第 52 条规定的合同无效的情形，亦不属于合同法所规定的格式合同或者格式条款，不存在显失公平的问题。

（四）案涉对赌协议具备履行可能性。2011 年 11 月 20 日，××集团公司股东一致表决通过新的公司章程，明确××集团公司为股份有限公司。同年 12 月 29 日，××集团公司经工商部门核准变更为××集团公司。故案涉对赌协议约定的股份回购义务应由××集团公司履行。

关于股份有限公司股份回购，××集团公司履行法定程序，支付股份回购款项，并不违反公司法的强制性规定，亦不会损害公司股东及债权人的利益。关于华××公司缴纳的冲入××集团公司资本公积金部分的本金 2000 万元及相关利息损失，案涉对赌协议无论是针对列入注册资本的注资部分还是列入资本公积金的注资部分的回购约定，均具备法律上的履行可能。

案涉对赌协议约定的股份回购款项的支付不会导致××集团公司资产的减损，亦不会损害××集团公司对其他债务人的清偿能力，不会因该义务的履行构成对其他债权人债权实现的障碍。案涉对赌协议约定的股份回购条款具备事实上的履行可能。

（五）××集团公司应承担责任的范围。结合对赌协议关于股份回购条款激活时限为 2014 年 12 月 31 日，股份回购履行期限为 30 日的约定，××集团公司应自 2015 年 1 月 30 日前履行回购义务。回购价款依协议约定应为：华××公司投资额 2200 万元+（华××公司投资额 2200 万元×8%×投资到公司实际月份数 42.4 个月/12）-××集团累计对华××公司进行的分红 3 019 530.86 元，计 25 199 135.81 元。因××集团公司未在约定期限内履行股份回购义务，还应按照《补充协议》的约定按华××公司应得回购股权价款每日的千分之五比率支付罚息。

《补充协议》第3条约定：××集团公司的违约行为导致华××公司发生任何损失，××集团公司及其股东承担连带责任。该协议经××集团公司原全体股东签字。故××集团公司原全体股东，应对上述××集团公司应承担的义务承担连带清偿责任。

最后江苏省高级人民法院作出以下判决：一、撤销扬州市中级人民法院民事判决及扬州市邗江区人民法院民事判决；二、××集团公司于本判决生效之日起10日内支付华××公司股份回购款25 199 135.81元及以2200万元为本金按每日千分之五计算自2015年1月31日起计算至本判决生效之日止的逾期付款利息；三、潘某某等对本判决第二项确定的义务承担连带清偿责任。

点评：本案发生在最高人民法院《九民纪要》颁布之前，《九民纪要》已经承认了投资人与目标公司对赌协议的效力，但对对赌协议的效力与履行作了区隔。[1]

六、请求解散公司之诉

（一）请求解散公司之诉的概念和特征

请求解散公司之诉是指法院依据适格主体的请求，裁决具有法定正当解散情形的公司予以强制解散的一种司法纠纷解决方式。请求解散公司之诉具有如下特征：

第一，公司的解散和消灭是基于法律法规的规定和公司章程的约定发生的。

第二，裁定公司解散必须经由公司特定群体或利害关系人申请。

第三，公司司法解散是股东在面临公司陷入特定情形时的一种特殊救济手段，该救济手段的适用需要以用尽其他可能的救济手段为前提和基础。

---

〔1〕《九民纪要》“二、关于公司纠纷案件的审理”中规定，投资方与目标公司订立的“对赌协议”在不存在法定无效事由的情况下，目标公司仅以存在股权回购或者金钱补偿约定为由，主张“对赌协议”无效的，人民法院不予支持，但投资方主张实际履行的，人民法院应当审查是否符合公司法关于“股东不得抽逃出资”及股份回购的强制性规定，判决是否支持其诉讼请求。

（二）请求解散公司之诉的条件

对于请求解散公司的条件，《公司法》第 182 条规定，公司经营管理发生严重困难，继续存续会使股东利益受到重大损失，通过其他途径不能解决的，持有公司全部股东表决权 10%以上的股东，可以请求人民法院解散公司。为了进一步细化这些条件，《公司法司法解释（二）》第 1 条第 1 款规定了以下 4 种情形：①公司持续 2 年以上无法召开股东会或者股东大会，公司经营管理发生严重困难的；②股东表决时无法达到法定或者公司章程规定的比例，持续 2 年以上不能做出有效的股东会或者股东大会决议，公司经营管理发生严重困难的；③公司董事长期冲突，且无法通过股东会或者股东大会解决，公司经营管理发生严重困难的；④经营管理发生其他严重困难，公司继续存续会使股东利益受到重大损失的情形。同时《公司法司法解释（二）》从反面规定了不予受理请求解散公司之诉的情形，即股东以知情权、利润分配请求权等权益受到损害，或者公司亏损、财产不足以偿还全部债务，以及公司被吊销企业法人营业执照未进行清算等为由，提起解散公司诉讼的，人民法院不予受理。

（三）请求解散公司之诉的程序

1. 案件受理管辖法院。《公司法司法解释（二）》第 24 条规定，解散公司诉讼案件和公司清算案件由公司住所地人民法院管辖。公司住所地是指公司主要办事机构所在地。公司办事机构所在地不明确的，由其注册地人民法院管辖。基层人民法院管辖县、县级市或者区的公司登记机关核准登记公司的解散诉讼案件和公司清算案件；中级人民法院管辖地区、地级市以上的公司登记机关核准登记公司的解散诉讼案件和公司清算案件。

2. 诉讼主体和诉讼对象。关于诉讼原告主体，我国《公司法》以及《公司法司法解释（二）》第 1 条规定了单独或合计持有公司全部股东表决权 10%以上的股东有权提起公司司法解散之诉。关于解散公司之诉的诉讼对象，《公司法司法解释（二）》第 4 条明确规定了被告应当是公司。原告以其他股东为被告一并提起诉讼的，人民法院应当告知原告将其他股东变更为第三人；原告坚持不予变更的，人民法院应当驳回原告对其他股东的起诉。原告提起解散公司诉讼应当告知其他股东，或者由人民法院通知其参加诉讼。其他股东或者有关利害关系人申请以共同原告或者第三人身份参加诉讼的，人民法院应予准许。

3. 诉讼中的举证责任分配。从当前的司法实践来看，公司司法解散诉讼的提起需要原告举证证明一定的事项存在：第一，公司存在法定的司法解散事由；第二，原告主体适格。

4. 公司解散与清算的程序衔接。法院在作出公司司法解散的裁决之时是否应当对清算事宜一并予以裁决，是目前理论界关于公司司法解散制度研究时争议比较多的法律问题之一。当前的立法是将解散与清算分开进行，而并没有规定裁决公司解散的同时必须强制其进行清算。

案例39：林某某申请强制解散公司案件〔1〕

原告林某某诉称：甲公司经营管理发生严重困难，陷入公司僵局且无法通过其他方法解决，其权益遭受重大损害，请求解散甲公司。

被告甲公司及戴某某辩称：甲公司及其下属分公司运营状态良好，不符合公司解散的条件，戴某某与林某某的矛盾有其他解决途径，不应通过司法程序强制解散公司。

法院经审理查明：甲公司成立于2002年1月，林某某与戴某某系该公司股东，各占50%的股份，戴某某任公司法定代表人及执行董事，林某某任公司总经理兼公司监事。甲公司章程明确规定：股东会的决议须经代表1/2以上表决权的股东通过，但对公司增加或减少注册资本、合并、解散、变更公司形式、修改公司章程作出决议时，必须经代表2/3以上表决权的股东通过。股东会会议由股东按照出资比例行使表决权。2006年起，林某某与戴某某两人之间的矛盾逐渐显现。同年5月9日，林某某提议并通知召开股东会，由于戴某某认为林某某没有召集会议的权利，会议未能召开。同年6月6日、8月8日、9月16日、10月10日、10月17日，林某某委托律师向甲公司和戴某某发函称，因股东权益受到严重侵害，林某某作为享有公司股东会1/2表决权的股东，已按公司章程规定的程序表决并通过了解散甲公司的决议，要

〔1〕参见《最高人民法院关于发布第二批指导性案例的通知》（法〔2012〕172号），指导案例8号：林某某诉常熟市甲实业有限公司、戴某某公司解散纠纷案，载《最高人民法院公报》2012年第12期（总第194期）。

求戴某某提供甲公司的财务账册等资料，并对甲公司进行清算。同年6月17日、9月7日、10月13日，戴某某回函称，林某某作出的股东会决议没有合法依据，戴某某不同意解散公司，并要求林某某交出公司财务资料。同年11月15日、25日，林某某再次向甲公司和戴某某发函，要求甲公司和戴某某提供公司财务账册等供其查阅、分配公司收入、解散公司。

服装城管委会证明甲公司目前经营尚正常，且愿意组织林某某和戴某某进行调解。从2006年6月1日至今，甲公司未召开过股东会。服装城管委会调解委员会于2009年12月15日、16日两次组织双方进行调解，但均未成功。

江苏省苏州市中级人民法院于2009年12月8日驳回林某某的诉讼请求。宣判后，林某某提起上诉。江苏省高级人民法院于2010年10月19日撤销一审判决，依法改判解散甲公司。

法院生效裁判认为：首先，甲公司的经营管理已发生严重困难。本案中，甲公司仅有戴某某与林某某两名股东，两人各占50%的股份，甲公司章程规定“股东会的决议须经代表1/2以上表决权的股东通过”，且各方当事人一致认可该“1/2以上”不包括本数。因此，只要两名股东的意见存有分歧、互不配合，就无法形成有效表决，显然影响公司的运营。甲公司已持续4年未召开股东会，无法形成有效股东会决议，也就无法通过股东会决议的方式管理公司，股东会机制已经失灵。执行董事戴某某作为互有矛盾的两名股东之一，其管理公司的行为，已无法贯彻股东会的决议。林某某作为公司监事不能正常行使监事职权，无法发挥监督作用。由于甲公司的内部机制已无法正常运行、无法对公司的经营作出决策，即使尚未处于亏损状况，也不能改变该公司的经营管理已发生严重困难的事实。

其次，由于甲公司的内部运营机制早已失灵，林某某的股东权、监事权长期处于无法行使的状态，其投资甲公司的目的无法实现，利益受到重大损失，且甲公司的僵局通过其他途径长期无法解决。《公司法司法解释（二）》第5条明确规定了“当事人不能协商一致使公司存续的，人民法院应当及时判决”。本案中，林某某在提起公司解散诉讼之前，已通过其他途径试图化解与戴某某之间的矛盾，服装城管委会也曾组织双方当事人调解，但双方仍不能达成一致意见。两审法院也基于慎用司法手段强制解散公司的考虑，积极进行调解，但均未成功。此外，林某某持有甲公司 50%的股份，也符合公司法关于提起公司解散诉讼的股东须持有公司 10%以上股份的条件。

综上所述，甲公司已符合公司法及《公司法司法解释（二）》所规定的股东提起解散公司之诉的条件。二审法院从充分保护股东合法权益、合理规范公司治理结构、促进市场经济健康有序发展的角度出发，依法作出了上述判决。

点评：本案属于公司僵局中的股东会僵局情形。根据《公司法》第 182 条和《公司法司法解释（二）》第 1 条的规定，判断公司的经营管理是否出现严重困难，应当从公司的股东会、董事会或执行董事及监事会或监事的运行现状进行综合分析。“公司经营管理发生严重困难”的侧重点在于公司管理方面存有严重内部障碍，如股东会机制失灵、无法就公司的经营管理进行决策等，不应片面理解为公司资金缺乏、严重亏损等经营性困难。且股东已经寻求内部和外部救济程序均无法化解公司僵局，此时司法应介入公司强制解散。

第四节　股东派生诉讼

一、股东派生诉讼的概念和特征

（一）股东派生诉讼的概念

股东派生诉讼制度又称为股东代表诉讼，是指当公司由于某种原因没有就其所遭受的某种行为的侵害提起诉讼时，公司股东可以代表公司以使公司获得赔偿等救济为目的而针对该种行为所提起的诉讼。[1]

（二）股东派生诉讼的特征

首先，股东派生诉讼既是代位诉讼又是代表诉讼。一方面，具有独立法律人格的公司没有行使自己的诉权，而股东为了公司的利益代位行使公司诉权追究侵害人的赔偿责任，所以此种诉权是法律赋予其的一种救济请求权。此后，公司不得再以同一事由起诉。另一方面，原告股东事实上不仅代表着公司利益，也代表了其他利益受损害的股东的利益，最终的裁判结果对于其

〔1〕 施天涛：《公司法论》（第 4 版），法律出版社 2018 年版，第 457 页。

他股东也均具有既判力。

其次，只有符合条件的股东才有资格成为股东派生诉讼的原告。作为原告的股东必须符合的条件是有限责任公司的股东拥有单独股东权的股东、股份有限公司拥有股东权的股东，即必须是连续 180 日以上单独或者合并持有公司股份达 1%以上股东。

再次，股东派生诉讼中，公司享有最终的诉讼利益。为了更好地维护公司利益，才会出现股东派生诉讼制度。所以，诉讼利益在法律上属于公司也是理所当然的，原告股东其所代表股东的利益仅在于使股权利益得以间接保障。

最后，只有公司怠于行使诉讼权利时股东才可以提起派生诉讼。怠于行使的情形根据我国《公司法》第 151 条第 2 款规定有三种情况：公司直接拒绝起诉；公司自收到请求书之日起 30 日内如果没有提起诉讼的；情况紧急，必须立即提起诉讼，否则将会使公司利益受到难以弥补的损害的。

二、股东派生诉讼制度的主体

（一）股东派生诉讼的原告

1. 原告持股时间上的限制。根据我国现行《公司法》第 151 条第 1 款规定："董事、高级管理人员有本法第 149 条规定的情形的，有限责任公司的股东、股份有限公司连续 180 日以上单独或者合计持有公司 1%以上股份的股东，可以书面请求监事会或者不设监事会的有限责任公司的监事向人民法院提起诉讼。"因此，只有有限责任公司的股东或者 180 日以上连续单独或合计持有公司 1%以上股份的股东才有权利作为提起股东派生诉讼的原告。对于"连续 180 天"，笔者理解是从原告向人民法院提起股东派生诉讼之日起向前追溯 180 日是公司的股东。

2. 原告持股数量上的限制。依照我国现行《公司法》第 152 条的规定，我国对原告股东资格规定，按照公司的性质是属于有限公司还是股份有限公司而有所不同。有限公司股东相对股份有限公司人数较少，公司也较为封闭，滥诉的可能性低，所以对原告股东资格没有采取任何限制。而由于股份有限公司人数多，股权分散，容易产生滥诉现象，只有单独或联合持股达 1%以上并且同时连续持股达 180 天以上的股东才有资格提起派生诉讼。

（二）股东派生诉讼的被告

我国现行《公司法》第 152 条第 1 款明确规定了只要公司的董事、监事、高级管理人员未恪尽职守，利用手中的权利违反法律规定损害公司利益的，原告股东就可以以其为被告提起股东派生诉讼。现行《公司法》第 152 条明确规定了公司以外的“他人”如果违反法律、法规的规定侵犯公司的合法权益的，就可以对其提起股东派生诉讼。总而言之，我国股东派生诉讼的被告范围很广，并不限于公司内部的董事、监事、高级管理人员，也可以是公司以外的第三人。

（三）公司在股东派生诉讼中的地位

将公司作为无独立请求权第三人，我国民事诉讼法上的“第三人”制度能够为派生诉讼中公司的法律地位问题提供存在的可能性。但是，必须强调的是，公司不适合以有独立请求权第三人身份参加诉讼。按照《中华人民共和国民事诉讼法》（以下简称《民事诉讼法》）第 59 条的规定，有独立请求权第三人是指对他人之间争议的诉讼标的，享有全部或部分的独立的请求权的人，可以申请参加到他人正在进行的诉讼中来的人。有独立请求权第三人既不支持原告股东的诉讼主张也不支持被告的诉讼主张，其在诉讼中的地位是中立的。他只是为了维护自己的合法权益而申请参加到诉讼中来的，并且在股东派生诉讼中，公司只有在原告股东与被告侵害人之间相互串通、共同侵害公司利益的情况下，才可能出现适用我国民事诉讼法上的“有独立请求权第三人”制度的情形。但是，在派生诉讼中，公司以无独立请求权人的身份参加诉讼是比较恰当的。按照《民事诉讼法》第 59 条的规定，无独立请求权的第三人是指虽然对他人争议的权利没有直接的关系，但是，却与原告和被告之间的诉讼标的案件的处理结果有关联，享有法律上的利害关系而申请参加他人诉讼或由法院通知其参加诉讼的人。在股东派生诉讼案件中，原告股东是为了公司的利益而提起股东派生诉讼的。因此，无论是原告胜诉还是被告胜诉，公司与案件的处理结果都有法律上的利害关系。至于公司是否属于“无独立请求权”，事实上，股东派生诉讼与债权人代位诉讼虽然制度归属不同，但是在代位性上并不存在差异。在具有代位性质的诉讼中，有学者指出“代位诉讼中的债务人符合民事诉讼法关于无独立请求权第三人的基本特征。在债权人没有提起股东派生诉讼的情况下，债务人对于次债务人是享有独立请求权的。但由于代位权人提起了代位诉讼，已经代替债务人行使了请求权，债务人在代位诉讼中就丧失了独立请求权，其实体上和诉讼上的请求权均被债权人所取代”。那么在股东派生诉讼中，公司的诉请履行力已经因为原告股东的起诉而不再具有，因此，公司此时实际上已经失去了独立的请求权。总之，我国诉讼法律制度中设立的第三人角色，比较符合派生诉讼中公司的地位，所以将公司按无独立请求权第三人对待是恰当的。

三、股东派生诉讼的前置程序

股东派生诉讼的前置程序又称为“穷尽内部救济程序”，意在通过公司内部的相互制衡，避免利益冲突，使公司免于司法困扰，影响正常运营，还可以节约司法成本。

（一）股东派生诉讼前置程序的申请人

通常前置程序的申请人，在启动代表诉讼后顺理成章成为原告，实现了前置程序和代表诉讼的顺利过渡，因此前置程序的申请人与股东代表诉讼的原告在适格要求上应是一致的。也就是说股东派生诉讼前置程序的申请人是有限责任公司的股东或股份有限公司连续 180 天以上单独或者合计持有公司 1%以上股权的股东。

（二）股东派生诉讼前置程序的审查机关

根据我国《公司法》第 151 条的规定，我国的审查机关分为 3 种情况：一是董事、高级管理人员侵害公司权益时，异议股东向监事会提出申请；二是监事会侵害公司权益时，异议股东向董事会提出申请；三是他人侵害公司权益时，异议股东可以参照前两款规定执行。

（三）股东派生诉讼前置程序审查机关决定的效力

根据履行前置程序的相关要求，当审查机关审查公司异议股东所提申请时，一般会出现四种情形：其一，审查机关同意异议股东所提申请，直接以公司名义提起诉讼。公司取代异议股东成为直接诉讼的原告，股东彻底退出代表诉讼，既体现了异议股东意志，又维护了公司独立人格，实现了前置程序的价值。其二，审查机关认可异议股东的要求，但认为采用诉讼方式解决问题不合适，决定采用公司内部解决方式处理争端。这也竭尽了公司内部救济方式，体现了异议股东意志。其三，审查机关接到异议股东的申请后，超过规定时间既不以公司名义起诉也不答复股东。在这种情形下，审查机关的不作为做法赋予异议股东提起代表诉讼的权利。其四，审查机关作出拒绝异议股东所提申请的决定。我国法律认为，审查机关的拒绝决定不具有效力，不能阻止异议股东提起代表诉讼。

（四）股东派生诉讼前置程序的豁免

在我国，《公司法》第 151 条第 2 款关于前置程序豁免的规定显得比较简单和原则。只将“情况紧急”作为股东代表诉讼前置程序豁免的唯一理由，没有规定适用申请无益原则豁免前置程序。

四、股东派生诉讼的诉讼程序

（一）股东派生诉讼的管辖

我国《民事诉讼法》中已经规定了关于管辖问题的具体适用原则，而在股东派生诉讼中，按照一般原则应当由被告住所地的人民法院管辖。但基于以下两个原因，由公司住所地人民法院管辖更为便利：一方面，公司本身或者公司的董事、监事、高级管理人员或者其他股东等会参与到诉讼当中；另一方面，案件事实主要发生在公司住所地，有关证据也一般会在公司的住所地。因此，从有利于查明案件事实和便于诉讼的前提考虑，由公司住所地法院管辖更为适合。

（二）股东派生诉讼的举证责任

由于我国股东派生诉讼制度中并没有对该类诉讼的举证责任进行规定，因此，在实践中依旧根据《民事诉讼法》的基本规定来确定举证责任，即由原告股东承担举证责任。从股东派生诉讼制度中对原告股东的资格要求上来看，举证责任基本由公司的中小股东承担，而公司的董事、监事、其他管理人员控制着公司的实际运营，因此，原告股东对公司内部整体信息的了解程度相对较低，在信息量不足、而大量证据和公司有紧密联系的情况下，原告股东的举证难度非常大。因此，笔者提出应当对股东派生诉讼案件的举证责任进行具体分析，依据被告的不同，采取不同的举证原则。当股东派生诉讼的被告是外部人时，采用“谁主张，谁举证”的举证原则；当被告为内部人时，尤其是公司的董事、监事或者高级管理人员，适用“举证责任倒置”的原则，由被告承担责任。

（三）股东派生诉讼和解制度

关于股东代表诉讼的和解问题，现行《公司法》并未规定。尽管诉讼法上允许原被告在符合法律规定的范围内实施处分行为，但股东派生诉讼当事人的地位与性质具有特殊性，当原告股东代表公司的利益进行诉讼活动，其地位具有双重性，而彻底地剥夺原告通过调解、和解的方式解决纠纷并不能使该制度的功能得以完全发挥。

笔者认为，一方面，为保障其他股东的知情权，建议在原告股东与被告达成和解之前，对和解的时间以及和解的内容进行告知，并尊重其他股东的决定权。和解的内容关乎原、被告双方当事人的自身利益，对于股东派生诉讼来讲，基于原告的特殊性，通过告知公司及其他股东关于和解的具体事宜，充分尊重其他股东的意见，能够保障信息的对称性。同时，其他股东可以进行共同决议，就是否同意该和解协议的内容进行表决，作出是否同意的决议，该决议也即体现了公司的意志，后提交到法院。另一方面，法院可以根据股东的决议来确定是否同意当事人的和解，赋予法院裁量权。当股东决议同意和解的，法院可以允许原、被告进行和解；当决议不同意和解的，即可恢复股东派生诉讼，就该诉讼法院可继续审理。既保障了股东自主决定和解的意愿，又使和解能够在合理的限度范围内发挥其应有的作用。为了防止恶意串通，法院要把握好最后一道关卡，法院要综合考虑案件的整体情况，就该和解协议是否真正符合公司的利益，是否维护公司的稳定经营以及是否顺应公司未来的发展方向等问题作出专业判断，同时不损害其他股东、国家、集体、第三人的利益等，从而进行司法监督。

（四）股东派生诉讼的归入权

归入权只是一个学理上的概念，又叫介入权或夺取权，是法律赋予公司对公司内部人员违反法定的特殊义务而获得的利益收归公司所有的权利。

我国现行法律有关公司归入权制度的规定，主要是《公司法》第 148 条第 1 款，归入权的对象为董事和高级管理人员，列举了七种违反忠实义务的具体情形，分别为：①挪用公司资金；②以公司资产提供担保；③竞业禁止行为；④自我交易行为；⑤擅自披露商业秘密；⑥谋取商业机会；⑦将佣金据为己有。另外还存在一个兜底条款，即“违反对公司忠实义务的其他行为”。

根据法律规定，公司是行使公司归入权的唯一主体，公司应以自己的名义行使归入权。目前《公司法》第151条规定的股东派生诉讼制度，主要从原被告主体资格、前置程序这两个方面进行具体设置，对股东代位提起归入权诉讼起到了一定的指导作用，也应将其视为公司归入权制度的相关规定。但是如何将股东派生诉讼制度和归入权制度进行完美衔接，目前《公司法》并未明确规定。

（五）诉讼费用的负担问题

诉讼费用，是指当事人进行民事诉讼，依法应当向人民法院交纳和支付的费用。就我国公司法的股东代表诉讼制度而言，亟待解决的问题主要包括以下两个方面：第一，如何确定代表诉讼案件受理费的缴纳标准。第二，原告股东是否享有诉讼费用补偿。

有学者认为，我国建立胜诉的原告股东的诉讼费用补偿制度，至少应当包括下几个方面：其一，胜诉的原告股东有权依法从败诉的被告那里获得法定诉讼费用的补偿。除此以外，还有权请求公司支付律师报酬及其他必要的费用。其二，公司对胜诉的原告股东的补偿，不以公司从胜诉判决中获得的财产利益金额为限，除非原告股东提起代表诉讼系属恶意（例如，为获取较大的个人利益而就较小的诉讼标的提起诉讼）。其中，公司补偿胜诉原告的费用，除包括律师费以外，还应当包括交通费、食宿费、误工损失费、复印费、电话费、电报费等不能从败诉的被告那里获得补偿的费用。

至于原告股东败诉的诉讼费用补偿，可以把股东提起诉讼系出于善意还是恶意作为依据，分别确定诉讼费用的承担规则。若股东的诉讼是出于善意的，即使股东败诉，其赔偿义务和其他诉讼费用也应当由公司承担；若股东提起代表诉讼是出于恶意的，其诉讼费用和赔偿义务应当由股东自己承担。股东起诉是出于善意还是恶意，由法院根据案件的具体情况作出判断。

案例40：A公司因未履行前置程序股东代表诉讼被驳回案[1]

A公司向江苏省高级人民法院起诉请求：一、国盛公司向甲公司返还本金90 912 438.73元及利息；二、赵某丽对第一项诉讼请求承担连带赔偿责任。

---

〔1〕 参见最高人民法院（2017）最高法民终417号民事裁定书。

原审认为，甲公司系A公司、××证券公司、赵某某于1999年3月共同投资成立的公司，作为甲公司股东之一的××证券公司于2002年1月至9月从甲公司在大连证券公司徐州证券交易营业部的资金账户上分四次共转出90 912 438.73元，现A公司起诉要求××证券公司的继受者B公司返还该款项的本息，该诉请的实质是认为争议钱款属于甲公司所有。而甲公司于2009年11月23日即以B公司为被告诉至江苏省徐州市中级人民法院，请求确认甲公司资金账户上被划走的90 912 438.73元的所有权。该院经审理于2010年10月13日作出民事判决，认定B公司是上述款项的所有权人，遂驳回了甲公司的诉讼请求，该判决已生效。根据《最高人民法院关于适用〈中华人民共和国民事诉讼法〉的解释》第247条规定，现A公司所提诉请系作为甲公司股东之一提起的股东代表诉讼，诉讼请求与甲公司在江苏省徐州市中级人民法院所起诉的案件的诉讼标的相同，其起诉本意也在否定前诉裁判结果，因此，本案系重复诉讼，应依法驳回A公司的起诉。至于江苏省徐州市中级人民法院所作判决是否应予撤销应通过审判监督程序审查确定。另外，甲公司从表面上看并未怠于主张权利，而《公司法》第151条第1款、第2款所规定的股东代表诉讼的前提，是符合法定条件的股东在书面请求公司监事提起诉讼、而公司监事怠于起诉的情形下方可以自己名义代表公司诉讼，而本案不符合此情形，也不存在法律所规定的"情况紧急、股东不立即提起诉讼将会使公司利益受到难以弥补的损害的"情形，故A公司无权提起本案股东代表诉讼，因此裁定如下：驳回A公司的起诉。

A公司向最高人民法院上诉请求：撤销原审裁定，指令原审法院审理本案。

最高人民法院审理查明：2017年5月12日，江苏省高级人民法院作出（2016）苏民再340号民事判决，判决：一、撤销江苏省徐州市中级人民法院（2009）徐民二初字第0083号民事判决；二、确认甲公司在大连证券公司徐州证券交易营业部开设的资金账户中被划走的90 912 438.73元款项为该公司所有。

最高人民法院认为：甲公司起诉B公司一案为确认案涉款项权属的确权之诉，而本案为给付之诉，两案的诉讼请求不同。而且，在江苏省高级人民法院（2016）苏民再340号民事判决已经确认案涉90 912 438.73元属于甲公司所有的情形下，本案的诉讼请求不属于在实质上否定前诉裁判结果。因此，本案不属于重复起诉。

但是，本案中，A公司于2009年9月27日向海南省海口市中级人民法院提起本案诉讼之前，未书面请求甲公司的监事东某某提起诉讼，违反了《公司法》第151条关于股东代表诉讼前置程序的规定。在A公司可以书面请求而未请求甲公司监事提起诉讼的前提下，其以甲公司由赵某丽、B公司实际控制不能以自己的名义提起诉讼为由，主张本案属于股东代表诉讼前置程序可免除的案件，缺乏事实与法律依据。在此情形下，原审裁定认定A公司无权提起本案股东代表诉讼，结果并无不当。

综上，原审裁定认定本案属于重复起诉不当，本院予以纠正；但是基于A公司在提起本案诉讼之前未书面请求甲公司的监事提起诉讼，违反了股东代表诉讼前置程序的法律规定。据此认定A公司无权提起本案诉讼，并进而裁定驳回A公司的起诉，结果并无不当，本院对原审裁定结果予以维持。A公司的上诉请求不能成立，本院不予支持。最高人民法院驳回上诉，维持原裁定。

点评：股东派生诉讼毕竟不同于公司直接诉讼，它只有在公司怠于履行诉讼义务或者情况紧急的前提下，符合条件的股东才可以以自己的名义代表公司提起诉讼，而在提起派生诉讼之前必须履行法定的前置程序，否则法院将会驳回原告的诉讼请求。

第七章

Chapter 7

股权转让

第一节　股权转让概述

一、股权转让的概念和特征

（一）股权转让的概念

股权转让是指股东将其对于公司的股权转移给受让人，受让人取得股权而成为公司新股东的法律行为。广义的股权转让既包括有限责任公司的股权转让，也包括股份有限公司的股份转让。狭义的股权转让仅指有限责任公司的股权转让。在本章中，如无特别说明，股权转让仅为狭义的股权转让。在公司存续期间，公司投资人不得退股，但公司股权转让是投资人退出公司的唯一自愿方式。

（二）股权转让的特征

1. 股权转让是股权继受取得的方式之一。股权继受取得的方式包括股权转让、赠予、继承、合并和税收等方式，股权转让是股权继受取得中一种最常见的方式。它虽然不同于股权的原始取得，但就其结果而言，它享有与原始取得相同效果的股权。

2. 股权的转让导致股东地位的改变。股权的拥有与股东地位具有不可分割性，即股东地位随着股权的改变而改变。当原股东将部分股权转让给受让人时，原股东和受让人共同成为公司的股东；当原股东将全部股权转让给受让人时，原股东退出公司，受让人成为公司新股东。

3. 股权转让是一种法律行为。股权转让合同以转让人和受让人就股权的转让达成一致就告成立，而股权转让合同的有效则必须符合民法上关于法律行为有效的要件。只有将受让人记载于股东名册并在公司登记机关办理变更登记，才能对抗第三人。

4. 股权转让只能在公司成立后进行。股权转让只有公司依法成立后才能进行。如果公司尚未成立，投资人对公司的出资进行转让不能称为股权转让，而只能称为出资权转让。

二、有限责任公司股权转让效力的影响因素

（一）公司的性质与有限责任公司股权转让

关于公司的性质一直存在拟制说、实体说和公司合同说的分歧，这种分歧也反映在公司立法的具体内容中：在债权人保护的角度上，公司被视为股东的责任财产，以实现债权人之债权；而在与股东的关系上，公司则被赋予相对独立的人格，独立承担其权利义务。[1]

不管是“法人拟制说”还是“法人实在说”，二者在本质上并无太大差别，共同点在于均承认了公司在法律规定范围内的独立主体资格，而差别仅在于这种独立主体资格的基础。其对公司股权转让之所以重要，原因在于公司股权转让并不单纯取决于股东之间的合意；作为独立的法律主体，公司应当对影响其存续或经营的股权转让交易具有施加影响力的可能和空间。

公司契约理论的积极意义在于其提出了公司法规则存在的合理性问题，更从根本上影响到了我国《公司法》中强制性规范和任意性规范的界定与讨论，进而深深地影响了我国《公司法》的改革进程，尤其是2005年《公司法》修正使我国公司法由管制型向市场导向型的全面转轨，[2]而股权转让的规范应为任意性而非强制性规范。[3]

（二）《公司法》的性质与有限责任公司股权转让

公司法具有契约法和组织法的混合特征，因此是行为法和组织法的结合体。商事组织法多为强制性规范，而商事行为法多为任意性规范。经过2005年的修正，我国《公司法》充分体现了市场自由的价值趋向，充分尊重了各

---

〔1〕 邓峰：《作为社团的法人：重构公司理论的一个框架》，载《中外法学》2004年第6期。

〔2〕 罗培新：《公司法的合同路径与公司法规则的正当性》，载《法学研究》2004年第2期。

〔3〕 赵旭东：《有限责任公司的改造与重塑——〈公司法〉相关内容的修改建议》，载《政法论坛》2003年第3期。

方参与人的自由自治空间，扩张了任意性规范的适用范围的同时缩减了强制性规范的适用范围。公司法的任意性法律规范属于赋权性规范，它不仅允许民事主体在法律许可范围内根据自己的自由意志作出行为，也允许民事主体根据自己的意志在法律规定的范围之外创设相关行为规范。《公司法》对有限责任公司股权转让设置了一系列复杂的条款和限制，旨在协调股东个人意志与公司团体意志、平衡股东个人权利与公司团体性权利之间的关系。

（三）股权的性质与有限责任公司股权转让

公司法理论对于有限责任公司股权的法律性质历来争论不已，并形成了所有权说、债权说、社员权说、独立民事权利说等多种不同的观点。一般认为，股权在本质上虽然属于财产权的一种，但是是一种独立类型的民事权利，兼具人身权与财产权的性质；有限责任公司较强的人合性、股权的身份权或社员权的属性，对有限责任公司股权的转让形成了重大影响。

股东在公司所有的股东权利均是来源于其所拥有的股权，一旦完成股权转让，则出让人不再享有股东权利，受让人继受出让人成为新股东，享受股东权利并履行股东义务。一旦将其中权利分割转让，会引发诸多问题。

（四）有限责任公司的人合性与股权转让

出资仅构成公司经营的物质基础，而非公司成立的基础；公司成立须存在股东之间基于信任而产生的合意，出资只是这种合意的当然结果。有限责任公司既是一种资本的联合，又以股东间的相互信任为基础，具有明显的人合性色彩，这对于保障公司的正常运行至关重要。

股东之间的紧密型信任合作关系，使其天生具有排斥陌生人进入公司成为股东的需求。

股权的自由转让，使得股东可以借此实现退出公司经营、变现经营成果的目的或者作为应对大股东欺压的一种措施。但是，有限责任公司股权的对外转让，必然改变公司成员的构成和股权比例结构，影响公司的治理结构和基础，因此各国公司法均对有限责任公司股权转让施加了一定程度的限制。在我国，其主要体现为《公司法》第 71 条规定的其他股东过半数同意权、股东优先购买权以及公司章程对股权转让的限制性约定。

第二节　股权转让合同的效力

一、股权转让合同的成立与生效

股权转让合同是指股权转让方与受让方对股权转让中的权利义务意思表示达成一致的协议。股权转让合同在股权转让方与受让方就股权转让达成一致即可成立。有限责任公司的股权转让，本质上应当是一种要式民事法律行为。股权虽然是一种不同于债权和物权的独立民事权利，但以其为客体的转让行为属于法律行为是毫无疑问的。股权转让合同虽非《民法典》规定的买卖合同，但其基本的交易构造却符合买卖合同的交易逻辑，原则上与其他转让不动产或动产所有权的过程并无不同。然而，受制于公司这一特殊的权利载体，股权转让合同的法律效力与其他买卖合同仍存在较大差异。

我国《公司法》对于股权转让合同的生效要件并没有单独加以规定，因此，依照我国《民法典》第 502 条的规定，对于股权转让合同，通常情况下自合同成立时即可生效。而在特殊情况下，需要经过主管行政机关的审批后生效，即在我国《民法典》和《公司法》项下规定的股权转让合同应当以成立生效主义为原则，以批准或登记生效主义为例外。〔1〕

二、股权转让的效力

股权转让的效力是指股权转让导致股权变动的法律后果。股权转让合同从成立时生效，但股权转让合同生效并不等于股权转让生效。股权转让合同是股权转让的原因，只有通过股权转让合同并履行一定的方式如股权凭证的交付后，股权转让才产生股权变动的效力。股权变动后，出让股东对公司的权利义务全部同时转移于受让人，受让人取得股东资格，成为公司的股东，享有股东权利。

（一）股权转让合同生效的特别要件：行政审批

在一些特殊的有限责任公司类型中，其股权转让合同必须经过主管部门审批同意后才可生效。实践中，比较典型的须经行政审批方能生效的股权转

〔1〕 刘俊海：《论有限责任公司股权转让合同的效力》，载《法学家》2007 年第 6 期。

让合同主要有三类，即国有股权的转让、外资企业股权的转让以及特定行业中的股权转让，如矿业企业、房地产企业等。

根据《最高人民法院关于适用〈中华人民共和国合同法〉若干问题的解释（一）》［已失效，以下简称《合同法司法解释（一）》］第9条和《最高人民法院关于审理外商投资企业纠纷案件若干问题的规定（一）》［以下简称《外商投资企业纠纷司法解释（一）》］第1条的规定，未经批准的合同，其效力为成立但不生效。《合同法司法解释（一）》第9第1款规定，对于办理批准、登记等手续才生效的合同在一审法庭辩论终结前当事人仍未办理批准手续的，或者仍未办理批准、登记等手续的，人民法院应当认定该合同未生效；法律、行政法规规定合同应当办理登记手续，但未规定登记后生效的，当事人未办理登记手续不影响合同的效力，合同标的物所有权及其他物权不能转移。在此之后，《合同法司法解释（二）》第8条进一步完善了未经批准的合同成立未生效的法律效果，即如未按照法定或约定办理申请批准或者登记，则违背了诚实信用原则，人民法院可“判决相对人自己办理有关手续；对方当事人对由此产生的费用和给相对人造成的实际损失，应当承担损害赔偿责任”。相比而言，《外商投资企业纠纷司法解释（一）》第1条的规定则更加清晰，其规定了当事人在外商投资企业设立、变更等过程中如果订立的合同是应经审批机关批准才生效的而却未经批准，则应当认定该合同未生效，同时规定了“当事人请求确认该合同无效的，人民法院不予支持”。将此类合同认定为“成立但未生效”，将未经审批的合同与已生效合同、无效合同区别开来，不仅有利于国家管制的实现，也有利于当事人之交易安全的保护。〔1〕

（二）公司章程限制对公司股权转让合同效力的影响

我国《公司法》允许通过公司章程对公司股权转让进行限制，其第71条第4款的但书“公司章程对股权转让另有规定的，从其规定”，说明了法律对公司通过自治方式干预股东的股权转让的支持。《公司法》第71条第4款属于授权性规定，即股东有权通过公司章程来限制股权的对外准让；同时，第71条的前三款也对股权转让作出了一些法律强制性规定，如股东的优先购买

〔1〕 吴光荣：《行政审批对合同效力的影响：理论与实践》，载《法学家》2013年第1期；刘贵祥：《论行政审批与合同效力——以外商投资企业股权转让为线索》，载《中国法学》2011年第2期。

权和同意的比例等。同时，第 4 款赋予公司章程可以超越前三款作出不同的规定，但是在超越前三款作出不同规定的同时，应当遵循公司法的基本原则。

在对有限责任公司股权进行对外转让时，公司章程对股东进行股权对外转让的限制作用主要集中在以下几个方面：一是对股权转让的对象进行限制。如有些公司规定离职职工的股权须转让给公司工会、公司指定的其他主体或者由公司回购拟转让股份；二是限制股东股权转让的时间；三是对股东股权转让的条件进行限制。如将本来的剩余股东过半数同意改为全体股东一致同意等；四是限制股东股权转让的价格。如有些公司章程规定，在职工非因退休、死亡等原因离开公司时，其拥有的股份必须按照公司上一年度每股净资产或者原始出资额作为转让价格，由公司统一收购。此举实质上剥夺了职工享受公司新增收益所引起的公司股权价值增值的机会；五是在一切情况下禁止转让股权。

公司章程对于公司股东的约束力并非全然确定，主要取决于此种限制系纯粹的程序性限制还是对股权自身处分的限制或剥夺，对于前者，可以将其理解为公司的自治规范，而对于后者则应当将其理解为合同，适用合同法理对其解释。[1]

案例41：公司章程规定股权转让须经董事会决议通过的条款无效[2]

案由：股权转让纠纷

上海市第一中级人民法院审理的 A 公司与 B 股权转让纠纷一案二审认为，虽然 A 公司的章程规定股权转让必须经过董事会通过，但是由于该规定与公司法的规定相悖，所以对本案各方当事人没有约束力。关于有限责任公司的股权转让，在我国《公司法》第三章中已经有明确的规定。《公司法》第 71 条第 1、2 款规定，有限责任公司的股东之间可以相互转让其全部或者部分股权。股东向股东以外的人转让股权，应当经其他股东过半数同意。其他股东半数以上不同意转让的，不同意的股东应当购买该转让的股权；不购买的，视为同意转让。此处并没有限制性地规定股权转让必须经董事会决议的程序。

---

〔1〕 钱玉林：《公司章程对股权转让限制的效力》，载《法学》2012 年第 10 期。

〔2〕 参见上海市第一中级人民法院（2012）沪一中民四（商）终字第 S1806 号民事判决书。

并且，股权转让需经董事会决议的程序客观上限制了公司法赋予有限责任公司股东依法转让股权的法定权利，因此，该规定不但与公司法相悖，而且完全不具有合理性，亦不属于当事人可以自由约定的内容范畴。

点评：股权转让是公司股东的法定权利，公司章程固然可以对股东股权转让作出限制，但其限制不能从实质上剥夺股东股权转让的权利，否则该限制无效。

第三节 特殊股权转让合同效力

一、瑕疵股权转让合同的效力

（一）瑕疵股权的可转让性

在股权出资瑕疵方面，包括虚假出资、出资不实和抽逃出资三类股权。对于此类瑕疵股权是否可作为标的进行转让，理论界存在两种观点：

1. 确定可转论。该学说认为，基于商事外观主义原则，只要出资瑕疵的股东已经被登记在股东名册及工商登记资料中，其就享有股东身份并享有完整的股权，该股权当然可以转让。[1]

2. 区分转让论，该学说认为瑕疵股权是否可转让取决于股权的瑕疵程度，如果严重到导致公司设立无效，则出资人自然无法享有股东权利并不能转让股权。如果出资瑕疵并未严重到上述情况，则出资人应当具有股东资格，可以享受股东权利并转让股权。[2]

实际上，《公司法》中对股东权利的态度是，不论出资是否有瑕疵，所有股东均享有股东权利，只是瑕疵出资股权的股东在财产性权利方面受到特别限制，且均已在条文中明确规定，而作为股权基本属性的可转让性，并没有因为背后的出资瑕疵被法律特殊限制。从商事外观主义规则的角度来看，出资瑕疵也并不对应股权是否可以转让，只要登记在股东名册和工商资料中，股东就享有股东的资格性权利，其转让股权的权利也不应该被剥夺。另外，

〔1〕 刘俊海：《新公司法的制度创新：立法争点与解释难点》，法律出版社 2006 年版，第 224 页。
〔2〕 周友苏：《新公司法论》，法律出版社 2006 年版，第 124 页。

我国司法实践中，法院不以是否有出资瑕疵来判定这一民事主体是否享有股东身份，而是基于记载在公司章程或相关登记文件的信息来认定。这是因为，股权仅仅表征特定出资人在公司中的法律地位，只要其履行认缴出资并被记载于相关文件中，就取得股东资格，享受《公司法》赋予股东的各项权利；至于出资过程中产生的瑕疵，《公司法》规定了该股东补足相应的差额的出资责任以及对其他完全出资股东的违约责任，从而在制度上赋予其消除出资瑕疵的动力和责任。

（二）瑕疵股权转让对交易各方的效力

1. 对协议当事人的效力。对于瑕疵股权转让，只要不出现导致合同无效或者可撤销的情形，股权转让合同就对出让人和受让人都产生合同效力，受让人负有依合同向出让人支付股权价款的义务，出让人须协助受让人办理股东名册以及工商登记资料中的股权变更手续。合同履行完成后，股东资格由受让人代替，享受股东权利并承担股东义务。如果瑕疵股权股东在转让股权时，没有如实告知对方其出资瑕疵，受让人善意购买了该股权，系出让人违反诚实信用义务，受让人可以要求出让人对标的股权承担瑕疵担保责任，及时履行出资义务、消除瑕疵，造成损失的还可以要求出让人承担违约责任；此外，受让人亦可以根据《民法典》第 148 条主张撤销该合同，受让人可以向法院和仲裁机构提请申请行使撤销权。

2. 对公司及其他股东的效力。因出资瑕疵导致的股东对公司的出资义务实为股权出让人对公司负有的债务，对其他完全履行出资义务的股东也负有违约责任。对于公司和其他股东来说，其对瑕疵股权的出资人享有债权，在此类股权转让时，实为一个债务承担关系，因此其他股东在同意股权转让时，须明确此债务承担是“并存式”的债务承担还是“免责式”的债务承担。前者即股权转让的出让方与受让方均负有履行出资的责任，后者即受让方代替出让方承担此义务。这就意味着，经公司和其他股东的同意，股权转让交易合同中对股权瑕疵责任的消除约定才有效；未经同意的仅在出让人与受让人内部有效，即使出让人已对外转让了其全部股权，但其出资不实的责任不应随着股权的转让而免除。

3. 对其他第三人的效力。股权转让合同涉及的其他第三人主要包括公司的债权人和合同当事人的债权人。基于合同的相对性，股权转让合同并没有对第三人的约束力；基于公示公信原则，只有完成了工商登记资料的变更程序，股权转让才会产生对其他第三人的效力。但如果所转让股权有瑕疵，原股东在负有履行出资义务的情况下转让股权，则会涉及公司破产清算时的未完全履行出资责任股东在其认缴范围内的补足出资责任。由于出资不实的责任不随着股权的转让而免除，而股权转让合同仅对合同双方有约束力，其中的关于转受让双方对该责任分配对第三人没有约束力，因此，双方对第三人应承担连带责任，待承担责任后再进行内部的追偿，由真正的责任人最终清偿。〔1〕

二、名为股权转让、实为企业借贷的合同效力

在传统公司金融理论中，股权融资和债权融资是截然不同的融资选择和方式。但在金融创新的冲击之下，股与债不再是截然划分的两个品种，而是被呈现在一个权益“光谱”上的两个点而已。〔2〕

在当前的公司融资实践中，公司股权作为有价值的财产往往成为公司担保融资的标的物。为了保障债权的安全，部分债权人与债务人企业通常签订“股权虚拟回购”或曰“明股实债”协议，在此类交易中，通常还会伴随着业绩对赌。

首先，对此类交易的定性，本文认为不能简单根据当事人之间的协议或表面意思表示进行判断，尚需结合交易的经济本质、保护公司债权人利益等因素进行综合判定。其次，要根据当事人的真实意思表示对此类交易的性质做出判断，即对于明股实债原则上应当按照“实质重于形式”的原则认定为债权融资，尤其是明确约定了回购的时间、条件等交易要素的，支持其按照交易实质履行相关权利义务。〔3〕最后，对于交易性质的认定同时应当考虑对公司债权人保护这一公司法的基本价值目标以及维护社会公共利益这一基本的法律要求。

在司法层面，2017 年 8 月 4 日最高人民法院印发了《关于进一步加强金

〔1〕 肖海军：《瑕疵出资股权转让的法律效力》，载《政法论坛》2013 年第 2 期。

〔2〕 冯果、李安安：《金融创新视域下公司治理理论的法律重释》，载《法制与社会发展》2013 年第 6 期。

〔3〕 王乐兵：《金融创新中的隐性担保——兼论金融危机的私法根源》，载《法学评论》2016 年第 5 期。

融审判工作的若干意见》（法发〔2017〕22号，已被修改），该意见要求按照“实质大于形式”的原则判断各类金融创新交易的法律关系的性质、确定其法律效力，这已经成为金融审判的基本原则。但在判断其法律效力层面，则面临着更多的挑战，一个基本原则是只要交易不危及金融市场稳定、不突破金融监管底线，原则上应当承认其法律效力，反之则应否认。

三、因“对赌”而签订的股权转让合同的效力

对赌协议是私募股权投资中常用的一种估值调整协议，私募股权投资者与目标公司或者目标公司的股东约定，如果目标公司在约定的时间内没有完成约定的业绩，则目标公司或者目标公司的股东有义务履行约定的条款，同时，投资者可以根据约定选择投资款的差额补偿或者股权比例的调整。当事人双方通常会在合同中约定一定的退出机制，如被投资企业在约定时间内完成上市，或者被投资企业原股东回购全部或者部分股份。对赌协议可以有效解决信息不对称的问题，有效平衡投资方和融资方的利益，推动经济发展。

对赌协议可以分为以下几种类型：一是按照对赌的对象分类，可以分为：与公司对赌、与股东对赌和与公司和股东同时对赌。二是按照对赌协议中估值调整的方式进行分类，可以分为股权稀释、股权回购、现金补贴、股权优先权、股权激励等多种方式。

在司法实践中，2012年最高人民法院审理海富投资与甘肃世恒股权投资纠纷案判决确立了投资人与公司对赌无效、而与股东对赌有效的基本审理思路。对于对赌协议中股权回购条款的效力合法与否，学界和实务界都存在不同的看法和争议。随着市场经济的不断发展和法院商事裁判思想的不断确立，实务界中对于对赌协议认定有效的裁决越来越多。〔1〕最高人民法院在2014年公布的《关于人民法院为企业兼并重组提供司法保障的指导意见》中，更是明确了对诸如股份转换协议等新型合同类型，不能轻易认定合同因没有法律上的规定而无效的司法政策，对赌协议的法律基础和合同效力才得到逐渐的肯定。

对于对赌协议的效力认定，我们应当从《民法典》和《公司法》两个方

〔1〕参见中国国际经济贸易仲裁委员会（2014）中国贸仲京裁字第0056号裁决书。

面入手。从《民法典》来看对赌协议的效力：其一，我国《民法典》第153条规定了民事行为的无效的几种情形，投融资双方只要不违反其强制性规定，对赌协议就应当有效。其二，对赌协议也不能适用情势变更原则。有学者提出，因为公司IPO与否取决于证监会行政机关的审批，而非商业风险，如果公司IPO失败，补偿条款实属不公，应当适用情势变更原则。但是对于IPO与否并非属于不可预见的商业风险。其三，补偿条款并非不公平。投资方和引资方在签订对赌协议之前，对于公司的经营状况和未来发展前景都作了详细的尽职调查，对于公司是否能够上市有一定的专业预判能力。

从《公司法》的角度来看对赌协议：其一，补偿条款并不属于保底条款，并未违反《公司法》股东共同承担公司经营风险的原则，因此不会影响合同的效力。其二，对赌协议的股权回购条款不存在借对赌之名抽逃对公司的出资。诚然，维持公司资本作为此种裁判思路的依据并无不妥，但值得注意的是，《公司法》并不绝对要求维持公司资本，而只是要求维持与其经营规模相适应的资本和资产。[1]

第四节　有限责任公司股权转让中的股权变动效力

根据股权转让是否需要完成特定的形式要件以实现其预期的法律效力，理论界将其划分为意思主义与形式主义两种路径，并围绕这两种解释路径展开了激烈论战。

一、股权转让意思主义模式

在股权转让意思主义模式下，只要股权转让双方当事人就公司股权转让达成合意，买受人即可直接取得股权，无需履行形式上的交付行为或登记程序，股权转让协议生效的时间即股权发生变动的时间。[2]股东名册记载或工商登记的变更均非股权变动的生效要件，与股权转让的效力无关，仅系股权变动生效后程序上的补充、完善行为。

股权转让意思主义模式的不足表现在：意思主义与股权的性质不相符、

[1] 赵旭东主编：《商法学》（第3版），高等教育出版社2015年版，第116页。

[2] 甘培忠：《企业与公司法学》（第7版），北京大学出版社2014年版，第192页。

打破了有限责任公司的人合性；意思主义不适当地扩大了合同的效力范围；股权转让意思主义在司法实践损害了股权转让交易的确定性。

二、股权转让形式主义模式

股权转让形式主义模式认为股权转让合同的生效不能直接发生股权变动的法律效果，股权变动除当事人达成转让合意外，还须有某种交付行为或公示方式，才能够产生股权变动的效果。

股权变动形式主义的优势在于，通过要求一定的公示形式，使得其他股东以及公司能够知晓公司股权发生的变动，并对股权变动的过程施加一定程度的控制，防止不受欢迎的人进入公司，从而保持公司治理结构稳定。股权变动形式主义实现了对原有股东保护和买受人交易安全的平衡。股权转让形式主义契合了我国《公司法》关于股权变动制度设计的整体制度构造和逻辑。但股权转让形式主义理论的一致性也仅仅停留在股权转让合同不能产生股权变动效果这一点上，而至于股权变动何时发生，学者之间和司法实践仍然存在不同观点，从而致使司法实践无法作出统一的裁判。

三、股权转让修正主义模式

鉴于股权转让意思主义和股权转让形式主义的缺陷，有学者提出了修正主义模式，其中又以李建伟教授为典型代表。李建伟教授认为，应当通过界定股权转让的对抗效力来厘清股权转让过程中相关当事人之间的关系，其中包括出让人、受让人、公司以及其他第三人。修正主义模式融合了股权转让形式主义和意思表示主义的不同因素，比如，其继受了意思主义模式承认股权转让合同生效即可导致股权归属的变动的规定，并且认为这种股权变动的效力仅仅在合同当事人之间有效，对合同以外的第三人，尤其是公司和其他股东没有对抗效力，这意味着其并不能获得股东资格、行使股东权利。如果受让人想进入公司，行使股东权利，取得对抗公司的权利，则需要获得其他股东过半数同意、并变更公司股东名册；如果受让人想要取得对抗第三人的权利，则需要进行工商登记的变更。〔1〕

---

〔1〕 李建伟：《有限责任公司股权变动模式研究——以公司受通知与认可的程序构建为中心》，载《暨南学报（哲学社会科学版）》2012 年第 12 期。

股权转让“修正主义模式”融合了股权转让意思主义和形式主义的诸多要素，但其主要遵循了意思主义的转让模式，虽然提出了强化公司作用的观点，要求公司对公司股权转让接受通知并进行认可，但在具体构造路径上仍存在缺陷，对股权转让各个环节的法律效力的规定并不明确。但其对我国股权转让模式改造的思路值得肯定，即股权转让并非纯粹股东之间的私人交易，应当有公司发挥作用的空间。

四、我国现行的股权转让模式

根据我国现行《公司法》的规定，有限责任公司股权转让的过程可以被分解为如下所示的四个阶段及各个阶段应当具备的法律效力：

（1）双方当事人签订股权转让合同：合同在当事人之间生效（批准例外）。

（2）批准、优先购买权等：影响合同效力以及股权能够实际进行转让和交割。

（3）变更股东名册：对抗公司效力。

（4）变更工商登记：对抗外部第三人效力。

第五节　有限公司股权转让中的优先购买权

一、股东优先购买权的性质及法律适用

学界对于股东优先购买权的性质和效力主要存在“期待权说”“形成权说”“请求权说”三种理论主张。“请求权说”实际更契合股东优先购买权的立法目的和公司法立法现状，相关司法解释已经突破了所谓的绝对形成权的立场、开始倾向于请求权说，因此有学者提出应当将其定性为“优先购买请求权”而非“优先购买形成权”。[1]

有限责任公司股东优先购买权是否存在穿透问题？从优先购买权保护公司人合性的制度目的来看，股东优先购买权应当仅限于目标公司直接股东之间，而非股东与实际控制人或实际控制人之间。股东优先购买权的“穿透”的问题即是在传统的有限责任公司“股东优先购买权”语境下，目标公司股

〔1〕 蒋大兴：《股东优先购买权行使中被忽略的价格形成机制》，载《法学》2012年第6期。

东是否可以就其他法人股东控制权的变更而享有对该法人股东所持目标公司股权的优先购买权。[1] 该制度是指在特定情况下，股东优先购买权可以突破本公司的限制，对上、下层公司的股权对外转让行使优先购买的权利。如某甲公司有两名股东A和B，其中A股东持有甲公司51%的股权，B公司持有甲公司49%的股权。而A股东为有限责任公司也有两个股东C和D组成，其中C和D分别持有A公司80%和20%的股权。现在如果C要转让其持有的A公司80%的股权，在D股东放弃优先购买权的情况下，作为B是否有优先购买其转让股权的权利？若承认其优先购买权就承认了股东优先购买权的穿透性；反之则不承认。应该说我国《公司法》并没有承认股东优先购买权的穿透性，但在公司自治理念下，立法并不禁止公司或股东在其自治权限扩大股东优先权的适用范围。

二、股东优先购买权的同意权制度

我国《公司法》第71条第2款规定了股权转让同意权的实质要件，即股东向公司股东以外的人转让股权的，应当经其他股东过半数同意，而且在形式上必须符合书面通知要求。为便利股权转让，该条规定了其他股东自接到书面通知之日起30日的时效期间，以及期满未答复的默示同意认定。

关于公司股权转让同意权的主体，各国（地区）公司法中存在公司机关决定与股东个人决定两种模式。[2] 我国《公司法》第71条将股权转让同意权的主体界定为“其他股东”，奉行股东个人同意模式，但有学者对此提出反对，认为这条规定剥夺了公司在股权转让中的地位。[3]

对于同意权的行使程序，公司或者股东行使同意权以对股权转让的知情为前提，因此，《公司法》要求拟转让股东的通知义务。《公司法》第71条第2款规定“股东应就其股权转让事项书面通知其他股东征求同意”，但对于通知的具体内容并未予以明确。

关于同意权的法律效果，对于公司的其他股东而言，其行使同意权的法律后果只有两种可能：同意或拒绝。我国《公司法》第71条第2款规定，其

[1] 郑彧：《股东优先购买权“穿透效力”的适用与限制》，载《中国法学》2015年第5期。

[2] 傅穹、尹航：《有限责任公司股权转让的同意权制度研究》，载《学术论坛》2016年第8期。

[3] 蔡慧永：《有限责任公司股权转让效力研究》，中国政法大学2019年博士学位论文。

他股东半数以上不同意转让的，不同意的股东应当购买该转让的股权；不购买的，视为同意转让。

三、股东优先购买权对股权转让效力的影响

（一）侵害优先购买权的股权转让合同的效力

对于侵害公司其他股东针对拟转让股权优先购买权的股权转让合同的效力，学界说法解释各异、意见并不统一，主要存在“无效说”“有效说”“可撤销说”“附生效条件说”等不同学说。大多数学者赞同“可撤销说”。“可撤销说”认为在未取得其他股东同意下径自对外转让股权的合同，是对其他股东的追认权和同意权的侵害，该情形下，其他股东可以行使撤销权来实现优先购买权。这种学说综合了“无效说”和“有效说”两种观点，既承认了股东对股权对外转让的同意权和优先购买权，也认可了难以判断股东会否行使优先购买权，因此，没有直接否认转让合同的有效性，而是赋予有优先购买权的股东请求撤销权。〔1〕在最高人民法院的某些案件中，认为侵犯股东优先购买权的合同属于可撤销合同或者无效合同。〔2〕

笔者赞同附生效条件说。“附生效条件说”认为股权转让合同生效是以其他股东放弃其同意和优先购买权为条件，只要其他股东主张在同等条件下行使自己的优先购买权，则股权转让合同就不能生效。该种观点将合同效力的决定权赋予公司内部其他股东，转让股东和受让人只能签订转让合同，而其是否生效还不能确定，只有在其他股东做出放弃优先购买权的意思表示时，股权转让合同才能生效。附生效条件说最大的优势在于其可以有效避免转让股东对外部第三买受人承担可能的违约责任。

（二）“同等条件”的认定与股权变动效力

《公司法》第71条第3款规定，股东行使优先购买权的前提是“同等条件”，该要求是行使优先购买权的实质条件。对于“同等”的理解，理论上存在绝对同等说和相对同等说。绝对同等说，即公司其他股东与第三人所提供的收购条款完全相同。相对同等说认为，优先购买权人同意购买的条件与第

---

〔1〕 刘俊海：《论有限责任公司股权转让合同的效力》，载《法学家》2007年第6期。

〔2〕 参见北京新奥特公司诉华融公司股权转让合同纠纷案，最高人民法院（2003）民二终字第143号民事判决书。

三人的收购条件不完全相同，只要大体相同即可。事实上在公司实践中绝对相同说不可能实现，只能依照相对相同说。在相对相同说的前提下，股权转让的条件主要包括转让价格、转让数量、支付方式和支付期限等因素。

四、国有股权转让中的优先购买权

根据《中华人民共和国企业国有资产法》的相关规定，在股权转让实践中，对于同时存在国有企业股东和民营企业股东的混合所有制企业，若国有企业股东转让其所持股权，其必须在依法设立的产权交易场所公开进行。有关信息做到如实披露，征集两个以上的受让方，并采用公开竞价的交易方式。因此，对于国有股权转让，进场交易系强制性程序规定，如若违反，则交易行为无效。

在国有股权转让中，如果未放弃优先购买权的股东没有进入产权交易所参与股权转让的公开竞价，国有股权转让的法律效力如何？如果公司其他内部股东决定按照与第三人确立的购买条件行使优先购买权收购拟转让股权，其即可在场外按照上述在产权交易所内形成的交易条件来进行交易。在公司其他内部股东声明行使优先购买权的情况下，通过公开竞拍所成立的合同，其性质为附生效条件的合同，只有在优先购买人放弃对权力的行使时才生效。一旦公司内部其他股东决定行使优先购买权，该合同即不生效力。2012 年发生的较有影响的中静实业（集团）有限公司诉上海电力实业有限公司等股权转让纠纷案就是典型案例。[1]

第六节　隐名持股中有限公司股权转让的效力

一、有限责任公司隐名持股概述

（一）有限责任公司隐名持股的概念和法律性质

隐名股东是指在公司中认购了股权但并未在公司章程、股东名册及市场监管部门登记的实际出资人。显名股东是指虽然在公司章程、股东名册及市

---

〔1〕 参见上海市黄浦区人民法院（2012）黄浦民二（商）初字第 534 号民事判决书，载《最高人民法院公报》2016 年第 5 期（总第 235 期）。

场监管部门登记为股东但实际并未出资的挂名股东。在隐名出资的情形下，实际上存在双重代理关系：名义出资人代隐名出资人以自己名义与其他股东实施法律行为，如完成出资、作出股东会决议等，构成隐名代理关系；而若名义出资人授权隐名出资人代理其具体签署公司相关法律文件，则又构成显名代理。〔1〕

在隐名持股中，名义股东与实际出资人究竟何者为公司股东而直接对公司享有权利并履行义务？对此有实质要件说和形式要件说之分。对隐名出资中股东资格的确认，《公司法司法解释（三）》第24条第3款采取了形式要件说，认为享有股东资格的仅限于被记载于股东名册中的股东，实际投资人并非公司的股东、不能享有对公司的股权，只能依据合同来处理其与名义股东间的关系。〔2〕针对股权确认，该条第3款规定，未经公司其他股东半数以上同意，实际出资人不得请求公司变更股东、签发出资证明书、记载于股东名册、记载于公司章程并办理公司登记机关登记。该司法解释一方面承认了隐名持股协议的法律效力，并支持实际出资人根据该协议向名义股东主张其“投资权益”的权利；但同时，该解释否认了实际出资人直接向公司主张股东资格的权利，而是需要征得“公司其他股东半数以上同意”。

（二）隐名出资和股权代持的法律关系

在公司隐名投资中，存在着两个法律关系，即隐名股东与显名股东的合同关系和显名股东与公司的出资关系。根据《公司法司法解释（三）》第24条第1款的规定，隐名出资人与显名股东所签订的合同，如不存在法律规定的无效情形，应当被认定有效。但隐名出资人若要直接对显名股东所持股权进行处置，或者让公司承认其股东身份，进行股东名册和工商登记资料的变更时则不能被支持。此时其需要经过其他股东同意、并通过股权转让程序将标的股权转让到其名下。

（三）隐名出资和股权代持的法律效力

对于隐名出资的法律关系，通常法律对其法律效力持肯定态度，认为其

〔1〕 赵旭东、顾东伟：《隐名出资的法律关系及其效力认定》，载《国家检察官学院学报》2011年第2期。

〔2〕 张双根：《论隐名出资——对〈公司法解释（三）〉相关规定的批判与发展》，载《法学家》2014年第2期。

既不违反法律、行政法规的强制性规定，也没有损害社会的公共利益，因而有效。并且在特定情形下承认隐名出资人的合法权益，为其变为显名股东提供了制度通道。然而，在有些特定行业中，因为对股东资格、出资资金的来源等有特定限制或监管措施，故而对股权代持的效力持否定态度。如最高人民法院2017年作出的福建伟杰投资有限公司、福州天策实业有限公司营业信托纠纷案。[1]

二、隐名投资人转让投资权益与显名股东转让股权的效力

隐名投资的过程中，如果显名股东违背代持协议约定，擅自处分隐名股东的股权，而第三人即受让人与显名股东签订股权转让协议，其效力如何？

如果名义股东转让股权的行为违背了隐名出资人的意愿，则需要明确股权转让合同的效力以及双方之间的责任。根据《公司法司法解释（三）》第25条规定，名义股东将登记于其名下的股权转让、质押或者以其他方式处分，实际出资人以其对于股权享有实际权利为由，请求认定处分股权行为无效的，人民法院可以参照《民法典》第311条的规定处理。名义股东处分股权造成实际出资人损失，实际出资人请求名义股东承担赔偿责任的，人民法院应予支持。

因此，显名股东擅自与善意第三人签订的股权转让合同应当属于无权处分合同，合同效力待定。如果隐名股东即实际出资人对于此股权转让合同予以追认，则转让合同生效。如果实际出资人不予追认，则要看第三人是否属于善意。如果第三人受让股权属于善意行为，则隐名股东不可以主张股权转让合同无效，因公司股东的外在公示公信制度，善意第三人有理由相信显名股东就是股权的真正拥有者，因此构成表见代理。但是隐名股东可以向显名股东主张赔偿，要求赔偿其所受到的损失。当然，如果第三人即受让人在签订股权转让合同时，知道合同相对方仅仅是不经授权转让股权的显名股东，则不构成善意取得。第三人即受让人与显名股东恶意串谋转让股权，则出现了《民法典》第146条规定的情形，应当认定为合同无效。

实际出资人对所持有部分股权的转让，如果显名股东违背股权代持协议，

〔1〕 参见最高人民法院（2017）最高法民终529号民事判决书。

不承认代持或者不愿协助修改股东名册时，实际出资人应当向公司要求变更股权登记人为实际投资人或者诉请确权之诉，确认股权的归属。在变更股东名册为实际出资人后，再由实际出资人履行股权转让合同的义务，将股东名册中的登记变更为受让人。

案例42：受让人以登记的权利人受让股权并支付合理对价属于善意取得[1]

案由：股权转让纠纷

2009年，钱某某和张某某出资成立××通公司，钱某某出资291万元，占97%，担任执行董事并任法定代表人。张某某出资9万元，占3%。2011年钱某某将其持有的97%股权转让给其父亲钱某许，并办理了工商变更登记。

2013年4月3日，钱某某代张某某签订了《股权转让协议》，办理了将钱某许97%的股权变更到张某某名下的工商变更登记手续，张某某成为××通公司唯一股东。但经过司法鉴定证明该协议上钱某许的签名并非本人所写。

2014年3月31日，钱某某代张某某与宋某军签订《股权转让协议》，将张某某名下的100%股权以300万元价格转让给宋某军。宋某军支付了300万元股权转让款，办理了股权变更登记手续。诉讼中，张某某表示对钱某某以其名义从事的股权变更行为予以认可。

钱某许一审向威海法院起诉请求：1. 确认钱某许与张某某签订的股权转让协议无效；2. 确认张某某与宋某军签订的股权转让协议无效；3. 要求××通公司撤销股权转让变更登记手续，恢复钱某许在××通公司的股东资格。

关于钱某许与张某某签订的《股权转让协议》的效力问题，经鉴定，2013年4月3日《股权转让协议》中“钱某许”的签名并非钱某许本人所签，各被告对鉴定意见有异议，但未提出相反证据予以反驳。依据该鉴定意见，钱某许未签订《股权转让协议》，转让名下股权并非其真实意思表示，该《股权转让协议》应为无效。但××通公司工商登记的股东信息对外具有公示效力，宋某军受让××通公司股权时，××通公司工商登记的股东为张某某，其受让张某某股权时是善意的，且张某某亦认可钱某某代表其办理股权变更手续，宋某军与张某某签订的《股权转让协议》是当事人双方的真实意思表示，

[1] 参见最高人民法院（2016）最高法民申1594号民事裁定书。

宋某军支付了股权转让款，并依照法律规定办理了股权变更登记。根据《中华人民共和国物权法》第106的规定，宋某军受让××通公司的股权构成善意取得。原告请求确认张某某与宋某军之间的股权转让协议无效，并要求第三人××通公司撤销上述股权转让变更登记手续，恢复其在××通公司的股东资格的诉讼请求，法院不予支持。

原告不服，上诉至山东省高级人民法院，山东省高级人民法院驳回上诉，维持原判。原告向最高人民法院提出申诉，最高人民法院驳回申请。

点评：在本案中，钱某某为××通公司的实际出资人即隐名股东，而其父亲钱某许为显名股东，钱某某未经钱某许同意即转让其股权应为无效。但第三人宋某军受让股权时，公司登记的股东是张某某，钱某某代张某某转让股权时，宋某军主观上为善意且支付了对价，其可以取得公司的股权。

第七节　有限责任公司股权转让中的善意取得

一、善意取得的含义

民法中的善意取得是指无权处分人将其财产有偿转让给第三人，如果受让人取得该财产时出于善意，则受让人将依法即时取得对该物产的所有权的一种法律制度。我国《民法典》第311条规定，无处分权人将不动产或者动产转让给受让人的，所有权人有权追回；除法律另有规定外，符合下列情形的，受让人取得该不动产或者动产的所有权：①受让人受让该不动产或者动产时是善意；②以合理的价格转让；③转让的不动产或者动产依照法律规定应当登记的已经登记，不需要登记的已经交付给受让人。受让人依据前款规定取得不动产或者动产的所有权的，原所有权人有权向无处分权人请求损害赔偿。当事人善意取得其他物权的，参照适用前两款规定。

二、有限责任公司股权转让中善意取得的适用情形

（一）名义股东对所代持的股份进行处分

名义股东具有股东身份，法律层面上属于合法股东，有权利行使股份的

处分权。而名义股东与实际股东之间签署的代持协议或者其他合同，只是对股东权利中的财产性权利作了约定，且合同的效力仅限于合同当事人双方。因此，从外观表现来看，名义股东在股权转让时具有股东身份，是法律上承认的合法股东。根据《公司法》第 32 条第 2 款规定，股东名册记载的股东，有权利向公司行使股东权利。

（二）股权转让中的“一股二卖”

股权转让中的一股二卖主要是指隐名股东和显名股东对同一股权的转让情形。《公司法司法解释（三）》第 27 条第 1 款规定，股权转让后尚未向公司登记机关办理变更登记，原股东将仍登记于其名下的股权转让、质押或者以其他方式处分，受让股东以其对于股权享有实际权利为由，请求认定处分股权行为无效的，人民法院可以参照《民法典》第 311 条的规定处理。

（三）夫妻一方处分作为夫妻共有财产的股权

作为夫妻共同财产的股权未经另一方同意，一方擅自将其出售的情况下，其是否能够适用善意取得仍值得进一步考虑。如前所述，股权并非单纯的财产权，股东配偶仅对其收益具有财产权利，而并不能直接享有股权自身。因此，股权是一种专属于股东的特殊权利，有限责任公司的股权转让应主要接受《公司法》的调整。而《中华人民共和国婚姻法》（已失效，以下简称《婚姻法》）就其性质而言无法直接与股权的价值以及流动性相关联，原则上也不能调整有限责任公司的股权转让关系。非持股的配偶须经其他股东同意并放弃其优先购买权的情况下才能取得股东地位。因此，遵守与公司相关的一系列程序才能实现股权的有效转让，经配偶同意不存在明文规定。因此，原则上，股东将作为夫妻共同财产的股权转让给第三人，所签订的转让合同应该有效。但是，在一些例外情形下，可以通过排除第三人的善意而否认该合同的效力。

案例43：夫妻一方未经配偶同意签订的股权转让协议应为有效[1]

案由：股权转让纠纷

艾某某、张某某向陕西省高级人民法院提起诉讼，请求判令：1. 确认张

〔1〕 参见最高人民法院（2014）民二终字第 48 号民事判决书。

某某与刘某某签订的股权转让协议无效；2. 刘某某返还张某某在工贸公司持有的54.93%的股权。

陕西省高级人民法院审理查明：艾某某、张某某系夫妻关系。2011年10月26日，张某某与刘某某签订一份《协议》，约定：张某某自愿将其在××公司的原始股份额660万元以13 200万元转让刘某某，刘某某在签订本《协议》时支付定金1000万元。××公司与刘某某签订正式合同、移交相关手续、变更工商登记后支付50%，余款在刘某某进入榆林市C煤矿及移交财物、资产证件等手续时一次性付清。张某某保证其股份有绝对排他权利，该《协议》还对其他事项作了约定。刘某某按《协议》约定向张某某支付定金1000万元人民币，张某某向刘某某出具了1000万元的收条。同年12月16日，双方再次签订一份《股权转让协议》，约定：张某某自愿将其在××公司的500万元原始股份转让给刘某某，转让价款为18 960万元，其他约定与前一份协议基本相同。在该协议签订的当天，刘某某按协议约定向张某某支付1000万元人民币，张某某向刘某某出具了1000万元的收条。

上述两份股权转让协议签订后，刘某某共向张某某付款7600万元。张某某按刘某某的要求，将其在××公司的股权变更为刘某某及其所指定的人占有54.93%。同时，刘某某以20 277万元收购了××公司85位隐名股东的全部股权。并将刘某某变更为公司法定代表人。2011年12月26日，张某某将7600万元付款全部退回刘某某。

陕西省高级人民法院审理认为，本案争议的焦点是：股东张某某转让股权是否应当经其妻艾某某同意，否则，股权转让行为无效。

其一，我国《公司法》第71条及《最高人民法院关于适用〈中华人民共和国婚姻法〉若干问题的解释（二）》第16条，股东转让股权必须征得过半数股东的同意，并非必须征得其配偶的同意。即使在有限责任公司的出资系夫妻共同财产，但非公司股东的配偶，要成为公司的股东，还须征得其他股东的同意，只有在其他股东明确表示放弃优先购买权的情况下，股东的配偶才可以成为该公司的股东。在过半数股东不同意转让，但愿意以同等价格购买该出资额的情况下，只能对转让出资所得财产进行分割。综上，股东转让股权必须征得过半数股东的同意，并非必须征得其配偶的同意。上述法律规定，体现了有限责任公司人合性的法律特征。从本案股权转让的事实看，张某某转让其在××公司 1160 万元的出资予刘某某，获得 32 160 万元的对价；同时，刘某某受让了××公司其余 85 位隐名股东的全部股权；××公司的法定代表人由张某某变更为刘某某，并在工商部门进行了变更登记，艾某某应当知道其夫张某某转让股权的事实。

其二，虽然涉案股权系张某某与其妻艾某某的共有财产，但根据《关于贯彻执行〈中华人民共和国民法通则〉若干问题的意见（试行）》第 89 条及《最高人民法院关于适用〈中华人民共和国婚姻法〉若干问题的解释（一）》第 17 条第 1 款第 2 项规定，因夫妻之间存在着特殊的身份关系，故夫妻之间相互享有家事代理权。在本案中，两份股权转让协议的原始出资额为 1160 万元，但转让价款为 32 160 万元，是原始出资额的 27.7 倍，且刘某某已按约支付了 7600 万元的价款，并进行了工商变更登记，刘某某有理由相信两份股权转让协议系艾某某、张某某夫妇的共同意思表示，也足以证明刘某某受让该股权符合善意取得的法律规定，且两份股权转让协议并不存在我国《合同法》第 52 条规定的情形。

陕西省高级人民法院一审判决驳回艾某某、张某某的诉讼请求。原告不服，上诉至最高人民法院，最高人民法院驳回上诉，维持原判。

点评：夫妻一方将其登记在其名下的公司股权未经其配偶同意转让给第三人，其法律效力如何是司法实践中经常碰到的问题。从原则上讲股权转让属于商事行为，主要受《公司法》调整，而不主要受《婚姻法》调整。作为第三人受让登记在夫妻一方名下的股权时是善意且支付合理对价，其股权转让合同应为有效。

第八章

Chapter 8

公司治理制度

第一节　公司治理结构

一、公司治理结构理论

（一）公司治理结构的概念

公司治理有广义与狭义之分。广义的公司治理是关于企业组织方式、控制机制和利益分配的一系列法律、机构、制度和文化安排。它的范围不仅包括企业与其所有者之间的关系，也包括企业与其所有利益相关者之间的关系。狭义的公司治理仅指因公司所有权和控制权相分离而产生的代理问题。它要解决的是公司股东与公司高层管理人员之间的关系问题。所谓公司治理结构是指为维护公司股东、债权人以及社会公共利益，保证公司正常生产经营，由法律和公司章程规定的有关公司组织机构之间权力分配与制衡的制度体系。完善公司治理结构具有重要意义：

第一，完善公司治理结构有助于提升公司核心竞争力。完善的公司治理结构有利于减少公司决策失误，降低法律风险，提高公司决策的科学性和执行的有效性，从而增强公司核心竞争力。

第二，完善公司治理结构有助于保护股东权利。完善的公司治理结构有利于全面、公平保护公司全体股东尤其是中小股东的合法权益，从而增强公司市场活力。

第三，完善公司治理结构有助于理顺市场与政府的关系。完善的公司治理结构有利于公司自觉按照国家法律法规的要求履行社会责任，从而与政府的管理形成良性互动的关系。

（二）公司治理结构理论

1. 超产权理论。超产权理论是基于对产权理论的有效性的怀疑而提出来的。超产权理论不满意产权理论提出的通过产权改变，完善企业治理机制，引入利润激励机制，从而不断提高企业效益的设想。超产权理论认为企业效益主要与市场结构有关，即与市场竞争程度有关。针对产权理论的不足，泰腾郎（1996）、马丁和帕克（1997）等学者，以竞争理论为基础提出超产权论（Beyond Property-Right Argument）。

超产权理论认为，利润激励与经营者努力投入未必存在必然的正向关系，利润激励只有在市场竞争的前提条件下，才能发挥刺激经营者增加努力与投入的作用。超产权论把竞争作为激励的逻辑起点，其依据是20世纪90年代发展起来的竞争理论（Vicker，1996）。竞争理论具体内容有四部分：竞争激励论、竞争发展论、竞争激发论与竞争信息完善论。这些竞争理论不仅为超产权论发展“竞争激励”提供了理论基础，同时还为把企业治理机制从产权中分离出来提供了逻辑依据。市场竞争给企业创造“生”与“死”的择别，在这个择别面前，不管企业的所有者是谁，只要它们想生存发展，不被边缘化甚至是淘汰出局，就得改善企业治理机制，不管是行政治理机制还是商业治理机制。这种选择的最终发展结果会导致企业治理机制与效益趋同。否则，治理机制差的企业就会被淘汰。

2. 两权分离理论和委托代理理论。两权分离是指资本所有权（表现为投资者拥有的投入资产权）和资本运作权（表现为管理者经营、运作投资者投入资产权）的分离。也就是说，所有者拥有的资产不是自己管理运作，而是委托他人完成管理运作任务。两权分离理论即公司所有权与控制权分离理论，它随着股份公司产生而产生，代表人物是贝利、米恩斯和钱德勒等。

两权分离理论是一种所有制理论，该理论由两个核心命题所构成，一是生产资料所有制是所有、占有、支配和使用等经济关系的体系；二是生产资料所有制的各项权能可归结为所有权和经营权，且两权既可以统一，也可以分离。

按照第一个命题，所有的实质是归属，指所有者可以按照自己的意见处置自己所有的生产资料的意志行为；占有则是一种有条件的归属关系，即占有者不能像所有者那样任意处置其占有的生产资料，但在所有者认可的条件下，占有者又可像所有者那样处置生产资料；支配是指对生产资料的处置和管理，其具体体现为生产过程的日常组织和管理；使用是指人们运用生产资料进行的直接生产活动。这四个方面经济关系在法律上表现为所有权、占有权、支配权和使用权，因此生产资料所有权不外乎是包括所有权、占有权、支配权和使用权的权利体系。

按照第二个命题，所有权、占有权、支配权和使用权既可以统一，也可以相互分离，而在分离的情况下，则具体表现为所有权与经营权的分离。在这里，经营权包括占有权、使用权和支配权，是这三权的统一。在引述经典作家关于资本主义条件下土地所有者和农业资本家之间土地租赁关系的分析，职能资本家和借贷资本家之间货币资本借贷关系的分析，以及股份公司中资本所有者与资本管理者的关系的分析之后，许多论者断言，生产资料所有权与经营权是可以分离的，并进而将这种分离作为指导中国国有企业改革的依据。在这方面，最典型的观点是：传统的计划经济体制把全民所有等同于国家直接经营企业，即将所有权和经营权都集中于国家之手，这不符合市场经济发展的要求。要体现市场经济的要求，就必须改革全民所有制的内部关系，使国家保持所有权，企业具有经营权。这样，既在整体上坚持了公有制，又在局部上保证了各个企业生产经营的自主性，这不仅有利于促进市场经济的发展，而且也有利于全民所有制优越性的发挥。

上述两权分离理论旨在通过重新界定所有制内部结构为“政府分开”提供理论依据，以便国有企业冲破各种束缚，真正成为独立的商品生产者和经营者。应该说，该理论倡导者的动机和出发点是良好的，应予以肯定，它也确实在推进国有企业改革方面起了积极作用。

（三）利益相关者理论

“利益相关者”这一词最早被提出可以追溯到 1984 年，弗里曼出版了《战略管理：利益相关者管理的分析方法》一书，明确提出了利益相关者管理理论。利益相关者管理理论是指企业的经营管理者为综合平衡各个利益相关者的利益要求而进行的管理活动。与传统的股东至上主义相比较，该理论认为任何一个公司的发展都离不开各利益相关者的投入或参与，企业追求的是利益相关者的整体利益，而不仅仅是某些主体的利益。

利益相关者包括企业的股东、债权人、雇员、消费者、供应商等交易伙伴，也包括政府部门、本地居民、本地社区、媒体、环保主义等压力集团，甚至包括自然环境、人类后代等受到企业经营活动直接或间接影响的客体。这些利益相关者与企业的生存和发展密切相关，他们有的分担了企业的经营风险，有的为企业的经营活动付出了代价，有的对企业进行监督和制约，企业的经营决策必须考虑他们的利益或接受他们的约束。从这个意义讲，企业是一种智力和管理专业化投资的制度安排，企业的生存和发展依赖于企业对各利益相关者利益要求的回应的质量，而不仅仅取决于股东。这一企业管理思想从理论上阐述了企业绩效评价和管理的中心，为其后的绩效评价理论奠定了基础。

二、公司治理结构的原则

现代公司完善的治理结构应遵循以下基本原则：

1. 公司治理结构应当维护股东的权利。公司中最重要的主体无疑是股东，公司也是股东实现投资价值的主要载体，因此公司的治理结构应把维护股东利益放在重要地位。

2. 公司治理结构应当确保包括小股东和外国股东在内的全体股东受到平等的待遇。如果股东的权利受到损害，他们应有机会得到补偿。

3. 公司治理结构应当确认利益相关者的合法权利。鼓励公司和利益相关者创造财富和工作机会以及为保持企业财务健全而积极地进行合作。

4. 公司治理结构应当保证及时准确地披露与公司有关的任何重大问题。这些重大问题主要包括财务状况、经营状况、所有权状况和公司治理状况的信息。

5. 公司治理结构应确保董事会的重要作用。董事会能够实现对公司的战略性指导和对管理人员的有效监督，并确保董事会对公司和股东负责。

第二节　公司治理结构模式

一、大陆法系公司治理模式

（一）德国公司的治理模式

在德国工业化的早期，中小型企业就是由其所有者管理的。随着时间的推移，股权开始分散，股东不再是企业内部的管理者。董事会成为公司的最高权力机关，负责公司的经营和管理。监事会监督董事的工作，承担重要决策的职能。

员工参与制度是德国公司治理模式的另一重要特征。职工通过选派代表进入监事会，与执行理事会共同参与公司决策。这种股东和员工共同治理公司的模式，调动了职工的积极性，保证了企业有一个相对稳定的经营发展环境。

德国银行与顾客之间是长期合作关系，以此为基础，德国银行开始扩大服务范围，现在已经发展成了全能银行，其金融体制导致银行在公司治理中发挥着主导作用。德国公司的股权集中程度较高，银行大量持股并参与公司的经营管理活动，由于有这样一系列错综复杂的关系，银行就变成了公司的监管者。

（二）日本公司的治理模式

日本所有权结构相对集中，法人之间相互持股是公司治理模式的基本特征。日本实行的是主银行制，公司对银行的依赖程度较大。银行在企业保持良好的经营状况下不会控制企业。但如果出现相反情况，银行对企业进行管理与控制被视为其责任，这种处理方法被称为“相机治理”。在此制度下，银行和企业间相互持股对公司的经营活动和经营者产生了重要影响，并且法律对法人相互持股没有明确限制，这在法律层面为法人相互持股的股权结构提供了广阔的发展空间。

日本公司在股东大会下设立董事会和监事会。由于法人分散持股使得股东对公司做出决策的影响甚小，导致股东大会形同虚设。董事会是公司的决策机关，董事代表是执行机关，公司的决策与执行等事项均由董事会负责。董事会中的成员大部分都是内部董事，因此，公司真正的管理权是掌握在这部分人手中。

监督功能由股东大会选举出的监事负责，为了保证监事行使权利不受其他人员的干涉，股东大会选举出的监事不得兼任其他职务。1993 年日本商法修改时为提高监事的独立性引入了外部监事和监事会制度，完善过后的监事会虽拥有一定的权利，但本质还是一个协调机关，不影响每个监事行使权利的独立性。

二、英美法系公司治理模式

在美国，股东通过股东大会选举董事会，董事会代表股东的意志和利益、选聘和制约经理层。经理层以向股东提供满意的收益为条件，获得公司日常的经营决策权。当股东对经理层的经营业绩不满时，可以通过股东大会改选董事会，并通过董事会罢免经理层。

1. 股东大会。美国公司的股东相当分散，小股东缺乏影响并控制董事会的能力和监控公司所需要的信息，因此中小股东在公司治理中比较消极，基本存在免费搭车的现象。他们经常用脚投票代替用手投票，导致了股东对公司的监控不力，造成美国的股东大会存在虚置趋势。

2. 董事会。在股东大会虚置的趋势下，为了维护广大股东的利益，美英两国通过加强和改善董事会的监督职能来加强公司的内部治理。

其一，美国公司注重董事会的构成与董事会的内部管理，普遍加大外部董事的比例，以有效的制约和监督经理层，防止其在经营决策中独断专行，以维护中小股东利益。外部董事会由公司外部拥有专业知识和技能的人员构成。

其二，美国公司董事会在其内部设立执行委员会、提名委员会、报酬委员会、审计委员会等专门委员会，协助董事会进行经营决策。

3. 首席执行官。董事会为了集中精力做好经营决策，往往聘请专业人士负责日常运营。最高级别的行政官是首席执行官，即 CEO。鉴于公司经营活动的复杂性，很多公司在 CEO 下设置助手职位，如首席运营官 COO、首席财务官 CFO 等。但是美国大多数公司的 CEO 由董事长兼任，导致公司经营决策权与业务执行权高度集中，甚至形成了经营者支配的局面。

4. 外部独立的审计监督机构。美国公司内部不设独立的监事会，由聘请的外部审计事务所承担审计监督职能，主要负责审计公司的年度财务会计报告。公司内部的审计委员会主要是协助董事会或总公司监督子公司的财务状况。美国政府的审计部门每年定期或不定期地审计公司的经营状况、审查审计师的审计资格，以杜绝公司的偷税漏税行为，保障公司信息披露的公正。

第三节　我国公司治理结构存在的问题

我国公司法确立了股东会、董事会、监事会“三驾马车”（俗称“新三会”，与原国有企业的党委会、职工代表大会和工会“老三会”相对应）的公司治理结构，其中股东会是公司的决策机构，董事会是公司的执行机构，监事会是公司的监督机构。但我国公司治理结构存在诸多问题。

一、股东会的形式主义

股东大会是公司的最高权力机关，《公司法》第 37 条第 1 款列举了股东会的 11 项权利。但是由于我国公司股权的高度集中，这种过于集中的股权结构已经成为公司治理结构的阻碍，使得公司的内部治理和外部治理不能充分发挥作用。这主要表现在：

第一，在组织功能方面无法形成监督机制。由于股权过于集中，公众股东分散，董事会往往听命于大股东，很难形成独立有效的董事会来进行经营决策，监事会也只是个受董事会或由内部人出任的“花瓶”机构而已，难以形成三者之间的有效制衡。

第二，在公司的外部治理上（这类问题一般针对的是上市股份公司），产品市场、经理人市场、资本市场和公司控制权市场由于股权集中无法自由流动，其功能发挥得十分有限，也就无法对公司进行有效的市场反馈和监管。在我国公司治理结构中，往往存在股权压迫现象，即大股东利用其持股优势压迫中小股东从而损害中小股东利益的情况相当普遍。

我国立法者为了规避大股东利用其自身优势掌控董事会、监事会的情形，使中小股东可以获得参与公司决策的机会，在《公司法》第 105 条第 1 款规定了累积投票制，即“股东大会选举董事、监事，可以根据公司章程的规定或者股东大会的决议，实行累积投票制”。累积投票制可以在股东人数较少、股权流动性小及流动范围有限的封闭式公司中发挥效用，以此为中小股东参与公司决策提供可能，避免直接投票制的弊端，维护股东地位的平等性，防止董事会沦为大股东的傀儡，被大股东利用，从而切实维护公司及中小股东利益。但是由于我国上市公司具有特殊的股权结构背景，采用行政手段干预公司治理的程度比较高，因此累积投票制不能够改变我国上市公司治理中控股股东控制董事会、监事会的局面。并且，在中小股东持股数量过低或与大股东持股比例差距过大时，累积投票制将无法发挥其应有作用。因为只有当中小股东采取一致行动时，才有可能在董事会或者监事会中获得席位，但是一致行动将产生高额代理成本和集体行动中的“搭便车”问题。在这种情况下，中小股东更愿意的是“用脚投票”，实际结果往往是中小股东无法推荐代表其利益的候选人进入董事会或者监事会。此时再来讨论累积投票制如何维护中小股东利益，无异于“纸上谈兵”。

《公司法》对累积投票制的规定本身就存在一定问题：第一，它明确表示公司实行累积投票制的依据为公司章程或者是股东大会的决议，公司章程或者股东大会在被控股股东掌控的情况下，如何来实行这种可能会对控股股东自身造成利益损害的累积投票制？第二，《公司法》第105条也仅仅是对累积投票制度的定义及其选用作了原则性规定，并未制定具体的操作规则，从而使累积投票制的功能在实践中被进一步架空；第三，累积投票制的规则要求按照董事、监事候选人得票数量的顺序来产生董事和监事。但若公司章程对当选董事、监事的最低得票数作出限制性的要求时，由于《公司法》对其效力并没有作出任何规定，因而累计投票制度设计初衷落空。

二、董事会结构失衡

（一）独立性较弱

在日常经济生活的实践中，按照法律规定，董事由股东会选举产生，而股东的选举权和所持股份呈正相关的状态。我国股权结构过于集中，国有股“一股独大”，导致公司各个组织机构大多数职位都由股东利益代表者具体担任。控股股东或者大股东通过选举充分代表其利益的董事进入董事会，进而掌握董事会的控制权。董事会再通过选聘符合自己利益的经营管理层，达到控制公司的目的，形成内部人控制的局面。在这种情况下，董事会不能够全面公正地对经营者进行监督，也不能在面对经营者的考核和继任问题时，准确客观地做出判断，不能够保证经营决策的独立性，不利于公司治理绩效的提高。由此，董事会本身不具有较强的独立性和公正性，不能够充分发挥其应有的功能。而且在我国大多数上市公司中，董事、经理层任命的行政色彩浓厚，大部分由代表国有股的资产管理委员会委派，控股股东权力大，在董事会中占据相当优势地位，这使得董事会的投票决策机制形式化，并且经常出现总经理兼任董事长的情况使得经理层自己评价自己，董事会不能真正发挥应有的功能。

（二）董事的责任制度以及相关配套制度不完善

根据对国内多数学者的观点总结来看，所谓董事责任，是指公司董事在履行义务即执行公司职务时违反法定义务所应当承担的法律后果。依据董事义务所指向对象的不同，可以将其划分为董事对公司的责任和董事对第三人的责任。董事对公司的责任易于理解，董事对第三人的责任是指董事因其故意或者重大过失对公司之外的股东和债权人所承担的一种民事特别责任。我国《公司法》仅仅明确规定董事对公司的赔偿责任，但并未涉及董事对第三人的损害赔偿责任的一般性规定，当然也就没有对赔偿范围和责任归责原则以及权利主体等相关内容作出具体规定。

在现代公司法中，公司董事会已经处于公司治理结构的核心地位，公司的实际权力已经由股东会转移到了董事会，由此带来董事会权力的扩张。根据责、权相统一的原则，对董事会义务和责任的强化必然应同步发展，否则不利于对第三人合法权益的保护，不利于形成稳定合理的公司治理结构。两大主流法系都明确董事会占据公司治理结构的核心地位，对董事会的相关义务和责任理应作出明确而具体的规定。如果法律不明确董事对第三人的责任，显然会造成董事权利的滥用，公司和股东及其他利益相关者不能对董事的相关行为进行约束和监督，使得股东和债权人的权益得不到有力保护，进而使公司利益受损。

另外，我国相关法律也没有建立起与董事责任相配套的董事损害赔偿责任的限制和转移制度。董事赔偿责任追究制度若没有责任限制和转移的规定安排，极易造成被滥用的局面，不仅不利于董事会功能的正常发挥，而且易造成公司名誉的巨大损失，进而直接影响公司经营的稳健发展。《公司法》仅仅在第 112 条中规定了董事对公司免除责任的一种情形，除此之外，没有其他关于董事限制性责任的规定。

由于实际生活中董事执行公司事务时具有非利己性、独立意思受到公司控股股东意志的制约及商事活动极其复杂等特点，使得董事在履行职能时不可避免地肩负起庞大的责任负担，进而会导致董事责任危机的发生。优化、完善公司治理结构中的董事会制度所急需解决的难题就是在确保董事赔偿责任制度充分发挥在抑制董事违法、监督经营、保障公司和第三人权益的功能的同时，如何有效地防止董事赔偿责任制度滥用，所以建立一种关于董事责任限制和转移的制度是非常有必要的。

（三）独立董事制度的实施缺乏规范性

第一，我国法律在独立董事的选任规则方面规定不完善，不能充分保障独立董事的独立性特征，对公司控股股东和代理人的相关行为不能进行相关监督，使独立董事有名无实。《上市公司独立董事规则》第12条规定，独立董事由上市公司董事会、监事会、单独或者合并持有上市公司已经发行股份1%以上的股东提名并经股东大会决定产生，这也就是说法律实际上将独立董事成员的选任大权交与受控股股东控制的董事会或者监事会。但是我国上市公司大部分都是由“一股独大”的国有股控制，中国民营企业的产权则表现为很深的血缘、亲缘等的纽带性质。这种情况下，大股东或者控股股东为了实现自己对公司的掌控权，限制独立董事作用的发挥，化解独立董事和内部董事之间的权力制衡冲突，将那些对自己没有利益危害的人推举为独立董事。这就导致独立董事的独立性丧失，使得独立董事不能在监督公司经营管理、防止公司内部人控制、增加董事会的独立性、提高公司绩效以及股东权益保护方面发挥应有的效用，独立董事制度名存实亡。

第二，我国相关法律都没有对独立董事的约束和激励机制作出规定。其一，我国现行《公司法》以及证券监管制度对独立董事怠于行使监督权没有作出处罚性的规定，独立董事并不能当然地适用《公司法》中第112条、147~150条、第152条对于公司董事的责任规定，由此造成了权责不统一的局面。由此就意味着独立董事可以不履行相关义务并且不承担任何责任，其监督功能得不到正确的发挥。其二，对独立董事的激励手段也不完善，只是以固定薪资作为独立董事的报酬，与上市公司本身的业绩发展没有任何关联。独立董事成为名义上的机构，对于公司治理绩效的提高、公司的良性发展起不到很好的作用。这样一来独立董事制度的存在失去了意义，真正成为“沉默的羔羊”。

三、监事会形同虚设

（一）监事会成员的选任规则失效

尽管我国《公司法》第117条设计了较为完善的监事制度，但监事会构成的具体实践情况则是公司监事成员或者由董事会决定，或者由国有股占据控股股东地位的国家资产管理委员会所委任，或者由控股股东直接指派，甚至由股东自己来担任监事会成员。另外，我国法律对监事会的组成作出了硬性规定，监事会必须由一定数量的职工代表构成，且职工代表人数不得低于监事会总人数的1/3。但是监事会中的职工监事人数的比例是由公司章程具体分配的，而公司章程的制定者为公司股东会。所以从根本上来说，职工代表监事的比例最终是由公司股东或者控股股东来决定的，并且股东会可以采取扩大监事会总额的方式来减少职工监事的人数，使得职工监事不能充分发挥监督效用。监事会人员的组成基本上被大股东或者控股股东所操控，不能起到相关的监督功能。

（二）监事会监而不“事”

我国《公司法》赋予了董事会详细宽广的职权，而对监事会的职权规定较为薄弱，即便法律规定在公司治理结构中监事会和董事会处于平等的法律地位，但实际上监事会地位较为薄弱、低于董事会。我国法律仅赋予监事会监督权，对于监督权事后的决策处理权则没有作出相关规定。即便监事会对公司的董事、高管真正起到监督作用，发现相关问题，由于缺乏有效的法律处理手段和措施，也不能发挥应有的效用。监事会不应该只享有表面的监督权，更理应享有隐藏在监督权背后的决策处理权。比如我国公司法只赋予监事对公司董事和经理层的罢免建议权，但是最后的罢免权还是归公司股东会所有。如果股东会不采纳监事会的罢免建议或者股东会认为罢免建议会损害自身利益而对此无所作为，则等同于说监事会并没有提出罢免的建议，监事会在缺乏采取相应处理手段权力的情况下，起不到相应的监督效果，只能沦为一种摆设。关于此方面的规定还有《公司法》第53条第3项的内容，即当董事、高级管理人员的行为损害公司利益时，监事会可以要求董事、高级管理人员予以纠正。同理，监事会没有任何法律授权处理董事、高管的不合理不合法的行为，董事、高管完全可以无视监事会的纠正要求，致使监事会的监督效果大大弱化。

第四节　公司股东会

一、股东会的概念和类型

（一）股东会的概念

股东会是指由公司全体股东组成的、对公司重大事项作出决定的权力机构。在我国，有限责任公司权力机构是股东会，股份有限公司权力机构是股东大会。在本章中，为了行文的方便，若无特别说明，股东会包括有限责任公司和股份有限公司的权力机构。

股东会包括以下几个特征：

1. 股东会是公司权力机关。这主要体现以下几个方面，首先，股东会的职权范围由《公司法》明文规定。我国《公司法》第 37 条第 1 款规定了股东会的 11 项职权，这些权力其他机构无权行使。其次，依法通过的股东会决议具有法律效力。股东会决议对公司、董事会、监事会、经理层具有法律约束力，其他机构不得改变股东会决议。最后，股东会是公司的决策机构。公司的重大宏观事项由股东经过充分讨论作出决定，其对公司的存在和发展至关重要。

2. 股东会是公司的意思决定机构。股东会由全体股东共同组成，股东参加股东会并表达个人意思，再通过法定方式形成股东的共同意思，从而形成公司意思，由董事会、监事会和经理层执行，股东会本身并不直接执行公司决议。

3. 股东会是法定机构和非常设机构。股东会是根据《公司法》的规定设立的，并由公司章程作出具体规定。因此任何公司均要设立股东会（一人公司和国有独资公司也有股东会，只不过股东只有一人）。但股东会并非公司的常设机构，其在定期会议和临时会议之外并不常设。

（二）股东会的类型

股东会议根据召集的时间标准分为定期会议和临时股东会议。定期股东会议是指公司按照法律或公司章程规定必须定期召集的全体股东会议。定期会议主要决定公司例行重大事项，一般一年召开一次或两次。两次股东会的间隔时间一般在 13 个月至 15 个月。临时股东会又称股东特别会议，是指遇有特定情形，在两次定期股东会之间不定期召开的全体股东会议。[1]各国公司法通常规定遇有以下情形应当召开临时股东会议：董事会或监事会提议或请求召开；持有法定比例以上股份的股东提议或请求召开；法院责令召开。

此外，股东会议根据股东范围标准可分为一般股东会议和特别股东会议。

〔1〕 范健、王建文：《公司法》（第 5 版），法律出版社 2018 年版，第 331 页。

由普通股东和特别股东组成的全体股东召开的会议是一般股东会议，而仅由公司特别股东参加的会议是特别股东会议。我国公司法未对特别股东会议作出规定。

二、股东会职权

我国《公司法》第 4 条规定，公司股东依法享有资产收益、参与重大决策和选择管理者等权利。《公司法》第 37 条第 1 款和第 99 条具体规定了有限责任公司和股份有限公司股东会的职权，二者的权利几乎完全一致。主要包括：①决定公司的经营方针和投资计划；②选举和更换非由职工代表担任的董事、监事，决定有关董事、监事的报酬事项；③审议批准董事会的报告；④审议批准监事会或者监事的报告；⑤审议批准公司的年度财务预算方案、决算方案；⑥审议批准公司的利润分配方案和弥补亏损方案；⑦对公司增加或者减少注册资本作出决议；⑧对发行公司债券作出决议；⑨对公司合并、分立、解散、清算或者变更公司形式作出决议；⑩修改公司章程；⑪公司章程规定的其他职权。

三、股东会会议

（一）定期股东会

我国《公司法》没有对有限责任公司的定期会议举行的次数和时间作出规定，而是授权公司章程作出规定。有限责任公司可以通过公司章程规定，定期股东会一年召开一次，或者一年召开两次。定期股东会议应当按照公司章程规定的时间召开。《公司法》第 100 条规定，股份有限公司的股东会应当每年召开一次年会。上市公司年度股东大会，应当在上一会计年度结束后 6 个月内举行，因此五月份是上市公司召开股东大会的集中季。

（二）临时股东会

公司临时股东会通常是为处理公司突发重大事件而召开的。有限责任公司有下列情形之一的，应当召开临时股东会：代表 1/10 以上表决权的股东提议；1/3 以上的董事提议；由监事会或者不设监事会的公司的监事提议。有限责任公司临时股东会由董事会召集，由董事长主持。

而股份有限公司有下列情形之一的，公司应当在 2 个月内召开临时股东会：①董事人数不足本法规定人数或者公司章程所定人数的 2/3 时；②公司未弥补的亏损达实收股本总额 1/3 时；③单独或者合计持有公司 10%以上股份的股东请求时；④董事会认为必要时；⑤监事会提议召开时；⑥公司章程规定的其他情形。

（三）类别股东会

类别股东会是股份有限公司某一类别的股东因为发生特定事由而按照法律或公司章程规定召开的会议。类别股东会是股份有限公司在发行的股份分成若干类别的情况下所特有的一种会议，主要是在该类别股份的股东权益受到影响时而召开的。我国《公司法》虽然没有规定类别股东会，但在公司实务中，上市公司有不同类别的股东会，如 A 股类别股东大会和 H 股类别股东大会。此外，《到境外上市公司章程必备条款》第 72 条也规定了类别股东大会。[1]

四、股东会的召集

（一）股东会的召集人

1. 董事会召集。董事会是召集股东会的法定机构，这是世界各国公司法的通常规定。无论是定期会议还是临时会议，股东会均可由董事会召集。我国《公司法》第 40 条第 1、2 款规定，有限责任公司设立董事会的，股东会会议由董事会召集，董事长主持；董事长不能履行职务或者不履行职务的，由副董事长主持；副董事长不能履行职务或者不履行职务的，由半数以上董事共同推举一名董事主持。有限责任公司不设董事会的，股东会会议由执行董事召集和主持。《公司法》第 101 条第 1 款规定，股东大会会议由董事会召集，董事长主持；董事长不能履行职务或者不履行职务的，由副董事长主持；副董事长不能履行职务或者不履行职务的，由半数以上董事共同推举一名董事主持。

（2）监事会召集。当董事会或执行董事不能或拒绝召集股东会时，公司的监事会或不设监事会的公司的监事可以召集股东会。我国《公司法》第 40 条第 3 款和第 101 条第 2 款有明文规定。

（3）股东召集。在公司监事会和不设监事会的公司的监事也不履行召集

---

〔1〕 郑云瑞：《公司法学》（第 2 版），北京大学出版社 2019 年版，第 436 页。

股东会议义务的前提下，有限责任公司代表 1/10 以上表决权的股东、股份有限公司连续 90 天以上单独或者合计持有公司 10%以上股份的股东有权自行召集股东会会议。

（二）股东会的召集程序

对于有限责任公司股东会的召集程序，我国《公司法》第 41 条第 1 款规定，召开股东会会议，应当于会议召开 15 日前通知全体股东；但是，公司章程另有规定或者全体股东另有约定的除外。我国《公司法》对于通知的方式、开会的地点均没有作出明文规定。

对于股份有限公司年度股东会，我国《公司法》第 102 条规定，召开股东大会会议，应当将会议召开的时间、地点和审议的事项于会议召开 20 日前通知各股东；对于临时股东大会应当于会议召开 15 日前通知各股东；发行无记名股票的，应当于会议召开 30 日前公告会议召开的时间、地点和审议事项。股东大会不得对前两款通知中未列明的事项作出决议，否则其作出的决议可能无效或可撤销。无记名股票持有人出席股东大会会议的，应当于会议召开 5 日前至股东大会闭会时将股票交存于公司，我国这样立法的主要目的是便于公司召开股东会议并作出决议。

五、股东表决权

股东表决权是指股东享有的在股东会议上就决议事项参与决议的权利。它是股东对股东会决议事项作出肯定或否定或弃权等意思表示的权利，是股东行使股东权利的主要方式。

（一）股东表决权行使的一般原则

1. 一股一票原则。一股一票原则是指股份有限公司股东大会进行表决时，出席股东大会会议的股东按照各自所持股份的数量确定投票票数，每一股享有一个投票表决权。一股一票原则是世界各国公司法的通例，我国公司法也是如此。但是公司持有的本公司股份不享有表决权。

至于有限责任公司，由于其投资数额不分成等额股份，所以其股东会决议进行表决时不直接表现为一股一权。但其按出资比例行使表决权，原理也类似于一股一票原则，只不过计算方式有所不同。

2. 资本多数决原则。资本多数决原则 是指股东会决议原则上由出资比例或持股比例达到多数以上的股东们赞同才能作出。[1]法律将股东会中的多数股东意思视为公司意思，并对全体股东产生法律拘束力。资本多数决原则主要包括以下两层含义：

（1）股东会应有代表多数股份的股东参加方可举行。如果股东会只有代表少数股份的股东参加，即使其通过了股东会决议，该决议也将因违反法律或公司章程的规定而不具有法律效力。

（2）股东会决议应由出席会议的有表决权股东的多数通过。股东会决议事项的重要程度不同，资本多数决的具体要求也不同。特别重要的股东会事项必须以绝对资本多数决的方式作出决议，而一般事项则仅需以简单资本多数决的方式作出决议。

（二）股东表决权行使的特别原则

为了弥补一股一票原则和资本多数决原则的缺陷与不足，法律对股东表决权行使采取了各种限制措施。这些限制措施可分为绝对限制和相对限制。绝对限制表决权制度是指表决权排除制度，而相对限制控股股东表决权制度主要有表决权代理、表决权征集、表决权信托、表决权拘束协议、累计投票制等。[2]我国公司法对表决权实行限制的制度主要有以下几个方面。

1. 表决权排除制度。表决权排除制度，也称为表决权回避制度，是指当特定股东与股东会所讨论决议事项有特别利害关系时，该股东不得行使表决权的制度。在商事实践中，表决权排除制度通常适用于大股东，消除有特别利害关系的大股东滥用表决权的可能性，从而保护小股东和公司的利益。我国也在某些方面确定了表决权排除制度。如《公司法》第 16 条第 2 款和第 3 款规定，公司为公司股东或者实际控制人提供担保的，必须经股东会或者股东大会决议。前款规定的股东或者受前款规定的实际控制人支配的股东，不得参加前款规定事项的表决。该项表决由出席会议的其他股东所持表决权的过半数通过。《上市公司章程指引》第 80 条规定，股东大会审议有关关联交易事项时，关联股东不应当参与投票表决，其所代表的有表决权的股份数不计入有效表决总数；股东大会决议的公告应当充分披露非关联股东的表决情况。《上市公司股东大会规则》第 31 条第 1、3 款规定，股东与股东大会拟审

---

〔1〕 刘俊海：《现代公司法》（第 3 版 · 上册），法律出版社 2015 年版，第 589 页。

〔2〕 刘兰芳主编：《公司法前沿理论与实践》，法律出版社 2009 年版，第 256 页。

议事项有关联关系时，应当回避表决，其所持有表决权的股份不计入出席股东大会有表决权的股份总数。公司持有自己的股份没有表决权，且该部分股份不计入出席股东大会有表决权的股份总数。

2. 累积投票制。

（1）累积投票制的概念及与直接股票制的区别。

累积投票制是与直接投票制相对应的。直接投票制是指股东持有的每一股份最多只有一个表决权，而且股东将其全部表决权集中投向一个候选人时其拥有的投票总数不超过其股份总数。我国《公司法》第105条第2款规定，本法所称累积投票制，是指股东大会选举董事或者监事时，每一股份拥有与应选董事或者监事人数相同的表决权，股东拥有的表决权可以集中使用。

通过下面的例子可以清楚地说明直接投票制和累积投票制的区别。假设一家公司有两名股东，股东A持有30股，股东B持有70股。一次董事换届欲选出3名董事，每一股东提名3位候选人，在选举中得票最多的前3名当选。若采用直接投票制，股东A可以对3名候选人每人投30票，股东B可以对3名候选人每人投70票，结果是B的3名候选人当选。若采用累积投票制，A有权投90票（30×3），B有权投210票（70×3）。如果A将90票全部投给自己，他一定能当选，因为B无法在3名候选人之间分配210票，排除A的当选。累积投票的效果是增加了少数派对董事会的参与，提高了少数派当选为董事的可能性。在直接投票中，拥有51%表决权的控股股东将毫无悬念地控制整个董事会。而在累积投票中，持股比例较低的少数派通过智慧的决策，也能够取得在董事会上的代表权。[1]

（2）累积股票制的制度价值。

第一，保护中小股东的权益。中小股东在公司中虽然持股比例较低，但数量众多的中小股东聚集在一起所持有的股份在公司股份中占据的比例不可小觑。中小股东可以说是现代公众公司存在的基础，也是证券市场存在和发展的基石。从宏观上讲，中小股东利益保护更事关证券市场和金融市场的稳定，中小股东的利益保护不容忽视。累积投票制实际上就是将有限多次的投票过程聚拢为一次投票过程，从而有效地实现了对大股东董事控制权的稀释，[2]

〔1〕梅慎实：《现代公司治理结构规范运作论》（修订版），中国法制出版社2002年版，第490页。

〔2〕倪意：《投资者利益保护与累积投票制》，载《财会月刊》2009年第11期。

它提供了一种对中小股东表决权的事前救济措施，对于维护小股东利益、防止大股东全面操纵董事会、矫正直接投票的弊端具有极其重大的意义。

第二，促进公司内部治理的价值。通过累积投票，中小股东可以在董事选举中推荐自己信任的人进入董事会，这将有利于构建和谐的公司治理局面，实现公司内部的权力制衡，预防股东之间的利益冲突。〔1〕累积投票制的适用，使得中小股东有机会将自己的利益代言人选入董事会内部，一旦在董事会获得一席之地，中小股东的利益代言人便能在董事会内部行使一定的知情权、决策权和监督权，中小股东将会有更多的机会参与公司治理。控股股东和中小股东共同参与公司决策、治理，加强了股东之间的对话沟通，避免了不必要的误解和冲突，也起到了公司内部权力制衡的作用。

第三，保护股东平等原则的价值。小股东在起点上是和大股东平起平坐的，但由于持股比例较低，不能在董事会占据一席之地，常常面临权利遭遇侵犯的困境，这实际上是表面平等下的实质不平等，极大地挫伤了中小股东的信心。累积投票制从法律上给予中小股东以表决权救济，通过制度安排，使中小股东的权益得以保护，从而实现股东之间的实质平等。〔2〕

（3）累积投票制在我国的立法和司法现状。

我国《公司法》在第105条对累积投票采取倡导鼓励的态度，对累积投票制采用许可主义中的选入式的立法模式，并规定了累积投票制的适用范围是公司董事、监事的选举，但未就董事和监事是否可以合并选举进行规定。

我国在政府规章上确立了累积股票制的强制适用，如《上市公司治理准则》对单一股东及其一致行动人拥有权益的股份比例在30%以上的上市公司，强制适用累积投票制。《保险公司章程指引》和《保险机构独立董事管理办法》对单个股东持股比例超过50%的，强制实行累积投票制。

在司法领域，应用这一制度作为判案依据的最为典型的一个案例当属“深圳市卢堡工贸有限公司诉深圳市新都酒店股份有限公司股东大会选举董事的决议无效案”。〔3〕2005年《公司法》颁布之后，又有更多的公司在公司章

〔1〕 刘俊海：《新公司法的制度创新：立法争点与解释难点》，法律出版社2006年版，第283页。

〔2〕 王继军：《股份有限公司累积投票制度研究》，载《中国法学》1998年第5期。

〔3〕 参见 https://business.sohu.com/2003/12/12/99/article216789917.shtml，最后访问日期：2020年8月12日。

程中规定了累积投票制。

（4）累积投票制在实施中存在的障碍。

我国公司法虽然规定了累积投票制，但该制度在商事实践中的运用并不太理想，主要表现在以下两个方面：

第一，大股东采取规避措施导致累积投票制度难以发挥作用。实际生活中大股东常常采取各种手段限制累积投票制发挥功能：通过降低董事应选人数削弱累积投票制度的功能；在选举董事或监事时采用分类投票或错开选举法，即运用累积投票制时，将董事或监事分门别类进行选举，股东只能在其中的一个种类中选择自己的候选人。此后大股东尽力错开董事或监事任期，寻找一切机会分别补选单个董事或监事；在股东会选举董（监）事时，大股东会利用持股优势提出采用等额选举的方式；发起人事先会在章程中规定累积选举董事时实行现场表决的方式从而提高中小股东投票选举的成本。

第二，中小股东联合行使累积投票制度可操作性不强。由于控股股东控制着公司的经营管理，其可以利用自身优势地位掌握大量相关信息，而中小股东由于处于弱势地位，需要花费大量的精力与成本获取相关信息。在实践中中小股东联合起来行使累积投票制成本太高，导致众多中小股东纷纷放弃投票权。

（三）股东表决权行使的方式

为保护全体股东参与股东会行使表决权的权利，股东行使表决权的方式不断增多，世界各国公司法创立了许多表决方式。

1. 表决权亲自行使。表决权亲自行使是股东行使表决权时最常用也是最基本的一种方式。相比于其他行使方式，股东亲自到场并且做出自己的意思表示，是对公司担负应有的责任的一种表现。股东亲自行使表决权的具体方式又可分为现场投票表决、书面投票表决和网络投票表决。

（1）现场投票表决。现场投票表决是股东亲自到股东会议现场进行投票表决的方式。持有无记名股票股东参加表决的，应当先确认股东身份，并在股东大会召开前一定日期（我国《公司法》规定是5天）将股票交存公司确认；持有记名股票的股东参加股东会的，应当是公司股东名册上记载的股东。虽然已经发生股权转让，但未记载于公司股东名册的受让人不能行使表决权。

（2）书面投票表决。书面投票表决是指股东以通过书面投票对股东会议案表示肯定、否定或者弃权的方式行使表决权。我国《公司法》第37条规定了有限责任公司对所议事项一致表决同意的，可以由全体股东以书面投票方式作出决定，而不必召开股东会。公司股东的书面投票可以看成是股东表决权在集体行使原则方面的一种软化。[1]书面投票并不能保证少数股东可以顺利地行使其股东权益，所以有必要对书面投票决议的形成作出严格的限制性规定。

（3）网络投票表决。网络投票表决是股东通过网络方式行使股东会议案的表决权。网络投票在股份有限公司特别是股东人数众多的上市公司的股东大会中采用。网络投票相比传统投票方式，具有公开、透明的特性，通过网络记录可以查询任何人的投票信息，减少信息不对称、不透明的风险。《上市公司章程指引》第45条规定，本公司召开股东大会的地点为：【具体地点】。股东大会将设置会场，以现场会议形式召开。公司还将提供网络投票的方式为股东参加股东大会提供便利。股东通过上述方式参加股东大会的，视为出席。上海证券交易所和深圳证券交易所分别制定了上市公司股东大会网络投票实施细则。

2. 表决权代理。表决权代理是民法中委托代理制度在公司表决权行使中的运用。

（1）表决权代理的概念。表决权代理，是指第三人为特定股东在股东大会上行使表决权，并将该行为视为股东的表决权行使的制度。[2]

（2）表决权代理的特征。股东表决权代理制度本质上属于民法上委托代理法律关系范畴，适用民法上的委托代理制度，是股东表决权与代理制度的结合。但是，股东表决权代理制度又与民法上的委托代理制度不完全相同。股东表决权代理制度分为股东表决权的一般代理和特殊代理即代理权征集制度。股东表决权一般代理制度适用一般民事代理规则，而代理权征集制度与一般民事代理制度有很大区别。

代理权征集制度与一般民事代理制度的主要区别有：第一，二者启动代理关系的主体不同。在代理权征集中，是代理人（征集人）主动向被代理人（股东）发出建立代理关系的要约，代理关系是由代理人来启动的；而在一般

〔1〕 张民安：《公司股东的表决权》，载《法学研究》2004年第2期。

〔2〕 梁上上：《论股东表决权——以公司控制权争夺为中心展开》，法律出版社2005年版，第163页。

民事代理中，是被代理人出于自身利益的需要，主动向代理人发出建立代理关系的要约，代理关系是由被代理人启动的。第二，二者的主要受益人不同。代理权征集的主要受益人是代理人（征集人），即征集人通过征集大量股东表决权获得某段时间内在股东大会上的一定话语权，从而实现对公司的控制，以获取潜在的利益。而在一般民事代理制度中，主要受益人是被代理人，即代理人为了被代理人的利益，以被代理人的名义（隐名代理时以自己的名义）从事法律行为，而代理行为的法律后果由被代理人承担，主要获益人是被代理人。

（3）表决权代理的种类。股东表决权的代理分为股东表决权一般代理和特殊代理（代理权征集）两大类。二者的区别主要有三个：第一，二者的适用范围不同。股东表决权一般代理适用于一般的有限公司和小型的股份公司，是个别股东基于个人的信任而选任自己的代理人的制度。而代理权征集适用于公开发行公司和上市公司，是控股股东、董事等以大众投资者为对象，集团性地征集大众投资者股东的代理委托书，根据其授权行使表决权的代理制度。第二，二者的宗旨不同。股东表决权的一般代理是为了补充和扩张股东个人的行为能力，而由股东主动行使的一种法律制度。而代理权征集是公司大股东、高级管理人员等为了争夺公司经营权或控制权，通过这种法律制度来增强其在股东大会上的话语权，影响公司重大决策以达到其控制公司的目的的一种法律制度，有表决权的股东作为被代理人处于被动的地位，而作为代理人的征集者则处于主动的地位。第三，代理权的运作方式不同。股东表决权的一般代理在形式上没有特别的要求，而代理权征集的方式已经被格式化地操作，在法律上对于其程序、格式、用纸等有严格的规定。

（4）股东表决代理权征集。

第一，股东表决代理权征集的概念。股东表决代理权征集又称为委托书征集、委托书劝诱、委托书征求、投票代理权征集，是指公司及公司外的人将记载有必要事项的空白授权委托书交付于公司股东，劝说股东选任自己或第三人代理其行使表决权的商事行为。[1]

第二，股东表决代理权征集的功能。其功能主要有：

---

〔1〕 梁上上：《论股东表决权——以公司控制权争夺为中心展开》，法律出版社 2005 年版，第 190 页。

一是防止股东和公司利益受损。在公司的每个经营年度中，公司股东大会召开的次数较少，加之上市公司普遍存在股权较为分散、股东数量较多的问题，易造成股东大会难以代表中小股东的权益和大股东通过表决权优势形成对股东会决议控制的现象出现，使得股东大会转变成为“橡皮图章”，导致董事会被大股东、控股公司以及实际控制人所掌控，公司监事会形同虚设。而表决权征集制度能够有效保障中小股东对大股东的制约和监督，防止出现股东损害公司利益的行为。

二是平衡公司权力控制。表决代理权征集制度对于股权的相对分散以及大股东、董事会控制公司等现象能够进行有效预防，同时对关心公司管理和经营的股东有效行使表决权能够起到一定的激励作用。

三是有效保障股东知情权。在表决权委托书中，一般需要记载和披露公司法律法规所规定需要披露的信息。无论所披露的信息要求是何种情形，征集表决权的征集书均应提供会议、股东表决权以及代理人的信息。在以管理层名义对代理权进行征集的情况下，征集书中应包括候选人、董事会的运作模式等基本情况介绍，以及各位成员之间的利益联系情况和高管人员报酬等信息。〔1〕股东在行使表决权之前，能够对公司的经营现状以及公司董事会候选人、董事会成员与公司之间的利益冲突进行一定的了解，从而更加有效地行使其股东权利。

第三，股东表决代理权征集的具体操作。代理权征集主体的范围，可分为股东征集人和其他征集人。其他征集人主要是董事（包括独立董事）、经营管理层。

代理权征集规则的适用范围。代理权征集规则仅适用于征集行为。但什么是征集行为呢？首先需要对征集行为进行界定。如我国台湾地区“公开发行公司出席股东会使用委托书规则”第 3 条第 1 款规定，本规则所称征求，指以公告、广告、信函、询问等方式取得委托书借以出席股东会的行为。

第四，与代理权征集有关的信息披露。信息披露及相应的备案要求是代理权征集规则的核心，它有利于反映股东的真实意思，从而有力地保护股东的切身利益。

---

〔1〕 朱慈蕴：《资本多数决原则与控制股东的诚信义务》，载《法学研究》2004 年第 4 期。

第五，代理权征集的监管制度。由于我国的证券市场不成熟，社会诚信度低，代理权征集制度存在着两面性。为了股东能正确行使自己的合法权利，同时对公司管理层进行有效的监管和约束，笔者认为对我国的代理权征集很有必要进行适度监管，以防患于未然，但非公开的征集行为可受到监管豁免。

第六，我国股东表决权征集制度的立法与实践。股东表决权征集属于表决权代理的范围，在我国《公司法》的条文中，仅仅对一般股东表决权代理行为作出了基础性规定，并没有对股东表决权征集制度作出专门性规定。《公司法》第 106 条规定，股东可以委托代理人出席股东大会会议，代理人应当向公司提交股东授权委托书，并在授权范围内行使表决权。第 107 条规定，股东大会应当对所议事项的决定作成会议记录，主持人、出席会议的董事应当在会议记录上签名。会议记录应当与出席股东的签名册及代理出席的委托书一并保存。

《到境外上市公司章程必备条款》第 59 条到第 63 条对表决权委托制度进行了较为详细的规定，但对我国国内公司的表决权委托征集制度的作用有限。《上市公司章程指引》，对股东表决权和征集行为进行了一些规定，其第 79 条第 5 款规定，公司董事会、独立董事、持有 1%以上有表决权股份的股东或者依照法律、行政法规或者中国证监会的规定设立的投资者保护机构可以公开征集股东投票权。征集股东投票权应当向被征集人充分披露具体投票意向等信息。禁止以有偿或者变相有偿的方式征集股东投票权。除法定条件外，公司不得对征集投票权提出最低持股比例限制。此外，多项部门规章及地方性指导文件对股东表决权征集活动进行了规定。

在上市公司实践中，三一重工、重庆桐君阁、哈药集团等公司分别通过股权分置方案进行了表决权征集活动。我国最早的自发性表决权征集行为出现于 1994 年，君安证券有限公司向万科集团股东进行表决权征集行动。2000 年，广州通百惠公司为与盛邦公司争夺胜利股份公司控制权，以广告等公开形式向社会中的小股东发出表决权征集，并提出新的公司高管候选人以及公司章程修改等建议。此后，在 2002 年到 2016 年间，宝钢股份、重庆东源、ST 兴业、创智科技等多家上市公司均使用自发性征集行为，通过征集行动对公司控制权进行争夺。2014 年上海新梅公司新旧股东控制权之争和 2016 年成都路桥控制权之争是近年来利用股东表决权自发性征集活动争夺公司控制权较为具有代表性的案例，此两类案例为公司非关联第三方发起的表决权征集活动。

3. 表决权信托。

（1）表决权信托的概念。表决权信托是指股东将其持有公司股权中的表决权转让给受托人，受托人根据信托协议的约定在一定期间内行使表决权，由委托人指定的受益人享受收益的信托模式。表决权信托根据当事人所要达到的目的的不同而与不同的信托方式相结合，就会不断变换融合出不同用途的信托产品。

（2）表决权信托的特征。表决权信托的特征主要有：

第一，不可撤销性。表决权信托作为解决股东与股东之间利益冲突的一个手段，其承担了一些调节股东之间利益冲突、平衡各方关系的特定功能。特别是当委托人系多个股东的时候，多个股东设立表决权信托应当系基于共同目的，为了共同利益。该类信托一旦设计成可撤销信托，则任何一个单一股东撤销信托，都极有可能影响整个信托目的的实现。所以，出于表决权信托所承担的特定功能，若设立可撤销信托，委托人之间以及委托人与受托人之间会发生直接的利益冲突，这显然是与表决权信托的本意相违背的。当然，表决权信托的不可撤销性在我国并不是绝对的，如果信托合同中保留了解除权，那么委托人同样可以按照合同约定撤销表决权信托。若表决权信托绝对不可撤销，则也会导致委托人救济途径的缺失。

第二，期限性。“禁止永久性规则”是英美法系国家在信托立法上的一项重要原则。其原理在于如果允许受托人长期或者永久地持有公司的表决权进行表决，则委托人将会失去收回自身股权的合法路径。虽然表决权系非财产性权利，但是由于其掌握着表达股东自身意志的投票权，如果委托人即信托证书持有人无法顺利收回其股权，即便信托证书可以进行流通，但由于缺少投票权，该证书上的其他权利就缺少正常表达的途径。缺少正当途径必然带来意志表达的无序进行，极易导致权利混乱，这对于整个金融市场以及信托产品的设计都是不利的。

第三，独立性。在股权进行变更登记后，受托人在法律层面已经是股东了。对公司而言，其为记载于股东名册中的合法股东。而委托人此时便不能以股东的身份活动，除表决权之外的其他共益权与自益权的行使完全依靠自身的信托凭证进行。

第四，表决权信托证书有价证券化。表决权信托成立后，受托人要签发表决权信托证书给委托人或委托人指定的受益人。表决权信托证书是证明其持有人处于受益人地位的凭证，该证书的持有人有权分配公司对表决权受托人支付的利息、红利；在表决权信托终止时，该证书的持有人有权以其所持有的证书换回原先交付给受托人的股权。表决权信托被视为是一种有价证券，具有价值、可以流转和转让。〔1〕

（3）表决权信托的价值。表决权信托的价值体现在：

第一，保护中小股东的利益。表决权信托可以帮助中小股东走出“囚徒困境”〔2〕，中小股东可以通过表决权信托，将表决权重新配置，从而实现表决权的量变到质变，增大代表中小股东利益的话语权，进而影响公司决策，有效保护中小股东利益。

第二，保护公司债权人的利益。当企业陷入财务困境时，原有的公司债权人一般出于资金安全的考量会拒绝对该企业再次投资，但是资金的缺失又会影响公司发展。此时债权人可以通过表决权信托使自己或者其信任的一方掌握公司的部分话语权，一方面可以避免该公司股东的机会主义行为，另一方面可以缓解债权人担心债权受损的不安情绪，避免影响公司的正常运作。

第三，有效实现对公司的控制权。公司原始股东可以在发行新股时向公众投资者发行无表决权的普通股，而公众投资者享有受益权的收益。此种手段可以避免新股东利用其持有的表决权损害公司和原股东的利益，保留原股东的控制权。表决权信托也可用于保证公司重组后管理的连续。若原股东所持有的股权已经设立了表决权信托且依然在约定的期限内，就可以打破公司重组后董事会成员重新选举的规则，以此来避免管理权落入不熟悉环境的新董事手中，确保管理层的稳定。

（4）表决权信托的实践现状。表决权信托在公司经营实践中已有先例。

---

〔1〕 唐义虎：《信托财产权利研究》，中国政法大学出版社 2005 年版，第 237 页。

〔2〕 在现实的公司治理过程中，追求效用最大化的股东放弃参加股东大会行使投票权，更关注股票的市场价格变动情况，此种现象被经济学家们称为“理性的冷漠”。“理性的冷漠”背后也会有较为惨痛的代价，此种代价又加大了公司管理人员实施机会主义行为的风险。当每一个股东做出理性的选择时，结果却产生了集体的不理性，这就是博弈论中的“囚徒困境”。

如青岛啤酒公司和安海斯—布希公司（以下简称“A-B 公司”）于 2002 年正式签订投资协议，根据合作协议的约定，“Law Debenture Trust（Asia）Limited”作为青岛国资委和 A-B 公司双方的受托人。[1]蒙牛集团董事长牛根生于 2005 年宣布创立“老牛专项基金”（以下简称“基金会”），牛根生和家人将所持有的上市公司蒙牛乳业的全部股权转移至基金会名下。该基金会的设计制度为：股份所有权归基金会，表决权由蒙牛集团董事长行使，受益权由基金会管理委员会掌握。2009 年曹德旺捐出 5.9 亿股福耀玻璃股份，仍持有大量股份（4.13 亿股），占有福耀玻璃总股本的 20.63%，成为公司的第二大股东。为了保持自己对福耀玻璃的控制权不变，曹德旺在其捐赠协议上起草一项“特殊条款”：受捐单位在对公司重大事项的管理过程中，一律由公司第二大股东行使表决，即曹德旺仍然掌握着管理公司的权利。

（5）我国法律对表决权信托制度的规定。《中华人民共和国信托法》（以下简称《信托法》）仅仅规定了法律、行政法规禁止流通的财产不得作为信托的财产，并没有对信托财产作出类型化的规定，也没有对表决权信托作出规定。我国《公司法》赋予了表决权广泛的自由行使空间，并未对表决权的行使方式进行任何强制性的规定。股东表决权信托的适用虽然可能导致经营者集中，但是这种集中并不必然损害市场的正常竞争秩序，因此《中华人民共和国反垄断法》（以下简称《反垄断法》）也并未禁止表决权信托。

（6）我国构建股东表决权信托制度的立法模式。我国应当采纳以《公司法》修正为核心的立法模式，并辅之以其他法律的调整。其他法律主要包括涉及表决权信托制度的法律，如《信托法》《反垄断法》等。

六、股东会决议

（一）股东会决议的概念

股东会决议是公司股东会就股东会审议的事项依据法律或公司章程规定的程序表决形成的决定。[2]股东会是公司的权力机关和决策机构，实行股权表决原则。同时股东会实行一股一权原则和资本多数决原则，依法并且符合

〔1〕 熊宇翔：《表决权信托运用的一个成功范例——青啤股权变更案的深层次解读》，载《税收与企业》2003 年第 4 期。

〔2〕 范健、王建文：《公司法》（第 5 版），法律出版社 2018 年版，第 338~339 页。

公司章程的股东会决议具有法律效力，对公司、股东、实际控制人、董事、监事、高级管理人员等具有法律约束力。

（二）股东会决议的种类

根据公司决议事项重要程度的不同，股东会决议可分为普通决议和特别决议。

1. 普通决议。普通决议是指股东会对公司日常普通事项作出的决议。对于普通决议案，实行简单多数原则即可。其中，公司法对于有限责任公司股东会普通决议的通过规定由股东按照出资比例行使表决权，但是公司章程另有规定的除外；公司法规定股份有限公司股东大会决议应当经出席会议的股东所持表决权的过半数通过。

2. 特别决议。特别决议是指股东会对公司特别重大事项作出的决议。对于股东会的特别决议，应当适用绝对多数原则。其中，有限责任公司股东会特别决议须经代表 2/3 以上表决权的股东通过；股份有限公司股东大会特别决议须经出席会议股东所持表决权的 2/3 以上通过。从这里来看，有限责任公司特别决议的通过难度要高于股份有限公司。

对于哪些属于公司股东会的特别决议事项，我国《公司法》第 43 条第 2 款和第 103 条第 2 款的规定相同，即股东会会议作出修改公司章程、增加或者减少注册资本的决议，以及公司合并、分立、解散或者变更公司形式的决议，必须经代表 2/3 以上表决权的股东通过。对于上市公司，我国《公司法》第 121 条规定，上市公司在 1 年内购买、出售重大资产或者担保金额超过公司资产总额 30%的，应当由股东大会作出决议，并经出席会议的股东所持表决权的 2/3 以上通过。《上市公司章程指引》第 78 条将股权激励计划也作为上市公司股东大会特别决议事项，也须同时经出席股东大会的普通股股东和优先股股东所持表决权的 2/3 以上通过。

案例44：对赌协议有效，但关联担保未经过股东会决议无效[1]

2015 年 6 月 23 日，A 资本公司向四川省成都市中级人民法院提起诉讼，请求判令：一、成都 B 公司向 A 资本公司支付股权转让款 3000 万元及利息

〔1〕 参见最高人民法院（2017）最高法民再 258 号民事判决书。

2250万元；二、四川C公司与成都B公司承担连带责任。

一审法院查明，2010年6月8日，A资本公司（甲方）、四川C公司（乙方）、成都B公司（丙方）签订了《增资扩股协议》，约定乙方同意向甲方增发1500万股，每股认购价格2元，甲方共需出资人民币3000万元。乙方应依照法定程序在缴足出资款后30个工作日内向乙方登记管理机关办理注册资本、股东、出资等事项的工商变更登记手续。当出现以下情况之一时，甲方有权要求乙方或丙方回购甲方所持有的全部乙方股份。股份回购计算公式为：回购金额=甲方本次支付的实际出资额×（1+15%×投资月数/12）－累计分红（含税）……《增资扩股协议》还对收益归属、目标补偿、公司治理、违约责任、争议解决等事项进行了约定。2010年6月9日，A资本公司将3000万元打入四川C公司的指定账户。上述协议签订后，四川C公司完成了工商变更登记手续，A资本公司成为四川C公司的股东。2014年12月12日，A资本公司要求成都B公司及四川C公司履行股份回购义务。

一审法院认为，针对股权回购条款的效力问题，首先，《增资扩股协议》从形式和内容上都属于A资本公司通过注入资金成为四川C公司的股东，行使股东的相应权利，且股权回购前提是四川C公司未在约定的时间内完成IPO上市或实际控制人发生变化，并未约定不论盈亏按期收回本息，或按期收取固定利润等内容，故本案不属于联营合同纠纷，也不属于最高人民法院《关于审理联营合同纠纷案件若干问题的解答》中有关保底条款的情形。该协议签订后，A资本公司按照约定支付了投资款，四川C公司完成了工商变更登记，A资本公司成为四川C公司的股东，从缔约到履行的过程均表明《增资扩股协议》系各方当事人的真实意思表示，也未违反国家法律、行政法规的禁止性规范，《增资扩股协议》应为合法有效，对各方当事人均具有约束力。且A资本公司作为四川C公司的股东，要求公司另一股东成都B股东回购股权，并未违反《公司法》的禁止性规定，也不构成抽逃出资。

针对股权回购条件是否已经成就的问题。根据《增资扩股协议》第6条关于股权回购条件的约定，四川C公司工商登记信息显示，四川C公司至今尚未完成上市公司的股份制改造，无法实现IPO上市，股权回购条件已经成就。

一审判决：一、成都B公司在判决生效之日起10日内向A资本公司支付股权回购款3000万元，并支付相应的利息；二、四川C公司对成都B公司上述第一项付款义务承担连带支付责任。被告不服上诉至四川省高级人民法院。

四川省高级人民法院认为，该案为对赌协议。一审法院认为投资方与目标公司股东之间的对赌协议有效，且双方约定的股权回购重要任务已经成就。但C公司对作为股东的担保未经过股东会决议通过，A资本公司不是善意第三人，对其不发生法律效力。二审判决变更四川省成都市中级人民法院（2015）成民初字第2084号民事判决第一项为：成都B公司于本判决生效之日起10日内向A资本公司支付股权回购款3000万元及利息，驳回A资本公司要求C公司承担连带责任的诉讼请求。

A资本公司不服，向最高人民法院提起再审。最高人民法院再审认为，《增资扩股协议》签订于2010年6月8日，而股东会决议关于修改公司章程中公司对外担保的规定签订于2010年6月9日，无法证明A资本公司在签订担保条款时主观上为恶意，但该担保未经过C公司股东会通过，对C公司不发生法律效力。A资本公司、C公司对《增资扩股协议》中约定的"连带责任"条款无效，双方均存在过错，C公司对B公司承担的股权回购款及利息，就不能清偿部分承担1/2的赔偿责任。

点评：虽然没有证据证明A资本公司在签订担保条款时主观上为恶意，但对于担保合同的无效存在主观过错，应对担保合同的无效承担一定的法律责任。

（三）股东会决议的不成立

1. 股东会决议不成立的概念。股东会决议不成立是指决议在事实上不存在或成立过程中存在极为严重的瑕疵而导致的决议不能在法律上被认可的状态。

2. 股东会决议不成立的适用情形。《公司法司法解释（四）》第5条对股东会决议不成立的瑕疵事由进行了规定，采取了"4+1"模式的开放列举法，包括4项具体的决议不成立情形加1项兜底条款的规定，具体包括未开会、未表决、与会人数或者股东所持表决权不符合规定、会议的表决结果不符合比例以及其他导致决议不成立的情形5项内容。

（1）未召开股东会议。股东会作为公司的最高权力机关，对于相关事项的表决通常通过召开股东会会议的形式进行，股东参与表决行使自己的权利。虽然在资本多数决的表决机制中，小股东反对似乎并不能从实质上影响决议的通过与否，但是从程序的合法性和保护股东知情权的角度来看，开会并且让所有股东出席会议参与表决仍然具有重大意义。只有在股东会会议上作出的决议，才具备合理的权利外观，而开会则是使之合法的唯一途径，否则决议无从成立。我国《公司法》第 37 条第 2 款的规定或者在公司章程允许的情况下，可以由公司全体股东直接一致签名或盖章的形式通过决议来代替开会，只要得到全体股东的统一认可，同样能够视为决议的成立。

（2）未作出表决。这是指股东会会议没有对需要决议的事项作出表决。此种情况虽然召开了会议，但是没有针对要审议的事项进行表决，缺乏表决行为或表决过程。未表决的情况可能会存在各种情形，缺乏表决程序就直接形成了决议，这依然属于剥夺股东权利的做法。虽然经过表决后，少部分股东持反对意见仍然对整个决议的通过无济于事，但是从决议形成的合法性来说，未经表决的决议只能算是某些个人的意志，不得作为公司整体的意思表示。

（3）与会人数或者股东所持表决权不符合规定。我国公司法中并没有对参加股东会的股东人数在数字上作出具体规定，但是对于公司中重大事项的表决限制了通过比例，如修改公司章程、增减公司注册资本、变更公司形式的决议，需由持有表决权 2/3 以上的股东同意才能通过。对于一般事项的表决通过比例以及出席会议的具体人数，由公司章程进行规定。章程在公司法允许的范围内是公司自治的规范性文件，公司法中对于特别多数决事项的表决比例，在某种程度上相当于间接规定了会议的出席人数，对于会议出席人数的限制，也是在程序上督促股东会决议的形成应当合乎法定形式。若会议的出席人数或所持表决权不符合相应规定，说明股东会会议本身就不符合法定形式，由此所形成的股东会决议，在法律状态上也无法成立。

（4）会议的表决结果不符合要求。这是指同意决议事项的比例没有达到公司法或章程的要求。根据决议的性质来看，决议的通过需要遵循多数决原则，公司法中重大事项的通过需要遵循特别多数决原则。表决结果未达到相应的规定比例时，决议是不能通过的。若由此形成了股东会决议，其中必然会存在着伪造决议或伪造股东签名等侵权行为，而股东会决议也不具备相应的成立要件。

(5) 导致决议不成立的其他情形。这一项规定作为兜底条款，赋予了法官在司法实践中认定股东会决议不成立的自由裁量权和解释权。但这一项规定的存在也会带来一些司法认定的难题，比如实践中具体哪些情况属于导致决议不成立的其他情形，目前我国的司法解释中既没有明确的规定，也没有对其他情形的判断标准作出进一步的说明。

3. 股东会决议不成立的法律后果。

(1) 对内法律后果。股东会决议的对内法律后果，是指一项决议在作出后，能够对公司自身以及股东、董事、监事等内部主体产生的拘束力。不成立的股东会决议，因欠缺成立要件而在法律上被视为自始不发生法律效力。根据股东会决议的内容是否已经被执行进行区分，若决议事项未被执行，无论该事务是仅仅涉及公司内部的人事任免或审议批准报告，还是涉及公司决策经营计划或章程变更等，决议自始不发生法律效力，也意味着公司的执行机关或者其他成员对决议之内容没有执行或必须遵守的义务。对于公司、股东、董事、监事等内部成员来说，均自始、确定地不产生拘束力。若决议事项已被执行，则视情况决定是否能恢复至原有状态。若不能恢复，则执行行为也视为不对公司、股东、董事、监事等内部成员产生拘束力。因为执行行为是以不成立的决议内容为基础作出的，既然决议自始不发生法律效力，则执行行为也视为不产生相应的拘束力。因此，股东会决议被认定为不成立后对公司内部来说，当然、确定地不发生法律效力。

(2) 对外法律后果。股东会决议的对外法律后果是指股东会决议作出后对公司外部主体产生的拘束力。《公司法司法解释（四）》第6条对决议无效或被撤销的对外法律后果作出了规定。公司依据无效或者被撤销的决议，在法院作出相应的效力认定前与善意第三人已经形成的民事权利义务关系不受判决的影响。但对于股东会决议被认定为不成立后，是否对外部主体产生影响，司法解释并没有进行规定。

对于决议不成立的对外法律后果应当分情况进行讨论：首先，根据决议事项的内容进行区分。若一项决议只涉及公司内部事务，决议不成立不会对公司外部主体产生任何拘束力，毕竟此时决议内容只是公司内部自治行为，与公司外部第三人无关，也不涉及第三人的权利义务关系；若一项决议涉及公司对外投资交易等行为，则需要根据决议事项是否被执行进行讨论。其次，若一项决议未被执行机关执行，则相当于公司未根据不成立的决议作出相应的与外部第三人产生权利义务关系的法律行为，此时股东会决议被认定为不成立，自然对公司外部行为主体无任何拘束力；若不成立的决议已经被执行，并与第三人产生了法律上的权利义务关系，则需要再根据第三人是否善意进行区分。然后，若交易第三方或公司债权人主观上系善意，并且基于决议的权利外观或工商登记变更事项有合理理由相信股东会合法地作出了决议时，则股东会决议不成立的法律后果不及于公司外部主体，对其不产生拘束力；若第三人未尽到相应的审查义务，不能认为其主观上善意且不知情时，股东会决议被认定为不成立同样对第三人产生相应的拘束力。

4. 股东会决议不成立的诉讼救济。《公司法司法解释（四）》中的第 1 条、第 3 条对决议不成立之诉的诉讼当事人、诉的性质都作了明确规定，即原告是公司股东、董事、监事等，被告是公司，不成立之诉的性质是确认之诉。

（四）股东会决议可撤销

1. 股东会决议程序瑕疵。股东大会是由股东构成的联合组织体，本身属于一个团体，决议过程又属会议体形式，因此，程序正常运行是形成团体意思的重要前提，程序在其中的重要性不言而喻。现行《公司法》第 22 条就从召集程序和表决方式两个方面来规范公司股东大会的举行，实现股东大会的机能。

（1）召集程序瑕疵。股东大会为了形成统一的股东大会决议，首要的第一步必然是召开股东大会。只有股东大会得以顺利地召开，股东才有可能对公司的各项事务予以决定、通过。因此，股东大会必须严格遵循法定的召集程序。只有严格地遵守相关的召集程序才能避免产生程序上的瑕疵，避免公司作出不当的决议进而损害股东、公司和第三人的利益。以上这些为了召开股东大会会议所必须经过的程序就是所谓的股东大会召集程序。

召集权人是股东大会会议得以开展的起点。因此，确定股东大会由谁召集是准备召开股东大会的第一步。我国《公司法》第 101 条规定了董事会和特定情形下监事会及连续 90 天以上单独或者合计持有公司 10%以上股份的股东的股东会召集权。可见，公司法原则上规定股东大会是由董事会召集，只有特殊情况下监事会和少数股东才有召集的权利。按照规定，股东大会召集权人违法违章，即构成召集程序的瑕疵，由此作出的股东大会决议的效力受到影响。但是从司法实践来看，其效力如何仍然是存在争议的问题，尤其体现在公司依决议而从事的对外行为中，涉及与之交易的第三人利益时。这些案件中常见的有董事长以个人名义、以公司名义，或者董事期限已届满等情形下所召集的股东大会所作决议效力如何的问题。

笔者认为虽然召集权人瑕疵足以影响股东大会由此所作决议的效力，但在司法实践中，仍然需要灵活地把握这一规则，视瑕疵的轻重程度，在各方的利益衡量的基础上，更加注重实质上的召集权。只要一般人能理解、信赖此会议是由召集权人决定的，即使在形式上存在些许瑕疵，也不必然否定决议的效力，尽可能地作出使股东大会决议有效的解释。

召集权人作出召集决定后，应将该通知依法送达各位股东。《公司法》第41条第1款和第102条第1款规定了股东大会召集通知程序，详细地规定了关于通知时间的要求。这样做的出发点在于能够保证股东有充足的时间斟酌、研究会议所欲决议的事项，再决定是否支持或反对该决议。因此，通知期限的长短很大程度上影响着股东的最终选择。通知的时间越短，股东就越缺乏时间准备参加会议。这也成了很多公司争夺经营控制权的手段之一。由于通知期限是攻击决议有效性的第一道防线，会议的适当通知可能会决定每一位股东是否参加并按时出席股东大会现场，从而确保决议形成程序的公正性，不能在法定期间内发出通知的即构成召集程序瑕疵。具体来说，分为以下几种情形：首先是上文中所提到的召集通知期限的问题。一般说来，章程规定的期限长于法定期限，对于股东并不会造成不利影响。所以对于长于法定期限的章程，学说、判例大都对此予以认可。公司法要求维持最低的通知期限是为了确保有参会资格的股东能有充裕的时间考虑和准备出席股东大会会议。而我国《公司法》第41条第1款明确规定股东会会议的召开应当于会议召开15日前通知。那么如果章程规定的期限低于15天，是否会损害股东的利益呢？尤其在股东人数众多的股份有限公司内，15天的期限，究竟其合理性体现在哪里？这都是值得我们深思的问题，但是是否由此引发决议瑕疵，笔者认为应当在个案中结合具体案情加以判断。

此外，常见的瑕疵还有会议召集通知遗漏了有参会资格的股东。也就是说召集权人仅对部分股东发出了召集通知，却没有给另外的个别或者部分股东寄送召集会议的通知。股份有限公司依照一股一票的投票规则运行，如果此时未通知的股东的股权并不影响决议的作出，出于效率的考量，笔者认为该瑕疵可以治愈。另一种情况是如果被遗漏通知的股东从其他渠道知悉了召集通知并且亲自或委托他人出席了股东大会并参与了决议，那该股东的权益实质上并没有受到任何的损害，那么召集通知上的遗漏瑕疵也可以被治愈，决议的效力也就不受其影响了。再是会议的召开时间、地点、目的等信息。在公司实践中，我们知道各个股东参加股东大会的目的并非完全一致，其中有的只是关心公司的股价，有的股东则是关心利润如何分配的问题。因此，股东大会召开时间、地点以及所议具体事项对股东是否选择出席至关重要。实践中有召集权人故意选择在股东出席困难的时间，如某些传染病高发的时期、选择政局动荡地区等高危场所召开股东大会，或者召集人一而再再而三地改变开会的地点，所有这些恶意的情形都属于召集通知瑕疵，股东有权提出异议。对于通知所需载明的决议事项，我国公司法仅对股份有限公司有此项规定。因此，如召集通知上未载明决议的事项，同样也能构成程序上的瑕疵，股东有权提出异议。

（2）表决方式瑕疵。表决的方式是指在股东大会会议上为了决策所议事项而采取的形式。股东所拥有的表决权原则上必须由股东本人行使，但是实践中，一些股东出于自身利益的考量，并不直接参与股东大会表决，而以代理的方式交由其他股东，甚至是股东之外的其他人来行使。这些方式对于有表决权的股东而言是符合《公司法》有关规定的。但是，除此之外的任何人参与表决的，都会构成表决方式的瑕疵。此外，为了防止资本多数决原则的滥用，我国《公司法》规定公司可以对部分股东的表决权作出一定的限制。《公司法》第16条对于公司为股东或者控制人担保的情形就有限制规定，无表决权人违反上述规定参与表决事项而形成的决议存在瑕疵，其他股东有权提出异议。

2. 内容违反章程。公司章程是由公司股东依据公司法自行制定的行为规范，它充分体现了公司股东的自由意思，是其共同意志的表现，体现了每个公司的个性化特征。我国《公司法》第22条明确规定决议违法与违章的不同后果，而内容违章被认定为可撤销的决议瑕疵。笔者认为这可能是因为学界大多认为章程是公司的内部自治的文件，认为司法不应过度地介入，尊重公司自治的同时保持司法的谦抑性。而且法院在审查公司决议内容时，把握好审查内容的边界是很难的。因为法官的思维不同于一般商人的思维方式，没办法像商人一样去思考公司决议时作出何种选择更适合公司的发展。因此，比起直接认定为无效而言，可撤销更加合适。此外，由于章程是股东合意的产物，决议也是合意的产物，将决议内容违反章程作为可撤销事由，也是给股东多一个选择的机会，此时股东可以自行决定是否提起撤销之诉。最后，从社会稳定、维护交易安全的角度出发，将决议违反章程认定为可撤销的事由更为恰当，除斥期间一过股东就不能再起诉了。因此，对于与之交易的第三人而言，能够得到最大程度的保护。

3. 股东会决议无效。

（1）股东会决议的无效。股东会决议的无效是指已经成立的股东会决定违反法律、行政法律法规的强制性规定而不产生法律效力。我国《公司法》第 22 条规定了股东会决议无效的情形。

（2）股东会决议无效的情形。常见的股东会决议无效的情形主要有：

第一，侵犯股东优先认购权。优先认购权适用的情况是公司新增资本时，股东有权利按照实缴的出资比例优先认缴出资。股东优先认缴出资是股东的权利之一，同时也是为了保证有限责任公司的“人合性”。股东优先认缴公司新增资本的权利属于形成权，股东可以直接行使，对于股东优先认购权的侵犯并不仅限于在章程中直接规定限制股东的优先认购权，只要在实质上限制了股东按照实缴的出资比例享有的优先认购权，就可被认定为违背了公司法最基本的关于保护中小股东利益的核心精神。

第二，侵犯股东选择权。《公司法》对于董事的任期有强制性的 3 年规定，不能超过法律规定的年限。在特定情况下，原董事仍需要履行职务，但是并没有赋予董事会自行决定任期的权利。如果公司决议自行决定董事会任期，不符合法律规定，超过《公司法》规定的 3 年期限，则属于侵犯股东选择管理人员的权利。股东选择管理人员的权利是股东行使共益权的一种方式，对管理人员的选择在后续可能影响股东自益权的行使。因此，以任何方式侵犯了股东选择权的公司决议都应当被认定为无效。

伪造签名情况的发生多集中在没有通知相关股东参加会议的情况下，部分法院认为未通知股东参与会议侵犯了股东的表决权。股东参与重大决策也是行使共益权的一种方式，共益权的行使在后续可能影响自益权的行使，股东无法进行重大事项的表决侵犯了股东的权利，这种公司决议应当被认定为无效。

第三，侵犯继承权。《公司法》第 75 条规定股东资格可以被当作遗产继承。据此，关于公司股东资格的继承问题应属于法定继承事项，并不属于应由公司股东会决议的内容。公司决议如果对本属于法律规定的内容进行更改，则该决议因为违反强行法规定自动归于无效。

第四，侵犯处分权。虽然作出公司决议的召集和表决程序符合法律规定，但是决议内容是限制股东资格，并且要求不符合股东资格的股东退出公司。如果侵犯全体股东的利益的决议没有得到现有股东的同意就通过，在实质上剥夺了小股东对自己股东权利的自由处分权，属于滥用多数决制度对中小股东权利的侵犯，决议无效。对于中小股东的权利的保护是规定救济手段的重要原因，公司多数决的决议方式本身就存在侵犯中小股东权利的可能性，法律要做的是将侵犯中小股东权利的可能性无限降低。因此，任何直接侵犯中小股东权利的决议都应当被认定无效。

第五，侵犯国有利益。对国有利益的侵犯多发生在国有企业作出的决议中。某公司作出的关于处理企业转制前遗留的应付工资、福利费用及支付不合理的经济补偿款的决议，造成了国有资产的损失，这样的决议被法院认定为无效决议。国有利益是社会公共利益，任何人无权代表国家放弃任何利益，任何人也无权侵犯国有利益，对国有利益的侵犯就是对人民利益的侵犯。因此，任何侵犯国有利益的公司决议都应当被认定为无效。

（3）股东会决议无效的法律后果。依据民法学界通说观点，民事法律行为无效是自始的、当然的、绝对的无效。即行为自成立之时起，即为无效，不需要当事人主张行为无效，也无需经过任何程序。但当事人对是否无效有争议时，可以提起无效确认之诉，请求法院确认其效力。一旦民事法律行为被确认为无效，各种法律关系都应该恢复到行为作出之前的状态，此后再无发生法律行为效力之可能。《公司法司法解释（四）》第 6 条则规定：“股东会或者股东大会、董事会决议被人民法院判决确认无效或者撤销的，公司依据该决议与善意相对人形成的民事法律关系不受影响。”该法条的立法目的是保护善意第三人利益，维护交易安全，形成稳定的营商环境。

案例45：绵阳市A公司、蒋某某与绵阳市甲公司、福建省××投资公司、陈某某股东会决议纠纷[1]

案由：公司决议纠纷

绵阳市甲公司（以下简称“甲公司”）于2001年7月成立。在2003年12月甲公司增资扩股前，公司的注册资金475.37万元。其中蒋某某出资额67.6万元，出资比例14.22%，为公司最大股东；绵阳市A公司（以下简称“A公司”）出资额27.6万元，出资比例5.81%。甲公司第一届董事长由蒋某某担任。2003年12月16日，甲公司召开股东代表大会，同意吸纳陈某某为新股东（经表决75.49%同意，20.03%反对，4.48%弃权）；同意甲公司内部股份转让（经表决100%同意）。2003年12月18日，甲公司为甲方，陈某某为乙方签订了《入股协议书》，该协议主要记载：乙方同意甲方股东大会讨论通过的增资扩股方案，即同意甲方在原股本475.37万股的基础上，将总股本扩大至1090.75万股，由此，甲方原股东所持股本475.37万股占总股本1090.75万股的43.6%；乙方出资800万元人民币以每股1.3元认购615.38万股，占总股本1090.75万股的56.4%；甲公司的注册资金相应变更为1090.75万元。2003年12月25日甲公司变更后的章程记载：陈某某出资额615.38万元，出资比例56.42%，蒋某某出资额67.6万元，出资比例6.20%，A公司出资额27.6万元，出资比例2.53%。此后，陈某某以甲公司董事长的身份对公司进行经营管理。

2005年12月12日，蒋某某和A公司向四川省绵阳市中级人民法院提起诉讼，请求确认甲公司2003年12月16日股东会通过的吸纳陈某某为新股东的决议无效，确认甲公司和陈某某2003年12月18日签订的《入股协议书》无效，确认其对800万元新增资本优先认购，甲公司承担其相应损失。四川省绵阳中院一审判决：驳回A公司、蒋某某的诉讼请求。

A公司和蒋某某不服一审判决，向四川省高级人民法院提起上诉。四川

---

[1] 参见绵阳市A公司、蒋某某诉绵阳市甲公司股东会决议效力及公司增资纠纷案，最高人民法院（2010）民提字第48号民事判决书。

省高级人民法院判决撤销了一审判决，并部分支持了上诉人的诉讼请求。

甲公司、福建省××投资公司、陈某某不服四川省高级人民法院二审民事判决，向最高人民法院申请再审。最高人民法院认为，甲公司 2003 年 12 月 16 日股东会议通过的由陈某某出资 800 万元认购甲公司新增 615.38 万股股份的决议内容中，涉及新增股份中 14.22%和 5.81%的部分因分别侵犯了蒋某某和 A 公司的优先认缴权而归于无效，涉及新增股份中 79.97%的部分因其他股东以同意或弃权的方式放弃行使优先认缴权而发生法律效力。该案 A 公司和蒋某某在甲公司 2003 年 12 月 16 日召开股东会时已经知道其优先认缴权受到侵害，且作出了要求行使优先认缴权的意思表示，但并未及时采取诉讼等方式积极主张权利。在此后甲公司召开股东会、决议通过陈某某将部分股权赠与福建省××投资公司提案时，A 公司和蒋某某参加了会议，且未表示反对。A 公司和蒋某某在股权变动近 2 年后又提起诉讼，争议的股权价值已经发生了较大变化，此时允许其行使优先认缴出资的权利将导致已趋稳定的法律关系遭到破坏，并极易产生显失公平的后果。

2010 年 11 月 8 日，最高人民法院作出（2010）民提字第 48 号民事判决：一、撤销四川省高级人民法院（2006）川民终字第 515 号民事判决，撤销四川省绵阳市中级人民法院（2006）绵民初字第 2 号民事判决；二、甲公司 2003 年 12 月 16 日作出的股东会决议中由陈某某出资 800 万元认购甲公司新增 615.38 万股股份的决议内容中，涉及新增股份 20.03%的部分无效，涉及新增股份 79.97%的部分及决议的其他内容有效；三、驳回 A 公司、蒋某某的其他诉讼请求。

点评：本案中，由于甲公司召开股东会作出的增资决议剥夺了作为公司股东的蒋某某和 A 公司的新股优先认购权，违反了《公司法》第 34 条的规定，涉及该部分股权的股东会决议应为无效。

第五节 董事会

一、董事会的概念及特点

董事会是由公司股东会选举产生的由全体董事组成的行使经营决策和管

理权限的公司机关。对于有限责任公司，我国《公司法》第 44 条第 1 款规定，有限责任公司设董事会，其成员为 3 人至 13 人；但是，本法第 50 条另有规定的除外。第 50 条第 1 款规定，股东人数较少或者规模较小的有限责任公司，可以设一名执行董事，不设董事会。执行董事可以兼任公司经理。对于股份有限公司，我国《公司法》第 108 条第 1 款规定，股份有限公司设董事会，其成员为 5 人至 19 人。

董事会具有以下特点：

（1）董事会是公司的执行机关。董事会是公司股东会选举产生的公司管理者，其主要任务是执行公司股东会的决议，并对股东会负责。

（2）董事会是公司的经营决策机关。除了法律和公司章程规定必须由股东会决议的事项外，公司的其他一切事务均可由公司董事会经营决策。

（3）董事会是公司的对外代表机关。各国公司法均规定，由董事会（公司不设董事会的则为执行董事，下同）对外代表公司。我国《公司法》第 13 条规定，公司法定代表人依照公司章程的规定，由董事长、执行董事或者经理担任，并依法登记。公司法定代表人变更，应当办理变更登记。在我国公司实务中，由董事长担任公司法定代表人为常态。

（4）董事会是公司的常设机关。从公司正式登记成立之日起，董事会或执行董事作为一个稳定的机构存在。只要公司存在一天，董事会就存在一天。公司注销登记，董事会才解散。

二、董事会的职权

关于董事会的职权范围，世界各国公司法主要有两种立法方式。第一种为列举式，即在公司法中明确列举董事会的职权。第二种为排除式，即规定除由公司股东会行使权力之外的一切职权均可由董事会行使。

我国《公司法》关于董事会职权的规定属于列举式加排除式。我国《公司法》第 46 条规定，董事会行使下列职权：①召集股东会会议，并向股东会报告工作；②执行股东会的决议；③决定公司的经营计划和投资方案；④制订公司的年度财务预算方案、决算方案；⑤制订公司的利润分配方案和弥补亏损方案；⑥制订公司增加或者减少注册资本以及发行公司债券的方案；⑦制订公司合并、分立、解散或者变更公司形式的方案；⑧决定公司内部管理机构的设置；⑨决定聘任或者解聘公司经理及其报酬事项，并根据经理的提名决定聘任或者解聘公司副经理、财务负责人及其报酬事项；⑩制定公司的基本管理制度；⑪公司章程规定的其他职权。

《上市公司章程指引》第107条第1款在《公司法》第46条规定的董事会职权之外，对于上市公司董事会增加了以下职权：拟订公司重大收购、收购本公司股票的方案；在股东大会授权范围内，决定公司对外投资、收购出售资产、资产抵押、对外担保事项、委托理财、关联交易、对外捐赠等事项；聘任或者解聘公司董事会秘书及其他高级管理人员，并决定其报酬事项和奖惩事项；制订本章程的修改方案；管理公司信息披露事项；向股东大会提请聘请或更换为公司审计的会计师事务所；听取公司经理的工作汇报并检查经理的工作。

三、公司权利配置模式的转变

关于公司治理结构中的权利配置理论主要有“股东大会中心主义”和“董事会中心主义”两种。从历史发展来看，公司的权利中心逐步由股东大会过渡到董事会。

（一）从股东大会中心主义到董事会中心主义

最早确立公司法人治理结构的是17世纪初荷兰和英国的东印度公司。其中荷兰东印度公司确立股东大会为最高权利机构，董事会为决策机构，经理会为负责日常事务的执行机构，[1]到19世纪完全确立股东大会的最高权利机关的地位。“股东中心主义”由嫁接宪政主义而产生，将董事会与执政者进行对应，其应当对选举其产生的股东大会负责。因此，20世纪前，董事会的独立地位一直未受法律确认，其定位就是股东大会的执行机构，职能为贯彻股东大会的意志。其理论基础主要为“股东本位”以及代理理论。公司作为自治组织，公司股东一方面是出资人，另一方面也是受益人，所以公司的所有权归股东所有，为了维护股东权益，股东大会应该全面控制公司。而代理理论认为董事会作为股东的代理人，其只能根据章程行事，作为股东大会的附属机构。20世纪初，随着公司所有权与经营权的不断分离，公司产生了新的

〔1〕 乔子欣：《论公司法人治理结构中的董事会中心主义——兼论我国公司董事会的重构与完善》，载《江苏社会科学》2002年第3期。

权利结构，由股东大会、董事会和监事会进行权利分配。原属于股东大会的经营权逐步向董事会进行转移。董事会为中心的治理模式最早在欧洲确立，并随着殖民扩张不断向外发展。随着董事会权利的扩大，其不再仅仅是执行机构，还拥有独立的决策权。

公司作为一种拟制法人，其意思的实施必须依赖公司机关。现代社会，股权的不断分散，使得股东在行使权利时不断变得消极，其主要目的在于获得分红，同时有限责任也为股东的退出和责任承担提供了制度保障。此外，董事会因其具备经验与专业技能，实际上掌控了公司经营，其能够运用自身丰富的经验，最大程度为公司谋取利益，董事会逐步成为公司的中心。从各国实践看，无论是大陆法系国家还是英美法系国家，都已逐步确立董事会中心主义，董事会成为公司的核心领导机关。因此，确立董事会中心主义也是符合世界趋势的做法。

（二）股东大会中心主义与董事会中心主义的再平衡

西方各国在确立董事会中心的同时，也不断完善公司权利配置，注重保护股东的权利。1950 年美国《示范商业公司法》在确立董事会权利的同时，也限制其权利，主要表现在规定董事会忠实义务，同时增加股东权利范围，包括优先购买权、回购请求权、公司解散权等；而历次《标准商事公司法》修订，尤其是 2002 年的修订中，更加强调董事个人责任，堵死了罪错董事申请破产进而避开承担债务的后路。日本在 1950 年《商法（修正案）》中确立了董事会中心主义，极大地赋予了董事会诸多权利，但是也引入了股东诉讼制度、股东账簿查阅权、董事罢免请求权等诸多权利，加强了股东大会对董事会的监督；日本于 2001 年、2002 年两次对《商法典》进行修订，预设了两套不同的治理方案供选择，一是设董事会，由董事会中产生的会计监察人行使监事会职权；二是分别设置监事会、董事会，且董事会由监事会产生，并向监事会负责。20 世纪 30 年代以来，德国不断改革《股份法》，在确定了董事会是公司的领导机关的同时，也引入了职工共同管理公司的理念，限制董事会权利，且赋权监事会罢免董事。1948 年，英国《公司法》明确赋予董事们“负责公司业务管理，为此可行使公司所有权利”，同时也限制董事们必须善意行使权利，公平维护所有股东利益。

因此，在配置股东大会与董事会权利时，应注重公司权利分配的平衡，不能导致一支独大的情况出现，进而导致公司治理的失效。在追求效率的同时，也应当进行分权与制衡。一方面，确保股东对公司的所有权控制，保护股东权益；另一方面，赋予董事会权利，发挥董事会的专业性，从而实现公司利益最大化。这些经验对于完善我国公司治理结构具有很大的参考价值。

四、董事会会议

1. 董事会会议的种类。董事会是由全体董事组成的，对内管理公司事务，对外代表公司的经营决策和业务执行机构。董事会是以董事会会议的方式进行的，公司董事则以参加董事会会议的方式参与公司的经营决策。

根据会议召开时间的不同，董事会可分为普通会议和临时会议两种。董事会普通会议是指根据公司章程的规定，在固定时间召开的董事会例会。根据《公司法》的规定，有限责任公司董事会定期召开的次数，由公司根据自身情况在公司章程中规定。而股份有限公司董事会普通会议，每年至少召开两次，上限没有规定。股份有限公司可以在公司章程中规定董事会普通会议的次数和时间，但每次普通会议应当在召开前 10 日通知全体董事和监事。

董事会临时会议是指在公司经营过程中出现重大事项需要董事会在定期会议时间以外及时作出决策的特别会议。有下列情形之一的，董事长在接到提议后应当在 10 日内召集和主持临时会议：代表 1/10 以上表决权的股东提议；1/3 以上的董事提议；监事会提议。另外，在上市公司中，经全体独立董事半数以上同意，独立董事有权提议召开董事会临时会议。

2. 董事会会议的召集方式。我国《公司法》第 47 条规定，董事会会议由董事长召集和主持；董事长不能履行职务或者不履行职务的，由副董事长召集和主持；副董事长不能履行职务或者不履行职务的，由半数以上董事共同推举一名董事召集和主持。董事长选出前的第一届董事会，通常由得票最多的董事召集和主持。

根据法律规定，股份有限公司董事会普通会议应当在会议召开 10 日前通知全体董事和监事，但有限责任公司则没有通知的时间要求。对于董事会普通会议的通知方式，法律没有作出明文规定。对于董事会临时会议的通知方式和通知期限，法律也没有规定，应由公司章程作出具体规定。对于上市公司董事会，《上市公司章程指引》第 117 条规定，董事会会议通知包括以下内容：①会议日期和地点；②会议期限；③事由及议题；④发出通知的日期。法律没有规定董事会会议应当遵循的程序，但上市公司董事会应当遵守《上市公司治理准则》的规定。

3. 董事会决议。董事会主要对公司的经营管理事项作出决议。

（1）公司章程自治。对于有限责任公司，由于其股东较少，经营规模较小，其议事规则由公司章程作出规定。对于股份有限公司董事会的议事方式和表决程序，法律虽然有详细规定，但并不禁止在公司章程中对其作出更加具体规定。

（2）董事会决议的原则。董事会决议实行一人一票和少数服从多数的原则。我国《公司法》第 111 条规定，董事会会议应有过半数的董事出席方可举行。董事会作出决议，必须经全体董事的过半数通过。

（3）董事会决议方法。根据我国《公司法》第 112 条第 1 款规定，董事会会议，应由董事本人出席；董事因故不能出席，可以书面委托其他董事代为出席，委托书中应载明授权范围。也就是说，董事不能委托董事会成员以外的其他人员出席董事会。在这里，董事的表决权代理不同于股东的表决权代理。董事会应当对会议所议事项的决定作成会议记录，出席会议的董事应当在会议记录上签名。不过公司章程可以规定董事会会议采用书面表决方式，也可以采用电子化方式，通过视频会议或语音会议的方式进行。

董事会会议决议涉及具有关联关系的董事时，关联关系董事不得对相关议案行使表决权，也不得代理其他董事行使表决权，这是关联董事的回避规则。对于上市公司，我国《公司法》第 124 条规定，上市公司董事与董事会会议决议事项所涉及的企业有关联关系的，不得对该项决议行使表决权，也不得代理其他董事行使表决权。该董事会会议由过半数的无关联关系董事出席即可举行，董事会会议所作决议须经无关联关系董事过半数通过。出席董事会的无关联关系董事人数不足 3 人的，应将该事项提交上市公司股东大会审议。

（4）董事的决策责任。我国《公司法》第 112 条规定了董事的决策责任。该条第 3 款规定，董事应当对董事会的决议承担责任。董事会的决议违反法律、行政法规或者公司章程、股东大会决议，致使公司遭受严重损失的，参与决议的董事对公司负赔偿责任。但经证明在表决时曾表明异议并记载于会议记录的，该董事可以免除责任。学理上认为，董事对错误的董事会决议承担责任的条件包括：第一，董事出席了董事会；第二，董事会决议违反了法律、行政法规、公司章程或股东会决议；第三，董事会决议给公司造成了严重损害；第四，董事的决议行为与公司的损害之间存在因果关系。

4. 董事会专门委员会。在董事会下可以设立专门委员会。

（1）董事会专门委员会的法律地位。为了保证董事会的运作效率，《上市公司治理准则》规定了董事会专门委员会，其第 38 条规定，上市公司董事会应当设立审计委员会，并可以根据需要设立战略、提名、薪酬与考核等相关专门委员会。专门委员会对董事会负责，依照公司章程和董事会授权履行职责，专门委员会的提案应当提交董事会审议决定。专门委员会成员全部由董事组成，其中审计委员会、提名委员会、薪酬与考核委员会中独立董事应当占多数并担任召集人，审计委员会的召集人应当为会计专业人士。

（2）董事会专门委员会的主要职责。审计委员会的主要职责包括：监督及评估外部审计工作，提议聘请或者更换外部审计机构；监督及评估内部审计工作，负责内部审计与外部审计的协调；审核公司的财务信息及其披露；监督及评估公司的内部控制；负责法律法规、公司章程和董事会授权的其他事项。

战略委员会的主要职责是对公司长期发展战略和重大投资决策进行研究并提出建议。

提名委员会的主要职责包括：研究董事、高级管理人员的选择标准和程序并提出建议；遴选合格的董事人选和高级管理人员人选；对董事人选和高级管理人员人选进行审核并提出建议。

薪酬与考核委员会的主要职责包括：研究董事与高级管理人员考核的标准，进行考核并提出建议；研究和审查董事、高级管理人员的薪酬政策与方案。

（3）董事会专门委员会的工作条件。专门委员会可以聘请中介机构提供专业意见。专门委员会履行职责的有关费用由上市公司承担。

5. 董事会秘书制度。在董事会中可以设立董事会秘书。

（1）我国上市公司董事会秘书的法律地位。我国《公司法》第 123 条规定了董事会秘书的法定性，上市公司设董事会秘书，负责公司股东大会和董事会会议的筹备、文件保管以及公司股东资料的管理，办理信息披露事务等事宜。《上市公司治理准则》第 28 条第 2 款规定，董事会秘书作为上市公司高级管理人员，为履行职责有权参加相关会议，查阅有关文件，了解公司的财务和经营等情况。董事会及其他高级管理人员应当支持董事会秘书的工作。任何机构及个人不得干预董事会秘书的正常履职行为。因此，根据法律规定，经理、副经理、财务负责人和董事会秘书属于公司高级管理人员。《上海证券交易所上市公司董事会秘书管理办法》（已失效，以下简称《上交所董事会秘书管理办法》）第 8 条明确指出上市公司董事会秘书是由董事会提名并任免的，同时董事会秘书要向董事会负责。

（2）我国上市公司董事会秘书的任职资格与任免。董事会秘书任职资格的积极条件见于《深圳证券交易所股票上市规则（2023 年修订）》（已失效，以下简称《深交所股票上市规则》）与《上交所董事会秘书管理办法》中的相关规定，履行职责所必需的财务、管理、法律等专业知识及工作经验，是一个合格的董事会秘书应当具备的素质。具有较好的职业素养以及良好的个人道德品质，同时作为董事会秘书的必备硬件即交易所颁发的董事会秘书资格证书也是必须获得的。根据《上交所董事会秘书管理办法》第 7 条以及《深交所股票上市规则》第 3. 2. 4 条的规定，最近 3 年曾受中国证监会行政处罚，证券交易所公开通报过的，不适合担任上市公司董事会秘书，或者在近 3 年的时间内，受到证券交易所公开谴责或者 3 次以上通报批评，是不能担任董事会秘书一职的。另外，上市公司的现任监事也是不能担任董事会秘书一职的。

对于董事会秘书的任免，我国在《上交所董事会秘书管理办法》《深交所股票上市规则》中作了相应规定。《上交所董事会秘书管理办法》第 8 条规定董事会秘书由董事会提名并任免，并向董事会负责。同时公司应向交易所报送董事会秘书任职资格的说明、学历证明还有资格证书等。从报送材料当日开始算起，5 个交易日之后，只有在证券交易所没有对董事会秘书候选人任职资格提出异议的情况下，上市公司才能进行董事会会议的召开，确定董事会秘书的聘任。

我国的深圳证券交易所和上海证券交易所两大交易所颁布出台的一些规范性文件对此类问题作了较为细化的规定。《上交所董事会秘书管理办法》第 9~10 条已经对董事会秘书的解聘事宜作出了规定，上市公司董事会必须在具备充足理由的前提条件下方能对董事会秘书做出解聘的决议；上市公司董事会应该在规定的解聘事项发生之日起1个月内，将公司董事会秘书解聘。上市公司董事会秘书具有下列情形之一的，上市公司应当自相关事实发生之日起1个月内将其解聘：①本办法第7条规定的任何一种情形；②连续3年未参加董事会秘书后续培训；③连续3个月以上不能履行职责；④在履行职责时出现重大错误或疏漏，后果严重的；⑤违反法律法规或其他规范性文件，后果严重的。同时要求上市公司及时向证券交易所报告董事会秘书被解聘的情况，要向交易所详细地说明解聘董事会秘书的原因并及时向社会公告。对于解聘，董事会秘书若认为公司对其的解聘是不合理的，有权向证券交易所提供个人报告从而寻求救济。

（3）我国上市公司董事会秘书管理公司事务的职权。其职权具体包括：

第一，信息披露。董事会秘书所承担的信息披露职责主要包括三方面的内容：其一，为了能够更好地履行信息披露的职责，必须有相关的披露制度做保障，这就要求董事会秘书组织制定公司信息披露事务管理制度，在完善的信息披露制度的框架下督促公司及信息披露义务人遵守信息披露的法律法规。对于所披露的信息，要保证“三性”，具体来说就是三方面内容，即完整性、及时性、准确性；其二，所谓的信息披露是指按照监管机构及交易所颁布出台的规定有序地披露信息，并非所有信息都要进行披露。这就要求董事会秘书履行针对有些需要保密的信息的保密义务，如果不该公开的保密信息遭到泄露，必须及时地向交易所和监管机构汇报情况；其三，为了能够更好地履行信息披露的职责，客观上必须要求董事会秘书深入到上市公司的日常经营中来。只有在充分了解公司的财务和经营情况的大前提下，才能更好地履行信息披露的职责。这就要求董事会秘书积极参加涉及信息披露的有关会议，广泛深入地查阅涉及信息披露的公司文件。为了知悉第一手的公司信息，董事会秘书有权要求公司有关部门和人员积极配合，及时提供与披露信息相关的资料和信息。

第二，监督与规范。对于监督规范职责，主要有以下内容：一是组织公司的董事、监事和高级管理人员进行证券法律法规及交易所颁布出台的一些规范性文件中规定的培训。通过培训使上市公司董事、监事和高级管理人员知晓自己在信息披露中的角色定位，同时充分了解各自在信息披露中的权利和义务。在此基础之上，对董事、监事和高级管理人员要起到良好的督促作用。具体来说，就是督促他们更好地遵守证券法律法规、规范性文件及公司章程，保障上市公司的高管们切实履行其职责和忠实勤勉义务；二是要为董事会的决策过程以及最终所做的决策保驾护航。换言之，要保障董事会作出决议的过程以及最终决议的合法合规性。同时一旦获知上市公司作出或者有作出违反有关规定的决议的可能时，应该予以董事会提醒甚至是警告，同时应该立即向证券交易所报告情况。上述两点之外，董事会秘书在积极促进我国现代公司法人治理结构完善的过程中也是大有作为的，例如现行规定就非常明晰地规定上市公司董事会秘书应当积极协助上市公司董事会完善公司治理结构，加强公司治理建设。同时应当配合上市公司董事会制定公司在资本市场中的宏观发展战略。

第三，沟通与辅助。董事会秘书所承担的沟通与辅助的职责主要包括如下内容。首先具体来说一下董事会秘书的沟通职能。一是充分协调上市公司与证券监管机构之间的沟通，对于监管机构的问询要积极督促董事及时回复。同时也要保障上市公司与股东、实际控制人、保荐机构、媒体等之间沟通渠道的顺畅。二是对于投资者来说，董事会秘书是一个了解公司内部信息的窗口，所以这也客观上要求董事会秘书完善与公司投资者的沟通、接待和服务工作机制。同时要对媒体报道有良好的敏感度，对公共媒体报道要及时关注，同时对一些负面报道要主动求证真实情况。

董事会秘书的辅助事务其实就是组织筹备董事会会议和股东大会。为了更好地获取第一手信息，董事会秘书也需要积极参与相关重大会议。对于上市公司来说，公司只要召开涉及公司重大事项的会议，都应当及时告知董事会秘书列席会议。

（4）我国上市公司董事会秘书的义务与法律责任。关于董事会秘书的义务，在《公司法》和沪深两大证券交易所颁布的规范性文件中均有所涉及。《公司法》及其他法律法规已经确定了董事会秘书作为上市公司的高级管理人员的地位，所以董事会秘书如同公司其他高级管理人员一样是对公司负有忠实、勤勉义务的，故此，董事会秘书不得利用其职权收受投资人、保荐机构及公司内部人员的贿赂，也不得利用职务上的便利侵占公司的财物。另外还有竞业禁止义务、禁止自我交易的义务。

关于我国上市公司董事会秘书的法律责任，于《证券法》有所体现，第197条明确规定：发行人、上市公司或者其他信息披露义务人及董事会秘书未按照规定披露信息（未按照有关规定报送报告），或者所披露的信息（报送的报告）有虚假记载、误导性陈述，或者重大遗漏的将受到警告、罚款。

第六节　公司董事

一、董事的概念和分类

（一）董事的概念

董事（Member of the Board，Director），是指由公司股东会或职工民主选举产生的具有实际权力和权威的管理公司事务的人员。董事是公司内部治理的主要力量，对内管理公司事务，对外代表公司进行经济活动。董事组成董事会，既是董事会的基本要素，也是公司治理结构的核心。

（二）董事的分类

按照董事与公司的关系来划分，可分为内部董事和外部董事：

1. 内部董事。内部董事也称执行董事，主要指担任董事的本公司管理人员。如总经理、常务副总经理等。

2. 外部董事。外部董事亦称外聘董事，指不是本公司职工的董事，包括不参与管理和生产经营活动的企业外股东和股东大会决议聘任的非股东的专家、学者等。

二、董事的任职资格

董事任职资格是指担任公司董事应当具备的各种条件。这些条件主要包括能力、年龄、学历和持股等。董事的任职资格有积极资格和消极资格之分。董事任职的积极资格是指担任董事应当满足的一般条件。董事任职的消极资格是指担任董事不得具备的条件。

关于董事任职的积极资格，我国《公司法》中没有规定，但《证券基金经营机构董事、监事、高级管理人员及从业人员监督管理办法》《保险公司董事、监事和高级管理人员任职资格管理规定》《上市公司独立董事规则》等部门规章中规定了担任董事的学历、相关行业的从业经验等积极资格。

关于董事任职的消极资格，我国《公司法》对董事的任职资格作了一定的限制。依据《公司法》第146条第1款的规定，有以下情形之一的，不得担任公司的董事：①无民事行为能力或者限制民事行为能力者；②因贪污、贿赂、侵占财产、挪用财产罪和破坏社会主义市场经济秩序，被判处刑罚，执行期满未逾5年，或者因犯罪被剥夺政治权利，执行期满未逾5年；③担任破产清算的公司、企业的董事或厂长、经理，并对该公司、企业的破产负有个人责任的，自该公司、企业破产清算完结之日起未逾3年；④担任因违法被吊销营业执照、责令关闭的公司、企业的法定代表人，并负有个人责任的，自该公司、企业被吊销执照之日起未逾3年；⑤个人所负数额较大的债务到期未清偿。

上市公司的董事，除不得存在上述情形外，如果被中国证监会处以证券市场禁入处罚且期限未满，或是存在法律、行政法规或部门规章规定的其他禁止性情形的，也不得担任董事。

公司违反上述规定选举、委派董事的，该选举、委派或者聘任无效。董事在任职期间出现上述所列情形的，公司应当解除其职务。

三、董事的产生和任期

董事由股东会或职工民主选举产生，可以由股东或非股东担任。董事的任期，一般都是在公司内部细则中予以规定，有定期和不定期两种。定期是指把董事的任期限制在一定的时间内，但每届任期不得超过3年。不定期是指从任期那天算起，满3年改选。董事任期届满，可以连选连任。我国《公司法》第45条第1款规定，董事任期由公司章程规定，但每届任期不得超过3年。董事任期届满，连选可以连任。

被解聘的原因有：任期届满而未能连任；违反股东大会决议；股份转让；本人辞职；其他原因如公司破产、解散，董事死亡或丧失行为能力等。

四、董事的职权

董事的职权主要有：

1. 召集和主持会议权。股东会由董事会召集，董事长主持；董事长不履行或者不能履行职务时，由副董事长主持；副董事长不履行或者不能履行职务时，由过半数以上董事共同推举一名董事主持。

2. 董事会会议出席和表决权。公司董事会每年至少召开两次定期会议，遇有重大紧急事项还可召开临时董事会。董事会应有过半数董事出席方可举行。董事会会议实行一人一票，并经全体董事过半数通过。董事会应当将会议所议事项的决定制作成会议记录，出席会议的董事应当在会议记录上签名。当然，如果对董事会决议持反对意见，董事可以投反对或弃权票。

3. 委托权和监督权。董事如果因故不能出席董事会会议，可以委托其他董事代为出席董事会会议。另外董事对公司经理层及其他职员的行为享有监督权。

五、董事的义务

1. 董事的忠实义务。忠实义务是董事的核心义务之一。

（1）董事忠实义务的概念。董事忠实义务又称避免利益冲突义务，是一种具有高度抽象性与概括性的义务，[1]董事对公司负有一定的诚实义务，不得因为个人的利益而损害公司的利益。

（2）董事忠实义务的内容。董事忠实义务的具体内容有：

第一，自我交易禁止义务。董事不得和公司进行交易。自我交易是董事基于其所处的特定地位及所持有的控制权而产生的、并极易引发损害公司利益的不公正后果的特殊关联交易。[2]董事作为一个自利的理性经济人，仅仅依靠道德以及职业操守就要求他们严格地保守自己的底线，而不损害公司的利益，这是不可能的。所以，起初法律对于该类交易行为所采取的态度是绝对禁止。但是，随着公司制度的快速发展，人们认识到这种绝对禁止的态度是不可取的。虽然该类交易有损害公司利益的可能，但是，这也只是一种潜在的风险。现实情况中，公司参与该类交易也有可能获得一些利益，例如，董事为公司提供一些低息的贷款，或者以低于市场的价格购进商品等。基于以上的分析，我们可以看出，绝对的禁止并不合理。

第二，竞业禁止义务。董事不得从事与公司有竞争关系的业务。因为其知悉公司商业秘密以及客户资料等，假如其从事的业务与原任职公司的业务

[1] 朱羿锟：《董事问责：制度结构与效率》，法律出版社2012年版，第29页。

[2] 胡晓静：《论董事自我交易的法律规制》，载《当代法学》2010年第6期。

是相同的，或者是相类似的，那么，其有很大的概率会泄露原任职公司的某些商业秘密，或者是侵吞原任职公司的某些财产，从而损害原公司的相关利益。但是，对于这种限制所采取的态度也不是绝对的。从国内外相关的法律规定来看，例外的情形是董事取得股东会或董事会同意。

第三，篡夺公司机会禁止义务。禁止董事将公司拥有期待利益、财产利益或财产权利的交易机会，或从公平角度而言应属于公司的交易机会予以篡夺自用。虽然交易机会不属于物质形态的财产，但好的交易机会可以给公司带来利益，从这一层面来说，公司机会是广义的财产。董事夺取公司机会，不仅不符合法律对其职务规定的一些要求，而且也损害了公司的利益。这样规定的目的就在于，避免其凭借自己的职位影响而滥用自己的职权，把原本归属于公司的利益私自移转给自己。

第四，公司利益侵害的禁止。禁止侵害公司利益的行为具体包括：①不得滥用职权谋取私利。如果董事滥用自己的职权谋取个人利益，对公司造成损害后果，就要承担相应的赔偿责任。②不得接受贿赂以及其他形式的好处。假如董事违反规定，其应当把自己所收取的利益向公司进行归还。③不得泄露公司秘密。董事对于自己因为职务的影响所知悉的公司秘密要严格保密，如果其泄露相关秘密对公司造成损害，就要承担相应的赔偿责任。④不得侵占公司财产。如果违反规定对公司造成损害后果，就要承担相应的赔偿责任。

案例46：高管对关联交易的相对方有重大影响力可以认定为存在关联关系[1]

案由：公司关联交易损害责任纠纷

富××公司向宜昌市中级人民法院一审诉称：余某某于2009年6月至2010年3月系富××公司董事及HJ公司实际控制人，在此期间，余某某4次通过“HJ公司（或其关联公司）购入设备、再加价转卖给富××公司”的方式牟取不当利益，因此造成富××公司损失3455.2万元（以HJ公司的购入价与售出价差额计算）。

HJ公司答辩称富××公司主张因与HJ公司的关联交易而遭受损失，既没

[1] 参见湖北省高级人民法院（2013）鄂民二终字第00084号民事判决书。

有事实及法律依据，也超过了诉讼时效期间，请求人民法院驳回富××公司对HJ公司的诉讼请求。

原审查明：（一）富××公司由某资源控股有限公司之全资子公司BVI公司于2004年6月4日投资设立，法定代表人为余某某；2006年12月起，法定代表人变更为马某某，董事变更为马某某、余某某、邓某某。2009年及2010年度，富××公司由余某某负责经营管理工作。富××公司提供的《合同报批单》及《用款审批单》、2009年度及2010年度的所有财务审批原始凭证（含本案诉争4笔合同的审批凭证），均为余某某担任富××公司主要股东期间所形成，前述凭证载明的主要内容与富××公司提供的其他证据（与HJ公司签订的买卖合同、货款发票原件）等相互印证。表明富××公司2009年度及2010年度所有重大支出，最后均需余某某审查批准。

（二）HJ公司由香港某集团有限公司（唯一股东为吴某某）依其与湖北省某县人民政府签订的协议（香港某集团有限公司的协议签字人为余某某）于2005年3月投资设立，法定代表人为吴某某。2007年6月，香港某集团有限公司将其全部股权转让给某控股有限公司（唯一股东亦为吴某某）。HJ公司还参股了××市场公司，另外两股东为A公司、B公司。××市场公司于2010年4月2日召开股东会，决定由HJ公司受让城投公司持有的57%股权，并以持股67%而成为××市场公司控股股东，余某某代表HJ公司签署了上述股东会文件并被选举为××市场公司董事长，长期在HJ公司办公。2011年8月，HJ公司投资人变更为LY控股有限公司（占60.66%股份）及余某某家族企业××旅游公司（占39.34%股份），2011年10月，公司法定代表人变更为余某东（余某某之弟）。

（三）2009年6月至2010年3月间，富××公司经余某某批准，就设备采购事宜分别与HJ公司签订采购合同4份（以下简称“涉案4笔交易”），共支付货款4395万元，而按HJ公司（或通过第三人）的实际采购单价计算，前述设备价款为939.8万元，两者差额为3455.2万元。

原审法院认为：本案各方当事人争议的焦点为余某某是否与HJ公司形成关联关系、余某某是否利用该关联关系损害了富××公司的利益、责任承担问题。

（一）关于余某某是否与HJ公司形成关联关系问题。原审法院认为，虽然 HJ 公司的工商登记资料并未载明余某某 2009 年至 2010 年间在 HJ 公司担任过职务，但从余某某代表香港 HJ 集团有限公司与湖北省某县人民政府就成立 HJ 公司签订协议、代表 HJ 公司收购城投公司所持有的××市场公司股权、代表 HJ 公司担任××市场公司董事长、其办公场所设在 HJ 公司并在 HJ 公司内代表富××公司审核富××公司与 HJ 公司所签署的合同、其家族企业（××旅游公司）于 2011 年 8 月成为 HJ 公司主要股东、其兄弟余某东于 2011 年 10 月成为 HJ 公司法定代表人等事实看，即便不能认定余某某直接或间接控制了 HJ 公司，也可认定余某某对 HJ 公司的财务及经营政策有重大影响力。同时，其兄弟余某东于 HJ 公司成立时曾被申报并登记为 HJ 公司监事，亦可佐证。HJ 公司及余某某虽辩称"2009 年至 2010 年间，余某某与 HJ 公司没有关系"，但未能提供相关证据（如 HJ 公司提供其内部审批单等以证明余某某未参与过 HJ 公司的决策）对该抗辩予以证实，故对该抗辩不予支持。对于《公司法》第 217 条第 4 项"关联关系，是指公司控股股东、实际控制人、董事、监事、高级管理人员与其直接或间接控制的企业之间的关系，以及可能导致公司利益转移的其他关系"之规定，通说认为"重大影响力"亦属于该条所规定"其他关系"的内容，即余某某作为富××公司的董事，基于其对 HJ 公司的重大影响力，而可能导致富××公司利益转移至 HJ 公司。因此，余某某与 HJ 公司构成关联关系。

（二）关于余某某是否利用其与 HJ 公司的关联关系损害富××公司利益问题。首先，就程序而言，余某某作为富××公司 2009 年至 2010 年期间的实际负责人，其在涉及公司的重大交易中，未经董事会表决通过或董事长同意，程序不当。尤其是富××公司与 HJ 公司进行本案所涉的 4 笔交易时，基于余某某与 HJ 公司的关联关系，余某某应自动回避。但现已查明，余某某在涉案 4 笔交易过程中，不仅未履行回避义务，相反，还直接批准了交易事项。因此，余某某在前述交易过程中违反了法定程序。其次，就实体而言，依余某某最终批准的合同条款，富××公司将 HJ 公司（或通过其关联公司）以 939.8 万元采购的设备，以 4395 万元的价款予以购买，该差额达到 3455.2 万元。余某某既不能对该巨额差额进行合理说明，该差额也与市场惯例不相符合。因此，该差额应视为富××公司的损失。综上，由于余某某在涉案 4 笔交易过程中，既违反法定程序，也客观上造成了富××公司的损失，因此，应认定余某某该行为属于违反《公司法》第21条“公司的控股股东、实际控制人、董事、监事、高级管理人员不得利用其关联关系损害公司利益”规定的行为。

（三）关于责任主体问题。余某某作为富××公司的董事及2009年至2010年间的实际控制人，利用和自己具有关联关系的HJ公司与富××公司签订合同的方式，虚构交易价款以牟取不当利益，损害了富××公司的利益，其应依《公司法》第21条“公司的控股股东、实际控制人、董事、监事、高级管理人员不得利用其关联关系损害公司利益。违反前款规定，给公司造成损失的，应当承担赔偿责任”之规定，承担3455.2万元损失的赔偿责任。在余某某实施前述侵害富××公司利益的过程中，作为与余某某具有关联关系的HJ公司，其与余某某具有意思表示一致性及利益取得的共同性，故为共同侵权人。依照原《中华人民共和国民法通则》第131条之规定，HJ公司应当对富××公司的损失与余某某承担连带责任。虽然余某某与HJ公司均辩称“马某某作为富××公司的法定代表人，其对前述交易知晓并同意，故应由马某某对本案债务承担责任”，并申请追加马某某作为被告参加本案诉讼。但由于余某某、HJ公司既未提交证据证实马某某与HJ公司具有关联关系，也未提交证据证实马某某知晓并同意了前述交易，故对余某某、HJ公司的该抗辩不予支持，并对其请求追加马某某为当事人的申请不予准许。

综上，原审法院判决：余某某、HJ公司于本判决生效后10日内连带赔偿富××公司损失3455.2万元。被告不服宜昌市中级人民法院判决，向湖北省高级人民法院提起上诉。二审驳回上诉，维持原判。

点评：公司董事作为公司高级管理人员对公司负有忠实义务，其不得利用管理优势与便利从事自我交易及其他损害公司利益的行为，否则应对公司的损害依法承担赔偿责任。

2. 董事的勤勉义务。勤勉义务是董事的另一重要义务。

（1）董事勤勉义务的概念。勤勉义务，在大陆法系国家往往被称作“善良管理人的注意义务”，简称“善管义务”；在英美法系国家被称为“注意义务”“勤勉注意和技能义务”“注意和技能义务”，[1]即董事对于公司事务负

[1] 赵旭东主编：《公司法学》（第4版），高等教育出版社2015年版，第313页。

有认真、审慎进行管理的义务。尽管两大法系国家关于勤勉义务的标准存在着很大的差别，但是，从内容上看，其最终要求是相同的，都要求董事在履行职责时谨慎、认真地为公司最大利益行使职权。在民事审判领域，在（2010）浙商终字第37号一案中，浙江省高级人民法院对勤勉义务作了明确的阐释。该案判决书中载明："所谓勤勉义务，又称善管义务、注意义务，是指董事、监事、高级管理人员应当诚信地履行对公司的职责，在管理公司事务时应当勤勉谨慎，须以一个合理谨慎的人在相似情形下所应表现的谨慎、勤勉和技能履行职责，要采取合理的措施，以防止公司利益遭受损失，为实现公司最大利益努力工作。否则因此给公司造成损害的，应当承担赔偿责任。"〔1〕

（2）董事勤勉义务认定标准。关于董事勤勉义务的认定标准主要有主观标准、客观标准和折中标准。所谓主观标准，即以涉案董事的自身知识、经验以及技能水平作为理性人构造的模型，并以此来设置董事所需履行的勤勉义务内容及需在公司事务中保持的注意程度。〔2〕采用此种标准的情况下，董事的勤勉义务并无最低下限或最高上限，因为此种标准只要求董事的履职行为达到自身能力之极限即可。换而言之，董事本身的能力水平决定了其需要履行的勤勉义务的上限，能力高者则责任重，能力低者责任轻。客观标准以一个普通人在处于与董事类似地位和情形下处理事务该有的勤勉和谨慎程度作为衡量董事有无违反勤勉义务的标准。〔3〕因此，它不受董事自身能力水平的影响，其对董事的勤勉义务确立了一个相对固定的要求，当然这也意味着董事不能以专业事务交由专业人才办理为由而对公司事务漠不关心，能力不足不再是董事免责的理由。折中标准即主客观相结合标准，既避免主观标准缺乏对董事勤勉义务设定最低要求的缺点，又不像客观标准一样固化董事勤勉义务的要求，而是仍然保有制度弹性。具体而言，主客观相结合标准以客观标准为董事勤勉义务的最低要求，以主观标准为补充和延伸。对于一般的董事，只要求达到客观标准的要求即可，但如果董事具有某些特殊的资格和专业技能，如注册会计师资格或律师执业经验，那么对于该董事就需要适用

〔1〕张婷婷：《独立董事勤勉义务的边界与追责标准——基于15件独立董事未尽勤勉义务行政处罚案的分析》，载《法律适用》2020年第2期。

〔2〕李燕、杨淦：《董事注意义务的司法审查标准刍议》，载《法律适用》2013年第12期。

〔3〕彭肖莎：《论公司董事勤勉义务的衡量标准及其完善对策》，载《青海民族大学学报（社会科学版）》2014年第3期。

主观标准来确定其是否违反董事勤勉义务。可以说，主客观相结合标准克服了适用单一标准存在的局限和弊端，兼采两者之长而避其短，相对而言更加完美和合理，且在我国学术界，大多数学者亦都主张立法应采取主客观相结合标准。

（3）主客观相结合标准的具体内容。从客观方面讲包括：

①行为。董事的行为要求是：

第一，出席董事会议。董事负有对公司经营进行总体指导并在董事会上行使表决权的重要职责，履行方式就是出席董事会会议。且董事会决策质量影响着公司发展和营收状况，所以出席董事会议是董事履行勤勉义务的最基本表现。从司法实践来看，也存在董事因未主持或出席董事会议而被诉违反勤勉义务的情况。原则上，董事应该亲自出席董事会议，当然有正当理由的情况下，也可以委托其他董事代为行使表决权或主持董事会议。此外，董事也不能无限制委托其他董事代为主持董事会议和行使表决权，否则与勤勉义务对董事持续关注公司事务的要求相违背。

第二，持续关注公司事务。作为一种过程性义务，勤勉义务更关注董事履职过程而非结果，董事对勤勉义务的履行，体现在其对公司业务的日常经营和管理中，因此要求其必须持续关注公司事务。[1]《保险公司董事会运作指引》以及《上市公司治理准则》对董事持续关注公司事务作了要求，要求董事必须保有足够的时间和精力去关注和管理公司事务。从某种意义上来说，收获与投入生产的时间和精力成正比，而勤勉义务要求董事奉献自己全部能力为公司创造更多价值，自然也就要求持续关注公司事务，将更多的时间和精力投入公司事务的管理和业务的经营中。

第三，谨慎作出商业决策。商业活动带有诸多风险，董事在商业决策中必须保持警惕和谨慎从而避免一些不必要的损失，而这也是勤勉义务的要求。在司法实践中，董事因未谨慎决策而被起诉违反勤勉义务的案件亦不在少数。那么董事如何才算谨慎决策呢？笔者认为要从两个方面去考察：一是是否充分获取和搜集了决策相关的信息；二是决策程序是否符合规定。具体而言，信息是决策的基础和前提，科学合理的决策都是建立在充分获取信息的基础

〔1〕 李强：《董事注意义务研究》，武汉大学 2009 年博士学位论文。

上的。因此，如果没有提前搜集决策所需要的信息，很难让人相信其在决策时保有足够的谨慎和信心。此外，董事决策程序符合公司章程或法律规定是董事谨慎决策的外在表现。当然，在某些情形下，即使董事的决策不合程序，也不一定就违反了勤勉义务。

第四，具备专业知识和职业素养。公司聘任董事来管理公司事务，自然是寄希望于董事的才华能够为公司创造更多的价值。且作为一个关系着公司发展的职位，本就对其任职之人有一定的能力要求。如果一个不具有经营管理能力的人担任了董事，那么很容易出现两种情况，一是胡乱作为导致公司利益受损，二是碌碌无为致使公司错失发展机遇。无论是哪种情况，想必都不是公司所希望见到的。《上市公司章程指引》中亦规定董事任职需要具备一定的知识、经验和技能，且应积极参加相关知识培训，不断提高自身能力水平。

第五，监督公司事务。通常认为，董事除负责决策外，还肩负监督的职责。董事们作为公司财产的实际控制人，自然负有对与公司财产有关事宜的监督责任，且在不设监事或监事会的公司中，董事发挥着主要的监督作用。在我国，尽管公司法规定公司设立监事或监事会负责行使监督权，监督公司日常事宜，但是这并不意味着董事就不用承担监督事务的责任。相反地，监督仍然是董事一项很重要的职责。因此，监督义务属于勤勉义务的内容，在勤勉义务的范畴之内，董事未履行监督义务则构成对勤勉义务的违反。

第六，遵守公司章程和法律。董事履行勤勉义务的行为表现还包括遵守公司章程和法律法规的规定。公司章程为股东会所制定，是全体股东意志的体现，董事由股东会所选聘，负责管理公司财产及相应事务，自然要遵守公司章程的规定，对公司和股东负责。此外，遵守法律是每个人应该履行的义务，董事亦不例外，且董事的一举一动都会对公司产生影响，在履职和决策的过程中要更加小心，避免决策与法律规定相抵触。

②主观过错。审查董事是否违反勤勉义务，除了考察董事行为外，还需要考虑董事的主观过错程度。[1]主观过错程度分为一般过失和重大过失。那么，对董事主观过错程度的要求应该如何选择，是一般过失即构成违反董事

〔1〕 陈本寒、艾围利：《董事注意义务与董事过失研究——从英美法与大陆法比较的角度进行考察》，载《清华法学》2011年第2期。

勤勉义务还是需要达到重大过失的程度？笔者认为这不是一个能一概而论的问题。笔者认为前文所述董事履行勤勉义务的行为可以进一步归纳为商业决策行为和非商业决策行为这两种行为类型。对于这两种行为类型应该适用不同的过错程度要求，在董事违反的是商业决策行为的情况下应采用重大过失标准，如果董事违反的是非商业决策行为，那么只要构成一般过失就认定为违反勤勉义务。[1]

③客观损失。公司客观损失的存在与否会影响董事违反勤勉义务的认定吗？笔者认为，行为的可追责性并不在于其造成损失与否，而在于其违法性和不合理性，并且违反勤勉义务和责任赔偿是两个范畴的问题。前者仅是后者的基础和前提，违反勤勉义务并不必然要承担赔偿责任。因此，认定董事是否违反勤勉义务与公司利益是否受损并无太大关联，受影响的只是对董事的求偿权。因此，即使公司并未因董事违反勤勉义务的行为而遭受损失，仍然可以认定该董事已经实质性违反董事勤勉义务。但需要注意的是，不考虑公司是否存在客观损失就认定董事违反勤勉义务是建立在董事违反勤勉义务的行为属于非商业决策行为的基础上。如果董事是因为商业决策行为而被起诉违反董事勤勉义务，则需要公司存在客观损失才可以认定该董事违反勤勉义务。[2]之所以做出如此区分，在于商业决策行为与非商业决策行为性质的不同。商业决策容易受到各种不可控因素的影响，如果仅因决策失败即认定董事违反勤勉义务未免不合情理。况且商业决策成功后受益最大的是公司，从收益和风险对等的角度来说，也理应对董事的商业决策行为更宽容。因此，在董事因商业决策行为被起诉违反勤勉义务的案件中，应考察公司是否存在实际损失。非商业决策行为主要是出席董事会议、遵守公司章程等行为，这些行为都是董事理应履行的职责，且履行行为的过程中基本不存在风险和不可控因素，董事可轻易做到这些行为。此外，董事违反这些行为产生的危害多为潜在性危害，不易察觉和证明。因此，若董事违反勤勉义务的行为属于非商业决策行为的话，可以不考虑公司是否因此存在客观损失。

④关联性。对关联性的审查，主要是出现在董事因商业决策行为而被起

---

〔1〕 叶金强：《董事违反勤勉义务判断标准的具体化》，载《比较法研究》2018 年第 6 期。

〔2〕 潘玮璘、戴红兵：《董事高管勤勉义务的豁免功能与责任构成》，载《中国应用法学》2019 年第 4 期。

诉违反董事勤勉义务的案件中。在这些案件中，即使涉案的公司存在实际的损失，法院仍会审查这些损失的发生与该董事的商业决策行为之间是否存在关联性。

关联性的审查，是司法裁判中认定董事是否违反勤勉义务的关键，具有责任切断的功能。同时，对关联性举证责任的分配，应当依据各时期公司治理结构的发展所导致的诉讼各方权力差距来确定，必要时可由法院自由裁量。[1]就目前来说，我国现行的股权结构仍较为集中，董事会形式化所导致的内部人控制情况仍较为严峻，因此，建议将举证责任倒置，由董事对其行为与公司利益受损之间不存在关联负责举证。

第七节　独立董事

一、独立董事制度的概念和特征

（一）独立董事的概念

独立董事也被称为独立外部董事或者非雇员董事。2022 年中国证监会发布的《上市公司独立董事规则》中也有对独立董事的定义，其第 2 条规定，上市公司独立董事指的是不在上市公司担任除董事外的其他职务，并与其所受聘的上市公司及其主要股东不存在可能妨碍其进行独立客观判断的关系的董事。我国公司法要求在上市公司中建立独立董事制度。所谓独立董事制度指的是在公司的董事会中设立用来监督公司，而且与公司不存在利益关系的独立董事，并以此形成内部权力制衡与监督的一种制度。

（二）独立董事的特征

1. 独立性。在日常的履职过程中，独立董事应排除心中的一些杂念，以专家型的身份和立场对上市公司的经营决策发表意见，不受其他任何人或任何组织的影响，客观、公正地行使职责。同时，独立董事还必须人格上独立、利益上独立。人格独立，是独立董事的最底线要求。利益上的独立，是要求将钱和责任分开来看，也就是将收到的报酬和要干的事情区别看，不能被金

〔1〕 何琼、史久瑜：《董事违反勤勉义务的判断标准及证明责任分配》，载《人民司法》2009 年第 14 期。

钱所左右，被利益牵着鼻子走。同时，中国证监会在出台的政策文件里，对独立董事的任职条件也作出了明确的规定。[1]我们认为，这次政策文件的颁布，是国家从长远的角度，对独立董事的独立性提出明确的要求。

2. 专业性。独立董事的专业性，是指独立董事要运用自身的专业背景。自己擅长的领域和积累的工作经验，在上市公司履职的过程中，针对上市公司日常经营管理过程碰到的问题和瓶颈，能够及时地发现和指正，为上市公司出谋划策，提出有建设性、有价值性的建议，理性地给出相关意见和能解决问题的方案。

3. 兼职性。独立董事除了在某一上市公司中担任外聘董事外，基本上都有自己专业领域内的工作和事情，他们与上市公司或上市公司经营管理者没有重要的业务联系或专业联系，只是外聘董事。对此，中国证监会在出台的《上市公司独立董事规则》第2条中，对这一方面也作出了相应的要求。

二、独立董事的运行现状

（一）独立董事的来源

独立董事根据不同的职业背景可分为学者型、公司型、中立型、银行型以及政府型独立董事。学者型独立董事主要来源于高校与科研机构；公司型独立董事主要来源于各类实体企业；中立型独立董事指那些来源于中立机构如会计师事务所或律师事务所的独立董事；银行型独立董事主要来源于银行等金融机构；政府型独立董事主要来自政府机关。据统计，在我国，学者型独立董事在所有独立董事执业背景类型中占了最大多数，是比较受上市公司欢迎的独立董事类型。

（二）独立董事人数比例

我国证监会规定了上市公司独立董事的人数不能少于董事会人数的1/3。据统计，2015年上市公司独立董事在董事会中的平均所占比例为36.35%，即占大约1/3。[2]也就是说，上市公司聘请独立董事大多还是为了满足证监会关于独立董事所占比例的规定。一般认为，一定比例的独立董事不仅可以制约大股东滥用权利，同时也可保障中小股东利益。

---

〔1〕 参见《上市公司独立董事规则》第6条。

〔2〕 杨有红、黄志雄：《独立董事履职状况和客观环境研究》，载《会计研究》2015年第4期。

（三）独立董事薪酬水平

理论界对于独立董事薪酬的发放方式以及额度存在争议。过多的薪酬影响独立董事的独立性，过低的薪酬又会影响其积极性。在实践中，独立董事的津贴由上市公司董事会制定预案，股东大会审议通过，公司自行发放。独立董事的薪酬与公司业绩不挂钩，即使公司经营业绩差也不影响独立董事薪酬的发放，因此薪酬发放的随意性较大。

（四）独立董事履职状况

主流的观点认为，独立董事的履职状况很大程度取决于获得信息的程度。若独立董事为获取信息支付高成本，其履职效果就会较差。管理层防御观点认为，管理层对于独立董事的监督行为具有防御倾向，即被独立董事监督时采取不配合行为。据调查，独立董事履职的障碍主要包括企业对独立董事的限制和管理者怠于配合的行为。总体来说，企业的支持程度与独立董事的履职过程决定了独立董事履职效果。

三、独立董事的独立性

独立董事必须具有独立性，根据《上市公司独立董事规则》第 7 条的规定，下列人员不得担任独立董事：

（1）在上市公司或者其附属企业任职的人员及其直系亲属、主要社会关系（直系亲属是指配偶、父母、子女等；主要社会关系是指兄弟姐妹、岳父母、儿媳女婿、兄弟姐妹的配偶、配偶的兄弟姐妹等）；

（2）直接或间接持有上市公司已发行股份 1%以上或者是上市公司前 10 名股东中的自然人股东及其直系亲属；

（3）在直接或间接持有上市公司已发行股份 5%以上的股东单位或者在上市公司前 5 名股东单位任职的人员及其直系亲属；

（4）最近 1 年内曾经具有前三项所列举情形的人员；

（5）为上市公司或者其附属企业提供财务、法律、咨询等服务的人员；

（6）法律、行政法规、部门规章等规定的其他人员；

（7）公司章程规定的其他人员；

（8）中国证监会认定的其他人员。

四、独立董事的提名、选举和更换

对于上市公司独立董事的提名、选举和更换，《上市公司独立董事规则》，第11~20条规定，独立董事的提名、选举和更换应当依法、规范地进行。

上市公司董事会、监事会、单独或者合并持有上市公司已发行股份1%以上的股东可以提出独立董事候选人，并经股东大会选举决定。

独立董事的提名人在提名前应当征得被提名人的同意。提名人应当充分了解被提名人职业、学历、职称、详细的工作经历、全部兼职等情况，并对其担任独立董事的资格和独立性发表意见，被提名人应当就其本人与上市公司之间不存在任何影响其独立客观判断的关系发表公开声明。

在选举独立董事的股东大会召开前，上市公司董事会应当按照本规则第13条的规定公布相关内容，并将所有被提名人的有关材料报送证券交易所。上市公司董事会对被提名人的有关情况有异议的，应同时报送董事会的书面意见。

独立董事每届任期与该上市公司其他董事任期相同，任期届满，连选可以连任，但是连任时间不得超过6年。

独立董事连续3次未亲自出席董事会会议的，由董事会提请股东大会予以撤换。

独立董事任期届满前，上市公司可以经法定程序解除其职务。提前解除职务的，上市公司应将其作为特别披露事项予以披露。

独立董事在任期届满前可以提出辞职。独立董事辞职应向董事会提交书面辞职报告，对任何与其辞职有关或其认为有必要引起公司股东和债权人注意的情况进行说明。

如因独立董事辞职导致公司董事会中独立董事所占的比例低于本规则规定的最低要求时，该独立董事的辞职报告应当在下任独立董事填补其缺额后生效。

独立董事出现不符合独立性条件或其他不适宜履行独立董事职责的情形，由此造成上市公司独立董事达不到本规则要求的人数时，上市公司应按规定补足独立董事人数。

五、独立董事的权利

《上市公司独立董事规则》第 22 条规定，为了充分发挥独立董事的作用，独立董事除应当具有《公司法》和其他相关法律、法规赋予董事的职权外，上市公司还应当赋予独立董事以下特别职权：

（1）重大关联交易（指上市公司拟与关联人达成的总额高于 300 万元或高于上市公司最近经审计净资产值的 5%的关联交易）应由独立董事认可后，提交董事会讨论；独立董事作出判断前，可以聘请中介机构出具独立财务顾问报告，作为其判断的依据。

（2）向董事会提议聘用或解聘会计师事务所；

（3）向董事会提请召开临时股东大会；

（4）提议召开董事会；

（5）在股东大会召开前公开向股东征集投票权；

（6）独立聘请外部审计机构和咨询机构，对公司的具体事项进行审计和咨询；

独立董事行使前款第 1 项至第 5 项职权，应当取得全体独立董事的 1/2 以上同意；行使前款第 6 项职权，应当经全体独立董事同意。

第 1、2 项事项应由 1/2 以上独立董事同意后，方可提交董事会讨论。

如本条第 1 款所列提议未被采纳或上述职权不能正常行使，上市公司应将有关情况予以披露。

法律、行政法规及中国证监会另有规定的，从其规定。

独立董事除履行上述职责外，还应当对以下事项向董事会或股东大会发表独立意见：

（1）提名、任免董事；

（2）聘任或解聘高级管理人员；

（3）公司董事、高级管理人员的薪酬；

（4）上市公司的股东、实际控制人及其关联企业对上市公司现有或新发生的总额高于 300 万元或高于上市公司最近经审计净资产值的 5%的借款或其他资金往来，以及公司是否采取有效措施回收欠款；

（5）独立董事认为可能损害中小股东权益的事项；

（6）法律、行政法规、中国证监会和公司章程规定的其他事项。

独立董事应当就前款事项发表以下几类意见之一：同意；保留意见及其理由；反对意见及其理由；无法发表意见及其障碍。

如本条第1款有关事项属于需要披露的事项，上市公司应当将独立董事的意见予以公告，独立董事出现意见分歧无法达成一致时，董事会应将各独立董事的意见分别披露。

六、独立董事的责任

（一）刑事责任

独立董事的违法行为不仅会对公司治理产生不良影响，同时还会损害社会的经济运行秩序。独立董事参与公司经营决策，当然能接触到公司的商业秘密，独立董事应具备必要的风险意识，坚决不触碰监管的高压线。目前我国独立董事受到刑法处罚的很少，主要涉及内幕交易、泄露内幕信息罪，违规披露、不披露重要信息罪等。

（二）行政责任

独立董事违反法律、行政法规等管理性规范的，应当依法承担行政责任。对独立董事进行行政管理的机关主要是中国证监会。董事违反勤勉义务而受到行政机关处罚的案例层出不穷。2019年至今涉及独立董事的行政处罚共19件，其中证监会作出11件，证监局作出8件；沪主板5件，深主板8件，中小板3件，创业板3件；涉及18家上市公司，共处罚54名独立董事。近2年行政处罚违法违规案件的类型主要有：信息披露违法类、操纵市场类、内幕交易类、中介机构违法类、私募基金领域违法、短线交易、从业人员违法违规等。[1]

（三）民事责任

1. 独立董事对公司的责任。独立董事违反其应负的注意义务和忠实义务，并因此对公司造成损害时，理应承担责任。虽然英美法系和大陆法系国家有着对独立董事不同的理论基础，但是他们都承认独立董事应对公司负民事赔偿责任。我国《公司法》第149条对董事赔偿责任的认定也当然适用于独立

〔1〕参见《2019年独立董事行政处罚分析报告》，载搜狐网，https://www.sohu.com/a/362285667_733484，最后访问日期：2020年8月21日。

董事。

2. 独立董事对第三人的责任。独立董事在进行与公司有关的事务时，因故意或重大过失对第三人造成损害的，应与公司承担连带损害赔偿责任。[1]这里的第三人一般包括债权人、股东、社会公众等。

七、独立董事的工作条件保障

根据《上市公司独立董事规则》第24~29条规定，为了保证独立董事有效行使职权，上市公司应当为独立董事履行职责提供所必需的工作条件。上市公司董事会秘书应积极为独立董事履行职责提供协助，如介绍情况、提供材料等，定期通报公司运营情况，必要时可组织独立董事实地考察。独立董事发表的独立意见、提案及书面说明应当公告的，上市公司应及时协助办理公告事宜。

上市公司应当保证独立董事享有与其他董事同等的知情权。凡须经董事会决策的事项，上市公司必须按法定的时间提前通知独立董事并同时提供足够的资料，独立董事认为资料不充分的，可以要求补充。当2名或2名以上独立董事认为资料不充分或论证不明确时，可联名书面向董事会提出延期召开董事会会议或延期审议该事项，董事会应予以采纳。上市公司向独立董事提供的资料，上市公司及独立董事本人应当至少保存5年。

独立董事行使职权时，上市公司有关人员应当积极配合，不得拒绝、阻碍或隐瞒，不得干预其独立行使职权。

独立董事聘请中介机构的费用及其他行使职权时所需的费用由上市公司承担。

上市公司应当给予独立董事适当的津贴。津贴的标准应当由董事会制订预案，股东大会审议通过，并在公司年报中进行披露。除上述津贴外，独立董事不应从该上市公司及其主要股东或有利害关系的机构和人员取得额外的、未予披露的其他利益。

上市公司可以建立必要的独立董事责任保险制度，以降低独立董事正常履行职责可能引致的风险。

---

〔1〕 万鄂湘主编：《商主体法律理论与适用》，人民法院出版社2005年版，第178页。

第八节 经 理

一、经理的概念及法律地位

（一） 经理的概念

公司的经理是指由董事会聘任，在法定范围内，有权代理公司或分支机构，对公司进行经营管理的高级管理人员。在现行《公司法》中有关于经理的规定，第 49 条规定了经理的设立与职权，第 68 条与第 113 条分别规定，国有独资公司与股份公司经理的职权参照《公司法》第 49 条；经理的聘任或解聘由董事会来决定，此外并无其他有关经理概念的描述。

（二） 经理的法律地位

关于经理的法律地位，在理论上有不同的学说：

1. 公司机关说。一些国家（如德国、奥地利和瑞士等）的实践中，依法而行使法人职权或依公司的章程而被任命从事一定工作的人，也拥有机关的身份。在英美法系，该些代理人都被看作公司机关的有机组成。也即，不管代理人的何种行为（包括对外），都被看作公司的行为，该行为所产生的后果，该公司承担。

2. 公司代表说。此观点认为，经理作为公司代表，在对外以公司的名义为一定的行为时（包括诉讼），该行为的法律效力直接由该公司承担。公司经理对外以公司的名义为一定的行为时，两大法系都认为公司代表可由经理来担任。

3. 雇员说。经理由董事会聘定（包括聘任或解聘），经理相对应地对董事会负责。一般来说，经理是公司的雇员，但其较于公司其他员工，有着特殊性。对经理的专业知识、技能、经验、体力等方面都有着很高的要求，因此，又有较多人称经理为高级雇员。

4. 代理说。对于经理被视为公司“所有者”（Owners）的“代理人”（Agents），两大法系没有争议。[1] 在我国，有的学者认为，经理的代理有别

---

〔1〕［美］玛格利特· M. 布莱尔：《所有权与控制：面向 21 世纪的公司治理探索》，张荣刚译，中国社会科学出版社 1999 年版，第 85 页。

于一般民事代理，它是一种职务代理，随着经理资格的取得，代理权也即拥有，无需书面委托授权。

5. 多元说。多元说认为，任何一个单一的学说都难以很全面地概括经理的法律地位，因其地位的特殊性，不论是公司内部还是外部行为所形成的法律关系，都较为复杂。因此，经理的法律地位具有代理、高级雇员与公司代表三者合一的性质。

二、经理的职权

（一）我国公司法的规定

现行《公司法》第 49 条规定了经理的职权，具体如下：有限责任公司可以设经理，由董事会决定聘任或者解聘。经理对董事会负责，行使下列职权：①主持公司的生产经营管理工作，组织实施董事会决议；②组织实施公司年度经营计划和投资方案；③拟订公司内部管理机构设置方案；④拟订公司的基本管理制度；⑤制定公司的具体规章；⑥提请聘任或者解聘公司副经理、财务负责人；⑦决定聘任或者解聘除应由董事会决定聘任或者解聘以外的负责管理人员；⑧董事会授予的其他职权。公司章程对经理职权另有规定的，从其规定。经理列席董事会会议。第 68 条规定，国有独资公司设经理，由董事会聘任或者解聘。经理依照本法第 49 条规定行使职权。经国有资产监督管理机构同意，董事会成员可以兼任经理。第 113 条规定，股份有限公司设经理，由董事会决定聘任或者解聘。本法第 49 条关于有限责任公司经理职权的规定，适用于股份有限公司经理。我国现行的《公司法》规定，国有独资公司和股份有限公司的经理的职权参照有限公司的规定，但从有限公司的规定来看，第 49 条所规定的法定的经理的权限仅是对公司内部的经营管理权限，无对外权限的规定，最后一个兜底条款即章程可另有规定。

（二）经理职权的行使

1. 单独经理职权的行使。单独经理职权的行使，指经理职权被公司授予给单独的个人行使。在单独经理职权行使的时候，又表现为三种方式，即签名（如德国《有限责任公司法》第 35 条第 3 款、第 44 条）、签名+标记代理权（如德国《商法典》第 51 条，此条为较早期立法）、签名+表明其所在公司的职衔（我国台湾地区对是否需要表明“职衔”有肯定说与否定说）。结合这三种行使方式以及各国实务来看，目前主流的行使方式为第一种，即签名即可。

2. 共同经理职权的行使。与上述单独经理职权形成对比，共同经理职权指，经理职权被公司同时授予多人行使。和单独经理职权一样，也是通过签名即可产生法律效力。但此处的签名指几个被授予经理权限的人“同时”签字，“同时”并不一定意味着相同时间、相同地点，而是指对待同一事件，拥有经理职权的每个人的基本方法和原则同一，且同一事件对外作相同的意思表示。

（三）公司经理职权的限制

1. 大陆法系国家的限制。这些限制主要体现在：

首先，立法的限制。大陆法系国家（地区）对经理职权的限制采用的最广泛的形式是立法，这也体现出对不动产处分的限制与保护。以法国、德国、意大利等国家为例，这些国家的立法规定了公司经理转让公司不动产或设立负担必须经过公司的特别授权。

其次，公司章程与合同的限制。除了行之有效的法律，采用公司章程或契约完善经理职权的限制规则也是许多国家的通常做法。如将经理职权限于特定时间、特定场合、特定业务等。我国《公司法》在限制权力方面就明确了这一做法，公司章程可以对经理职权限作出额外规定，但出于交易安全的考虑，只能在公司内部发挥限制性效力，而不能对抗善意第三人。

最后，共同经理职权的限制。此方式要求经理职权被同时授予多人，对外意思表示则需要经理共同为之。

2. 英美法系国家的限制。这些限制主要体现在：

首先，职位特征的限制。经理的广泛职务权力的背后，所暗含的限制规则源于职位本身的专有属性。经理负责公司日常经营管理活动，其职责范围仅限于管理，任何超越职责范围的行为即构成越权。

其次，“反面推定察觉原则”的限制。由职位本身所确定的权利，即规划出经理的权利界限，该权利与公司章程并行不悖，彼此相互独立。但是这一权利受到来自公司内部条款的规制，即“反面推定察觉原则”，事前推定与公司进行交易的第三人知悉有关公司公开文件，即如果公司章程对经理职权范围作出了限制，则不论交易人是否实际知晓该文件，都视为已经知晓。其旨在保护股东与公司的双向权益，公司可以不受阻碍地拒绝承担因经理越权行为所产生的法律后果。

最后，“蒂尔康德条规”限制。“蒂尔康德条规”所体现出的保护善意第三人的法的思想，是指只要与公司交易的第三人是善意的（不知道公司内部规则未被遵守），即推定经理职权的授予具有合法性。作为反面推定察觉原则的补充，“蒂尔康德条规”使后者得以公平应用，既有利于平衡相关主体的权益，又能预防经理的滥权行为的发生。

第九节　监事会

一、监事会的概念和基本特点

（一）监事会的概念

监事会是由股东大会和职工代表大会选举产生，负责监督公司经营管理活动的专门机构。

监事会是公司内部行使监督权的机构，对董事会、高级管理人员是否为股东的利益经营公司、是否严谨审慎地制定经营策略进行监督。监事会成员通常由股东选举产生，监督权实际上来源于资本所有权。从层级上来看，监事会和董事会共同置于股东大会之下。

（二）监事会的基本特点

1. 法定性。公司监事会这一名称来源于公司法。监事会的权力内容、权限范围也源自法律的规定。

2. 独立性。监事会应当依法独立行使权力，保证排除他人的非法干涉。虽然股东大会是公司的最高权力机关，监事会位于股东大会之下，但监事会并不会对股东大会的决策不加判断一味附和，当然监督权更不会从属于董事会的执行权。

3. 专门性。监事会的职责只有一个，就是监督。监事会是为了保证股东会制定决策的正确性和检验董事会、高管人员是否对公司的经营决策尽到了尽职审慎义务而设立的。监事会就是排除股东大会、董事会的干扰而独立行使监督权的机构。

4. 权威性。要完成法律赋予监事对公司的监督义务，监事会就应当具有一定的威信，这样才能使公司的董事会、高管人员重视监事会提出的意见。地位、权利和专业知识构建了监事会成员的威信。

二、监事会在公司内部架构中的角色和作用

1. 保护股东利益，防止董事会损害投资者的利益。面对董事会可能滥用权利的现象，长达几个月甚至一年才召开一次的股东大会显然不具备时时监督的可能性。正是基于这些原因，对公司拥有所有权的股东将监督权赋予监事，让其代替股东对董事会成员进行监督。

2. 监督公司财务会计状况，保护债权人利益。一旦公司发生风险，债权人比股东处于更不利的境地。当公司经营不善时，如果董事会、高管人员滥用权利造成公司最终破产，这就意味着无法得到清偿的债权将最终归于消失。正是基于此，很多债权人比股东更关心公司董事会、高管人员是否对公司的经营尽职尽责。所以，法律出于对公司债权人利益的考虑，更应当设置监事会制度，监督公司的良性运转，杜绝损害公司利益的事情发生。

3. 维护职工利益，寻求股东、职工之间的利益均衡。职工的利益与公司的利益是密切相关的。任何公司都不可能完全按照股东利益最大化的原则来进行管理，而应寻求公司利润和职工福利的平衡点。监事会作为公司的监督机关，也必须站在职工的立场上对公司的运营决策进行监督，必须具有维护职工利益的职能。

三、监事会的职权

我国《公司法》第53条和第54条规定了监事会的如下职权：

1. 列席董事会会议。董事会拥有公司的决策权和业务执行权，监事会具有监督董事会的权利。监事列席董事会会议，了解公司经营决策和执行情况，对公司经营决策等问题向董事会提出意见和建议。

2. 检查公司财务。监事有权监督公司财务预算的编制、执行、分析和考核以及决算报告的编制等，通过对财务预决算的监督，监督公司财务活动的全过程，监督公司财务会计活动的真实性。

3. 监督公司董事及高级管理人员。监事会可以对董事、经理等高级管理人员执行职务时违反法律、行政法规和公司章程的行为进行监督。在董事、

经理等高级管理人员的行为损害公司利益时，监事有权要求其予以纠正。在董事、经理等高级管理人员的行为损害公司利益时，监事会有权代表公司提起诉讼。

4. 召集股东会会议。当董事会或执行董事不能履行或者不履行召集股东会会议职责时，由监事会召集和主持。

案例47：对于董事侵犯公司利益的行为，监事有权以公司的名义提起诉讼〔1〕

案由：损害公司利益责任纠纷

甲实业公司一审请求南京市中级人民法院判令SL集团公司立即将3000万元及利息返还给甲实业公司。郭某某、谢某某、甲A公司对SL集团公司不能给付的部分承担共同赔偿责任。

一审法院经审理查明：甲实业公司于2004年9月30日成立，注册资金4000万元，张某某出资1760万元，持股比例为44%，郭某某出资2240万元，持股比例为56%。甲实业公司成立后至今，未设董事会、监事会，由郭某某任公司执行董事兼经理、法定代表人，张某某任公司监事，谢某某任公司财务总监。2009年5月6日，张某某转让其所持有的甲实业公司22.5%的股权给××天源公司，郭某某转让其持有的甲实业公司56%的股权给甲A公司。现甲实业公司的股权比例为：张某某持股21.5%，××天源公司持股22.5%，甲A公司持股56%。甲A公司系郭某某于2008年6月24日设立的一人有限责任公司，注册资金500万元。SL集团公司于1997年4月8日成立，现注册资金33 466万元，郭某某认缴额为22 758万元，持有68%的股权，任该公司董事长。

SL集团公司于2012年7月12日向甲实业公司出具一份借条，借条载明：今向甲实业公司借款人民币3000万元整，借款期限3个月，即2012年7月13日至2012年10月12日，借款利息按照人民银行公布的同期3个月定期存款基准利率计算。次日，甲实业公司将款项出借给SL集团公司。SL集团公司于2012年11月5日将30 239 342元汇入甲实业公司，归还前述欠款本息。应

〔1〕参见江苏省高级人民法院（2013）苏商终字第0235号民事判决书。

甲实业公司申请，原审法院至其设立银行账户的银行调查，查明以下事实：甲实业公司于2012年11月5日将3000万元转入甲房地产公司。甲房地产公司于2012年11月23日将3000万元汇入甲实业公司。甲实业公司于2012年11月30日转给陶某某200万元，2012年12月3日转给甲房地产公司2800万元。甲房地产公司于2013年6月4日转给甲实业公司30 455 000元。一审庭审中，郭某某、谢某某、甲A公司、SL集团公司以经营需要为由解释甲实业公司与甲房地产公司之间的款项往来，并认为法院查明的该节事实与本案无关。

张某某于2012年12月24日以甲实业公司的名义提起本案诉讼，被告为郭某某、谢某某。

原审法院认为：郭某某存在违反法律和公司章程的行为，但未损及公司利益，其应承担本案诉讼费。谢某某不应当承担案涉责任，公司监事张某某支付的律师代理费应由甲实业公司负担。郭某某未经甲实业公司股东会同意，亦未经公司监事审核，利用其系法定代表人的职务之便，于2012年7月13日、14日将甲实业公司的3000万元巨额款项出借给其担任法定代表人且控股的SL集团公司。郭某某的上述行为违反了甲实业公司的章程和公司财务管理制度，亦违反了其对公司依法应负有的忠实义务。至于甲实业公司主张的律师代理费问题，由于郭某某前述违反法律及公司章程的行为，监事张某某依法行使监督职权提起案涉诉讼，由此委托律师而支出的律师代理费324 600元，根据《公司法》第57条监事行使职权所必需的费用由公司承担的规定，应由甲实业公司负担。一审判决郭某某于判决生效之日起10日内将甲实业公司变更后的财务印鉴私章（“郭某某印”）交付给监事张某某指定的工作人员保管，驳回其他诉讼请求。

郭某某不服一审判决提起上诉。江苏省高级人民法院二审认为，本案将甲实业公司列为原告合法适当。对于监事（会）提起上述诉讼，并未规定是以其自己的名义进行。监事（会）行使监督职权实际是维护公司利益的公司行为，故应当以公司作为原告。监事（会）对董事、高级管理人员提起诉讼，监事（会）是在公司内部自我监督及管理机制陷入停滞、出现失效时，将对公司内部合约的违反和控制权滥用现象提交法院裁判，以公司名义提起诉讼才能使得司法介入有效进行、避免控制权滥用现象在诉讼中延续，也符合公司法关于监事（会）职权及其为维护公司利益提起诉讼的相关规定的立法目的。张某某提供了证据证明其是甲实业公司的监事，故原审法院认可其公司代表地位，具有事实和法律依据。二审驳回上诉，维持原判决。

点评：公司董事或高级管理人员违反法律、法规或公司章程的规定损害公司利益时，作为公司的监督机构的监事（会）可以以公司的名义提起诉讼，要求董事或高级管理人员承担损害赔偿责任。

四、监事会的产生

（一）监事的产生

监事一般由股东会选任，其选任方式与董事相同。有限责任公司的监事可以在公司章程中指定，或者由法院选任。股份有限公司在发起设立时，可以由发起人选任；在募集设立时，由创立大会选任。在实行职工参与制的国家，监事分别由股东会、职工和工会选任。我国公司法规定，监事会中的股东代表，由股东会选任；职工代表由公司职工民主选任。

（二）监事的任职资格

为了保证有效发挥监事会的监督功能，监事必须具有相应的任职能力。监事人选的资格基本与董事相同。各国公司法一般均规定，公司的董事、经理和财务负责人不得兼任监事。我国公司法对于监事人选的资格除规定董事、高级管理人员不得兼任监事外，其他与董事、经理的任职资格相同。

（三）监事的任期

我国《公司法》第 52 条第 1 款规定，监事的任期每届为 3 年，任期届满可以连选连任。由此可见，在我国，监事的任期与董事基本相同，基本都是每届 3 年。

五、监事会的组成

（一）监事会的人数

对于有限责任公司，我国《公司法》第 51 条第 1、2 款规定，有限责任公司设监事会，其成员不得少于 3 人。股东人数较少或者规模较小的有限责任公司，可以设 1 名至 2 名监事，不设监事会。监事会应当包括股东代表和适当比例的公司职工代表，其中职工代表的比例不得低于 1/3，具体比例由公司章程规定。监事会中的职工代表由公司职工通过职工代表大会、职工大会或者其他形式民主选举产生。对于股份有限公司，我国《公司法》第117条第1、2款规定，股份有限公司设监事会，其成员不得少于3人。监事会应当包括股东代表和适当比例的公司职工代表，其中职工代表的比例不得低于1/3，具体比例由公司章程规定。监事会中的职工代表由公司职工通过职工代表大会、职工大会或者其他形式民主选举产生。对于国有独资公司，我国《公司法》第70条第1款规定，国有独资公司监事会成员不得少于5人，其中职工代表的比例不得低于1/3，具体比例由公司章程规定。

（二）监事会的成员结构

我国《公司法》第51条第2款、第117条第2款均规定，监事会应当包括股东代表和适当比例的公司职工代表，其中职工代表的比例不得低于1/3，具体比例由公司章程规定。我国公司法没有规定外部监事的构成要求。

六、监事会会议的召集与决议

监事会设主席一人，由全体监事过半数选举产生。监事会主席召集和主持监事会会议；监事会主席不能履行职务或者不履行职务的，由半数以上监事共同推举一名监事召集和主持监事会会议。监事会至少每半年召开一次会议，监事可以提议召开临时监事会会议。监事会决议应当经半数以上监事通过。监事会应当将所议事项的决定作成会议记录，出席会议的监事应当在会议记录上签名。

监事可以列席董事会会议，并对董事会决议事项提出质询或者建议。监事会发现公司经营情况异常，可以进行调查；必要时，可以聘请会计师事务所等协助其工作，费用由公司承担。监事对公司负有忠实义务和勤勉义务。监事执行公司职务时违反法律、行政法规或者公司章程的规定，给公司造成损失的，应当承担赔偿责任。

案例48：公司监事代表公司起诉公司债务人要求其赔偿公司损失〔1〕

原告甲实业有限公司诉称：原告系有限责任公司，案外人周某伟任公司

〔1〕 参见上海市黄浦区人民法院（2014）黄浦民二（商）初字第1166号民事判决书。

法定代表人，吴某民为监事。2007 年 7 月 27 日周某伟私自从公司银行账户中转出资金人民币 5000 元。同年 8 月 3 日周某伟又从公司银行账户转出资金 3 798 720 元，用于购买其自用的房产。周某伟的该项行为构成对公司利益的侵犯，应赔偿原告 3 803 720 元。鉴于周某伟因突发疾病去世，被告周某风、徐某某系其继承人，故要求被告周某风、徐某某赔偿原告 3 803 720 元。另外，周某伟之妹，即公司财务主管被告周某辉分别于 2007 年 6 月 19 日、7 月 27 日、8 月 30 日，从公司银行账户转出资金 939 573. 05 元、305 100 元、433 545. 97 元。周某辉的该项行为同样构成对公司利益的侵犯，应赔偿原告 1 678 219. 02 元。由于周某辉侵占公司财产的行为系与周某伟共同实施，故要求被告周某风、徐某某与周某辉共同承担赔偿责任。

被告周某风、徐某某共同辩称：其父亲周某伟因购买商铺急需资金，故调拨了公司 3 803 720 元。但周某伟作为公司的高管可获取公司的红利，该红利足以抵消上述应归还公司的资金。另外，被告周某辉虽然从公司转出资金 167 余万元，但其行为因涉及职务侵占被公安部门立案后，已退赔了 150 多万元。综上，请求驳回原告的全部诉请。被告周某辉未作答辩。

法院确认如下法律事实：原告系 1993 年 10 月成立的有限责任公司，案外人周某伟任公司法定代表人，吴某民为监事。2006 年 7 月 24 日周某伟与“YD 公司”签订的商品房预售合同，约定向该公司购买位于本市某房产。2007 年 1 月 28 日周某伟与“HY 公司”签订的商品房预售合同，约定向该公司购买位于本市黄兴路的某房产。同年 7 月 27 日周某伟从公司银行账户中转出资金 5000 元。同年 8 月 2 日周某伟因病去世。次日，原告公司以支票形式汇入“HY 公司”资金 3 798 720 元，用于支付周某伟的购房款。之后，被告周某风、徐某某作为周某伟的子女，共同继承了位于本市碧云路的某房产。同时被告周某风单独继承了周某伟所持“××源公司”的股权。

另查明，被告周某辉于 2007 年 8 月因涉嫌职务侵占原告公司财产被某公安分局刑事拘留。该案卷宗显示，被告周某辉分别从原告公司银行账户划入其账户资金 939 573. 05 元及 962 845. 97 元；划入其控制的某新兴公司银行账户 1 902 178. 60 元；挪用公司资金 800 万元出借给案外人杨。嗣后，汇入“某新兴公司”的资金 1 902 178. 60 元被某公安分局扣押，周某辉主动退缴某公安分局资金 1 500 207. 13 元，800 万元出借资金原告已追回。上述被黄浦分局扣押的资金，其中756 050.73元直接发还原告公司，剩余资金经原告同意直接支付给原告的债权人。目前，被告周某辉尚有资金402 211.89元未退还。

法院认为，周某伟作为原告法定代表人理应履行对公司的忠实义务。周某伟私自转出公司资金5000元及以公司资金3 798 720元支付其购房款，显然违反了上述义务。虽然3 798 720元的资金流动发生在周某伟去世后，但并不排除其在生前已对资金所作的事先安排，故周某伟本应对原告公司承担赔偿责任。鉴于周某伟已因病去世，被告周某风、徐某某作为其继承人应在继承其遗产的范围内赔偿原告3 803 720元及相应的利息。

另外，据法院从黄浦分局关于周某辉涉嫌职务侵占一案所查明的事实，被告周某辉尚有资金402 211.89元尚未退还原告。虽然该项结果与原告证据显示的内容不尽一致，但公安机关出具资料的证明力显然高于原告提供的账户变动明细表。故而，被告周某辉应赔偿原告402 211.89元及相应的利息。判决如下：一、被告周某风、徐某某在继承周某伟遗产的范围内赔偿原告甲实业公司经济损失人民币3 803 720元及利息；二、被告周某辉赔偿原告甲实业公司经济损失人民币402 211.89元及利息，以上一、二项于本判决生效之日起10日内履行完毕。

点评：对于公司的高管及案外债务人侵犯公司利益的行为，公司的监事可以以公司的名义向该高管及债务人提起诉讼，所得的诉讼结果应归属于公司。

七、我国监事会制度存在的问题

（一）监事会缺乏独立性

监事会作为公司的常设机构，在多数的公司中没有专门的办事机构和专门的辅助工作人员。在我国监事会制度的实践考察中，公司对监事会的设置也并不重视，存在可有可无的现象，所以部分公司也只是为了符合法律规定敷衍式地设置了监事会成员，仅仅设置3名监事。

监事会成员的任职资格尤其是积极资格规定不明确，法律规定的遗漏导致了监事成员的素质参差不齐，以致出现众多没有专业知识背景的人担当重任，监事会成员的素质偏低。根据有关数据调查，监事会成员的学历从大专到高中水平不等，具有法律、财务相关专业知识的成员所占比例少之又少。

监事的选任机制缺乏独立性，受制于董事会。股东大会选举产生的监事仅仅代表着大股东的利益，同理董事会也是由代表大股东利益的代表组成的。在这种情形下，监事会监督董事会等同于大股东监督自己。职工监事的监督效果也并不好。职工监事作为职工的一员，既服从于领导的指派又监督领导的行为，甚至职工作为公司董事和经理们的雇员身份时，职工的薪酬、评价甚至是否聘用也是公司的董事、经理们所决定的。在平时的工作中，职工讨好董事还来不及，又怎么谈得上监督。

（二）监事会的权利内容不全且缺乏基本保障

首先，财务监督权。我国《公司法》规定了监事会有检查公司财务的职责，条文简短，对财务监督权规定得相对抽象、笼统、空洞。如何监督公司财务即监督的方式，检查公司财务都包括哪些方面，法律都没有相应的明确规定。

其次，人事监督权。我国《公司法》规定了监事会的罢免建议权，针对的对象是董事、高级管理人员。这只是一个建议权，而不是直接选举、解聘董事会的权利，没有人事弹劾权。

最后，纠正权。剖析《公司法》法律条文，得出监事会具有的是纠正请求权，它仅仅是一种“请求权”，没有法律强制力。监事请求董事、经理们对损害行为进行纠正，当董事、经理仰仗势力不予纠正时，监事会如何应对？法律没有规定监事会可采取何种方式救济，从而完全可能使监事会的这一权利落空。

监事会行为缺乏明确的权利保障、经费保障。监事会履行职权应给予制度上的保障，否则监事会职权的规定等于一纸空文。我国《公司法》虽然规定了监事履行职责所需费用的承担，但对所需费用的范围及所需费用的来源均无具体规定。

监事会决议程序模糊不清。我国《公司法》虽然规定了监事会的会议制度，但监事会作为我国公司中的必设机构，它的工作方式是监事会会议制，也就是说监事会对公司中发生的重大的违法违规事件采取集体研究并处理的方法，限制监事个人单独行使职权。

（三）监事会的激励和约束机制不健全

首先，缺乏合理的监事薪酬机制。我国《公司法》原则性地规定了股东大会具有监事的薪酬决定权，但对报酬的范围、报酬的发放时间、次数和数额、决定的方法、报酬数额的合法性等具体事项没有具体的规定。缺乏一套激励监事忠实履行职责的薪酬机制，造成干好干坏一个样，以致出现监事之间“搭便车”的现象。

其次，缺乏监事会成员责任追究的相关规定。我国《公司法》虽然规定了监事承担损害赔偿责任的追究，但该粗糙、抽象的法律条文在实践应用过程中不知如何下手。至于监事应在何种情形下承担责任，如何承担责任以及承担赔偿的数额、赔偿的标准，都是一些未知数，相关法律没有作出任何明确规定；《公司法》也缺少监事会行使监督权的免责机制规定。由于监事会在公司中事实上处于劣势地位，导致其履行职责犹豫不决、畏首畏尾，妨碍监督的实效。

八、我国公司监事会制度改革的基本原则

（一）独立监督原则

独立监督是对监督主体而言的，是指公司监督机构确定并且唯一，在组织上和意思上独立于监督对象。独立监督原则要求公司监事会的人员、财产、办公场所和财务支出等不受其公司董事会的控制。同时，监事会可不受任何其他公司机构和个人的干涉自由作出自己的决议。

（二）专业监督原则

专业监督原则主要是指现代公司监督机构为了实现对公司经营管理活动的有效监督，需要具备专业化的监督能力，具体包括专业化的监督信息供给能力、专业化的财务监督能力、专业化的自我组织能力以及监督对象、监督客体的精确化。[1]要通过规范、专业、高效的监督机构自我组织来保证监督人员对公司监督事务的投入，提高监督效率。业务监督专业化、财务监督专业化可以通过规定公司监督机构组成人员积极任职资格的方式实现。财务监督的专业化还可以通过赋予公司监督机构以公司外专门会计法人（机构）委托权的方式实现。

（三）积极监督原则

积极监督原则是指公司监督机构作为公司内设的司职公司监督事务的机

〔1〕 赵大伟：《中国上市公司监事会制度改革论》，吉林大学 2017 年博士学位论文。

构，出于维护公司整体利益、长远利益的监督目标需要，其监督的任务不应满足于回顾式的监督，还应该进行展望式的监督，不应满足于纠正已经发生的危害公司利益的公司管理层的行为，还应致力于防止可能危及公司整体利益的决策（行为）的作出。[1]公司内部监督机构与其监督对象之间不是一种简单的监督与被监督的关系，其二者之间更是一种合作和互助的关系。公司监督机构不仅应该指出和纠正其监督对象存在的错误，还应该与公司管理层分享其关于公司经营管理的经验和专业智慧。总之，积极监督意味着公司专门监督机构监督时间的延展和工作方式的转变，其监督的时间轴线从过去延展到将来，其与被监督对象之间的互动方式从“对立”向“合作”转变。在积极监督原则下，公司监督机构不再是公司治理结构中那个为董事（会）挑错的角色，公司监督机构是帮助公司董事会发现其经营管理中存在的问题并帮助其改正，从而最大程度地维护公司整体利益和股东利益的角色。

（四）有力监督原则

有力监督原则是指为了纠正已经发生的公司管理者损害公司利益的行为或者发现公司管理者有损害公司利益之虞时，公司监督机构可以对相关人员和决策采取必要之手段，可以使已经发生的错误行为得到及时纠正，可以使已经造成的损害最小化或者阻止即将发生的损害。公司监督机构若想对公司经营管理进行有力监督，其必须能够对公司经营者的命运和公司决策的走向产生足够影响。否则，要么说明其还不具备充分的独立性从而不具备真正的监督者身份，要么其会在监督角色的身份认同和能力欠缺之间迷失自我。当公司监督机构在管理层任免、公司经营管理决策作出以及激励、约束公司管理者方面均无作为的情况下，监事会必将成为无用之摆设。

---

[1] 赵大伟：《中国上市公司监事会制度改革论》，吉林大学 2017 年博士学位论文。

第九章

◀◀◀◀◀ Chapter 9

公司变更

第一节 公司合并制度

一、公司合并的概念

公司合并是指两个以上的公司通过订立合并协议归并为一个公司的法律行为。公司合并具有如下法律特征：

第一，公司合并是一种法律行为。公司合并是一种合同行为，合并的主体是公司而非股东，合并决定由各方股东会作出。公司合并将导致公司组织机构的变更，必将对各方利益相关者产生重要影响。

第二，公司合并是合并各方实施的共同行为。公司合并是两个或两个以上的公司归并为一个企业的行为，合并各方的意思表示相同、方向平行，指向相同的合并内容。

第三，公司合并后公司的股东资格并不消失。虽然公司合并会导致一家或多家公司的法人资格的消失，但消灭公司的股东并不因此而丧失股东资格；相反，他们可以在存续公司或新设公司中取得相应的股东资格。

二、公司合并的方式

（一）吸收合并与新设合并

根据合并后公司是继续存在还是新设公司，可将公司合并分为吸收合并与新设合并。

吸收合并是指一个公司吸收其他公司，被吸收的公司解散。在这种合并中，存续公司仍然保持原有公司名称，而且有权获得被吸收公司的财产和债权，同时也有义务承担被吸收公司的债务。被合并公司股东所持的股份转换为对存续公司所持的股份。在吸收合并中，兼并方的法人资格得以保全，被兼并公司的法人资格则告消灭。

新设合并又称新创合并、创设合并，是指两个以上的公司合并设立一个新的公司，合并各方解散。在新设合并中，新设立的公司是在接管原有公司全部资产和业务的基础上设立的。被合并公司的法人资格均发生消灭并产生一个新的公司，被合并公司股东所持股权转换为对新设公司所持的股权。

（二）现金合并与易股合并

根据合并对价形式的不同，可将合并分为现金合并与易股合并。

现金合并是指在合并中，消灭公司的某些股东被要求接受现金或者其他财产作为其股份的对价。现金合并允许存续公司向消灭公司的股东支付现金“买断”股东的身份，从而将少数股东逐出公司。现金合并允许利用合并程序挤走特定股东，其实质是强制收购特定股东的股份。

易股合并是指在合并交易中，消灭公司的股东接受存续公司的股份作为合并的对价。在这种合并中，合并完成后，消灭公司的股东接受存续公司的股票而成为存续公司的股东。此时易股合并称为法定股份置换。

（三）普通公司兼并与简易兼并

根据是否需要获得合并各方公司股东会同意为标准，公司合并分为普通公司兼并与简易兼并。

普通公司兼并是指公司的兼并需要履行股东会决议程序。而简易兼并是指公司兼并不需要履行股东会决议程序而仅需履行董事会决议程序。我国《公司法》并未承认简易兼并制度，美国《示范商业公司法》及受其影响下的立法例确认了简易兼并。

三、公司合并的程序

（一）订立合并协议

我国《公司法》第 173 条规定，公司合并，应当由合并各方签订合并协议。参加合并的各方应当在平等协商的基础上，就合并的有关事项达成合并协议。在公司合并实践中，往往是公司管理层在得到董事会的授权后进行合并谈判，并代表双方签订合并协议。必要时，合并各方可聘请律师事务所、会计师事务所和投资银行等中介机构提供相应的专业服务。

（二）作出合并决议

公司合并一般先由董事会作出决议，董事会作出合并决定后应提交公司股东会作出决议。公司合并是公司的重大变更事项，对股东利益影响巨大。公司合并决议属于特别决议，必须经出席股东会议的股东所持表决权的 2/3 以上通过。我国《公司法》第 43 条和第 103 条也有类似规定。股东作出合并决议是合并协议生效的前提条件。股东中不同意公司合并的，有权行使异议股东收购请求权，请求公司按照合并时的公正价格收买其持有的股份。

（三）编制资产负债表及财产清单

合并各方应编制资产负债表及财产清单，以供债权人查阅。资产负债表应明确公司资产的借贷情况。财产清单应将公司所有的动产、不动产、债权、债务及其他资产分别注明。如有虚假记载，公司负责人应承担相应的法律责任。

（四）通知和公告债权人

为了保护公司债权人的利益，各国公司法都在公司合并程序中规定了对债权人的保护措施。这些保护措施主要是要求公司在作出合并决议后，应及时通知和公告债权人，并明确规定在法定期限内，债权人有权对公司合并提出异议。我国《公司法》第 173 条规定，公司合并，应当由合并各方签订合并协议，并编制资产负债表及财产清单。公司应当自作出合并决议之日起 10 日内通知债权人，并于 30 日内在报纸上公告。债权人自接到通知书之日起 30 日内，未接到通知书的自公告之日起 45 日内，可以要求公司清偿债务或者提供相应的担保。在这里，如果债权未届清偿期，债权人只能要求公司提供相应的担保；如果债权已届清偿期，债权人有权要求公司清偿债务或者提供相应的担保。

（五）合并资本和转移财产

完成了债权催告的程序后，合并的公司即可进行资本的合并及财产的转移。如果参加合并的是有限责任公司，则要对其进行资产评估，确定其在合并后公司中所占的资本比例；如果参加合并的是股份有限公司，则要确定其在合并公司中所占的股份比例。在完成资本的融合程序后，合并后存续的公司或新设的公司应当召集股东会，报告合并事宜，变更或者重新订立公司章程。这一步程序虽然公司法没有作出明文规定，但在公司实务中却是必经的重要一步。

（六）办理公司合并登记

在完成上述程序后，合并后的公司应在法定期限内，在登记主管机关办理合并登记。我国《公司法》第179条第1款规定，公司合并或者分立，登记事项发生变更的，应当依法向公司登记机关办理变更登记；公司解散的，应当依法办理公司注销登记；设立新公司的，应当依法办理公司设立登记。

特殊情形下的公司合并，如果公司的合并存在垄断或威胁国家安全的可能，公司合并还要履行有关部门的反垄断调查和国家安全审查程序。

四、公司合并的法律后果

（一）公司的变化

合并公司的变化因合并方式的不同而有所区别。概括而言公司合并可导致公司消灭、公司变更和公司设立三种结果。

（1）公司消灭。在吸收合并的场合，被吸收合并公司的法人资格消灭；在新设合并的场合，参加合并公司的法人资格均归于消灭。

（2）公司变更。在吸收合并时，存续公司的股东、资本等都有可能发生变化，需要修改公司章程办理变更登记。

（3）公司设立。在新设合并时，因合并将成立一个新的公司，此时需要办理设立登记。

（二）权利义务的概括承受

公司合并的结果是存续公司或新设公司承受被合并公司的债权债务。我国《公司法》第174条规定，公司合并时，合并各方的债权、债务，应当由合并后存续的公司或者新设的公司承继。

案例49：企业因全部资产被整体划拨而变更产权关系后，无偿接受企业的公司将所接受企业的全部经营性净资产及相应的债务作为自己的出资组建其所属的新公司的，应在接受原企业资产的范围内对其原有债务承担连带责任。〔1〕

案由：公司合并纠纷

案情：一、1996年12月12日，××银行与××药厂签订一份保证合同，约定××药厂愿意就本金1028万元及利息和有关费用向××银行提供担保，保证方

〔1〕参见最高人民法院（2004）民二终字第54号民事判决书。

式为连带清偿责任，保证期限为自主合同生效开始至主合同失效时止。

二、1999年12月26日，××银行和信达××办事处签订《债权转让协议》，将上述借款合同项下的债权转让给信达××办事处，并向化工厂发出债权转让通知，化工厂在转让通知回执上盖章确认。2000年1月19日，××银行在《安徽日报》上发出公告，通知化工厂、××药厂其债权转让和担保权利转让事宜。

三、1997年11月，根据某市人民政府、国家药品监督管理局的有关文件，××药厂的全部资产整体划拨给医药集团公司，××药厂成为医药集团公司的全资附属企业。1999年以医药集团公司为发起人成立某国药集团药业股份有限公司，将××药厂经评估确认的全部经营性净资产及相应的负债作为医药集团公司的出资投入某国药集团药业股份有限公司。

四、信达××办事处向安徽高院起诉，要求化工厂偿还本金及利息；××药厂在1028万元及其利息的范围承担连带清偿责任；医药集团公司在××药厂承担担保连带清偿责任范围内承担清偿责任。安徽省高级人民法院一审判决支持信达××办事处诉请。

五、医药集团公司、××药厂不服，上诉至最高人民法院，最高人民法院二审判决驳回上诉，维持原判。

点评：本案中，医药集团公司在企业重组的过程中无偿接收了保证人的全部资产。根据《公司法》第3条第1款的规定，公司是企业法人，有独立的法人财产，应独立对外承担民事责任。本案中××药厂作为独立的企业法人，对外作出承担连带保证的承诺，在其主体资格不灭失的情形下，本应当独立承担担保责任。但是，本案的特殊之处在于：××药厂后因政府企业合并重组的原因，所有资产被医药集团公司无偿取得并以出资的形式投入国药集团药业股份有限公司中。医药集团公司享有股东权益，而××药厂仅作为医药集团公司的全资附属企业。即医药集团公司无偿接收××药厂的资产，在既未对××药厂原有的债务进行处理，又未征得债权人事先同意或者事后认可的情况下，对××药厂的资产进行了处置。此举已经严重侵害了××药厂债权人的利益。故最高人民法院认为："原审判决医药集团公司对××药厂的债务在其接受资产的范围内承担连带清偿责任，并无不当。"

五、公司合并对利害关系人的保护

（一）公司合并中债权人的异议权

1. 债权人异议概述。在公司合并中，如果公司决定合并，债权人不能阻止公司合并的进行，但法律为了保护债权人的利益赋予债权人异议权。债权人的异议权是指当公司决定合并时，公司的债权人可以对公司的合并提出异议，公司对债权人的异议应进行债务清偿或提供相应的担保。如前所述，我国《公司法》第 173 条规定了公司债权人对公司合并的异议权，公司应当清偿债务或提供适当的担保。

2. 债权人异议权的成立条件。根据我国《公司法》第 173 条的规定，只要公司的债权人对公司合并提出异议，即使其债权没有受到现实的危害，公司均应清偿债务或提供适当的担保。

3. 债权人保护措施的决定主体。根据我国《公司法》第 173 条的规定，对异议债权人是否采取保护措施、采取何种保护措施，由公司作出决定。在公司不采取保护措施的情形下，公司债权人诉诸法院请求清偿债务，而不能请求法院判令公司提供担保。

4. 不履行债权人保护措施的后果。如果公司对公司债权人的异议不履行保护措施，并不导致公司的合并无效，也不产生妨碍公司合并进程的效果，只是产生合并不对抗异议债权人的后果。

（二）公司合并中对少数股东的保护

公司的合并决定将面临公司股东的三个障碍：

1. 表决权障碍。公司的合并交易必须得到双方公司股东会的同意，如果一项合并交易已经结束，但尚未得到适当股东的同意，则公司的合并决议无法通过，该合并交易就无效。

2. 评估权障碍。如果公司少数股东对公司的合并决议无法阻止，则该少数股东可以要求公司对其股权进行评估并要求公司以公平价格购买其股份。当然此时只有享有表决权的股东才享有该评估权。

3. 受信义务障碍。公司合并中持有异议的股东还可以以公司董事或者控股股东违反受信义务为由向法院提起诉讼，从而保护自己的合法权益。公司合并中受信义务主要适用于控股股东，因为一般只有控股股东才有权力作出公司合并的决定，从而构成对少数股东的压迫。一旦法院认定了公司合并是控股股东利用控股优势压制少数股东退出公司的一种方式，则法院将会认可少数股东的合法退股权。

第二节 公司分立

一、公司分立的概念和类型

（一）公司分立的概念

公司分立，也称公司分割，是指一个公司依照法律的规定和合同的约定分立为两个或两个以上公司的行为。公司分立通常会导致组织结构的变化，因此，公司分立常被作为改组重建企业的重要手段。

（二）公司分立的类型

1. 存续分立与新设分立。以公司分立前后的组织形态变化为标准，公司分立分为存续分立与新设分立。

存续分立又称派生分立，是指公司以其部分资产另设一家或数家新公司，原公司存续。如，A 公司分立为 A 公司与 C 公司，A 公司不消灭。此时原公司应办理变更登记，而新设的公司应办理设立登记。

新设分立又称解散分立，是指一个公司将其全部资产分割设立两个或两个以上公司，原公司解散。如，A 公司分立为 B 公司与 C 公司，A 公司消灭。

2. 自愿分立与强制分立。以公司分立发生的原因为标准，公司分立可分为自愿分立与强制分立。

自愿分立是基于公司自己的意愿而进行的分立。强制分立是基于国家的公权力进行的分立。在市场经济体制下，国家为贯彻反垄断法和竞争政策，可依法对石油、电信、电力等企业进行强制拆分。

3. 合并式分立与非合并式分立。以公司分立后是否与其他公司合并为标准，公司分立可分为合并式分立与非合并式分立。

非合并式分立是普通分立，一个公司分立后不存在与其他公司合并的情形。合并式分立是指公司分立后与一个或数个公司又进行合并。在这里，公司分立的目的是与其他既存的公司合并或者与其他公司合并组建新的公司。

二、公司分立的程序

公司分立的程序在某些方面与公司合并的程序存在相通之处，但在业务操作中存在与之相反之处。

1. 订立分立协议。公司分立应由公司董事会提出分立方案，然后由董事会作出公司分立决议。我国《公司法》虽然没有要求公司订立分立协议，但是公司实务中，无论是新设分立还是存续分立，一般均会由有关主体订立分立协议。

2. 作出分立决议。在董事会作出公司分立决议并订立分立协议后，公司分立应由股东会作出决议。公司分立决议属于特别决议，我国《公司法》第43条和第103条规定，公司分立须经出席会议的股东所持表决权的2/3以上通过。分立决议是公司分立协议生效的必备条件。股东中不同意分立的，有权根据异议股东收购请求权，请求公司按分立时的公正价格收购其持有的股份。

3. 编制资产负债表和财产清单。公司分立，应当由公司编制资产负债表和财产清单，其要求与公司合并相似。

4. 通知和公告债权人。我国《公司法》第175条第2款规定，公司应当自作出分立决议之日起10日内通知债权人，并于30日内在报纸上公告。在这里与公司合并不同的是，我国《公司法》没有规定债权人的异议保护程序，即对公司分立持有异议的，不能要求公司清偿债务或提供相应的担保，这也是世界各国公司法的通行做法。

5. 分离资本和转移财产。完成了通知和公告公司债权人的程序后，分立的公司即可进行资本的分离和财产的转移。在完成资本的分离及财产转移后，分立后存续的公司与新设的公司应召集股东会，报告分立事项，变更或订立公司章程。

6. 办理分立登记。完成上述事项后，公司应办理分立登记。其中，因分立而存续的公司，应进行变更登记；因分立而注销的公司，应办理注销登记；因分立而设立的公司，应办理设立登记。

三、公司分立的法律效果

合法的公司分立，其法律效果主要表现在以下两个方面：

1. 分立公司的变化。公司分立有可能导致以下三种结果：①公司消灭。在新设分立情形下，被分立公司的法人资格消灭。②公司变更。在存续分立时，存续公司因股东、注册资本等发生变化，将导致公司的变更。③公司设立。无论是存续分立还是新设分立均会形成新的公司，必须办理设立登记。

2. 分立公司股东的变化。被分立公司的股东按照公司分立决议确定的内容变成存续公司或新设公司的股东。如果少数股东对公司分立持有异议，则该股东有权要求公司以合理的价格收购其所持股权。

3. 对分立前公司的债务承担。对于公司分立前产生的债务，我国《公司法》采取的是分立后的公司对分立前的债务承担连带责任的债权人事后保护机制。我国《公司法》第176条规定，公司分立前的债务由分立后的公司承担连带责任。但是，公司在分立前与债权人就债务清偿达成的书面协议另有约定的除外。

案例50：公司分立没有履行相应法律程序不产生公司分立的法律效果〔1〕

案由：公司分立纠纷

××评估事务所申请再审称：××评估事务所是从××会计师事务所分立出来的，根据《会计师事务所职业风险基金管理办法》（财会函〔2007〕9号）第8条的规定，××评估事务所应当分得双方共同提取的职业风险基金，二审法院认定双方仅仅是资产评估资格的分离错误，请求对本案进行再审。

××会计师事务所提交意见称：××评估事务所的再审申请不符合法律规定，请求予以驳回。

河南省高级人民法院认为：××会计师事务所成立于2000年1月27日，其经营范围除财务审计、司法会计鉴定等8项外，还兼营有资产评估和资产评估司法鉴定2项业务。2005年5月11日财政部颁布第22号令，公布了新的《资产评估机构审批管理办法》（简称《审批办法》），同时废止了原财评字〔1999〕118号文件，该办法第9条规定：依法设立的资产评估机构名称中应当包括“资产评估”字样。财政部《财政部关于贯彻实施〈资产评估机构审批管理办法〉认真做好资产评估机构管理工作的通知》（财企〔2005〕90

〔1〕 参见河南省高级人民法院（2013）豫法立二民申字第02282号民事裁定书。

号）第16条规定："《审批办法》实施前取得资产评估资格的会计师事务所、咨询公司等，经协商同意以分立方式设立的资产评估机构，可以继承原资产评估资格，并按规定到省级财政部门办理机构设立和资产评估资格变更手续。新设机构的资格取得时间和评估收入业绩可以连续计算，并应当妥善处理原机构提取的评估业务风险基金，明确相关责任。"2008年4月14日，河南省财政厅下发《河南省财政厅关于做好资产评估机构过渡期末有关工作的通知》（豫财办企〔2008〕35号），该通知第1条规定："《审批办法》实施前取得资产评估资格的会计师事务所、咨询公司，采取分立方式设立资产评估机构的，应当按照《审批办法》和《财政部关于贯彻实施〈资产评估机构审批管理办法〉认真做好资产评估机构管理工作的通知》（财企（2005）90号）关于设立资产评估机构的规定，办理资产评估机构分立手续，并向省财政厅提交分立协议。分立协议应当明确以下事项：原资产评估资格和继承方案、原资产评估机构责任、业绩的继承方案、原资产评估机构评估业务档案保管方案、原资产评估机构评估业务风险基金的处理方案。"2008年6月10日，王某某、沈某某2人向河南省财政厅提出"关于设立洛阳××资产评估事务所有限公司的申请报告"，并附有××会计师事务所股东决议和决议补充说明。2008年7月16日，河南省财政厅向××评估事务所颁发了《资产评估资格证书》，同年7月23日，洛阳市工商局某分局向××评估事务所颁发了《企业法人营业执照》。××评估事务所注册资本30万元，出资人均为自然人，其中王某某出资20万元，沈某某出资10万元。依据本案查明的事实，××会计师事务所没有按照法律规定的事项履行相应的程序，不具备公司分立的实质要件和形式要件，二审法院认定双方是资产评估资格的分离，判决驳回××评估事务所的诉讼请求并无不当。

点评：根据《公司法》第176条的规定，公司分立应当编制资产负债表及财产清单并履行作出分立决议、通知债权人、分立公告等程序。本案中××会计师事务所的分立由于没有履行相应的法律程序，所以其不是公司法意义上的分立，而只是公司内部资产评估资格的剥离。

第三节　公司组织形式的变更

一、公司组织形式变更概述

公司组织形式变更是指公司在不中断法人资格的情况下由一种公司形式变更为另外一种公司形式。公司的不同组织形式具有不同的优点和缺点，也具有各自不同的针对性与适应性。各国公司法都允许投资者基于自身情况选择最符合自身利益的公司组织形式。我国公司法也允许公司组织形式的变更。如既可以将有限责任公司变更为股份有限公司，也可以将股份有限公司变更为有限责任公司。

虽然公司组织形式的变更并不改变其法人资格的同一性，但由于不同组织形式的公司具有不同的设立要求与条件，因此公司组织形式的变更可能导致公司章程、注册资本、公司名称、公司治理结构和股东责任等方面的相应变更，这些变更均必须符合公司法的要求。

二、我国公司法关于组织形式变更的规定

1. 公司变更须符合法定条件。《公司法》第 9 条第 1 款规定，有限责任公司变更为股份有限公司，应当符合本法规定的股份有限公司的条件。股份有限公司变更为有限责任公司，应当符合本法规定的有限责任公司的条件。

2. 须经股东多数同意。根据《公司法》第 43 条和第 103 条的规定，有限责任公司股东会对变更公司形式作出决议，必须经代表 2/3 以上表决权的股东通过。股份有限公司股东大会对变更公司形式作出决议，必须经出席会议的股东所持表决权的 2/3 以上通过。

3. 出资折合股份及股份公开发行必须依法进行。《公司法》第 95 条规定，有限责任公司变更为股份有限公司时，折合的实收股本总额不得高于公司净资产额。有限责任公司变更为股份有限公司，为增加资本公开发行股份时，应当依法办理。

4. 债务承担。根据《公司法》第 9 条第 2 款的规定，有限责任公司依法变更为股份有限公司的，或者股份有限公司变更为有限责任公司的，公司变更前的债权、债务由变更后的公司承继。

5. 变更登记。《公司登记管理条例》第33条规定，公司变更公司类型的，应当按照拟变更的公司类型的设立条件，在规定的期限内向公司登记机关申请变更登记，并提交有关文件。

案例51：实际出资人请求变更登记为显名股东须经公司半数以上股东同意[1]

案由：请求变更公司登记纠纷

许某某一审诉请判令苏州××厂公司将其股东姓名及其出资4万元办理变更公司登记。

原审法院经审理查明：苏州××厂公司系苏州××厂改制企业，筹备初期拟以"苏州××有限责任公司"设立，2004年2月9日，以"苏州××厂公司"设立，并领取工商营业执照。

2003年10月10日，苏州××有限责任公司（筹）向原告等职工发出股权认购书，称由于公司法对有限责任公司股东人数有法定限制，因此，他们可成为公司的隐名股东。

2003年10月20日，苏州××厂公司起草第一份《设立有限责任公司出资协议书》，一致同意部分出资人以隐名股东身份出资，并委托28个股东以自然人身份向公司登记机关申请公司名称预先核准登记和设立登记，隐名股东载于公司股东名册，签发盖有公司印章的出资证明书，享有股东权利，履行股东义务。许某某等103名隐名股东在该出资协议书上签字。同日，苏州××厂公司另行起草第二份《设立有限责任公司出资协议书》，约定公司股东为徐某某等28名，全部为自然人，本协议签署人一致同意103个自然人以隐名股东身份出资。

2003年11月15日，许某某向苏州××厂公司缴纳出资额4万元。许某某等103名隐名股东在股东会决议以及公司章程上签字，徐某某等28名显名股东在股东会决议以及公司章程上签字。2004年2月20日，苏州××厂公司向许某某发出《出资证明书》，确认许某某出资额为4万元。

2009年3月25日，许某某向原苏州市平江区人民法院提起诉讼，请求法院确认其股东身份。2009年8月28日，原苏州市平江区人民法院作出民事判

[1] 参见江苏省高级人民法院（2016）苏民申264号民事裁定书。

决书，判决确认许某某系苏州××厂公司股东。

原审法院认为：28 名显名股东与 103 名隐名股东通过出资协议书约定，由 28 名显名股东出面行使股东权利，投资权益由隐名股东、显名股东按照各自的出资比例享有，合同签订后，许某某等 103 名隐名股东在苏州××厂公司内部股东名册上记载名字，公司向许某某发放过相应的分红款项。许某某等 103 名股东以隐名股东身份出资，徐某某等 28 名股东以显名股东身份办理工商登记，参与公司管理。许某某未能提供证据证明其作为隐名股东变更为显名股东已经公司其他显名股东过半数以上同意，对许某某的该项诉讼请求予以驳回。

上诉人许某某不服原审判决，向苏州市中级人民法院上诉。二审法院认为：案涉《设立有限责任公司出资协议书》系在苏州××厂改制过程中，全体股东共同签订的安排有限责任公司股东显名与隐名问题的有效合同，全体股东均应按约履行。在该协议中，全体股东同意以 28 名自然人作为显名股东进行工商登记，其余 103 名自然人则作为隐名股东，并发放了《出资证明书》。许某某系苏州××厂公司股东的事实已被生效判决所确认，原审法院认定许某某系苏州××厂公司的隐名股东，该认定并未推翻法院民事判决。除全体股东再次共同协议变更上述《出资协议书》中的约定，否则该协议书始终有效。二审法院驳回上诉，维持原判。

点评：公司股东有隐名股东与显名股东之分，显名股东对外具有对抗第三人的效力。《公司法司法解释（三）》第 24 条第 3 款规定："实际出资人未经公司其他股东半数以上同意，请求公司变更股东、签发出资证明书、记载于股东名册、记载于公司章程并办理公司登记机关登记的，人民法院不予支持。"隐名股东要变更为显名股东必须取得公司具有半数以上表决权的其他股东的同意。

第十章

Chapter 10

公司并购法律制度

第一节　公司并购法律制度概述

一、公司并购的概念和法律特征

（一）公司并购的概念

虽然目前世界范围内涌动着公司并购的热潮，并购实践案例与日俱增，但对于公司并购的法律概念却没有一个统一的认识。一般认为，公司并购（即 merger and acquisition，简称“M & A”），是公司兼并和公司收购的合称，是指一个公司为取得另一公司的控制权而进行的公司合并与收购的法律行为。[1] 公司并购的表现形式主要包括两种：公司兼并和公司收购。实践中通常会将兼并与收购合起来使用，简称“并购”，这就是公司并购。在公司并购中，凡属于意图参与其他公司的营运或者取得其他企业的控制权的一方主体，实务中均称为并购方，而另一方主体则称为被并购方或目标公司。

应该说公司并购本身不是一个立法上的概念，并非一个专门的法律术语，而是在法学或经济学研究时，各学者对公司合并、资产收购、股权收购三种行为的合称。目前在我国立法文献中，有关公司并购概念的界定散见于以下法律条文中：《公司法》第九章专章规定公司合并与分立、《证券法》第四章专章规定上市公司的收购、《上市公司收购管理办法》和《国家体改委、国家计委、财政部、国家国有资产管理局关于企业兼并的暂行办法》。我国法律中首次使用“并购”一词是在《外国投资者并购境内企业暂行规定》（已失效）中，不过该法律没有对“公司并购”一词予以具体明确的法律涵义。

〔1〕 郑云瑞：《公司法学》（第 2 版），北京大学出版社 2019 年版，第 503 页。

（二）公司并购的法律特征

虽然公司并购从本质上说仍然是一种民事行为，但其具有独特的法律特征：

1. 公司并购的主体是公司。在公司并购主体中，无论是并购方，还是目标方都是公司。公司既包括有限责任公司，也包括股份有限公司；既包括非上市公司，也包括上市公司；既包括母公司，也包括子公司；既包括本国公司，也包括外国公司，甚至跨国公司。

2. 公司并购的客体是目标公司的控制权。在公司并购中，并购方的最主要目的是获得目标公司的控制权，即其经营权、收益权和决策权。

3. 公司并购的方式多种多样。在公司实务中，公司并购的方式灵活多样。如根据并购双方的产业及产品链的具体情况能够将其划分成横向并购、纵向并购以及混合并购；根据各方主观意愿的不同将其划分成善意并购和敌意并购两个方面；等等。

4. 由并购而生的权利义务关系复杂。公司并购中，由于多个法律部门参与其中，导致并购过程颇为复杂，并购的方式多元。并购活动应受并购程序法和实体法两方面的规范制约。同时，还将涉及财产方面的经济法律关系、雇员方面的民事法律关系、处理解决并购手续方面的行政法律关系等。因此，公司并购是在法律层面上调整极为广泛的法律行为。

二、公司并购的意义

（一）提高经营效率

1. 实现规模效益。规模效益又包括企业的生产规模效益和企业的经营规模效益两个方面。前者是指，并购能够实现不同企业资产的自由调配和协调补充，从而减少生产成本并最终形成规模经济。企业经营的规模效益是指，公司并购后既能扩大产品的种类和数量，又能整合并购各方的市场，实现产品的集中销售，从而降低单位产品的销售成本。并购还可实现各方财力、物力和人力的整合，有助于提升新产品的研发速度。

2. 降低交易成本。通过并购的实施，不但能使公司获得相应的关键要素，而且能使这些交易过程成功转化为企业内部的管理。公司并购既降低了交易成本，又提高了经营管理效率。

（二）扩大市场份额

公司通过横向并购，既能减少同行业的竞争对手，又能实现生产经营规模的扩大，从而增加了公司在本行业中的市场份额。而且横向并购还能加速资本在同一领域或部门的集中，从而实现新技术、设备条件下的经济效益最大化。公司通过纵向并购将不同的生产阶段集中在同一家公司内，通过增强生产过程中不同环节间的配合，达到缩短生产周期、减少能源消耗、节约生产成本等目的。

（三）提升职业经理人业绩

在现代社会，许多公司并不是由股东自己管理，而是通过聘任专门的职业经理人来全面负责公司经营。在股权激励制度的刺激下，管理者薪酬的高低与公司的发展规模呈正相关关系。这在很大程度上提高了职业经理人推动并购的积极性。公司并购既能扩大经理人任职公司的规模，又能提升经理人的声望，使其获得更好的职业发展。

（四）实现产业整合

资产状况良好的优势企业吸收合并经营效果差的劣势企业，既可以实现自身经济效益的提高，又可以拯救亏损企业使其重获新生。而且政府相关部门只要能够正确把握公司并购的方向，对并购各方加以正确的引导，就能够利用并购过程中的资源再分配来有效调整、完善三大产业结构，令其协调发展。

三、公司并购的分类

（一）根据并购双方的产业及产业链的具体情况可将其划分为横向并购、纵向并购以及混合并购

1. 横向并购是指生产同类产品或者生产工艺相近的公司之间的并购。如中国南车股份有限公司“CSR”（以下简称“中国南车”，上海证券交易所代码601766；香港联交所代码01766）和中国北车股份有限公司“CNR”（以下简称“中国北车”，上海证券交易所代码601299；香港联交所代码06199）于2014年12月30日联合发布公告，宣布双方就合并方案签订了协议。本次合并采取中国南车换股吸收合并中国北车的操作方式。中国南车和中国北车的A股和H股拟采用同一换股比例进行换股，以使同一公司的所有A股股东和

H 股股东获得公平对待，从而同一公司的不同类别股东持有股比的相对比例在合并前后保持不变。本次合并的具体换股比例为 1∶1.10，即每 1 股中国北车 A 股股票可以换取 1.10 股中国南车将发行的中国南车 A 股股票，每 1 股中国北车 H 股股票可以换取 1.10 股中国南车将发行的中国南车 H 股股票。合并后新公司拟采用新的公司名称“中国中车股份有限公司”和新的组织机构代码、股票简称和代码、法人治理结构、战略定位、组织架构、管理体系、公司品牌等。合并后新公司将承继及承接中国南车与中国北车的全部资产、负债、业务、人员、合同、资质及其他一切权利与义务。

2. 纵向并购是指公司与公司供应商或客户之间的合并。如中国最大的粮油食品企业中粮集团有限公司 2009 年 7 月 6 日宣布联手厚朴基金以港币每股 17.6 元的价格投资 61 亿港币收购蒙牛公司 20%的股权，这是迄今中国食品行业的最大宗交易。

3. 混合并购是指既不是竞争对手也不是现实中或者潜在的客户、供应商的公司之间的并购。如 2000 年 1 月 10 日，世界上最大传媒娱乐公司——时代华纳公司和世界最大网络商——美国在线公司宣布进行合并，美国在线以 854 亿美元收购时代华纳。新公司被命名为美国在线-时代华纳公司。

（二）根据各方主观意愿的不同将其划分为善意并购以及敌意并购

1. 如果在并购前各方能流畅友善沟通，此形式达成的并购称为善意并购，即完全依靠双方协商一致来实现目的。此类收购成功率较高，因为双方当事人都有合并的意愿，并且双方之间熟悉彼此情况。在公司实务中善意并购占绝大多数。如 2010 年 3 月 28 日中国浙江吉利控股集团有限公司与美国福特汽车公司在瑞典哥德堡正式签署协议，吉利以 18 亿美元收购沃尔沃 100%股权。

2. 当协商无果且目标公司否决之后依旧强制性收购目标公司，即敌意并购。此方式忽略了目标企业的意见，属于强制性行为。与善意并购相比，充满恶性，故被称作敌意收购。在西方，也会被戏称为“黑衣骑士”。进行突击收购，并提出苛刻条件，是此种收购的特征。而面对这种恶意收购，目标公司通常会采取各种反收购措施，比如发行新股稀释股权，回购散股增强控股能力，指责收购行为违规甚至诉诸法律。当然面对反收购措施，收购方也会使用诸如发行债权筹资收购、征集被收购公司股东投票委托书等措施。此收购方式极易引发收购战，故须辅以强大的资金技术支撑。

如宝能系收购万科：2015 年 7 月 10 日起，宝能集团旗下公司前海人寿保险股份有限公司（以下简称“前海人寿”）和钜盛华实业有限公司（以下简称“钜盛华”）通过二级市场购入万科 A 股，联合一致行动人通过 3 次举牌，将持有万科的份额猛增至 15.04%，成为万科企业股份有限公司第一大股东。而后增持万科股份，最终控股达到 24.26%，距离 30%的要约收购比例仅有 5.74%，从而迫使以管理层为主导的万科企业股份有限公司停牌。2016 年 6 月 26 日晚间，万科 A 公告称，公司股东前海人寿和钜盛华提请公司董事会召集 2016 年第二次临时股东大会，提请罢免万科全体管理层，由此拉开了宝能系导演万科的逼宫大戏。其后恒大、安邦又加入混战，局中各方你方唱罢我登场，使局面更加扑朔迷离，跌宕起伏。直到 2017 年被万科视为“白衣骑士”的深铁集团进场并逐渐主导了局势，先后将华润和恒大持有的万科股份收入囊中，历经 2 年多的“宝万之争”终于落下了帷幕。这场传奇精彩的现代商战最终以深圳地铁集团的入驻与王石的“谢幕”为结局。

（三）根据并购支付方式的不同划分为现金购买式并购、承债式并购和股份置换式并购

1. 现金购买式并购：并购方在并购过程中使用一定份额的资金来实现并购，并且取得了目标公司的相关控制权。现金购买资产，被并购的公司通常需要依法计算资产与负债，被兼并后原有法人、税务等一切责任义务被撤销，并入收购公司。虽然这种收购可以做到有效而清晰地交割企业产权，减少纠纷，但对我国当前情况而言，这种并购方式很难实现。目标公司产权关系、债权关系模糊、不明晰，缺乏透明度，有关部门监管缺位等因素，造成了这种优秀的并购制度在中国“水土不服”。

2. 承债式并购：指在被并购公司资不抵债或者资产债务相等的情况下，并购方以承担被并购方全部或部分债务为条件，获得被并购方控制权的并购方式。如 2014 年信达地产股份有限公司以 22.6 亿元承债式收购嘉粤集团有限公司所属的五家房地产公司的全部股权，股权交易对价为 0。

3. 股份置换式并购：指收购方以自己发行的股份换取被并购方股份，或者通过换取被并购公司净资产达到获取被并购方控制权目的的并购方式。如 2015 年中国北车和中国南车的并购即属于股份置换式并购。

（四）根据并购所针对目标公司的对象不同可分为资产并购和股权并购

1. 资产并购：指某一收购公司通过有偿对价购买目标公司的全部或部分

资产，以获得对目标公司的控制权或是经营权的并购行为。如铜都铜业收购作为控股股东的铜陵有色集团所持有的资产一案，就是典型的资产并购。为了提高自身铜精矿的自给量，扩大铜冶炼的规模和市场份额，减少关联交易和避免同业竞争，2006 年铜都铜业（000630）向大股东铜陵有色金属（集团）公司发行 4.3 亿新股，并承担集团 13 亿元债务，用于收购集团公司与铜相关的优质资产，实现集团铜主业资产的整体上市。

2. 股权并购：指的是某一公司为了成为目标公司的股东，通过购买股权，或者是认购目标公司增资的方式达到获取目标公司控制权的目的的并购方式。如 2010 年 11 月，北京市西单商场以其自身股份作支付对价，收购北京首都旅游集团有限责任公司旗下的新燕莎控股（集团）有限责任公司 100%股权一案，就是典型的股权并购案。

案例52：未经过股东会决议的公司合并协议无效〔1〕

2011 年 2 月 16 日，××华公司起诉至北京市东城区人民法院（以下简称“东城法院”）称，其于 2010 年 5 月 10 日与 A 公司、B 公司、C 公司、D 公司（以下统称“四原审被告”）签署《公司合并协议》，约定××华公司吸收合并四原审被告，四原审被告注销登记并变更登记全部资产至××华公司名下（××华公司承继所有权）。因四原审被告未如期履行注销工商登记义务，故请求法院判令四原审被告履行《公司合并协议》，注销工商登记，赔偿迟延注销登记损失 10 万元。该案中，××华公司提交了《公司合并协议》，用以证明：2010 年 5 月 10 日，××华公司与四原审被告签订合并协议，约定：五公司合并采用吸收合并方式，吸收合并为××华公司。合并基准日为 2010 年 5 月 10 日，基准日确定全部合并协议各方债权、债务全部由存继公司××华公司承继。自各方签章之日生效，合并五方应于本协议签字日起 60 日内，向有关机关申请合并变更。四原审被告未发表答辩意见，时任法定代表人均为吴某某。

东城法院于 2011 年 3 月 10 日作出调解书，确认各方当事人自愿达成如下协议：“一、2011 年 5 月 10 日前，A 公司、B 公司、C 公司、D 公司办理完成注销公司登记手续；二、××华公司放弃其他诉讼请求。”

〔1〕参见北京市第二中级人民法院（2016）京 02 民再 2 号民事判决书。

2014 年 8 月 19 日，东城法院作出民事裁定，再审该案，中止调解书的执行。东城法院再审过程中，××华公司未到庭参加诉讼。四原审被告辩称，不同意××华公司的诉讼请求。

东城法院再审认为，《公司法》第 43 条规定，股东会会议作出公司合并的决议，必须经代表 2/3 以上表决权的股东通过。本案中，××华公司、四原审被告在签订《公司合并协议》时，四原审被告股权已被刑事判决处置，没收为国有资产，且 B 公司、C 公司、D 公司证章等处于失控状态。因此，签订合并协议的所谓 B 公司、C 公司、D 公司并不代表公司意志，而是由证章控制人操控的。四原审被告在未经新的股东会同意的情况下擅自与××华公司达成的《公司合并协议》应属无效。原审未审查《公司合并协议》的有效性即确认调解协议有效，违反了调解的合法性原则，侵犯了国家的合法权益。××华公司、A 公司、证章失控的 B 公司、C 公司、D 公司明知刑事判决已将四原审被告股权没收为国有，仍相互串通，签订《公司合并协议》，企图通过调解方式达到转移国有资产的目的，具有明显的主观恶意，且行为十分恶劣，可认定为恶意诉讼。因此，××华公司的诉讼请求无事实依据，该院不予支持；原审调解书确有错误，再审予以撤销。东城法院于 2015 年 11 月 9 日作出民事再审判决：一、撤销一审调解书；二、驳回××华公司的诉讼请求。

××华公司不服民事再审判决，上诉于北京市第二中级人民法院（以下简称“二中院”），请求撤销民事再审判决，继续执行原调解书。

二中院再审二审认为：关于本案实体认定问题。××华公司与四原审被告签订《公司合并协议》时，四原审被告的股权已被生效的刑事判决变更或没收为国有财产。B 公司、C 公司、D 公司的证照、公章失控，A 公司的股权也是 B 公司委托他人持有，在此情况之下，××华公司与四原审被告签订的《公司合并协议》，并不是四原审被告真实意思的表示，故该院对《公司合并协议》的有效性不予认定。东城法院未依照《公司法》的有关规定，审查公司合并所必备的股东会决议等文件，违反调解合法性原则。原审中参加诉讼的××华公司与四原审被告在刑事判决已生效的情况下，仍然串通签订所谓的《公司合并协议》，通过诉讼手段，对抗已生效刑事判决的执行，意图侵害国有资产。当事人主观存在恶意，行为具有违法性，已构成虚假诉讼。二中院于 2016 年 3 月 25 日作出民事再审判决：驳回上诉，维持原判。

点评：公司合并必须经过合并各方的股东会同意并作出决议，否则合并不是合并各方的真实意思表示，其合并协议应属无效。

第二节　我国上市公司的收购制度

一、上市公司收购概述

（一）上市公司收购的概念

上市公司收购，是指投资者及其一致行动人，为谋求、获取、巩固或者加强一家上市公司的控制权，以直接或者间接的方式，单独或者共同行动，采取购买目标公司有表决权的股份的行动，最终以权益拥有人的身份获得目标公司控制权的系列法律行为的总称。质言之，无论是对目标公司控制权的谋求、获得、巩固还是加强，均属于上市公司收购的范畴。在这里，所谓一致行为，根据《上市公司收购管理办法》第 83 条的规定，是指投资者通过协议、其他安排，与其他投资者共同扩大其所能够支配的一个上市公司股份表决权数量的行为或者事实。而所谓一致行动人，是指在上市公司的收购及相关股份权益变动活动中有一致行动情形的投资者。

（二）上市公司控制权

上市公司收购的目的在于获得上市公司的控制权。控制，是指有权决定一个企业的财务和经营政策，并能据以从该企业的经营活动中获取利益。根据《上市公司收购管理办法》第 84 条的规定，有下列情形之一的，为拥有上市公司控制权：①投资者为上市公司持股 50%以上的控股股东；②投资者可以实际支配上市公司股份表决权超过 30%；③投资者通过实际支配上市公司股份表决权能够决定公司董事会半数以上成员选任；④投资者依其可实际支配的上市公司股份表决权足以对公司股东大会的决议产生重大影响；⑤中国证监会认定的其他情形。

（三）上市公司收购的基本原则

1. 股东平等待遇原则。股东平等待遇原则是公司法股东平等原则衍生的一项基本原则。股东平等原则，是指在基于股东资格而发生的公司与股东之间以及股东与股东之间的法律关系中，所有股东均按其所持股份的性质、内容和数额享受平等待遇，并且免受不合理的不平等待遇。股东平等原则，是股东权保护的基本原则，植根于股份制，渗透于证券法等领域。股东平等待遇指股东平等享有收购机会和条件；知悉必要收购信息；平等适用收购价格；按持股比例享有平等待遇；平等享有支付条件等。

2. 中小股东利益保护原则。公司法的股东平等原则衍生了保护中小股东利益原则。只有保护中小股东的投资，才能实现资本市场的融资。在上市公司收购中，大股东相比于中小股东，其资源、信息均占绝对强势。如果大股东违背诚信义务，中小股东必被压迫，沦为“弱肉强食”的对象。为此，贯彻执行中小股东利益保护原则成为必需。只有保护中小股东及其投资利益，才能维护证券市场的信心与稳定，保证市场的可持续发展和繁荣。证券法律必须以保护公众投资者作为基本理念，上市公司收购也应当将保护中小股东利益作为监管目标。

3. 信息披露原则。信息披露原则是证券法公开原则在收购规制中的延伸。信息披露，是通过一定的媒体向社会公众发表或者公布他人尚未得知的信息。证券信息披露又称信息公开制度、信息公示制度或公开披露制度，就是在证券发行、交易环节中，依法将与特定的投资判断相关的一切重要信息予以公开的制度。〔1〕信息披露原则，要求收购人根据持股进程，依照法律规制，将其必要经营和财务信息公开，以便投资者获取信息，以资决策。信息披露原则的价值在于通过公开上市公司收购的必要信息，促使交易透明化，防止交易欺诈。

二、上市公司收购的法律形态

（一）协议收购

1. 协议收购的概念和特点。协议收购，是指收购人直接向持有大比例股权的股东，提出收购其所持股权的意向，以双方协议的形式收购上市公司股权的行为。协议收购主要强调收购的非场内性、非竞价性和协商性。〔2〕

股权分置时期，产权与国企改革势在必行，协议转让是我国上市公司收购的主要方式。协议收购的出让方大多是具有控股地位的国家股、国有法人股股东。协议收购是一种重要的上市公司收购方式，为国家股、法人股等非

---

〔1〕 谭立：《证券信息披露法理论研究》，中国检察出版社 2009 年版，第 6 页。

〔2〕 冯恺、段威：《证券法教程》，中国人民大学出版社 2008 年版，第 151 页。

流通股的转让提供了合法的渠道。协议收购基于程序的便捷，在股权分置改革以前为调整国有经济结构、盘活国有不良资产、促进国有股流通发挥了历史作用，一定程度上实现了市场的资源配置功能。但协议收购也存在着如下缺陷：公开透明不足，信息披露不够，容易滋生内幕交易、市场操纵、权力寻租等现象；市场化不足，协议收购一度因强调效率而部分牺牲了公平性；竞争性不足，容易产生关联交易，扭曲定价机制，滋生腐败。

2. 我国立法关于上市公司协议收购的规则。2006 年审议通过的《上市公司收购管理办法》（经 2008 年、2012 年、2014 年和 2020 年四次修订）第 47 条规定，收购人通过协议方式在一个上市公司中拥有权益的股份达到或者超过该公司已发行股份的 5%，但未超过 30%的，按照本办法第二章（即权益披露）的规定办理。收购人拥有权益的股份达到该公司已发行股份的 30%时，继续进行收购的，应当依法向该上市公司的股东发出全面要约或者部分要约。符合本办法第六章（即豁免申请——笔者注）规定情形的，收购人可以向中国证监会申请免于发出要约。收购人拟通过协议方式收购一个上市公司的股份超过 30%的，超过 30%的部分，应当改以要约方式进行；但符合本办法第六章（同前——笔者注）规定情形的，收购人可以免于发出要约。符合前述规定情形的，收购人可以履行其收购协议；不符合前述规定情形的，在履行其收购协议前，应当发出全面要约。可见，当协议收购达到要约收购的触点（即 30%）时，应转换路径，变更为要约收购法律形态。

（二）要约收购

1. 要约收购概述。

（1）要约收购的概念。要约收购是指收购方以向被收购方的全体股东发出公开收购要约的方式进行收购。要约收购，是向目标公司的所有股东公开发出收购其全部或者部分目标公司股份的收购要约，承诺以某一特定价格购买其一定比例或数量股份的收购行为。收购要约，是指收购人向被收购公司股东公开发出的、愿意按照要约条件购买其所持有的被收购公司股份的意思表示。

（2）要约收购的特点。第一，公开透明。要约的信息须真实、完整、准确，要约对股份的种类、数量、价格、收购期限应有明确规定。第二，适用于所有股东。收购要约面向所有股东而非不特定的股东。第三，要约收购的内容与方式特定。要约一旦发出，就只能以要约收购的方式实行，不能以协议方式，也不能以集中竞价方式或其他方式实行。

（3）要约收购的分类。根据收购的范围的大小，可以分为全面要约和部分要约。全面要约是指以要约方式收购所有股东的全部股份。部分要约是以要约方式收购所有股东的部分股份。部分收购的目的在于取得目标公司的相对控股权，属于控股式收购。而全面收购的目的则在于兼并目标公司，属于兼并式收购。

根据是否属于法律强制义务，可以将要约收购划分为自愿要约与强制要约。强制要约是指当收购者持有股份达到要约触点时，法律强制其向目标公司所有股东发出收购要约的制度。自愿要约，是指收购人在法定持股比例下按当事人的意愿来收购目标公司的股份数量。

2. 强制要约。

（1）触发点。触发点又叫触发条件，简称触点，是指触发强制收购要约义务时收购人对目标公司的持股比例条件，此比例称为触发点。要约收购借用触发点一词，旨在描述强制要约的实施路径及其切换条件。触发条件，强制收购要约义务的发生条件，也即强制收购要约制度的适用范围，称作强制收购要约义务的触发点或临界线。[1]触发点可以形象地描述为一个刻有固定高度的收购标杆，当收购人的持股行为达到该标高而继续收购的，则须在要约收购规则下实施收购。

（2）触发强制要约的具体规定。《股票发行与交易管理暂行条例》第48条规定，持有目标公司的股份达到30%之时，则触发强制要约收购义务。《证券法》第65条规定，权益拥有人持有目标公司的股份达到30%而欲继续增持的，则触发强制要约。一种观点认为，持股30%以上的投资者再通过证券交易所的证券交易增持该公司的股份或者通过其他方式增持该公司的股份，也需要履行要约收购义务，即只要有增持行为就触发要约收购义务，除非履行并通过了豁免要约收购的程序。[2]另一观点认为，从设立强制要约收购制度的立法目的来看，持有一个上市公司股权的30%，已基本取得该公司的控制权，由此引发强制要约收购义务，而不管收购人是否要继续收购。这一条件

〔1〕范黎红：《论强制收购要约义务触发点之合理界定》，载《河北法学》2000年第2期。

〔2〕马骁：《上市公司并购重组监管制度解析》，法律出版社2009年版，第55页。

实际上给收购人是否发出强制收购要约的选择权，从节约成本的角度考虑，收购方很可能不再继续收购，因此，中小股东的权利无从实现。笔者认为，增持是对目标公司控股权的巩固，故第一种观点正确。

对此，一种观点认为包括协议收购在内的受让股份的方式，能够一笔过30%。《上市公司收购管理办法》第 47 条中提到的“超过 30%的部分，应当改以要约方式进行”是指对此笔受让之外的全部剩余股份发出全面要约。笔者认为这种观点是错误的，因为它违背了《证券法》第 65 条和第 73 条关于控制权转移就应当要约收购的立法精神。《上市公司收购管理办法》第 56 条第 2 款规定，收购人拥有权益的股份超过该公司已发行股份的 30%的，应当向该公司所有股东发出全面要约；收购人预计无法在事实发生之日起 30 日内发出全面要约的，应当在前述 30 日内促使其控制的股东将所持有的上市公司股份减持至 30%或者 30%以下，并自减持之日起 2 个工作日内予以公告；其后收购人或者其控制的股东拟继续增持的，应当采取要约方式。可见，30%应是要约收购的“高压线”，不允许以非要约收购的方式逾越。

3. 自愿要约。自愿要约是指收购人在法定持股比例下按当事人的意愿来收购目标公司的股份数量。

我国上市公司股权结构的特殊性，决定了我国法律必须肯定部分收购的合法性。收购人依照《上市公司收购管理办法》第 23、25、47、56 条的规定，以要约方式收购一个上市公司股份的，其预定收购的股份比例均不得低于该上市公司已发行股份的 5%。可见，收购人自愿选择了部分要约方式的，其预定收购的股份比例的下限为 5%。强制要约的触发条件为 30%。因此，自愿部分要约方式可以收购目标公司的股权比例区间为 5%~30%。

在自愿要约收购中，要约可以是全面要约，也可以是部分要约。《上市公司收购管理办法》第 23 条规定，投资者自愿选择以要约方式收购上市公司股份的，可以向被收购公司所有股东发出收购其所持有的全部股份的要约（即全面要约），也可以向被收购公司所有股东发出收购其所持有的部分股份的要约（即部分要约）。但在强制要约收购中，要约只能是全面要约。

4. 强制购买剩余股票。根据《证券法》第 74 条第 1 款规定，收购期限届满，被收购公司股权分布不符合证券交易所规定的上市交易要求的，该上市公司的股票应当由证券交易所依法终止上市交易；其余仍持有被收购公司股票的股东，有权向收购人以收购要约的同等条件出售其股票，收购人应当收购。这就是我国的强制购买剩余股票制度。此项规制，既可以理解为控制人实现控股的一种“霸王途径”，也可以视为为中小股东全身而退设计的“绿色通道”。

5. 强制要约豁免。所谓要约豁免制度，就是对于应当履行法定要约收购义务者，在符合法定条件时，经其主动申请，得依法免除要约收购义务的制度。《证券法》第73条授权证监会行使要约豁免权力。收购人可以向证监会申请豁免强制收购要约。豁免要约收购的主要情形有：①未导致上市公司的实际控制人发生改变的收购；②为挽救上市公司财务危机而进行并购重组；③因定向增发而进行收购；④国有资产无偿划转、变更、合并所导致的收购；⑤控股股东少量增持（12个月内不超过2%）；⑥绝对控股股东的继续增持；⑦上市公司回购股份导致要约收购义务的。[1]

6. 目标公司董事会的义务。被收购公司的高级管理人员对公司负有忠实义务和勤勉义务，应当公平对待收购本公司的所有收购人。被收购公司董事会针对收购所做出的决策及采取的措施，应当有利于维护公司及其股东的利益，不得滥用职权对收购设置不适当的障碍，不得利用公司资源向收购人提供任何形式的财务资助，不得损害公司及其股东的合法权益。[2]被收购公司董事会应当对收购人的主体资格、资信情况及收购意图进行调查，对要约条件进行分析，对股东是否接受要约提出建议，并聘请独立财务顾问提出专业意见。收购人作出提示性公告后至要约收购完成前，除继续从事正常的经营活动或者执行股东大会已经作出的决议外，未经股东大会批准，被收购公司董事会不得通过处置公司资产、对外投资、调整公司主要业务、担保、贷款等方式，对公司的资产、负债、权益或者经营成果造成重大影响。在要约收购期间，被收购公司董事不得辞职。

7. 要约收购的其他规则。

（1）要约限定法定期间。要约收购期限不得少于30日，并不得超过60日。

（2）要约不得撤回。在收购要约确定的承诺期限内，收购人不得撤销其

---

〔1〕 参见《上市公司收购管理办法》第62、63条。

〔2〕 朱锦清：《证券法学》（第2版），北京大学出版社2007年版，第231页。

收购要约。收购人需要变更收购要约的，必须及时公告，载明具体变更事项。

（3）要约适用于所有股东。收购要约提出的各项收购条件，适用于被收购公司的所有股东。

（4）最好价格原则。采取要约收购方式的，收购人在收购期限内，不得卖出被收购公司的股票，也不得采取要约规定以外的形式和超出要约的条件买入被收购公司的股票。对同一种类股票的要约价格，不得低于要约收购提示性公告日前6个月内收购人取得该种股票所支付的最高价格。要约价格低于提示性公告日前30个交易日该种股票的每日加权平均价格的算术平均值的，收购人聘请的财务顾问应当就该种股票前6个月的交易情况进行分析，说明是否存在股价被操纵、收购人是否有未披露的一致行动人、收购人前6个月取得公司股份是否存在其他支付安排、要约价格的合理性等。

（5）股东有限行使撤回权。在要约收购期限届满3个交易日前，预受股东可以委托证券公司办理撤回预受要约的手续；在要约收购期限届满前3个交易日内，预受股东不得撤回其对要约的接受。预受，是指被收购公司股东同意接受要约的初步意思表示，在要约收购期限内不可撤回之前不构成承诺。

（6）强制退市。收购期限届满，公司股权分布不符合上市条件的，应终止上市交易。

（7）持股锁定期限。收购人持有的被收购的上市公司的股票，在收购行为完成后的12个月内不得转让。

三、上市公司的反收购

（一）上市公司反收购的概念

反收购是指目标公司管理层为了防止公司控制权转移而采取的一系列防止收购者收购本公司的行为。

（二）上市公司反收购的动因

1. 上市公司股东反收购的动因。无论收购行为出于什么目的，目标公司股东或管理层实施反收购的防御措施均会增加与收购方谈判时的议价筹码。收购活动开始时，在一定期间内会抬高目标公司的股价，而反收购措施的实施更会推高这种效果，从而使目标公司的股东从中获取大量的利润。特别是当市场上业绩欠佳的企业想要收购有着良好发展潜力且经营状况良好的目标公司时，目标公司的股东为了自身的长期利益一定会积极采取反收购措施进行防御。在某些时候，收购企业是进行恶意收购，其收购行为不是为了公司的长远发展而是为了剥夺上市公司的利益，去获得自己想要的财产与资源。为了防止被恶意收购，保护公司的合法权益，目标公司的股东等会积极采取措施进行反收购，抵御外来“入侵者”，防止公司被恶意收购。

2. 管理层反收购的动因。当企业面临被收购时，如果收购方与被收购方的经营观念不一致，被收购方就会积极采取措施进行防御，特别是对于那些有着良好发展前景的公司，当面对外来入侵时，更会积极采取措施进行防御。另外，当某公司被收购时，被收购公司的管理层则面临着被裁员、替换的风险。因此，目标公司进行反收购的重要动因就是保住管理层的地位。实施反收购措施可以对公司人员，特别是管理层人员进行保护。

（三）上市公司反收购策略

事前预防策略主要有以下措施：

（1）设置合理股权结构。设置合理的股权结构可以有效地防止恶意收购，当股权结构安排合理时，被收购方在最开始就可以使自己处于有利地位，可以提高公司的决策能力和经营效率。

第一，员工持股计划。指公司员工持有本公司的股票，当发生恶意收购的时候，公司员工持股机构可以与大股东、管理层达成一致，一起来抵御恶意收购。并且实施员工持股计划还可以增强员工对于公司的归属感，当公司面对恶意收购时，强烈的归属感可以促使员工与公司一起进行反收购，避免公司控制权被转移。

第二，交叉持股。友好企业或者关联企业持有对方公司的一定股份，当一方面临被敌意收购时，另一方会依照事先达成的协议援助目标公司来阻止恶意收购行为。

第三，自我控股。为了避免自己的股权过于分散，可以在设置股权时使自己拥有足够的股份或者引入一定数量的战略性大股东作为“靠山”，这样一来在遭遇恶意收购时，利于筹集到适当比例的股权，来实现反收购效果。

（2）分期分级改选董事会。分期分级董事会制度是在公司章程中规定有关董事会成员的更换的过程或董事会成员的任期等条款。分期分级董事会制度对董事会成员实行了梯度管理，每一个年度只有任期届满的董事会被改选。

此举有助于公司延缓管理层的变化，来实现公司原管理层对公司持续的控制，有助于保持公司稳定，为收购者设置障碍，提高其收购成本。

（3）修改公司章程。

第一，实施绝对多数条款。绝对多数条款也叫超级多数条款，指上市公司章程规定，公司收购等重大事项的通过，应该要求绝对多数股东投赞成票。“绝对多数”是指2/3或80%甚至90%以上的股东同意。那么按照此种做法，如果恶意收购想要达成，就必须获得较高的股权，这样无疑增加了股权收购难度，会使收购方被迫放弃原来的收购计划。

第二，董事会成员实行轮换制。董事轮换制是指公司章程规定公司每年只能更换1/3的董事，这样即使公司的大部分股权被恶意收购者所持有，其也不能获得目标公司董事会的控制权。

第三，限制大股东表决权条款。在上市公司章程中设置限制大股东表决权的有关条款，这样既可以更好地保护中小股东的利益，也可以在恶意收购方获得了公司第一大股东的地位时，当投票比例超过某一限度时按照一定比例进行折算，稀释大股东表决权。

（4）设置双层股权结构。双层股权结构是指上市公司可以实行同股不同权。通常一般股东一股一票，但公司少数高管可以一股数票。例如Facebook、百度和京东这类企业都实行的是超过普通股一股一票的B类股票。Facebook创始人扎克伯格持有的B类股票具有10倍于A类股票的表决权，A类股票与B类股票的收益权相同，在Facebook公司经历多次融资之后，扎克伯格仍以18%的股权掌握超过50%的投票权。

但是，双重股权结构目前并不适用于我国上市公司，因为《公司法》第42条针对股东的表决权作出了规定，股东在股东大会的表决环节按照其出资比例行使表决权。此外，第126条规定同种类股票具有同等权利，即同股同权。但法律为双层股权结构留有制度空间。比如《公司法》第131条规定了国务院可以规定种类股的行政法规制度。

（5）建立合伙人制度 。“合伙人制度”最初是由马云提出的。合伙人制度是一种独特的治理制度，在公司中由合伙人来选出公司中的大部分董事，董事席位也并不是按照股份的多少来进行分配，通过这样的做法可以对“野蛮人”的威胁进行防御。

（6）毒丸计划。毒丸计划（Poison Pill），又被称为“股权摊薄反收购措施”，由美国律师马丁·利普顿创制。毒丸计划是事先在公司章程中约定，在敌意收购者持有公司股份达到一定比例的时候，公司董事会可以以低价向除敌意收购者外的股东配售公司股票，从而对敌意收购者持有的公司股权进行稀释，进而提高收购难度，达到反收购的目的。常见的有交换式毒丸计划、死手毒丸计划和翻转式毒丸计划等。

当公司遭遇恶意收购时，目标公司为了使自己的控制权不被转移，就会采取大量增发新股的方式来稀释股权。这样做是为了增加收购方的收购成本，让其收购无法达成。不过采用毒丸计划也会恶化公司自身的经营状况，还会增加负债，对公司的发展前景及股东利益都不利。

毒丸计划在我国尚不完全合法，因为我国法律不允许公司以低价、排他性的股份进行发行活动，公司只能采取与毒丸计划相似的非公开发行股票计划（定向增发）。如宝能系对万科的敌意收购中，万科管理层求助于原大股东华润，但华润拒绝同时增持的官方原因之一即是现有股价过高，华润不愿意增持。如果能有一种机制让原股东低成本增持，而收购方高成本增持，这对于收购防御无疑是最有利的，这也是最经典的内翻式（flip-in）毒丸的基本设计。但这一方案目前在中国法律上并不可行，这也事实上导致毒丸计划无法实施。

（7）降落伞计划。当目标企业被恶意收购以后，接下来所面对的问题就是目标公司管理层被替换和公司员工被裁员。所以降落伞条款就是为了保护原有管理团队和职工权益的一项预防性措施。具体内容是由企业董事及高级管理人员与目标公司签订合同，一旦目标企业被并购，如果董事及高级管理人员被收购公司所解雇，那么企业必须向他们一次性支付大量赔偿金作为补偿。根据降落伞计划应用的员工层级的不同，降落伞计划可以进一步分为：为高级管理人员准备的金色降落伞计划、为中层管理人员准备的银色降落伞计划和为大量普通员工准备的锡降落伞计划。利用这一举措，即使企业被恶意收购，收购方也会损失巨额的现金，目标公司的吸引力也会受到严重负面影响。

反收购的反击性措施主要有：

（1）停牌策略。上市公司的停牌（trading halt）指的是上市公司在正常经营中股票被暂时限制交易的行为。停牌与熔断不同，熔断对象是市场大部分或者全部股票，停牌只是针对个股。实施停牌策略能暂时阻止收购方对目标公司股份的继续增持，但这只是权宜之计。2021 年的《证券交易所管理办法》第 61 条第 3 项对证券交易所的停牌规则作了规定，2020 年修正《上市公司重大资产重组管理办法》（以下简称《重组管理办法》）第 30 条对重大资产重组过程中的停牌作了规定。

如在宝能系恶意收购万科一案中，2015 年 12 月 18 日，因规划重组和异常的股价波动，万科宣布股票停牌。在 12 月 8 日前的 20 个交易日当中，有 4 个涨停板，短时间内万科的股票上浮近 70%。与此同时宝能系有 22.45%的持股比例，由于宝能大部分资金属于短债长投，而停牌时间长短一直不确定会加剧宝能的资金偿还压力，可能使其因不愿承担资金链断裂所带来的风险而不得不放弃并购。

（2）股份回购。对本公司发行或流通在外的股份按一定的程序购回的行为，即为股份回购。当遭到敌意收购时，公司会将自己发行在外的股票买回，这样是为了使流通在外的股票的数量变少，抬高公司的股票价格，从而使公司的收购难度增加。回购股份作为反收购措施作用较为有限，原因如下：第一，我国法律对股份回购限制较为严格，因为股份回购需要通过股东大会特别决议的表决，且若回购股票奖励员工也有 10%的比例上限限制；第二，回购需要大量资金，对公司的现金流有着较高的要求；第三，经股东大会批准的回购计划对初始回购价格有较多的限制，公司在面临被收购的情况下，股价大幅上升，回购计划不能随之变化，导致股份回购措施实施效果较差；第四，如果收购者已经持有较多目标公司股份，回购股份将会进一步提升收购者的持股比例，将增加公司反收购的难度。因此，就我国目前的情况来看，股份回购计划应当作为辅助性的反收购方法，更适宜与其他反收购方法联合在一起使用，有针对性地减少公司的在外流通股，降低收购者可持有的股票比例。

（3）白衣骑士。白衣骑士（White Knight）是寻找一个或一群认可并支持公司管理层的资本方，由资本方出资持有公司股票，成为公司股东，白衣骑士就可与公司管理层结成联盟，共同阻击收购者。寻找白衣骑士是公司按照市场经济原则，借助市场的力量来阻击收购者，此举有助于提升公司价值。

当目标公司面临恶意收购时，目标公司的管理层为防止恶意行为的发生，主动寻找友好的第三方去以更高的价格进行竞争。在这种情况下，受到邀请的白衣骑士对目标公司收购成功的概率很高。并且如果目标公司的管理者获得机构投资者的支持，进行管理层收购，自己也可以成为“白衣骑士”。不过公司也应当适当考虑对白衣骑士的控制，避免白衣骑士变成大灰狼。

如在宝能系恶意收购万科一案中，2016 年 6 月 17 日，万科在深圳总部举行第十七届董事会第十一次会议，主要议程是审议万科公司发行股份购买深圳地铁集团资产的预案。经过董事会讨论，最终以 7 票赞成、3 票反对、1 票因关联交易回避表决的结果通过了预案。万科引入深圳地铁预案，一方面希望通过引进深圳地铁稀释宝能的持股比例，另一方面万科希望能与深圳地铁互相借鉴、共同发展。

（4）帕克曼防御。帕克曼防御是指公司动用资金购买收购方的股份，成为收购方的控股股东或实际控制人，达到控制收购方的目的，从而阻断收购方的收购意图，达到反收购的目的。帕克曼防御策略更多的是从资本控制的角度来彻底解决公司面临收购的局面，尤其能够有效防止“蛇吞象”式的收购。因此只要公司能够获得收购者的股份，并成功控制收购者，公司就实现了反收购。

从法律角度来看，帕克曼防御作为一种反收购方法是几乎不存在法律障碍、可以正常实施的。但是从具体操作来看，该方法一般适用于上市公司互相收购或者收购方股权易于收购的情况。

（5）焦土计划。焦土计划是公司遭到收购时，管理层无力抵抗收购者的收购而采取的一种“同归于尽”的措施。从资产负债表不同的角度出发，焦土计划会有不同的操作反噬。一种方法是将公司中盈利能力最强、价值最高的核心资产进行剥离，从而降低公司价值，即出售“皇冠上的明珠”；另外一种方法是增加公司负债，或购买垃圾资产，降低公司现金流，使公司财务状况急剧恶化。总的来说，焦土计划的实施将导致全体股东利益受损，该计划是一种“伤敌一千、自损八百”的计划。

若管理层实施焦土计划，则相关董事就违背了董事勤勉、尽责的义务。而且，我国《上市公司收购管理办法》第 8 条要求上市公司面临收购时，公司董监高采取的措施应当是维护公司和股东利益的。此外，根据《重组管理办法》第12条的规定，监管部门设置了总资产或营业收入的50%的比例限制，且监管部门可以根据审慎原则和上市公司的具体情况，要求上市公司补充相关信息，此规定对焦土计划的实施空间加以明确限制。我国监管部门出于对股东利益的保护，大概率会否决与焦土计划相关的重组预案。

（6）获得股东支持。在收购与反收购中，收购方夺取的目标就是目标公司的股权与控制权。在我国上市公司目标争夺中，由于实行的是一股一权的原则，因此谁能获得越多股权比例的股东支持，谁就可以在收购与反收购中获胜。

（7）寻求法律支持。如果上市公司股东大会、管理层认为收购方的行为已经达到了恶意收购，并且会损害到公司的合法权益，或者认为收购程序不符合证券法律法规等，则可以向证监会或法院控告收购方，要求其停止收购行为、赔偿损失等。

如在宝能系恶意收购万科公司一案中，一方面，万科通过万科工会对宝能系进行起诉，认为宝能用资管计划这种方式对万科进行增持损害了万科股东的利益，并请求法院判决宝能系的增持属于无效行为。起诉暂时获得了法院支持，但因为其中牵扯到的金额巨大，所涉及的内容也比较复杂，最终的裁决还有待审定。另一方面，万科于2016年7月18日和19日通过电子邮件、现场提交和邮寄快件等方式，向相关部门提交了《关于提请查出钜盛华及其控制的相关资管计划违法违规行为的报告》。

第三节　上市公司重大资产重组法律制度

一、上市公司重大资产重组的概念

资产重组是指企业资产的拥有者、控制者与企业外部的经济主体进行的，对企业资产的分布状态进行重新组合、调整、配置的过程，或对设在企业资产上的权利进行重新配置的过程。[1]上市公司资产重组是上市公司兼并、收购、整体上市、资产置换和借壳上市等行为的总称。中国证监会《重组管理办法》第2条所称的上市公司重大资产重组，是指上市公司及其控股或者控

〔1〕 金桩：《中国上市公司资产重组绩效研究》，华东师范大学2004年博士学位论文。

制的公司在日常经营活动之外购买、出售资产或者通过其他方式进行资产交易达到规定的比例，导致上市公司的主营业务、资产、收入发生重大变化的资产交易行为。上市公司按照经中国证监会核准的发行证券文件披露的募集资金用途，使用募集资金购买资产、对外投资的行为，不适用本办法。

一般而言，资产重组包括如下几层含义：

1. 资产重组的主体。企业资产重组的主体应当包括两种：企业及企业的所有者，前者处分的是企业资产产权，后者则处分企业产权。

2. 资产重组的对象。资产重组的对象是资产。狭义的资产是指过去的交易事项形成，并由企业拥有或者控制的资源，该资源预期会给企业带来经济利益。在会计学上，资产包括流动资产、长期投资、固定资产、无形资产、递延资产和其他资产。会计等式是：企业资产等于企业负债加上所有者权益。所有者权益即企业资本（净资产），也即资产等于净资产加负债。广义的资产指“企业资源”，其内容则更为广泛，它包括所有的资产、能力、组织过程、企业的性质、信息、知识，等等。

3. 资产重组的行为方式。资产重组所涉及的交易类型，分为产权交易与股权交易。具体包括：

（1）资产出让：包括资产的变现、债务的转让、股权的转让或划拨、企业租赁等。一般所言的“资产剥离”也是其中之一，指将企业的一部分出售给第三方，出售的可以是资产、产品种类、子公司或部门等。

（2）资产收购：包括购买资产、其他主体的股权或债权等。

（3）资产置换：企业的资产、债务或企业产权与其他企业或主体的互换。其中，“资产置换”已成为一个专有名词，常用于上市公司的资产重组中。其特征是在剥离劣质资产的同时又换入新的优质资产。

《重组管理办法》所称的资产交易是指：

（1）与他人新设企业、对已设立的企业增资或者减资；

（2）受托经营、租赁其他企业资产或者将经营性资产委托他人经营、租赁；

（3）接受附义务的资产赠与或者对外捐赠资产；

（4）中国证监会根据审慎监管原则认定的其他情形。上述资产交易实质上构成购买、出售资产，且按照本办法规定的标准计算的相关比例达到50%

以上的，应当按照本办法的规定履行相关义务和程序。

二、上市公司重大资产重组的条件和标准

（一）上市公司重大资产重组的条件

根据《重组管理办法》第11条的规定，上市公司重大资产重组应符合以下条件：

1. 符合国家产业政策和有关环境保护、土地管理、反垄断等法律和行政法规的规定；

2. 不会导致上市公司不符合股票上市条件；

3. 重大资产重组所涉及的资产定价公允，不存在损害上市公司和股东合法权益的情形；

4. 重大资产重组所涉及的资产权属清晰，资产过户或者转移不存在法律障碍，相关债权债务处理合法；

5. 有利于上市公司增强持续经营能力，不存在可能导致上市公司重组后主要资产为现金或者无具体经营业务的情形；

6. 有利于上市公司在业务、资产、财务、人员、机构等方面与实际控制人及其关联人保持独立，符合中国证监会关于上市公司独立性的相关规定；

7. 有利于上市公司形成或者保持健全有效的法人治理结构。

（二）上市公司重大资产重组的标准

上市公司及其控股或者控制的公司购买、出售资产，达到下列标准之一的，构成重大资产重组：

1. 购买、出售的资产总额占上市公司最近1个会计年度经审计的合并财务会计报告期末资产总额的比例达到50%以上；

2. 购买、出售的资产在最近1个会计年度所产生的营业收入占上市公司同期经审计的合并财务会计报告营业收入的比例达到50%以上；

3. 购买、出售的资产净额占上市公司最近1个会计年度经审计的合并财务会计报告期末净资产额的比例达到50%以上，且超过5000万元人民币。

购买、出售资产未达到前款规定标准，但中国证监会发现存在可能损害上市公司或者投资者合法权益的重大问题的，可以根据审慎监管原则，责令上市公司按照本办法的规定补充披露相关信息、暂停交易、聘请符合《证券

法》规定的独立财务顾问或者其他证券服务机构补充核查并披露专业意见。

上市公司自控制权发生变更之日起36个月内，向收购人及其关联人购买资产，导致上市公司发生以下根本变化情形之一的，构成重大资产重组，应当按照本办法的规定报经中国证监会核准：

1. 购买的资产总额占上市公司控制权发生变更的前1个会计年度经审计的合并财务会计报告期末资产总额的比例达到100%以上；

2. 购买的资产在最近1个会计年度所产生的营业收入占上市公司控制权发生变更的前1个会计年度经审计的合并财务会计报告营业收入的比例达到100%以上；

3. 购买的资产净额占上市公司控制权发生变更的前1个会计年度经审计的合并财务会计报告期末净资产额的比例达到100%以上；

4. 为购买资产发行的股份占上市公司首次向收购人及其关联人购买资产的董事会决议前1个交易日的股份的比例达到100%以上；

5. 上市公司向收购人及其关联人购买资产虽未达到第1项至第4项标准，但可能导致上市公司主营业务发生根本变化；

6. 中国证监会认定的可能导致上市公司发生根本变化的其他情形。

上市公司实施前款规定的重大资产重组，应当符合下列规定：

1. 符合《重组管理办法》第11条、第43条规定的要求；

2. 上市公司购买的资产对应的经营实体应当是股份有限公司或者有限责任公司，且符合《首次公开发行股票并上市管理办法》规定的其他发行条件；

3. 上市公司及其最近3年内的控股股东、实际控制人不存在因涉嫌犯罪正被司法机关立案侦查或涉嫌违法违规正被中国证监会立案调查的情形，但是，涉嫌犯罪或违法违规的行为已经终止满3年，交易方案能够消除该行为可能造成的不良后果，且不影响对相关行为人追究责任的除外；

4. 上市公司及其控股股东、实际控制人最近12个月内未受到证券交易所公开谴责，不存在其他重大失信行为；

5. 本次重大资产重组不存在中国证监会认定的可能损害投资者合法权益，或者违背公开、公平、公正原则的其他情形。

三、上市公司重大资产重组的程序

1. 上市公司就重大资产重组采取严格保密措施。

2. 上市公司应当聘请符合《证券法》规定的独立财务顾问、律师事务所以及会计师事务所等证券服务机构就重大资产重组出具意见。

3. 上市公司管理层应当对相关指标进行分析。上市公司应当在重大资产重组报告书的管理层讨论与分析部分，就本次交易对上市公司的持续经营能力、未来发展前景、当年每股收益等财务指标和非财务指标的影响进行详细分析。

4. 上市公司董事会应当对相关结论发表明确意见。上市公司重大资产重组中相关资产以以资产评估结果作为定价依据的，资产评估机构应当按照资产评估相关准则和规范开展执业活动；上市公司董事会应当对评估机构的独立性、评估假设前提的合理性、评估方法与评估目的的相关性以及评估定价的公允性发表明确意见。相关资产不以资产评估结果作为定价依据的，上市公司应当在重大资产重组报告书中详细分析说明相关资产的估值方法、参数及其他影响估值结果的指标和因素。上市公司董事会应当对估值机构的独立性、估值假设前提的合理性、估值方法与估值目的的相关性发表明确意见，并结合相关资产的市场可比交易价格、同行业上市公司的市盈率或者市净率等通行指标，在重大资产重组报告书中详细分析本次交易定价的公允性。

5. 上市公司进行重大资产重组，应当由董事会依法作出决议，并提交股东大会批准。

6. 上市公司披露重大资产重组的相关文件。这些文件主要包括：①董事会决议及独立董事的意见；②上市公司重大资产重组预案。本次重组的重大资产重组报告书、独立财务顾问报告、法律意见书以及重组涉及的审计报告、资产评估报告或者估值报告至迟应当与召开股东大会的通知同时公告。上市公司自愿披露盈利预测报告的，该报告应当经符合《证券法》规定的会计师事务所审核，与重大资产重组报告书同时公告。上市公司只需选择一种符合中国证监会规定条件的媒体公告董事会决议、独立董事的意见，并应当在证券交易所网站全文披露重大资产重组报告书及其摘要、相关证券服务机构的报告或者意见。

7. 上市公司股东大会就重大资产重组作出决议。股东大会决议的事项包括：①本次重大资产重组的方式、交易标的和交易对方；②交易价格或者价格区间；③定价方式或者定价依据；④相关资产自定价基准日至交割日期间损益的归属；⑤相关资产办理权属转移的合同义务和违约责任；⑥决议的有效期；⑦对董事会办理本次重大资产重组事宜的具体授权；⑧其他需要明确的事项。

上市公司股东大会就重大资产重组事项作出决议，必须经出席会议的股东所持表决权的2/3以上通过。除上市公司的董事、监事、高级管理人员、单独或者合计持有上市公司5%以上股份的股东以外，其他股东的投票情况应当单独统计并予以披露。

8. 上市公司公告重大资产重组股东大会决议及律师事务所法律意见。上市公司应当在股东大会作出重大资产重组决议后的次一工作日公告该决议，以及律师事务所对本次会议的召集程序、召集人和出席人员的资格、表决程序以及表决结果等事项出具的法律意见书。

9. 上市公司的董事、监事、高级管理人员及重大资产重组的交易对方作出公开承诺。上市公司全体董事、监事、高级管理人员应当公开承诺，保证重大资产重组的信息披露和申请文件不存在虚假记载、误导性陈述或者重大遗漏。重大资产重组的交易对方应当公开承诺，将及时向上市公司提供本次重组相关信息，并保证所提供的信息真实、准确、完整，如因提供的信息存在虚假记载、误导性陈述或者重大遗漏，给上市公司或者投资者造成损失的，将依法承担赔偿责任。前述规定的单位和个人还应当公开承诺，如本次交易因涉嫌所提供或者披露的信息存在虚假记载、误导性陈述或者重大遗漏，被司法机关立案侦查或者被中国证监会立案调查的，在案件调查结论明确之前，将暂停转让其在该上市公司拥有权益的股份。

10. 上市公司公告中国证监会通知事项并办理股票停牌事宜。上市公司在收到中国证监会关于召开并购重组委工作会议审核其申请的通知后，应当立即予以公告，并申请办理并购重组委工作会议期间直至其表决结果披露前的停牌事宜。上市公司收到并购重组委关于其申请的表决结果的通知后，应当在次一工作日公告表决结果并申请复牌。公告应当说明，公司在收到中国证监会作出的予以核准或者不予核准的决定后将再行公告。

11. 上市公司公告中国证监会是否核准重大资产重组的决定并披露相关文件。上市公司收到中国证监会就其申请作出的予以核准或者不予核准的决定后，应当在次一工作日予以公告。中国证监会予以核准的，上市公司应当在公告核准决定的同时，按照相关信息披露准则的规定补充披露相关文件。

上市公司在实施重大资产重组的过程中，发生法律、法规要求披露的重大事项的，应当及时作出公告；该事项导致本次交易发生实质性变动的，须重新提交股东大会审议。

12. 上市公司披露相关资产实际盈利存在差异的情况及会计师事务所的审核意见。采取收益现值法、假设开发法等基于未来收益预期的方法对拟购买资产进行评估或者估值并作为定价参考依据的，上市公司应当在重大资产重组实施完毕后 3 年内的年度报告中单独披露相关资产的实际盈利数与利润预测数的差异情况，并由会计师事务所对此出具专项审核意见；交易对方应当与上市公司就相关资产实际盈利数不足利润预测数的情况签订明确可行的补偿协议。预计本次重大资产重组将摊薄上市公司当年每股收益的，上市公司应当提出填补每股收益的具体措施，并将相关议案提交董事会和股东大会进行表决。负责落实该等具体措施的相关责任主体应当公开承诺，保证切实履行其义务和责任。上市公司向控股股东、实际控制人或者其控制的关联人之外的特定对象购买资产且未导致控制权发生变更的，不适用前述规定，上市公司与交易对方可以根据市场化原则，自主协商是否采取业绩补偿和每股收益填补措施及相关具体安排。

13. 独立财务顾问应当及时出具核查意见，并予以公告。上市公司重大资产重组发生下列情形的，独立财务顾问应当及时出具核查意见，并予以公告：①上市公司完成相关批准程序前，对交易对象、交易标的、交易价格等作出变更，构成对原重组方案重大调整，或者因发生重大事项导致原重组方案发生实质性变动的；②上市公司完成相关批准程序后，在实施重组过程中发生重大事项，导致原重组方案发生实质性变动的。

14. 独立财务顾问对实施重大资产重组的上市公司履行持续督导职责，出具持续督导意见。独立财务顾问应当按照中国证监会的相关规定，对实施重大资产重组的上市公司履行持续督导职责。持续督导的期限自本次重大资产重组实施完毕之日起，应当不少于 1 个会计年度。

独立财务顾问应当结合上市公司重大资产重组当年和实施完毕后的第 1 个会计年度的年报，自年报披露之日起 15 日内，对重大资产重组实施的下列事项出具持续督导意见，并予以公告：①交易资产的交付或者过户情况；②交易各方当事人承诺的履行情况；③已公告的盈利预测或者利润预测的实现情况；④管理层讨论与分析部分提及的各项业务的发展现状；⑤公司治理结构与运行情况；⑥与已公布的重组方案存在差异的其他事项。

四、上市公司重大资产重组的信息管理

上市公司筹划、实施重大资产重组，相关信息披露义务人应当公平地向所有投资者披露可能对上市公司股票交易价格产生较大影响的相关信息，不得有选择性地向特定对象提前泄露。

上市公司的股东、实际控制人以及参与重大资产重组筹划、论证、决策等环节的其他相关机构和人员，应当及时、准确地向上市公司通报有关信息，并配合上市公司及时、准确、完整地进行披露。上市公司获悉股价敏感信息的，应当及时向证券交易所申请停牌并披露。

上市公司及其董事、监事、高级管理人员，重大资产重组的交易对方及其关联方，交易对方及其关联方的董事、监事、高级管理人员或者主要负责人，交易各方聘请的证券服务机构及其从业人员，参与重大资产重组筹划、论证、决策、审批等环节的相关机构和人员，以及因直系亲属关系、提供服务和业务往来等知悉或者可能知悉股价敏感信息的其他相关机构和人员，在重大资产重组的股价敏感信息依法披露前负有保密义务，禁止利用该信息进行内幕交易。

上市公司筹划重大资产重组事项，应当详细记载筹划过程中每一具体环节的进展情况，包括商议相关方案、形成相关意向、签署相关协议或者意向书的具体时间、地点、参与机构和人员、商议和决议内容等，制作书面的交易进程备忘录并予以妥当保存。参与每一具体环节的所有人员应当即时在备忘录上签名确认。上市公司预计筹划中的重大资产重组事项难以保密或者已经泄露的，应当及时向证券交易所申请停牌，直至真实、准确、完整地披露相关信息。停牌期间，上市公司应当至少每周发布一次事件进展情况公告。上市公司股票交易价格因重大资产重组的市场传闻发生异常波动时，上市公司应当及时向证券交易所申请停牌，核实有无影响上市公司股票交易价格的重组事项并予以澄清，不得以相关事项存在不确定性为由不履行信息披露义务。

五、上市公司发行股份购买资产

上市公司发行股份购买资产，应当充分说明并披露本次交易有利于提高上市公司资产质量、改善财务状况和增强持续盈利能力，有利于上市公司减少关联交易、避免同业竞争、增强独立性。

上市公司发行股份购买资产的，可以同时募集部分配套资金，其定价方式按照现行相关规定办理。上市公司发行股份购买资产应当遵守《重组管理办法》关于重大资产重组的规定，编制发行股份购买资产预案、发行股份购买资产报告书，并向中国证监会提出申请。

上市公司发行股份的价格不得低于市场参考价的90%。市场参考价为本次发行股份购买资产的董事会决议公告日前20个交易日、60个交易日或者120个交易日的公司股票交易均价之一。

特定对象以资产认购而取得的上市公司股份，自股份发行结束之日起12个月内不得转让。

上市公司发行股份购买资产导致特定对象持有或者控制的股份达到法定比例的，应当按照《上市公司收购管理办法》的规定履行相关义务。

上市公司申请发行股份购买资产，应当提交并购重组委审核。中国证监会核准上市公司发行股份购买资产的申请后，上市公司应当及时实施。

六、重大资产重组后申请发行新股或者公司债券

经中国证监会审核后获得核准的重大资产重组实施完毕后，上市公司申请公开发行新股或者公司债券，同时符合下列条件的，本次重大资产重组前的业绩在审核时可以模拟计算：①进入上市公司的资产是完整经营实体；②本次重大资产重组实施完毕后，重组方的承诺事项已经如期履行，上市公司经营稳定、运行良好；③本次重大资产重组实施完毕后，上市公司和相关资产实现的利润达到盈利预测水平。

上市公司在本次重大资产重组前不符合中国证监会规定的公开发行证券条件，或者本次重组导致上市公司实际控制人发生变化的，上市公司申请公开发行新股或者公司债券，距本次重组交易完成的时间应当不少于1个完整会计年度。

第十一章
Chapter 11

公司法人人格否认制度

第一节　公司法人人格否认理论

一、公司法人人格否认制度兴起的背景

公司法人的独立人格与股东有限责任这两项基本原则构建了现代公司法人人格制度。这些举措虽然刺激了经济的发展，但是存在被滥用的风险。由于法律给了公司股东极大的权力，若不加以限制，必然会出现权力被滥用的情况，即滥用公司法人独立人格与股东有限责任的情况。要想控制这种情况，只有通过权力来制衡权力。由于股东在公司中通常位于优势地位并拥有极大的权力，若法律对股东没有约束，股东自己又不加以约束，很容易出现股东滥用权力、优势地位的情况。当这些情形出现时，就会出现“连锁反应”，即股东滥用法人独立人格及股东有限责任的情形也必然随之出现。此时，公司法人制度本来应统一实现的两大价值目标无疑会向另外一端倾斜，从而侵害到法律的公平正义。然而损害他人利益而获得自身利益，在法律制度中是绝对被禁止的，这是对公平和正义这两个崇高的法律价值目标的践踏。面对这种情况，世界各国都在寻找解决的方式，通过不断的探索，出现了公司法人人格否认制度。

二、公司法人人格否认制度在各国的发展

虽然公司法人人格否认制度在我国确立了 10 多年，但是它在其他国家有着悠久的发展历程。

美国在 20 世纪初便通过判例法形式创立了公司法人人格否认制度，它也是最早创立这一制度的国家。“合众国诉密尔沃基冷藏运输公司”案件是代表性案例。审理该案的法官桑伯恩对该制度理论作出了经典性论述，他指出：

"就一般规则而言，公司应该被看作法人而具有独立的人格，除非有足够相反的理由出现。但如果公司的独立人格被利用于损害公共利益，使非法行为合法化，袒护欺诈和犯罪，法律即应将公司视为多数人之组合。"〔1〕这段话的含义是，如果公司的独立人格被滥用，损害了相关利益，那么公司就不再是公司了，而是沦为股东谋取不法利益的工具。也正是因为有了这个先例，美国的人格否认制度显现出来，得到了确立。

英国关于公司法人人格否认制度的历史性案例是"萨洛蒙诉萨洛蒙有限公司案"（Salmon v. Salmon & Co. Ltd.），"该案之所以成为英国公司法上最重要的案例，是因为就是从该案起，该判决的精神并没有被普遍遵循，却使公司面纱被揭破的原则开始出现"。〔2〕英国一直认为即使不借助立法，法院在审理具体案件时也可以适用人格否认制度。但是在既没有成文法明确规定，也没有合同明确约定的情况下，英国法院不会轻易否认公司法人的独立人格。英国作为一个判例法国家，都需要满足"成文法明确规定"和"合同明确约定"的条件。可见，在如此严苛的条件下，否认公司法人的独立人格也并非易事。在英美法系国家，公司法人人格否认制度经过100多年的发展，逐渐由保护私人债权发展到保护公共利益，比如税收、环境保护、劳工保护、破产、侵权等各方面。

德国是在20世纪20年代通过一个案件的判决建立了公司人格否认制度。在这个判决中，"德国的最高法院，将单独股东与公司视为一体，开创了德国公司法人人格否认的先河，之后通过一系列判决和制定法，使德国的公司法人人格否认理论日趋完善"。〔3〕如果说，英国和美国适用人格否认制度还相对容易，那么德国就是正好与他们相反。在德国，对于该制度的适用十分严格，在适用时需要遵循两大严苛的条件，即不仅需要有滥用公司法人人格的行为，还需要该行为违反善良风俗和诚实信用的原则。

日本公司法人人格否认理论也是来源于美国判例法。该理论在日本得到完全确立是在"昭和43年（1968年）（才）第877号建屋明渡请求事件"判

---

〔1〕 谷绍勇：《刺破公司的面纱》，载徐学鹿主编：《商法研究》（第2辑），人民法院出版社2000年版。

〔2〕 张开平：《英美公司董事法律制度研究》，法律出版社1998年版，第237页。

〔3〕 王作全、马旭东、牛丽云：《公司利益相关者法律保护及实证分析》，法律出版社2010年版，第218页。

决中。判决书中有一句话是这样写的："在法人资格完全沦为空壳的场合，或者在为回避法律的适用而滥用的场合，若肯定法人资格不合于法人资格成立的本来目的，则应当否认公司人格。"[1]这句话准确地概括了人格否认制度。自此，日本法院在审理一些同类案件时，都适用了公司法人人格否认制度。当然，在适用时也是持谨慎态度，尽量减少适用这一制度的情况。通常，可以通过侵权、合同等相关制度解决的问题绝不适用该制度。

三、我国的公司法人人格否认制度

我国在 2005 年以法律条文的形式，引入了公司法人人格否认制度，即在对《公司法》的全面修订时，增加了第 20 条第 3 款和第 64 条（即 2018 年《公司法》第 63 条，下文同）。《公司法》第 20 条第 3 款规定"公司股东滥用公司法人独立地位和股东有限责任，逃避债务，严重损害公司债权人利益的，应当对公司债务承担连带责任"。本条款是关于公司法人人格否认制度的一般性规定。而《公司法》第 63 条是关于一人公司的规定，是该制度的特殊性规定。该条规定，一人有限责任公司的股东不能证明公司财产独立于股东自己的财产的，应当对公司债务承担连带责任。

第二节　公司法人人格否认制度概述

一、公司法人人格否认制度的内涵

公司法人人格否认并非法定概念，各国理论与实践中所采用的概念也不尽相同。在美国，该概念一般被称为"刺破公司面纱"；在英国，该概念被称为"揭开公司面纱"；在德国一般被称为"直索责任"；日本及我国学者多采用"公司法人人格否认"。所谓公司法人人格否认制度，是指在具体的、个别的案件中，当独立人格和有限责任被股东滥用，相关利益者的利益受到损害时，相关利益者可以要求股东对公司债务承担连带责任。这么做是为了保护公司债权人利益、社会公共利益和国家利益，寻求实质意义上的公平、正义

〔1〕 王作全、马旭东、牛丽云：《公司利益相关者法律保护及实证分析》，法律出版社 2010 年版，第 219 页。

价值目标的实现。我国《民法典》第83条第2款规定，营利法人的出资人不得滥用法人独立地位和出资人有限责任损害法人债权人的利益；滥用法人独立地位和出资人有限责任，逃避债务，严重损害法人债权人的利益的，应当对法人债务承担连带责任。《公司法》第20条第3款规定，公司股东滥用公司法人独立地位和股东有限责任，逃避债务，严重损害公司债权人利益的，应当对公司债务承担连带责任。

我国《公司法》并没有对人格否认制度进行明确定义。因此对于它的内涵，无论是学理界还是实务界都存在着不同看法。争议的焦点在于：在具体案件中，如适用公司法人人格否认制度，其适用的后果包括哪些情况。当然，股东肯定要与公司一起承担连带责任，这点是可以确定的。但是，公司的法人地位是不是也被剥夺了呢？是否包含这一后果？应该认为，《公司法》第20条第3款实质只强调了公司背后的股东要对公司债务承担连带责任，并且有限责任的特权被剥夺，但并没有要剥夺公司的法人资格。并且公司是基于股东享有的有限责任而独立地承担法律责任，并不是因为公司具有法人资格。因此，结合多种因素来分析，虽然这一制度与公司是否有法人地位无关，但是正因为公司是法人，所以股东才享有有限责任，故公司的法人地位不仅不可被忽略、被剥夺，还应该被重视被前置。所以对这一制度的适用是“在具体法律关系中个别、相对、暂时地否认，而不是全面、彻底、永久地否认公司的法人资格，是由公司背后的控制股东直接承担公司的责任”。[1]其他情况下，公司仍然是一个具有法人资格的主体，具有独立的人格。毕竟这一制度被创立是为了阻止股东的滥用行为以及保护债权人及社会公共利益，而不是为了终结法人资格，更不是为了终结公司这一形式。

二、公司法人人格否认制度的特征

（一）首要前提——公司具备独立法人人格

若要适用公司法人人格否认制度，首先需要有合法取得法人资格的公司。虽然这一制度是否定公司独立人格，但只有在此前提下，对公司法人人格否认的讨论才有意义。可以想象，一家没有经过合法程序设立的“公司”，不具

〔1〕 金剑峰：《公司人格否认理论及其在我国的实践》，载《中国法学》2005年第2期。

有法律给予公司的独立法人资格，其在法律上实质是一家无效的“公司”。正因为这一“公司”在法律上无效，那么法律赋予公司股东有限责任的特权也就根本不存在。实质上，它的各股东之间就是合伙关系，各合伙人对债务承担连带责任。在这种情况下，法人人格的否认问题根本无需谈起。因为合伙人本就不享有有限责任的特权，对公司债务要承担无限连带责任或有限连带责任。在这一层面上，人格否认制度并不是对公司人格独立这一原则的否定，而是对这一原则的认可。

（二）适用范围——在具体个案中进行否认

公司法人人格否认只是使公司法人的独立人格在个案中暂时受到了限制，并不会对法人制度产生任何影响与撼动。所以虽然表述为“否认”，但是也只是对公司法人个别的、特定的否定。同时，站在设计这一制度的本意角度，我们不可能也不允许对公司法人人格完全进行否认，因为这就等同于法人被解散或被撤销。英美学者对公司法人人格否认的描述形象而生动：“在公司形式所竖立起来的有限责任之墙上钻一个孔，但对被钻之孔以外的所有目的而言，这堵墙依然矗立着。”〔1〕这句话中将法人制度比喻成一堵墙，将否认人格比喻成墙上的一个洞，这样的描述虽然直白，但是确实贴切，直接表述出了人格否认制度的地位与设立的目的。所以这种否认的效力只能局限在特定的、具体的法律关系中。

（三）法律后果——股东对公司债务承担连带责任

公司经合法程序设立，即拥有独立的法人人格。所以公司对自己的债务承担责任，当公司无力承担时，股东就在出资比例、出资额范围内对公司不足清偿部分承担责任。不过，特殊情况下，股东会实施滥用行为，孤立或空置公司的独立人格。此时，只有否认公司法人的独立人格，由股东承担连带责任，才能维护利益平衡，保护债权人和社会公共利益。这是公司债权人对自己权利进行维护的一种法律救济措施，可以在股东滥用公司法人独立人格、严重损害其利益时，依据国家公权力，通过司法规制的方式来保护自己的利益。这样做贯彻了前面提到的权力制约权力的观点，符合立法本意，也符合法律所要达到的公平、正义的价值目标。

〔1〕 朱慈蕴：《公司法人格否认法理研究》，法律出版社 1998 年版，第 99 页。

第三节 公司法人人格否认制度的适用

一、公司法人人格否认制度的要件

（一）主体要件

1. 权利主体。当股东实施滥用行为、损害他人利益时，请求适用人格否认制度的一方被称为权利主体，亦即权利受损方。适用群体有两类，一是被滥用法人独立人格公司的债权人。因为法人独立人格被滥用，最直接的受害者就是公司债权人，他们是适用公司法人人格否认制度中最适格的权利主体；二是代表社会公共利益或国家利益的机构。股东实施滥用行为，有时还会损害个人利益以外的公共利益乃至国家利益。该种情形下，如果机械地坚持只有公司债权人才能提出适用公司法人人格否认制度，那么受损的其他利益就失去了可以得到法律救济的途径，公司股东利益及社会公共利益之间无法实现平衡。当然，在司法实践中因为滥用公司独立人格而受到损害的绝大多数主体还是公司的债权人。

实践中其实还有这样一种情况，在学理上被称为“反向刺破”，即公司股东实施滥用行为，不仅会损害债权人利益，还可能损害公司及股东的利益。如果出现这种情况，公司或权利受损的股东可否作为人格否认制度的权利主体，请求适用该制度？目前，大多数国家对“反向刺破”持否定态度。因为权利和义务具有统一性，是平等的。股东在享受权利的同时，也应承担相对应的义务，没有无义务的权利。这里的义务其实就是一种法律后果，既包括有利的也包括不利的。不能因为后果是不利的，就不承担该义务。实际上，侵权法、公司法等法律同样可以使得权利受到损害的股东或公司得到救济。

2. 义务主体。当股东存在滥用行为，且这些行为有损债权人利益时，这些股东就是人格否认制度的义务主体。这里的“股东”不是广义上的持有公司股权的股东，而是狭义上的持有公司股权并且对公司经营有实际控制能力的股东。只要曾经是公司的股东，在拥有股东身份期间滥用了权利，无论被诉时是否保有公司股东身份，都是合格的被告。这里的“股东”需符合三个要素。

第一，须是持有公司一定比例的股权的股东。在实践中公司的其他人员虽然对公司有实际控制能力，但是因为不是公司股东，所以即使这些人滥用法人独立人格给他人利益造成损害，也只能通过《公司法》的其他规定，来使其对造成的损害承担法律责任。

第二，须是对公司有实际控制能力的股东。这一要素并不关注股东到底持有公司多少比例的股权。因为在实践中，即使是持有公司绝大多数股权的大股东，也不一定就是公司的实际控制者。这一要素需要的不仅仅是公司股东，还需要这类股东在公司日常经营过程中，对其进行管理，作出决策，且这些决策对于公司具有影响力和控制力。

第三，须是在特定法律关系中滥用法人独立人格，对债权人造成损害的股东。有一些股东虽然实际上是公司的控制者，但并没有在特定法律关系下滥用法人独立人格。又或者股东虽然在这个法律关系中实施了滥用行为，但是这些行为并没有达到一定的后果，即债权人利益受损，那么，这一类股东也不是适格的义务主体。

（二）行为要件

行为要件关注的是是否实施了滥用行为。法人独立人格和股东有限责任既促进了公司制的发展，控制了投资者的投资风险，又使债权人与股东共担风险。但是，债权人分担股东的投资风险，需以股东合理地利用公司法人制度为前提。股东正当地行使有限责任的权利，才符合公平正义这一原则。当违背这一公平正义原则时，债权人就失去了和股东共同承担风险的意义，此时为了自身利益就可要求股东承担法律责任。

学理界通过主观滥用说和客观滥用说，来界定股东滥用公司法人人格的行为是否需要具备主观标准。存在对他人施加损害的主观滥用意图，如故意地、反道德意识地、有计划地施加损害意图的权利滥用者，被归类在主观滥用说中。这么做是为了避免人格否认制度的滥用，从狭义角度限定了这一制度的适用范围。实践中，权利受损害的债权人通常是被动的一方，根据“谁主张，谁举证”的举证责任原则，将证明权利滥用者是控制股东、存在具体的滥用行为等的举证责任分配给了债权人。而公司在经营过程中，其决策、运作等都是不对外公开的，对于债权人来说取得这些证据本就十分困难，如果还需要证明支配股东的主观滥用意图，将一种抽象的意图变为具体的证据，显然是雪上加霜，这显然与创设公司法人人格否认制度的初衷背道而驰。

“客观滥用说认为社员将法人作违反客观目的而滥用时，即发生直索。”[1]这样，权利人滥用法人独立人格时，就无需追究是否有实施加害行为的主观意图，正如《瑞士民法典》规定“权利明显的滥用不受法律保护”。如此，不仅与禁止权利滥用的法律原则相符合，也有利于减轻债权人的举证责任。正因为如此，实践中也是这一学说占主导地位。

（三）结果要件

结果通俗来讲就是后果，这里指的是产生严重损害债权人的利益的后果。判断这一要件时需考量以下三个方面：

1. 滥用行为严重损害了债权人的利益。为了平衡公司股东和债权人之间的利益，防止两者间的利益失衡，出现了公司法人人格否认制度。因此，这一制度的适用有其条件，即股东的滥用行为导致债权人的利益受损。也就是说，只要债权人的利益没有受损，即使公司股东滥用了法人独立人格，实施了滥用行为，也无法适用这一制度。因为该制度作为一种事后的救济制度，只有当损害发生时，才得以启用——无损害即无救济。

从我国《公司法》的规定可以看出：人格否认制度只有在债权人利益严重受损时，才可以被适用。但是对于在什么情况下属于“严重”，《公司法》并没有作出规定。笔者认为，可以根据未得以清偿的债权比例与债权人自身整体的经济状况相结合来评判。如果因债权没有得到清偿，导致债权人的经营困难或难以维持家庭生活，那么无疑相关损害已经具备了“严重性”。相反，即使未清偿的债权占总债权绝大比例，但是并没有导致债权人的经营困难或难以维持家庭生活，该损害就不具备“严重性”，无法适用人格否认制度。

2. 滥用行为和损害之间有因果关系。侵权行为与损害结果有因果关系是侵权责任的构成要件之一。股东实施滥用行为使得债权人利益受损，本质上就是一种侵权行为，所以在适用时需满足两者间的因果关系，这两者即：股东的滥用行为与造成的损害。实践中，很多因素会导致债权人利益受损，因此如果并不是股东实施滥用行为而导致的，那么就不应利用人格否认追究股东责任。

[1] 王新新：《论我国公司法人人格否认制度》，载《东南学术》2009年第3期。

人格否认制度本质是对法人制度的一种维护，对其否定只是例外，不可随意扩大该制度的适用，因此一定要在满足所有构成要件时，进行谨慎适用，以免该制度被曲解滥用。

案例53：股东以其股权出质并没有损害公司债权人的合法权益[1]

案由：股东损害公司债权人利益责任纠纷

××强公司一审向吉林省白山市中级人民法院起诉请求：1. 判令漫××公司给付××强公司两处天然矿泉引水工程款及利息约2.5亿元，××投公司对以上债务承担连带责任。

一审法院认定事实：2018年2月，××强公司与发包人漫××公司就长白山天然矿泉水引水工程签订《建设工程施工合同》。工程竣工后验收合格，经有关单位结算审核工程价款约2.5亿元左右。2018年6月9日，费某某将其持有的漫××公司全部股权中的90%转让给××投公司，并办理了股权变更登记。

2018年1月，××金公司向A银行借款1亿元，中小企业公司为××金公司提供保证担保。同时，漫××公司以其土地为中小企业公司提供反担保，并于2018年7月办理了土地抵押登记，后双方又于一审判决前的2019年9月办理了抵押注销登记。

2019年6月，××投公司与B银行签订《最高额质押合同》，以其在漫××公司的2700万元股权作为质押，由B银行对××金公司贷款授信，并办理了质押登记。其中××金公司是××投公司的全资子公司。

一审法院认为，××强公司与漫××公司签订的建设工程施工合同合法有效，漫××公司应依法支付工程款项及利息。××投公司抗辩股权转让协议书未获得上级主管部门批准，即将解除重组，股权转让实质上并没有完成。但双方已经在工商行政管理部门办理了漫××公司的股权变更登记，漫××公司的营业执照亦变更为国有控股的有限责任公司，双方已实际履行了股权转让协议，故对××投公司主张股权转让协议没有完成，不予支持。

××投公司的2亿元贷款与××投公司的子公司××金公司的1亿元贷款，均由××投公司控股的漫××公司提供抵押反担保，本案无证据证明抵押反担保经

[1] 参见吉林省高级人民法院（2020）吉民终83号民事判决书。

过漫××公司股东会或股东大会决议。费某某庭审抗辩称对抵押质押均不知情，××投公司亦未提供证据证明股权质押经过股东费某某同意。××投公司滥用控制行为，使漫××公司在本案中不具有法人独立意志和独立利益，逃避债务，损害××强公司的利益。××强公司主张××投公司对漫××公司的债务承担连带责任，具有法律依据，予以支持。一审法院吉林省白山市中级人民法院民事判决支持了原告的诉讼请求。

上诉人（原审被告）××投公司向吉林省高级人民法院提起上诉。

二审法院认为，本案的争议焦点是××投公司是否应当对××强公司的工程款承担连带责任。在审判实践中，只有在股东实施了滥用公司法人独立地位及股东有限责任的行为，且该行为严重损害了公司债权人利益的情况下，才能适用法人人格否认。本案中，××投公司、漫××公司、费某某签订《股权转让协议书》，主要内容为××投公司于2016年12月9日委托交通银行向胜××公司发放委托贷款人民币5000万元，胜××公司与漫××公司实际控制人为费某某。截至2018年6月9日，胜××公司拖欠××投公司委托贷款本息（不含罚息、复利）7600万元；费某某自愿将其持有的漫××公司90%的股权无偿转让给××投公司，股权对价依据审计、评估结果经××投公司、漫××公司最终确定。该《股权转让协议书》签订时间为2018年6月9日之后。而在此之前，××强公司已经就案涉工程与漫××公司签订了《建设工程施工合同》，实际施工且进行了结算。可见，××强公司就案涉工程实施的行为考虑的是漫××公司的资产及偿债能力。××投公司受让漫××公司股权后，作为漫××公司的控股股东分别以××强公司施工的两处天然矿泉引水工程设定了反担保抵押，并进行了登记。××投公司实施上述行为未经过股东会或股东大会决议，违反了《中华人民共和国担保法》第16条第2款的规定，实质上也损害了漫××公司的债权人××强公司的合法权益。但是在本案一审判决前，2019年9月27日，××投公司即注销了抵押登记，损害××强公司利益的情形已经消失，××强公司再主张××投公司承担连带责任没有依据。2019年6月19日，××投公司以其在漫××公司的2700万元股权出质，并于2019年6月20日在某某工商局办理了股权出质登记。但××投公司以股权出质的行为是××投公司作为股东的权利，且该出质行为只能引起股权变动，不能导致漫××公司财产减少，亦不可能损害××强公司的利益。

综上，××投公司受让费某某在漫××公司90%的股权后，只设立了两个抵押担保，并将股权进行了质押，没有其他经营行为。现××投公司已将抵押注销，因此××投公司的行为没有使漫××公司的财产减少，亦没有严重损害公司债权人利益。一审法院以“办理注销登记时间系在××投公司收到法院送达的××强公司的起诉状之后，××投公司滥用控制行为，使漫××公司在本案中不具有法人独立意志和独立利益，逃避债务，损害××强公司的利益”为由判令××投公司承担责任不当。二审判决撤销××投公司对漫××公司的连带赔偿责任。

点评：运用公司人格否认制度必须符合法律规定的主体要件、行为要件和结果要件。在本案中作为漫××公司股东的××投公司不存在滥用公司独立人格的行为，也没有严重损害公司债权人××强公司的利益，故不能适用人格否认制度。

二、公司法人人格否认制度的适用情形

（一）资本显著不足

公司的资本无法表现出股东诚心经营公司、无法表现出足以承担日常经营活动中可预判的、合理的经营风险，通常被称为资本显著不足。

1. 资本显著不足中“资本”的含义。“公司资本是指公司设立及存在所必须具备的观念上的财产总额，又称为注册资本。”我国在2013年《公司法》修改之前，实行的是实缴资本制，即公司的注册资本数额、股东的出资金额在公司章程中明确，且股东必须在2年内缴足出资。在这种情况下，以“注册资本”作为“公司资本”的判断标准具有可行性。但是，2013年我国《公司法》修改删除了公司法定注册资本最低限额以及2年缴纳期限的规定，即将过去的实缴资本制改为认缴资本制，因此在接下来的司法实践中，“仍旧以注册资本作为判断资本显著不足的单一标准早已不再合适”。

在当前认缴制下，有很多公司在设立时，股东不仅将认缴资本的金额约定得很高，而且出资期限也约定得很久。那么，这种情况下，“注册资本”显然处于虚置状态，不宜再继续使用，已经不能代表资本显著不足中的“资本”，不能凭它判断资本是否充足。所以，此时对公司资本是否充足最直接的考量是对股东对公司实缴资本的审查，因为实缴资本代表股东成立公司之时的本意，这对于保护债权人权利来说相当重要。在正常的公司经营中，无时

无刻需要资金来维持公司的运作，就算股东约定了很长的出资期限，也无法改变经营公司需要资金这一现实情况。一旦公司需要资金，股东为了继续经营，就要投入相应的资金。已经投入的资金，就是实缴资本。所以实缴资本不仅体现公司物质实力、资本信用，还是公司维持正常运作的保障，是股东成立公司本意的直观体现。一些不是为了正常经营，而倾向于过度商业投机行为的公司，在成立时，股东投入的资金就不能使公司保持正常的运作，而且出现这种情况时，股东也不及时补足资金维持经营。出现这类情况时，我们可以认为股东根本无心经营公司，他的真实目的让人怀疑，不排除存在通过公司逃避债务、将经营风险转移的目的。

2. 资本显著不足的判断。在 2013 年《公司法》修改前，法律对于设立公司监管得比较严格。在《公司法》修改后，法律在公司设立时的监管相对于之前宽松许多，并且对于公司资本的监管也变为事后监管。为了规范市场经济秩序，促使经济秩序良性发展，必须对事后监管加强力度，以此在事前监管弱化的情况下，依然使得市场经济的参与者得到全面的保护。由于目前我国企业的诚信体系尚存在缺陷，在进行市场交易时，市场经济参与者仅单独依赖诚实信用原则和交易相对方自行披露的资本金额来判断是否与其进行交易，明显不恰当也不准确。因此，在资本认缴制度完善前，公司股东通过虚假出资、抽逃出资等违法行为损害债权人利益的情形会不断发生。在这一前提下，通过资本显著不足来否认公司法人人格的监管方式会越来越多地被适用在实践中。

在实践中，虽然可以通过公司的净资产、资产负债率等财务指标判断是否存在资本显著不足的情形，但是法官在具体案件中作出判断时仍然有很大的自由裁量权，容易产生判断的差别。另外，实行资本认缴制度是为了放松投资环境，以此刺激投资，促进经济发展，所以如果仅仅依靠资本显著不足就直接否认公司法人人格，有时也可能会出现适用过度的情况。而且，仅仅存在资本显著不足，也不一定就能适用公司法人人格否认制度，还可以适用加速到期制度进行救济，所以对这一情形的判断急需被规范。

要想通过资本显著不足来否认公司法人人格，需要对这一情形进行充分判断。笔者认为，资本显著不足是否认公司法人人格的重要适用情形，但是，在学理界，对这一点还存在争议。一些人持肯定态度，即认可资本显著不足是重要适用情形。另一些人则持否定态度，即认为资本显著不足一般不能作为适用人格否认制度的唯一判断要素，除非出现非常极端的情况，因为放松适用公司法人人格否认制度违背了法人制度的精神，所以需结合财务混同、机构混同等情况加以适用。还有一些人认为，依据资本显著不足时，要综合考虑“公司的股权、债权比例、公司的性质、经营范围、经营规模以及是否有违诚实信用原则和股东的主观恶意程度”等多种因素。综上，可以得出结论：资本显著不足并不一定会引起适用法人人格否认制度，但是对这一适用情形是认可的。

过去曾有学者主张公司资本不足或出资瑕疵应该作为构成法人人格否认的情形之一，其行为要件即体现为股东设立公司时未足额缴纳注册资本或抽逃公司资本或经营资产不足等。也有学者认为公司资本不足应表现为公司实际资产不足以维持其日常经营的情形。这样的观点主要来自美国的司法判例中。

在取消了最低注册资本要求后，出资不足的主张难以成立，而对于企业内部而言，根据《公司法》第 28 条，股东以货币形式出资的，需要就其出资不足而向其他股东承担违约责任。《公司法》第 30 条同时规定，股东以非货币形式出资的需要补足差额部分。同时，根据《公司法司法解释（二）》第 22 条规定，出资不足的股东需就其不足部分向公司债权人承担连带责任，其与法人人格否认制度所要求的股东就其个人财产对公司债务承担连带责任不同。因此，出资不足的救济方式已由公司法及其相关解释中的其他具体条款所规定，而不受法人人格否认制度所调整。资本与经营规模不符在现实中则难以认定，在我国的司法判例中也很少被承认。在现行公司法框架内对于公司资本瑕疵的救济手段已经足够，一般情况下没有必要通过法人人格否认的方式实现救济。

（二）人格混同

1. 人格混同的内涵。“独立名称、独立意思、独立财产、独立责任是团体独立人格的四大要素。”[1]只要这四大要素是独立的，公司的人格就是独立的。相反情况下，股东与公司混合在一起，让人无法分清，就是人格不独立。

[1] 刘俊海：《现代公司法》（第 3 版 · 上册），法律出版社 2015 年版，第 548 页。

混同，通俗的说法就是“弄不清”“不清晰”，人格混同中的混同其实描述的是股东与公司在人员配置上不清晰，财产所有权上不清晰，业务内容上不清晰。日本学者表述为股东的资产与公司资产在物理空间上归属同一地，或是股东对公司资产进行无偿的肆意利用的情形。[1]因此判断是否构成人格混同，就是看股东与公司是否在人员配置上、财产所有权上以及业务范围上存在不清晰、让他人辨别不出的情况。人格混同，指公司股东与公司间的以及关联公司间的人、财、物混同。

2. 人格混同的分类。

(1) 财产所有权混同。在具体的民事活动中，公司能够独立地对外承担责任，就是仰仗于公司有独立的财产，财产所有权归属于公司。财产所有权混同一般有以下几种形式：公司与股东的资金混同；公司与股东的债权、债务混同；公司的公账与股东的私账混同；公司与股东共用同一经营场所、办公设备等。

(2) 业务行为混同。在公司人格的四个要素中，独立财产以及独立意思是最为基本的两个要素。其中独立意思是通过在公司经营过程中实施具体的法律行为来表示的。在公司经营过程中，公司实施的法律行为表现为业务行为，因此，如果公司业务不能独立，那么公司也就不具有独立意思。业务行为混同表现为公司与股东经营的业务范围相同，关联公司之间业务范围相同或存在虚假交易的行为等。

(3) 人员配置混同。公司需要依赖于自然人才可以开展经营活动，并且形成独立的意思。所以，如果人员配置相同，作出意思的人员也就相同，那么即使公司与股东形式上相互独立，也可能因为人员配置相同而形成同样的意思，使得公司与股东实质上是一体的。因为作出公司意思的机构是由自然人组成的公司的股东会、董事会、监事会，具体执行公司意思的人是公司的员工。一般常见的人员混同情形有：财务人员相同、法定代表人相同、执行业务的人相同等。

3. 关联公司人格混同。人格混同，不仅包括公司与股东的混同，在我国的司法实践中还出现了一种新情形的人格混同，即关联公司人格混同。这里

---

[1] ［日］江頭憲治郎：《会社法人格否認の法理》，東京大学出版会 2008 年版，第 340 页。

的关联公司是表面上相互独立的主体，相互间没有任何持股关系。我国在《公司法》第20条第3款中，只规定了公司与股东人格混同的公司人格否认制度，对关联公司这一情形未作规定。《最高人民法院关于发布第四批指导性案例的通知》（法〔2013〕24号）指导性案例15号“徐工集团工程机械股份有限公司诉成都川交工贸有限责任公司等买卖合同纠纷案”确认了关联公司的人格否认制度，并详细分析了如何认定关联公司人格混同。人员混同、业务混同、财产混同通常适用于判断公司法人人格是否混同。在不存在持股关系的关联公司之间，需有证据证实公司之间的各项人格要素混同，如人员、业务、财务等高度混同，致使无法区分各自的财产。这种构成人格混同的情形，使公司债权人难以分清实际的主体，难以追索关联公司的巨额债务，以达到维护自身合法权益的目的。

案例54：沐××公司、B公司公司人格否认纠纷[1]

案由：股东损害公司债权人利益责任纠纷

李某某一审向郑州高新技术产业开发区人民法院起诉请求，判令原审被告偿还李某某借款本金70万元，并支付约定的利息31 500元。

一审法院认定事实：2014年，沐××公司分别向出借人马某某、李某建、张某立借款37万、15万和18万元，月息千分之十五。A公司、B公司自愿向上述出借人提供连带责任担保，保证期间为本合同项下借款到期之日起2年。借款合同约定，如果借款人不能按期还本付息，将承担日万分之五的违约金。上述借款均已转入借款合同约定的指示交付账户，各原审被告均未按期归还上述借款。

崔某某是B公司在许昌地区的负责人，马某某经手的以B公司为担保人的借款，先转入崔某某账户，崔某某再转入借款合同指定的收款账户。2013年4月8日至2014年10月23日，崔某某通过本案和其他案件多个公司融资共计10 880 000元，截至2014年12月17日，通过崔某某账户还款共计3 733 500元。本案所涉及的三份合同未按约还款，且出借人马某某、李某建、张某立与其他案外人利息均由崔某某打入马某某账户，从2015年3月26日起至

〔1〕参见河南省郑州市中级人民法院（2017）豫01民终17859号民事判决书。

2016年8月22日止，马某某共计收到崔某某返还利息619 067元，马某某再转给其他出借人。

沐××公司为一人有限责任公司，一人股东为张某某。2013年6月25日沐××公司收到张某某出资款601万元。2013年7月10日沐××公司增资4399万元，沐××公司注册资本5000万元。沐××公司银行流水显示：2013年6月28日沐××公司向张某某个人账户转款601万元，2013年7月10日沐××公司向王某某、朱某某账户转款4399万元。沐××公司会计账簿、记账凭证记载2013年6月28日、7月10日，沐××公司共计借款给闫某某4801万元；张某某于2013年7月10日支取199万元。河南××会计师事务所出具的沐××公司2013年度、2014年度及2015年度审计报告记载：沐××公司向"X公司出借601万元、向Y公司出借4399万元"。沐××公司"银行流水""会计账簿""记账凭证""审计报告"关于该5000万元出资款去向的记载均不相符。张某某丈夫闫某立的个人医疗费用在沐××公司报销。

邢某某于2014年12月1日前为B公司控股股东、法定代表人，2014年12月1日后为B公司法定代表人。2013年11月24日至2015年12月30日，董某某银行账户净流入邢某某个人账户1504.547万元。

一审法院认为，本案中，出借人与沐××公司、B公司之间的借款担保合同依法成立并生效，出借人依约交付了借款，2014年12月17日案外人马某某的37万元到期、2014年12月11日案外人李某建、张某立的15万元、18万元到期后，沐××公司未按期归还借款、A及B公司未履行保证义务的行为已经构成了违约，应当依法承担清偿责任和违约责任。2016年2月28日，案外人马某某、李某建、张某立与李某某签订《债权转让协议》，将对沐××公司、A公司、B公司含借款本金、利息、违约金的债权转让给李某某，该债权转让对债务人、担保人发生效力。李某某诉请清偿70万元本金及利息与违约金等符合法律规定，应当予以支持。李某某要求按照月利率1.5%支付利息，并要求按照日万分之五支付违约金，利息与违约金之和已高于年利率24%，应调整为利息与违约金之和为24%。

张某某系沐××公司的股东，该公司系一人有限责任公司，沐××公司银行流水显示张某某在出资后就将出资款全额转回自己账户和他人账户，其行为已构成抽逃出资。张某某提供的审计报告与沐××公司银行流水、原始凭证、会计凭证不相符合，沐××公司原始凭证、记账凭证与银行流水也不相符合，张某某将其丈夫闫某立的医药费在公司报销，张某某不能证明沐××公司财产独立于自己的财产，李某某要求张某某对沐××公司债务承担连带清偿责任的请求依法予以支持。

关于李某某诉请由邢某某对上述借款承担还款责任的诉请。邢某某为B公司的法人及股东，B公司在完成增资后当天将大额资金分两笔全部转出，且原审被告并未提交关于此笔款项转出所转化为公司其他资产的证明，此行为已经构成抽逃出资。邢某某为B公司的法定代表人且为股东，对上述情况未履行勤勉、注意义务；且邢某某在B公司担保的借贷关系中，把借款合同约定指示交付账户中的资金转入其个人账户，系公司股东滥用股东有限责任、逃避债务、严重损害公司债权人利益的行为，故应对B公司所担保债务承担连带清偿责任。李某某要求邢某某对B公司债务承担连带责任的请求依法予以支持。关于李某某诉请由崔某某对上述借款承担还款责任的诉请，崔某某是B公司在许昌地区的负责人，其接收本案借款的行为系职务行为，应由B公司承担相应责任，李某某要求其承担责任的请求依法不予支持。该院判决：一、沐××公司支付李某某借款本金70万元，并以70万元为基数，按月利率2%支付李某某自2015年3月26日起至实际清偿之日止的利息，并扣除已支付利息100 161元，于判决生效后10日内付清。二、B公司、张某某、邢某某对上述债务承担连带清偿责任。

张某某向郑州市中级人民法院上诉请求：撤销一审判决，改判驳回李某某的诉讼请求或发回重审。二审法院驳回上诉，维持原判。

点评：沐××公司存在抽逃出资行为，且该公司为一人有限责任公司，股东与公司财产混同，张某某作为该公司的股东，对公司前述债务，应承担连带清偿责任。

三、公司人格反向否认制度

（一）公司人格反向否认制度的概念

公司人格反向否认制度，也叫逆向否认制度，是传统的正向人格否认制度的反向应用，具体地讲是股东对债权人负有债务，为了躲避债务而利用公司的独立人格，把自己的资产（财产）非法地转入公司，因此其债权人无法得到清偿，股东的债权人提起诉讼要求否认公司的人格并为滥权躲避债务的股东承担责任。反向否认最早出现于美国判例，也被叫作“反向刺破公司面纱”，现在英美法系和大陆法系的许多国家对此制度都有所借鉴和认可。

美国学者普遍认为反向否认请求在司法实践中被首次提出是在 1929 年的 Kingston Dry Dock Co. v. Lake Champlain Transportation Co. 案中，该案开创了反向否认的先河。〔1〕1980 年发生的 Valley Finance v. United States 案，法院首次适用了反向否认制度裁判案件。〔2〕

从广义上来讲，公司人格否认制度可以分为“正向否认”与“反向否认”两种，而“反向否认”依据提起公司人格否认之诉的主体，也可以分为以下两类。第一种，内部反向否认，是由公司自身或者内部的股东提起否认人格之诉，目的是保护公司和股东的权益，或者是使得公司拥有自然人的权利，从而实现对第三人的权利或者对抗第三人的诉求。我国学界基本上对内部反向否认持反对态度。第二种，外部反向否认，是股东的外部债权人要求否认公司人格，目的是维护自己对特定股东的债权。

（二）外部反向否认与正向人格否认的区别

1. 二者责任的流向不同。股东非法滥用公司独立人格，为了让股东对公司债务负责，在正向否认中，当公司的债权人提起诉讼后，公司的人格被否认，是股东对公司的债务承担责任，这和反向否认的责任流向是相反的。反向否认是股东的责任流向了公司，公司为滥权股东的个人债务承担责任。

2. 两者法律关系的主体不同。正向否认中股东对公司的滥权行为使得公司对债权人的债务难以清偿，公司面纱被揭开之后，股东要与公司承担连带责任。所以正向否认中法律关系的主体都是传统公司法律关系的主体，救济的对象是公司的债权人。外部反向否认中法律关系的主体除了公司、股东，还有一个公司法律关系主体之外的股东债权人。股东的债权人要求否定公司独立人格，公司为股东承担责任，救济的对象是股东债权人。

3. 侵犯的客体与制度适用结果不同。在正向否认情形下，股东实施滥用公司人格的行为，侵害了公司债权人的利益，当公司的债权人进行责任追索

---

〔1〕 Kingston Dry Dock Co. v. Lake Champlain Transportation Co.， 31 F， 2d265，（2d cir. 1929）.

〔2〕 Valley Finance v. United States， 629F. 2d 162，（D. C. Cir. 1980）.

时会被股东的有限责任所阻断。因此正向否认制度适用后否认了公司的独立人格，也否认了股东的有限责任，这样才能维护公司债权人的利益。而外部反向否认情形下，股东实施滥用公司人格的行为，自身的资产向公司转移，侵犯了自己的债权人的利益，股东的债权人要求否认公司的人格并让公司为股东承担连带责任，就能维护自身的利益，不涉及股东的有限责任问题，所以只否认公司的独立人格即可，不需要否认股东的有限责任。

4. 承担法律责任的对象不同。传统正向否认中，法人独立人格被否定后是由滥用权利的股东为公司承担连带责任。而在外部反向否认中，法人独立人格被否认后，是股东的债务被公司负担。

案例55：母公司将资产转移给子公司，应在接受资产的范围内对母公司的债务承担责任〔1〕

自1997年起，××舜公司从××隆公司购买针织机，但××舜公司未按约支付货款，累计货款高达944 641.83美元。1997年，××棉织厂与张××共同出资组建了××瑞公司。其中张××出资1164万美元，占注册资本的97%。但其实际投入的××瑞公司的生产设备、实物为5 800 790美元，其中价值4 746 890美元的机器设备是以其担任法定代表人的××舜公司的名义进口的，××舜公司将以其名义进口的机器设备作为张××的个人资产投入××瑞公司，虽经××舜公司董事会决定，但未经审批机关批准并向工商行政管理部门办理变更登记。且张××在将这些机器设备投入××瑞公司之前或之后，并未向××舜公司支付相应的对价。为追回××舜公司的欠款，××隆公司起诉至常州市中级人民法院，请求××舜公司支付欠款，并要求××瑞公司对××舜公司的债务承担连带责任。一审常州市中级人民法院认为，张××投入××瑞公司的机器设备实为××舜公司的机器设备，××舜公司是××瑞公司的实际投资人，是××瑞公司的母公司。但一审法院认为，××瑞公司明知张××出资的机器设备的所有权属××舜公司所有，但其仅凭××舜公司的有关董事会决议，而未依法至有关部门办理权属变更登记手续，即接收了××舜公司的全部生产设备，这势必会损害债权人××隆公司的利益，导致××舜公司对××隆公司债务履行不能，对债权人××隆公司来

〔1〕 参见江苏省高级人民法院（2004）苏民三终字第056号民事判决书。

说有违公平，遂判决××瑞公司在其接受××舜公司的价值4 746 890 美元资产范围内承担偿付义务。××瑞公司不服一审判决，上诉至江苏省高级人民法院。二审江苏高院认为，由于××瑞公司与××舜公司存在人员、财产及经营管理上的混同，故××瑞公司应以其公司全部资产对××舜公司的债务承担连带清偿责任。

点评：在本案中，母公司与子公司存在财产混同，作为股东的××舜公司滥用股东权利，将财产无偿转移给子公司××瑞公司，应由子公司在接受财产的范围内对其债务承担法律责任。此时作为××瑞公司实际控制人的××舜公司滥用股东权利，应反向否认××瑞公司的独立人格，使其对××舜公司的债务承担连带清偿责任。

（三）公司人格反向否认的构成要件

1. 主体要件。

（1）责任主体。与公司人格否认相一致，公司人格反向否认的责任主体必须是公司中具有实质控制能力的股东。对于是否具有实质控制能力的判断，则不以其所持股份数额为标准，而以其实际对公司的控制为依据。但是如果非控制股东实质上也滥用了公司法人人格，与公司实质上人格混同，也应当承担法律责任。

此外，依据反向否认制度法理，除行为股东作为直接责任人之外，独立人格被股东滥用的公司也是该制度下的责任主体。

（2）权利主体。在反向否认中，有权提出该诉求的只能是公司特定股东的债权人。至于法院在案件审理过程中能否依职权直接作出否认公司人格的判决，本文持否定观点。

在反向否认的权利主体中，学界受美国司法实践的启发，又将其分为私益债权人和公益债权人。私益债权人为公司股东的债权人，公益债权人为公司股东公共利益上的债权人，主要包括税收、环保、劳动等行政主管部门。

2. 行为要件。在行为要件上，根据公司法的规定，需要有股东滥用公司独立人格和股东有限责任的行为。在反向否认中，该行为表现为股东为了逃避个人债务而滥用公司独立人格，故意将自身财产无偿转移给公司，借以阻断个人责任，逃避个人债务，给债权人造成严重损失的，法院应债权人的请求可以责令从股东无偿受让财产的公司以其接受财产为限承担债务清偿责任。

（1）人格混同。关于人格混同，一般是指股东与公司或者姐妹公司之间在人员、财产、业务、注册地、营业地、银行账号、电话号码等方面部分或完全相同，致使外界完全无法区分其是与公司还是股东在进行交易。

（2）过度控制。所谓过度控制，是指公司完全由其背后的股东操纵和控制，股东将自己的意思强加于公司之上，将公司视为实现自己利益的工具，公司独立意志完全被股东所取代，从而使得自身丧失了自我决策能力，成为完全由股东支配的工具。

（3）逃避其法定义务与契约义务的行为。外部反向否认中，股东实行一系列行为的目的就是逃避自身的法定义务或者契约义务。滥权股东利用对公司法人人格的操控，利用一些方法与手段例如违法“关联交易”向公司转移财产，逃避法律规定原本属于自身的义务。

3. 股东实施滥权行为要求具有主观恶意。股东在实行滥权行为时，必须具有主观恶意，但是否具有主观恶意应由股东承担举证责任。

4. 结果要件。结果要件是指股东滥用公司独立人格的行为必须给债权人造成一定程度损害的法律后果，否则便没有公司人格否认的适用空间。我国《公司法》第 20 条第 3 款在定义公司人格否认制度的结果要件时，使用了“严重损害债权人利益”作为判断标准。虽然现行公司法对公司人格反向否认制度只作出了原则性规定，并未明确其结果要件，但是参照公司人格否认制度的相关规定，亦应将结果要件理解为“严重损害了特定股东债权人利益”。

5. 股东滥权行为与债权人损失之间必须具有因果关系。即债权人的严重损失必须是由股东滥权行为引起的，这不仅是法人人格否认制度的应有之义，同时也是《公司法》第 20 条的隐含之义。因为导致股东无法偿债的原因可能有很多，如果股东无法偿债是由股东滥权行为之外的事由引起的，此时便不构成否认公司人格的事由，更不应突破公司与股东财产分离原则要求公司与股东共同承担责任。

（四）公司人格反向否认的适用情形

1. 母子公司情形下的适用。从法律上来讲，母公司与子公司相互独立，都拥有自身独立的人格。但是事实上有时候母子公司背后的实际操控者会利用母公司的支配地位，操纵子公司进行资产或业务的转移。母子公司在市场经济高度发达的今天已经较为多见，在现实当中，许多母公司利用子公司“借尸还魂”，逃避法律责任与义务。此时就必须适用外部反向否认制度，一方面使得失衡的利益得到平衡，母公司债权人的利益得到保护，另一方面否认子公司人格，让子公司与母公司共同承担责任，也是对母公司的恶意滥权行为的制裁。

2. 在一人公司中的适用。一人公司组织结构简单，治理模式单一，容易出现公司人格被滥用的情形。《公司法》第63条特别规定：一人有限责任公司的股东不能证明公司财产独立于股东自己的财产的，应当对公司债务承担连带责任。该条款确立了我国独有的一人公司“公司法人人格滥用推定”制度。一人公司的股东若滥用一人公司独立人格，逃避自身债务，阻断责任，严重损害其债权人利益的，应由一人公司对其股东债务承担连带责任。虽然目前我国法院并没有一人公司对其股东债务承担责任的判例，但是我们并不能就此否认该制度的独立价值。在一人公司反向否认制度中应坚持人格否认推定制度，对股东财产是否独立于公司财产实行举证责任倒置。

众所周知，在一人公司中，资产混同普遍存在，但即便如此一人公司仍能有效运转，所以法律对一人公司中资产、人员在一定程度上的混同是认可的，除非因为此种混同严重损害了债权人利益，否则法院不会主动否认一人公司人格。

另外，国有独资公司是特殊的一人公司，从解释论的视角来看，反向否认作为公司法的一般性规定，也应适用于国有独资公司。但是考虑到国有独资公司股东的特殊性及反向否认制度的行为要件要求，国家出现资不抵债、严重损害债权人利益的情况实属罕见，因此，该制度在国有独资公司仅具有理论上的适用可能性。

3. 在关联公司中的适用。关于关联公司的概念，我国《公司法》并无明文规定，其只在第216条第4项将关联关系定义为公司控股股东、实际控制人、董事、监事、高级管理人员与其直接或者间接控制的企业之间的关系，以及可能导致公司利益转移的其他关系。但是，国家控股的企业之间不仅仅因为同受国家控股而具有关联关系。在关联公司中，某些控股股东就可能在利益的驱使下利用其控制权在多家公司之间进行财产转移、挪用资金等行为，最终达到中饱私囊、逃避债务的目的。在此情形下，若仅追究控股股东的责任依然对受害者保护不周，必须通过揭开若干关联公司的面纱，让隐藏在控股股东背后的若干关联公司担责方能实现矫正的正义。美国学术界将此种情形下的揭开公司面纱称为“三角刺破”（triangular piercing）。[1]即通过一个控股股东作为中介，当其中一家被控制公司的债权人主张债权时，通过该控股股东来追究其他具有关联关系的公司的责任。此时，责任不是单向流动的。首先责任由被控制的公司流向控股股东，然后再由该控股股东流向其他受制于该股东的其他关联公司。进一步观察会发现，关联公司人格否认实质上是传统公司人格否认与公司人格反向否认的结合，即责任首先从公司流向股东，这是典型的传统公司人格否认；然后责任又从控股股东流向其他受其控制的公司，这是典型的反向否认情形，最终在受制于同一股东的多家公司之间实现责任的共担。

（五）公司反向人格否认的责任承担

1. 公司责任承担的范围。针对传统公司人格否认下股东的责任范围，我国《公司法》第20条第3款仅规定在公司人格被否认的情形下，股东应对公司债务承担连带责任，但就股东承担责任的范围，公司法语焉不详。学界多认为在公司人格被否认的情形下，股东应以其全部财产对公司债务承担连带责任，以此对股东滥权行为进行严惩，进而保障公司正常运作。[2]公司人格反向否认情形下，原则上公司的责任范围应以其受益财产为限，但是一人公司应以其全部资产对股东债权人承担责任。

在一人公司情形下，如果实行公司人格反向否认，公司应以其全部资产对股东债务承担责任。这不只是因为一人公司组织形式单一，治理结构简单，在日常经营过程中极易出现公司与股东人格混同、资产不分的情形。更重要的在于一旦股东滥用公司独立人格逃避自身债务，那么其向公司非法输送利益、转移资产的行为将不受任何限制和约束，其完全可以利用单一股东的优势地位实现资产转移的合法化。此时若一人公司股东无法证明其转移资产的行为存在正当理由，那么基于其治理模式的特殊性，既不可能存在行为股东与债权人合谋掏空公司资产的危险性，也不可能存在对其他股东或债权人等

---

〔1〕 转引自朱慈蕴：《公司人格否认制度的理论与实践》，人民法院出版社2009年版，第54页。

〔2〕 周哨龙：《外部人反向刺破公司面纱制度研究》，载《安徽师范大学学报（人文社会科学版）》2010年第3期。

利益相关者二次损害的可能性，此时责令一人公司以其全部资产对股东债权人承担责任不仅可以规范一人公司行为，而且符合我国现行公司法对一人公司治理的特殊立法精神。

2. 公司责任承担的方式。根据我国《公司法》第20条第3款之规定，在传统公司人格否认情形下，股东须以自身财产对公司债务承担连带责任。但是对连带责任的承担方式，公司法并未明确说明。在公司人格反向否认中，公司对股东债权人只承担补充连带责任。

连带责任是指根据法律规定或当事人的有效约定，两个或两个以上的连带义务人都对不履行义务承担全部责任。根据债务人承担责任的先后顺序，又有一般连带责任与补充连带责任之别。前者是指各个债权人之间的清偿次序没有先后之分，债权人可以向其中任何一位债务人提出全部清偿债务的要求，该债务人必须相应地清偿全部债务。后者是指在若干债务人之间，有主从债务人之分，债权人必须先向主债务人提出清偿诉求，只有在主债务人不能履行或不能完全履行的情况下，债权人才能向次债务人提出清偿诉求。在反向否认中，公司承担责任的方式应是补充连带责任。

案例56：夫妻出资成立有限责任公司，因人格混同而否认公司人格[1]

案由：股东损害公司债权人利益责任纠纷

××猫公司向法院一审起诉请求：追加熊某某、沈某某为执行案件的被执行人。

一审法院认定事实：2011年8月3日，熊某某与沈某某登记结婚。2011年11月，熊某某、沈某某出资成立青××公司。青××公司为有限责任公司，注册资本为200万元，实收资本200万元，熊某某、沈某某各持股50%。

2015年6月24日，武汉市中级人民法院作出某号民事调解书，确认青××公司于2015年7月31日前一次性支付××猫公司货款2 983 704.65元。该民事调解书生效后，××猫公司于2015年8月5日向武汉市中级人民法院申请执行。同日，武汉市中级人民法院立案受理。因青××公司未履行财产申报义务，武汉市中级人民法院将其纳入最高人民法院失信被执行人名单库。武汉市中级人民法院依职权对被执行人其他银行存款、房地产登记、车辆登记信息进

[1] 参见湖北省高级人民法院（2018）鄂民终1270号民事判决书。

行了查询，未发现被执行人可供执行的财产线索。2016 年 6 月 15 日，武汉市中级人民法院裁定终结案件的本次执行程序。

后××猫公司认为在案件执行过程中，被执行人青××公司无财产可供执行，青××公司符合一人公司的实质要件，请求依据《最高人民法院关于民事执行中变更、追加当事人若干问题的规定》第 20 条规定追加熊某某、沈某某为被执行人，对青××公司所欠债务承担连带责任。2017 年 10 月 11 日，武汉市中级人民法院作出民事裁定书，驳回××猫公司追加熊某某、沈某某为本案被执行人的请求。××猫公司遂提起本案诉讼。

一审法院认为，武汉市中级人民法院作出民事裁定驳回××猫公司关于追加青××公司股东熊某某、沈某某为被执行人对青××公司债务承担连带责任的申请，根据《最高人民法院关于民事执行中变更、追加当事人若干问题的规定》第 20 条“作为被执行人的一人有限责任公司，财产不足以清偿生效法律文书确定的债务，股东不能证明公司财产独立于自己的财产，申请执行人申请变更、追加该股东为被执行人，对公司债务承担连带责任的，人民法院应予支持”以及第 32 条第 1 款“被申请人或申请人对执行法院依据本规定第 14 条第 2 款、第 17 条至第 21 条规定作出的变更、追加裁定或驳回申请裁定不服的，可以自裁定书送达之日起 15 日内，向执行法院提起执行异议之诉”的规定，××猫公司可以提起执行异议之诉。

关于青××公司是否为一人有限责任公司问题。一审法院认为：现行《公司法》在 2005 年 10 月 27 日修订时增加了关于“一人有限责任公司”的特别规定，将一人有限责任公司定义为“只有一个自然人股东或者一个法人股东的有限责任公司”，并引入“公司法人人格否认制度”即“一人有限责任公司的股东不能证明公司财产独立于股东自己的财产的，应当对公司债务承担连带责任”。熊某某和沈某某虽然是夫妻关系，但从法律主体上看，熊某某和沈某某是两个自然人，是两个独立的法律个体。青××公司并不因两个自然人股东之间的夫妻关系而被认定为一人有限责任公司。再者，××猫公司未提交青××公司熊某某或沈某某等有代为持股、实际股东人数仅为一人的证据。××猫公司认为青××公司为一人公司于法无据。湖北省武汉市中级人民法院民事判决驳回起诉。

××猫公司上诉至湖北省高级人民法院。二审期间，法院责令熊某某、沈某某限期提交双方曾对夫妻婚前财产或婚后所得财产约定各自归属以及夫妻财产独立于青××公司财产的相关证据，熊某某、沈某某未提交。

湖北省高级人民法院认为，青××公司股东登记一直为熊某某、沈某某，股东人数为复数。但熊某某、沈某某为夫妻，且青××公司设立于双方婚姻存续期间。依原《中华人民共和国婚姻法》第 17 条规定，除本法第 18 条规定的财产及第 19 条规定的约定财产之外，夫妻在婚姻存续期间所得财产归夫妻共同共有。熊某某、沈某某经本院限期举证仍未提交证据证明双方对其婚前财产或婚后所得财产归属进行了约定，而青××公司设立于双方结婚后，故应认定青××公司的注册资本来源于熊某某、沈某某的夫妻共同财产。虽然家庭成员发起设立有限责任公司时，需强制提交财产分割证明或协议的规定已被废止，但法律并不禁止夫妻发起设立有限责任公司时自愿备案财产分割证明或协议。一审法院调取的青××公司工商登记备案资料中并无熊某某、沈某某财产分割的协议或证明，熊某某、沈某某二审中亦未补充提交，因此熊某某、沈某某以共同财产出资，将股权分别登记在各自名下，不构成对夫妻共同财产分割的约定。故应认定青××公司的全部股权这一熊某某、沈某某婚后取得的财产归其双方共同共有。在本院就此事项要求熊某某、沈某某限期举证的情况下，熊某某、沈某某未举证证明其自身财产独立于青××公司财产，应承担举证不力的法律后果。熊某某、沈某某应对青××公司案涉债务承担连带清偿责任。××猫公司申请追加熊某某、沈某某为被执行人具有事实和法律依据。湖北省高院终审判决：一、撤销湖北省武汉市中级人民法院民事判决；二、追加熊某某、沈某某为湖北省武汉市中级人民法院执行案件的被执行人，对青××公司所负债务承担连带清偿责任。

点评：对于一人公司的认定，不能机械地认为只有股东为一人的公司才是一人公司，如果股东虽然有数人，但其是夫妻关系且以夫妻共同财产出资且共同经营管理也可认为是一人公司。××猫公司二审中所举证据虽不能证明熊某某、沈某某的财产与青××公司财产混同，但从一定程度上印证了熊某某、沈某某均实际参与了青××公司的管理经营，青××公司实际由夫妻双方共同控制。上述全部事实表明，青××公司的全部股权实质来源于同一财产权，并为一个所有权共同享有和支配，该股权具有利益的一致性和实质的单一性。据此应认定青××公司系实质意义上的“一人公司”。

同时，从法律效果和社会效果分析，“夫妻公司”对债权人的利益保护存在天然缺陷，导致债权人与“夫妻公司”发生纠纷时，得不到法律的有力保护，此情况尚待立法及法律适用的完善。但依照我国婚姻法确立的夫妻财产共同共有原则，夫妻股东持有的全部股权应构成不可分割的整体，而公司实质充任了夫妻股东实施民事行为的代理人，若依法人有限责任制度认定夫妻股东设立的公司承担有限责任的同时，不对夫妻股东其他义务予以强化和规制，则有违民法的公平原则，也不利于对交易相对方利益的平等保护。

第十二章

Chapter 12

公司僵局及其破解

第一节　公司僵局概述

一、公司僵局的概念

公司僵局（Corporate Deadlock）这一词语最初是美国律师协会公司法委员会在该协会编著的美国《示范商业公司法》（修订本）中提及的。公司僵局起初是英美法上的概念，但是逐渐为包括大陆法系国家在内的各国所接受。公司僵局是指在公司存续期间发生严重内部矛盾，导致公司无法正常运作甚至瘫痪，继续存续会使股东利益受到重大损失的事实状态。[1]我国在2005年《公司法》第183条规定，公司经营管理发生严重困难，继续存续会使股东利益受到重大损失，通过其他途径不能解决的，持有公司全部股东表决权10%以上的股东，可以请求人民法院解散公司。该条规定实际上在立法上确立了公司僵局的司法解散制度。

二、公司僵局的特征

存在僵局的公司一般有如下特征：

1. 公司股东（董事）之间强烈的对抗性。公司僵局的形成是由股东（董事）之间的意见或决策分歧导致的，相互之间互不妥协，形成强有力并能够彼此制衡的对抗。在召开董事会或者股东会时，他们之间的力量是相当的，无论哪一方都不能仅凭自己的力量作出决议，也不会向对方做出任何让步。同样也不会存在任何一股中立者，因为在公司会议表决中，如果有部分股东

---

〔1〕 李建伟：《公司法学》（第4版），中国人民大学出版社2018年版，第133页。

或者董事在决议中保持中立的态度，其效果也等同于反对。如果这股中间力量不来打破这种均衡状态，最终的结果还是做不出有效的公司决议。

2. 公司僵局状态的持续性。如果公司形成了僵局状态，这种僵局状态并不会在短时间内消除，除非僵局一方做出妥协或者第三方力量介入，否则这种僵局很难打破并会一直持续下去。而这种状态的持续导致的结果，不仅会造成股东利益的损害，也会给公司利益带来严重的危害，甚至也会增加社会经济的不稳定因素。

3. 公司运行机制的失常性。形成僵局的公司，公司的股东会或者董事会很难做出有效的决策，如果这种状态长时间持续下去，必然对公司的正常运营产生影响，导致公司不能正常运行，甚至使公司停滞，必定对公司及股东利益造成重大影响，这种状态完全背离了公司成立时的初衷。

4. 僵局状态本身的合章程性和合法性。公司僵局的形成往往是由公司内部即股东或董事之间的意见相左所导致的。此时虽然公司陷入僵局，但这种状态在公司成立时是能够被预见到的。所以不论从法律还是从公司内部的章程来说，这种僵局状态本身是被允许的，是合法的。只有当僵局状态一直持续下去并对公司及股东利益带来的危害达到某种程度，公司章程也不能解决矛盾时，法律或者其他救济措施才能介入。如果没有达到一定的危害程度，或者其中一方做出妥协，那么这种状态是法律所允许的，法律就不能强制进行干预。

三、公司僵局的类型

在公司实务中，最常见的僵局主要是股东会僵局和董事会僵局。

（一）股东会僵局

股东会僵局是由于股东之间的利益冲突或者意见相左，使得股东会无法正常召开，或者股东会上无法做出有效的决议。另外，这种僵局还包括一种情形，即董事会的组成人员是由股东会决定的，当董事成员任期届满或者其中一些董事因某种原因无法继续担任董事会成员时，就需要重新选举董事。此时，由于股东之间本身的矛盾和对抗，更不可能选出继任董事，董事会人数达不到章程或者法律上的要求，无法做出有效的会议决议，因此，也会形成僵局。

（二）董事会僵局

董事会僵局是指在董事成员之间，由于观念不同或者其他策略上的分歧，导致董事会不能正常地召开，或者董事会无法达成统一意见并做出有效的董事会决议，因此导致公司经营管理不能正常地进行。

四、公司僵局形成的原因

1. 公司的人合性基础。《公司法》中对有限责任公司人数、出资额等的限定正是公司制度人合性本质特征在法律层面的一种体现。在司法实践中，司法机关会把公司人合性的强弱作为判断公司陷入僵局的严重程度的要素，将公司人合性是否破裂作为判决公司僵局司法解散与否的标准。

公司以人合性为基础意味着股东与股东之间联系更为紧密，不再是仅仅被资金所限制。例如，对股权转让规则的限定更为严苛，公司内部经营权与所有权实际上并未完全独立。在公司成立之初，设立者们彼此信任，对公司未来抱有美好愿景。但在公司运营过程中，由于涉及自身利益，各股东之间意见相左、出现利益冲突，当初的信任在利益追逐中逐渐减少。如果股东利益冲突问题长期无法解决，公司内部人合性也就逐渐丧失。对股权转让的限制实则是对公司对外开放性的限制，没有第三方力量的介入，股东之间缺乏牵制和协调，矛盾难以化解，逐渐积存，容易形成公司内部股东争斗的僵持状态，此时，便会逐步形成公司僵局。

2. 公司的封闭性特征。“封闭性”与“人合性”常常被学术界认为是公司僵局形成的两个最主要原因，两者关系紧密。公司的封闭性程度与公司人合性程度都与公司出现公司僵局的可能性成正比。公司封闭性特征主要表现为两个方面，其一，公司章程对股权转让的限制成为公司内部股权流通的障碍；其二，转让股权于第三人相比内部转让更为严格，优先购买权等制度限制了外界第三方主体的加入。“对内保守，对外封闭”这种现象尤其在家族企业中更为明显。资金不外流，对外不信任，为稳定内部股份，选择限制对外股权转让，抑制企业活力。事实上，这种举措看似稳定，却极易形成公司僵局状态。

3. 公司内部的对抗性。公司中出现僵局时，股东之间这种制衡表现形式可能是表决权的制衡，也可能是由于身份因素在决策中的抗衡。而事实上，尽管僵局的产生原因在于公司内部股东势均力敌的关系，但在僵局发生后，公司内部股东会逐渐形成压迫与被压迫两个阵营，或者公司内部多方处于不平等状态。掌握公司经营管理权的股东会不再满足于已经现实掌握的表决权，会逐渐扩充表决权占比，强化自己股东会地位。而股权较小的股东则逐渐被边缘化，从而形成股东压迫，产生公司僵局。

五、公司僵局的危害

（一）损害股东利益

本来股东作为投资人想通过入股控制企业，开展经营管理获取公司利润，再通过利润分配或积累，获取股权红利，实现股权收益。公司设立之初，股东也是想通过选择经营管理者，通过股东会议参与决策，表达自己的利益诉求和经营理念。然而，在经营当中各个股东由于各种因素不能形成统一的意见，有时这种分歧和不统一难以通过劝解或者谅解解决。一旦股东的纷争旷日持久，公司股东注意力将转移到利益和政见纷争当中，公司的正常经营难以开展。如果公司因为纷争不能正常实现盈利或者持续亏损，那些投资人以及股东开办公司的预期目的无法实现。在这种情况下，这对于股东的危害是极其致命且关键的。

（二）损害公司的利益

公司在成立后，便由其经营者或股东会形成自己的管理制度和决策机制。但是一旦股东发生争议导致僵局的形成，则破坏原有的行之有效的运营机制，使得其不能像其他公司一样正常地参与市场活动，进而在市场竞争中错失良机。由于公司决策难以形成，公司各项运营活动不能像其他正常公司一样有效地进行；由于管理上失灵，导致公司资源和财产在旷日持久的纷争和股东对抗过程中流失。任何公司只要进入僵局状态，必然会导致其企业评估和第三方信任感降低，进一步恶化其经营环境，对公司的有形和无形利益损失巨大。

（三）损害相关者的利益

如果公司发生僵局，则公司经营决策失灵，运行不畅，经济利益受损。在此情况下，公司劳动者、债权人、供应商和政府管理者等公司利益相关者的各种权益均会受到不同程度的损害。

第二节　公司僵局的预防

一、完善公司章程的条款设计

（一）明确股东知情权条款

基于公司契约理论，股东一般不直接参与公司经营，而是通过选举代理人——董事来管理公司。因此法律将知情权赋予股东，弥补其在公司运行过程的信息不对称，防止其利益被公司管理层侵害。知情权是股东的一项基本权利，一旦股东的知情权不能得到有效保障，则其就不能做出正确的判断和决议。我国《公司法》规定的公司股东的知情权包括两种：一是股东的查阅权；二是听取报告权。从强化章程防范矛盾冲突的角度出发，股东们可以在章程中约定进一步强化其知情权。对股东知情权的条款的明确主要包括：享有知情权的主体、知情权的客体对象、行使知情权的时间和方式、阻碍知情权行使的法律后果等。如中小股东为了更为有效地行使查阅权，可以在章程中规定其可以指定他人代为查账，从而将来能够聘请有关专家来查阅相关账簿。除此之外，少数股东还可以在章程规定将公司的业务往来合同、电邮、备忘录等纳入查阅的范围，让股东能够更为有效地行使知情权。

（二）细化股东会的召开与表决机制

我国《公司法》第 42 条规定："股东会会议由股东按照出资比例行使表决权；但是，公司章程另有规定的除外。"这与股份有限公司严格奉行"一股一票"原则不同，有限责任公司可以在章程中约定按其他方式行使表决权。然而，这里又存在一个有限责任公司治理的悖论，即多数决容易造成股东压制，对于中小股东来说是不公平的，但一致决容易导致协商成本过高而影响效率。对此，法律不应该作出过多的干预，而应将选择权交给股东在公司章程中自行决定。股东在制定公司章程时要根据公司持股的实际情况，制定预防和化解公司僵局的章程条款。

（三）章程中细化股权转让条件

有限责任公司发生公司僵局的一个很重要的原因就在于其股份不能自由流通，从而导致发生公司僵局时不能通过有效的股东退出机制寻求救济。有效的退出机制既可以减少僵局带给公司及股东的损害，也可以减少纷争持续的时间和僵局发生后的救济成本。章程应当规定股东可以退出公司的具体情形，股东可以就退出条件、股价、退出程序等进行细化，从而避免因受压制而损害到自己的利益。

（四）对股息分配与红利分配进行合理规定

我国目前所施行的法律并没有对股息分配与红利分配进行合理规定，但是在实践中却会出现公司根据某种不合适的理由拒绝分配股息或者产生不公平的分配情况。这种情况的出现会损害股东的利益，容易造成僵局。因此在制定公司章程时对股息分配和红利分配要进行充分的协商，制定合理的分配方案。

（五）僵局下的最终表决条款

公司僵局通常直接表现为股东会或者董事会表决票数的对峙，无法通过任何议案，因此如果能够事先在章程中约定公司僵局的破解条款，对公司僵局的防范将具有非凡的意义。所以，股东可以事先通过章程的约定，规定董事会出现僵局或股东会出现僵局时，赋予董事长或者其他相关主体最终表决权，以避免出现公司僵局。对于董事长滥权的防范，不服最终表决的股东，则可以通过提起司法解散之诉予以救济。

二、对公司的治理结构进行合理优化

（一）对股权结构进行优化

我们首先考虑最为常见的因股权结构造成僵局的情况，公司各占 50% 的股权结构极易产生公司僵局。如果有一方持有股份超过 1/3，也容易出现这一问题，主要原因在于一方行使其表决权利将会造成其他方难以达到 2/3 的多数，从而在需要满足多数的决议上出现僵局。因此，尽可能避免出现双方均等股权和一方超过 1/3（不超过 50%）的股权结构，是设立公司或转让股份时重要注意事项之一。如果现实中不得不按照双方各占 50% 的股权结构安排，就需要单独设计防范措施以降低风险，比如引入第三方机制、表决权特殊规定等。

（二）规定具体的权力制衡措施

除了对股权结构进行限定，在公司内部也要就股东与董事二者的职权范围作出合理的设置。普遍情况下，董事会享有高级别管理人员的人事任免权。

但是，从实际情况来看，大多数内部矛盾的产生同上层管理者关系密切。所以，要对此进行设置，保证其合理性。例如，某些董事会成员可以选择任免总经理，且独立于董事会之外。但是这种规定当慎用，避免股东过多介入公司经营而架空董事会职能。

除此之外，权力制衡还可以从董事会人数上作出合理规定。虽然新公司法规定了董事会人数的上下限，但对于单数还是双数未作明确规定。因此，为防止表决时出现赞成与反对票数相同的局面，理想的做法是把董事会人数限定为单数以提高董事会工作效率。

（三）完善监事会制度

在我国的法律中，要求成立监事会是公司法的一个特点。结构功能主义认为，要想保证公司治理的科学化，必须符合以下两个条件，一方面，内部相互制衡。三角形是目前所公认的最稳定的结构，在股东、董事与监事之间形成稳定的三角形，通过相关规则的约束，三者之间能够形成制衡的局面。另一方面，适应能力要强。主要是看本国经济与市场发展之间能否适应。只有同时满足这两个条件，公司的治理结构才能拥有十足的竞争力，满足安全与效率的要求。监事制度产生于分权制衡中，互相监督才能保证公司的良好运营。监事会主要代表股东的权益，是重要的监督部门，监督公司的日常经营，监督公司的相关部门。监事会的职能有没有充分发挥关乎能否有效预防公司僵局的出现。

（四）对表决权制度的科学设计

1. 建立优先股制度。我国实务中尚未普遍建立优先股制度，但它对于防范公司僵局及其他许多方面的工作都大有裨益。在西方资本市场，采用较多的是优先股制度，它的意思是一家公司将所有的股份分为不同的类型，如优先股、普通股、劣后股，等等。优先股可以在分配红利以及剩余财产时获得优先权，但是持有该股票的人没有表决权，或者只有优先表决的权利。该制度可以帮助公司正确划分表决权以及相应的股份收益，对不同的投资需求予以满足，并成为公司治理的重要工具，特别是避免因无差别的表决权而带来的风险。

2. 扩大适用表决权排除。表决权排除制度是指股东表决权排除制度，又称股东表决权回避制度，是指当某一股东与股东会讨论的决议事项有特别的利害关系时，该股东或其代理人均不得就其持有的股份行使表决权。这一制度在大陆法系国家或地区得到广泛适用，我国通过2005年《公司法》的修订，使得这一制度最终建立。

我国目前仅对内部担保的表决排除作出了相关规定，为有效规避公司僵局现象的发生，我们可以进行更好的事前预防，考虑扩大适用表决排除制度的情形。在公司实务中，以下情形可在公司章程设计中考虑排除股东表决权：

（1）因股东未履行或全面履行出资义务而被公司股东会除名的决议，可以适用表决权排除，被除名股东对该股东会决议没有表决权。

（2）股东会决议表决的事项为公司向股东及股东的实际控制人支付利息，该事项与相关股东存在利害关系，在该表决中应排除有利害关系股东的表决权。

（3）当某一股东与股东会讨论的决议事项有特别利害关系时，该股东不得就其持有的股权行使表决权。

股东表决权制度的制定可以有效防止股东滥用表决权，能够降低公司僵局发生的概率，有效地保护弱势股东。如果股东之间的矛盾已经达到不可调和的情形，当僵局诱因出现之时，这种表决机制极有可能成为公司表决权僵局的引爆器。因此，必须在章程中对它们的适用条件作出严格限定。

3. 尝试累积投票制度。累积投票即在选举公司重要领导人时，股东的表决权以自身所拥有的股票数与董事或者监事数量的乘积来决定，从而将选举对象锁定在一个人或者几个人。累积投票制使少数股东也有机会获得董事席位，降低大股东对其产生的压制，随后相应的纠纷也会减少。但这种行使表决权的特殊方式是一把“双刃剑”。一方面，它能够替小股东争取席位，避免出现某一个股东完全控股的情况，减少股东之间的压制；另一方面，由于增加了小股东的对抗能力，这种制度也会增加表决分歧的概率以至于引发僵局。所以使用累积投票也应考虑化解公司僵局的其他应对措施。

第三节　公司僵局的破解

一、司法破解公司僵局的法律规定

2005年《公司法》修订，第183条规定了公司僵局制度，这是公司僵局制度首次进入立法。2008 年，最高人民法院的《公司法司法解释（二）》旨在强化司法机关认定公司僵局的可操作性，对《公司法》中对公司僵局提起司法诉讼的相关措施予以明晰化。2013 年修正《公司法》将公司僵局条款的序号由 183 条变更为 182 条。

《公司法》第 182 条明确规定："公司经营管理发生严重困难，继续存续会使股东利益受到重大损失，通过其他途径不能解决的，持有公司全部股东表决权 10%以上的股东，可以请求人民法院解散公司。"《公司法司法解释（二）》第 1 条解释了《公司法》中人民法院认定公司僵局经营管理严重困难的四种情形；第 2 条和第 3 条针对与司法解散诉讼息息相关的保全制度和清算制度作出了规定；第 4 条规定了对公司僵局司法解散诉讼原被告的身份要求；第 5 条和第 6 条对司法机关提出要求，第 7 条至最后一条都是关于司法判决公司解散的后续问题。其中需要说明的是，该部司法解释中，明确了调解的重要性，这也变相给予了公司内部自治的空间，提升了公司章程的重要地位。

2019 年《最高人民法院关于适用〈中华人民共和国公司法〉若干问题的规定（五）》对公司协商调解的方式进一步明确，规定中提及股权回购、股权转让等方式。

《公司法》第 182 条对公司僵局的性质作出实质性界定，《公司法司法解释（二）》第 1 条对"经营管理困难"规定了四种情形，该四种情形的适用侧重点存在差异，第一种情形：持续 2 年未召开股东会。这是对公司内部管理能力的验证，也是评判公司经营管理状态的标准。由于该标准比较客观，司法机关能够最为直接地适用；第二种情形：持续 2 年未形成有效的股东会决议。该标准实际上与公司章程紧密相连，这种标准通常适用于股东人数较少、股东表决权较为平均、相互制约较为严重的公司；第三种情形：内部董事矛盾不可调和，股东会也无法化解矛盾冲突。该条的重心在于管理，而并非经营，公司是否为盈利状态不是司法解散与否的认定标准，董事会代表的是公司的决策机构，决定了公司的管理方向。一旦公司决策机构陷入危机，对公司的管理层造成巨大冲击，会使公司处于消极状态，损害公司利益；第四种情形：经营管理发生其他严重困难，公司继续存续会使股东利益受到重大损失。该情形被称为判断公司经营管理困难程度的原则性标准，目的在于保护股东对公司的最初期望，在西方又称为“合理期待”理论。《公司法司法解释（二）》中并没有对该款“其他严重困难”情形作出列举式限定，这也是考虑到灵活多变的法律规定能够更好地满足社会快速发展的需求。

二、公司僵局的司法破解

（一）司法解散

具体内容参见第十四章“公司的解散”第三节“强制解散”下的“三、司法解散”。

（二）强制股权购买

针对破解公司僵局，有强制股权购买制度，也称为强制股权收购制度、强制股权置换制度、强制股权转让制度。强制股权购买制度是指，在出现公司僵局时，法院通过判决，要求一方股东或者公司以合理的价格购买另一方股东持有的相应股权，达到让另一方股东退出公司的目的，以破解公司僵局。强制股权购买包括股东购买和公司购买两种形式。强制股权购买制度是一种多赢的法律救济制度，公司得以继续运营，一方股东在获得应得的相对应的金钱后退出公司，另一方在付出相应对价后取得对公司的控制，使得各方利益达到一定的平衡。在司法解散的替代措施中，强制股权购买是最受欢迎、最为广泛使用的一种救济措施。

1. 股权强制收购条件。从强制股权收购的定义来看，其核心在于是否有愿意出售其股权的股东。相对于董事会僵局，股东会僵局更愿意选择这一制度作为救济机制。对于兼任董事的股东，如果其愿意退出公司，那么同样有可能打破股东会僵局。而对于表决权均等僵局和否决权僵局来说，如果僵局的状态一直持续不能打破，那么等待僵局公司的只有一方提请法院司法解散这一条路。被解散之后，所有股东都会退出公司，提请解散公司的股东也不例外。因而我们可以推定提请解散公司的股东愿意退出公司，只要对其股份的收购是公平合理的。因此，可以说强制股权购买制度对公司僵局具有普遍适应性。

通过以上分析，我们可以得出以下结论：强制股权购买制度若要适用，需满足以下条件：首先，存在公司僵局；其次，存在想要结束对峙、愿意退出公司的股东；再次，存在想要经营公司、愿意收购股份的股东；最后，有股东提起司法解散僵局公司之诉，且该股东满足持股10%以上。

2. 收购主体。

（1）公司。强制股权购买的主体如果是公司，也就是允许公司回购公司股东股权，其导致的后果是公司的减资，并不是单纯的股权转让和购买的行为。公司的减资具有严格的程序要求，理论上来说公司以保持公司注册资本不变为原则，但这不等于将公司回购股权完全排除在强制股权购买制度中的主体之外。将公司作为强制股权购买制度的主体，允许其回购股东的股权，不失为一个可行的措施。因为公司注册资本的减少对公司经营的影响以及对公司债权人的影响，要严格把控公司的股权回购。

（2）股东。公司僵局请求强制股权购买的主体一般为一方股东。但在公司僵局诉讼中股东可能具有多种身份，有提起公司僵局诉讼的股东，有僵局对抗股东，甚至可能还有中立股东。哪一方股东应当作为收购方，哪一方股东应当作为被收购方，以及一方股东想要收购股权，或者一方股东不愿意收购股权，都是研究强制购买制度主体需要思考的内容。在公司僵局诉讼过程中，在购买股权的权利方面，所有股东的地位应是平等的，任何不愿意继续持有股权的股东，都可以请求法院要求其他愿意继续持有股权的股东购买其股份，无论在诉讼中他的诉讼地位是原告、被告还是第三人。在强制股权购买诉讼中，除原告外的所有的股东都应作为被告予以起诉。如原告起诉时有遗漏，法院也应依职权追加其余股东为必要共同被告，而不是由原告选择部分或任一股东来购买其股份。如果由原告自行选择购买人，将会侵犯其他未被选择的股东优先购买股权的权利。而将其他所有股东列为被告也可以提高原告出售股权的概率，同时给了所有股东（包括提起诉讼的股东）公平的平等购买公司股份的权利。

3. 购买价格。

（1）协商确定购买价格。强制股权购买制度中，股权价格的确定，应首先由公司内部协商确定，即充分尊重股东的意见，尊重私法自治原则，尽量减少司法对公司内部事务的干涉。因为股东是最了解公司内部事务的，对股权价值的评估也是最具有发言权的。法院不仅要给股东留有充分的时间协商确定购买价格，同时还应积极组织股东就购买价格的确定进行调解协商，最终确定一个公平的、各方均认可的股权购买价格。股东对强制股权购买价格的协商，可以是对具体数额的协商，也可以是对价格计算方法的协商。

（2）专门机构评估确定购买价格。在股东对强制股权购买价格不能形成一致意见、达成统一价格时，应当寻求第三方专业评估机构的帮助。由法院组织诉讼对立双方，采用抽签选取之类较为公平公正的方式，要求双方共同委托第三方专业评估机构对股权购买价格进行评估确定。法官作为具有法律专业知识的人士，对商业知识、财务知识、公司运作并不具备相应的专业知识，同时对公司内部情况并不了解，如果直接以法官的意志来确定购买价格对各方来说都是不合理的，也是没有说服力的。只有通过第三方专业评估机构的评估，才能够从较为客观的角度以及专业的角度，确定一个较为合理的购买价格。但评估价格并不意味着是绝对正确的价格，法官在审理中认为评估价格确实不合理，可以根据不服该评估结论的股东的申请或依职权要求再次进行评估，以获得相对更准确而合理的价格。

（3）法院确定购买价格。如果股东双方均对第三方专业评估机构的评估购买价格不服，或者一方股东对评估购买价格不服，且确有相反的证据证明该评估价格与实际价值出入较大，法院可以在借鉴评估价格和相关意见的基础上，通过查明案件事实，充分听取股东双方当事人的意见，在自由裁量权范围内确定一个合理的购买价格。这一购买价格的确定，实际上是在既借助了第三方专业评估机构的意见，也结合了公司实际情况，以及摸清了股东心理预期的基础上，法官进行的综合判断。

法院也可以借鉴拍卖程序中的竞价机制，让每一位同意购买股权的股东，对其他股东愿意出卖的股权进行竞争购买，由法官组织各位购买股权的买主依次出价，出价最高的股东确定为股权的购买者，其所出价格即为股权购买价格。同样地，法院在充分听取股东双方当事人的意见、查明案件事实、借鉴评估价格和相关意见的基础上，自由裁量确定一个较为公平合理的拍卖底价。竞价拍卖的结果，实际上也是变相由股东协商达成的结果。在庭审中通过公平的竞价程序，最终确定股权的购买者和购买价格，应在庭审笔录中作出详细记载，各股东签字并不得反悔。拍卖竞价确定了购买者和购买价格后，关于强制股权购买诉讼的主要问题其实已经解决，相当于各股东迫于形势，就股权的购买已经达成了一致意见，如无相反意见即可在法院达成调解。如果确有人反悔，法院即可直接按竞拍价格判决强制购买。

（三）任命临时董事制度

1. 由法院任命临时董事。当司法介入处理公司僵局时，法院可以选择任命临时董事的方式。法院通过任命临时董事破解的公司僵局应限于董事僵局，当然董事僵局的背后体现的也是股东僵局。法院经过审理查明，在确定董事僵局已形成，各方已经穷尽其他救济途径也无法打破僵局时，方可启动临时董事任命程序，并经过严格的法定程序选任恰当的临时董事人选。法院选任临时董事人选的程序必须是公正客观的。法官确定任命临时董事后，可以组织原被告双方，充分尊重双方意见，在备选的临时董事人选中选取经双方一致通过的候选人作为临时董事。如果双方不能达成一致意见，可在法院提供的候选人中，双方各自选定自己中意的候选人，最终抽签确定。

2. 临时董事的中立性。临时董事由法院任命，其介入公司僵局，应当具有中立性。临时董事的中立性首先为临时董事人选的中立性，在确定临时董事人选时，通常会考虑相对具有中立性的内部人选和明显具有中立性的外部人选。相对具有中立性的内部人选通常为公司职工代表。职工代表代表的是公司职工的利益以及公司整体的利益，而不归属于僵持双方任何一方的势力。同时职工代表了解公司状况，更清楚公司僵局造成的原因，其作为临时董事代表有利于打破公司僵局。外部人选通常为具有专业知识的人员，此类人员因与公司没有任何利益牵扯，同时严格遵守其职业道德操守，其中立性的特点更为明显。虽然其对僵局公司的情况没有职工代表了解，但是其具有更高的专业素质，能够采取更专业的公司僵局破解方法。两类人选的选择均有其优势和劣势，但无论选择谁，都应当在实际的选择过程中，重视临时董事选任人选的中立性。

3. 临时董事的权利义务。法院任命临时董事后，临时董事须及时介入公司经营管理事务。临时董事并不是正式的董事，其享受的权利和应承担的义务，与正式的董事是有区别的，需要法律予以明确规定。一般来说，临时董事的权利首先包括参与董事会，并有权在董事会上进行投票表决。其次，临时董事的任命和撤销都只能由法院决定。最后，临时董事介入公司僵局的处理需要付出时间和劳动，其有权要求合理的报酬，由公司向其支付。

临时董事在享受权利的同时，也应当履行相应的义务。临时董事应当一直保持其中立性，确保不被任何势力所拉拢，但同时应当具有自己明确的观点，不能以弃权等消极态度处理公司僵局问题。临时董事应付出相应的劳动，尽快熟悉并了解公司状况，同时严格保守在履行职务过程中了解的僵局公司的商业秘密及相关信息，不得向外泄露，不得做出任何损害公司利益的事情。如果因临时董事故意或重大过失造成公司损失的，应当承担相应的赔偿责任。临时董事在履行义务过程中，应定期向法院进行报告，告知法院破解公司僵局的进展以及公司当前的状况，同时详细告知法院其工作内容，以便法院有效监督。在遇到重大问题时，临时董事还应立即向法院报告，不得拖延。公司中的僵局状态一经消失，就应当取消临时董事。不过在我国司法实务中尚未发现因公司僵局而任命临时董事的先例。

（四）任命公司监管人

在美国，出现公司僵局时，法院可以通过任命监管人负责管理公司事务，直至僵局化解。美国《示范商业公司法》第 14.32 节对此进行了规定。[1]指定监管人的目的是打破股东之间对立的状态，使公司能够继续存续。这种措施在美国也是备受争议。反对者主要是认为：首先，指定监管人违反了公司委托代理制度。由法院来任命的监管人开始掌管公司的运营，削弱了公司管理者的职能。其次，任命监管人所耗费的成本高，给公司带来一定程度上的经济压力。再次，监管人的职责决定了其在公司管理上的保守性，监管人不可能积极为公司赢得各种商业机会，只要能够使公司正常运行即可。最后，任命监管人并不能从根本上解决导致公司僵局问题的根源，并没有真正解决冲突股东之间的矛盾。

不过任命监管人也有其可取之处。通过任命监管人，并强制公司向管理人移交权力，既可以使公司运行回归到正常状态，又能够减少僵局给公司和股东造成的损失。在构建我国破解公司僵局制度时，应当以保护公司和股东利益及保证公司的存续为目的。

（五）强制公司分立制度

因破解公司僵局强制公司分立，是指持有一定比例股权的股东起诉至法院，请求公司分立，法院经过审理查明并谨慎调查，认为公司陷入僵局并符

〔1〕 美国《示范商业公司法》第 14.32 节规定："在为解散公司而提起的司法程序中，法院可以指定一位或者多位接管人以结业和清算，或指定一位或多位监管人管理公司业务和事务，接管人或者监管人的权力和职责由法院规定和修改。"

合分立条件，即判决公司分立。这种公司僵局破解方式目前在我国仅停留在研究层面，尚无实务案例。

1. 强制公司分立的条件。强制公司分立的前提条件是，股东须有证据可以证明自己请求分立的公司陷入公司僵局，并采取各种自力救济措施均不能打破僵局，只有通过司法介入的强制手段才能达到打破僵局的目的。陷入僵局的公司具备可分的现实条件，其经营条件以及业务范围等均具备可分立的条件，如果公司不具备可分的客观条件，法律强制公司分立并无实际意义。强制公司分立需由具备一定条件的陷入僵局公司的股东提出，该股东在特定的、持续的一段时间内持有公司一定比例的股权，有条件向法院提出诉讼。法院只能在股东提起诉讼后，认为公司陷入僵局，并符合公司分立的条件，方可判决公司分立。

2. 强制公司分立的优势。公司僵局的对峙双方并不是都希望公司予以解散，对于双方来说，比起公司被解散，所有公司累积的品牌效益、良好商誉等无形资产被归为零，前期投入的心血化为乌有，还不如保全公司，将公司一分为二，最大限度地利用公司的有形和无形资产，达到双赢的结果。

公司陷入僵局不等同于公司财务状况不好，也不意味着公司业务下滑或一定会下滑，公司持续盈利而公司陷入僵局也是常见的，可能正是因为公司价值高，对峙双方才会争得激烈，互不相让。如果采取公司分立的方式破解公司僵局，让双方分开却均有机会享受公司价值，可能是双赢的最佳方案。

（六）增设股东除名制度

在公司僵局上，我们完全可以借鉴域外司法介入公司僵局救济制度，构建我国的股东除名制度以解决公司僵局问题。构建股东除名制度应考虑以下因素：一是股东除名制度以过错责任原则作为适用的标准。也就是在法院裁决上，什么样的过错可以对股东进行除名；二是股东除名的诉讼请求必须由原告提出，法院不得依职权裁决除名；三是法院应向被诉除名股东释明，如果被除名股东认为被除名将导致其合法权益受损，其有权在法定或者法官指定期限内提起反诉或者另行诉讼。在该制度的构建过程中，应注意以下几个方面：

1. 除名权行使的前提。股东除名的目的是通过剥夺离心股东的股东资格，来恢复公司股东之间的信任与合作关系，从根本上消除因被除名股东的不当行为所带来的不良后果。但是这种股东除名制度是以穷尽其他所有方式为前提的，而且必须谨慎运用，因为股东除名是违背被除名股东的意愿的，是对股东最重的处罚。正如德国学者认为，公司将股东除名的前提必须是“离心股东”的存在已达到公司无法容忍的地步，并且无其他办法可以解决该问题。

2. 除名权行使的主体。任何一项法律法规都有权利主体，除名权也一样。公司股东除名权的行使主体是公司。其一，股份制公司行使股东除名权是为了维护公司和相关权益人的共同利益，从宏观角度出发，公司作为股东除名权的行使主体是最为公正合理的。其二，在股份制公司中，每个股东都拥有相同的地位，如果除名权行使主体是某位股东的话，这位股东可以行使权利任意除名其他股东，这破坏了股东之间相互平等的原则，显然缺乏公正。其三，股份制公司是社团法人，社团和社团成员不是绝对平等的，社团成员制约于团队决策。如果社团成员表现出不正当的行为，社团可以根据内部规定给予该成员相应处罚，但是社团决策是只有通过股东大会表决才能作出的决定，所以除名权行使主体应该是公司。

3. 被除名对象的主观过错。在公司经营正常情况之下，被除名的股东存在的过错不是股东除名的必要条件。但是在僵局公司中，就需要考虑股东过错原则。如果该过错是引发僵局的“导火索”，并且过错股东放任或积极地促进内斗，那么就需要在施行除名制度时加入股东过错原则这一要件。反之，不需要考虑。

4. 股东除名事由。股东除名制度是公司在股东不愿意的情况下，对其强制性开除，其不再享受公司股东的权利，所以对股东进行除名必须有足够理由。因为公司针对股东所采取的最严重的惩罚措施就是股东除名，如果滥用这项权利的话，必将引起股东之间的争斗，股东除名制度也将成为争斗中的工具。综合国外学者研究学术成果，股东除名的事由主要分为两大类，一是法定事由，二是章定事由。股东法定除名事由主要是在公司法中明确规定的具体事由；章定股东除名事由指的是公司章程中规定的股东除名事由。章定股东除名事由主要体现为公司自治权，是公司各股东之间协商拟定的股东除名事由。

上述两类股东除名事由均需以重大事由为基准。但是什么才算是重大事由呢？在这方面，我国可以借鉴德国公司法的成功经验。在德国公司法中，股份制公司的股东除名制度是结合了德国历史发展和法官判决无数案例经验的一项制度。德国公司法中明确说明，股东除名事由的重大事由是指某位股东的个人原因严重威胁公司存续和发展，同时其他股东已无法容忍其个人行为造成的利益损害。所以，我国的股东除名制度的重大事由可依据以下三点。其一，重大事件是由于某位股东的自身原因导致的，属于个人行为；其二，股东除名重大事由导致后果严重，是其他股东无法容忍的行为，并且由此导致公司无法实现自身根本目的；其三，重大事由是有时间效应的，被除名的股东对公司的影响是确实存在的。

5. 股东除名程序的选择。从国外立法来看，股东除名程序主要有以德国为代表的股东除名程序和以美国为代表的股东除名程序。以德国为主要代表的股东除名模式也就是股份公司先开股东大会再移交法院的形式。以美国为主要代表的股东除名程序主要是股东大会决议或者是法院判决的模式。两种股东除名程序模式各有优缺点。以德国为主要代表的股东除名程序本着严谨的原则，既保护了被除名股东的合法权益，又需通过法院判决才得以生效。这种形式的弊端是增加诉讼成本，股东除名制度的效率也不高。以美国为主要代表的股东除名程序相对更加灵活，不同的股东除名事由处理方式不同。但是美国的股东除名模式必须做到对除名程序严格限制，否则会增加滥用有限公司股东除名权的可能性。

其实，在公司僵局出现的场合，由股东会来作出决议除名已经是不可能完成的任务，所以立法可以规定为解决公司僵局问题的股东除名可以直接向法院提起除名之诉。通过法院审查来决定除名公司僵局矛盾主要责任股东，来考虑其他股东继续运营公司是否合理，审查需除名的股东是不是引起内乱的根本原因。通过这些问题以决定是否将股东除名，以解决公司僵局问题。但是公司提起除名之诉之前必须给该股东一个悔过改正的机会，在正式股东除名前有前置程序——催告程序。也就是说，在把该股东正式除名前，应该给“离心股东”一个机会，让他在一定的较为合理的时间内，改正错误，采取适当的措施，消除对公司产生的负面影响。但是如果该股东对自己的错误毫无改过的意思，在催告期结束后，正式启用除名诉讼程序。

案例57：公司发生僵局通过其他途径不能解决法院判决解散公司[1]

原告××控股公司向长春市中级人民法院一审诉讼请求判令解散被告××管理公司。

经审理查明：2014年12月31日，吉林省人民政府同意设立××管理公司。2015年2月26日，第三人××运集团公司与原告××控股公司签订了《出资协议书》，约定共同出资设立××管理公司。2015年2月28日，被告××管理公司正式成立，注册资本10亿元，原告××控股公司出资2亿元，占注册资本的20%，第三人××运集团公司出资8亿元，占注册资本的80%。该公司法定代表人由时任××运集团公司法定代表人的王某军担任，任董事长兼总裁（总经理）职务。

××管理公司成立后不久，在未经股东之间充分协商及董事会批准的情况下，即将9.65亿元资金借给第三人××运投资公司、××足球俱乐部和××运商业公司。

2016年12月15日，原告××控股公司向第三人××运集团公司发出《关于受让××管理公司股权事宜的函》，要求受让第三人××运集团持有的××管理公司全部股权，后于2017年1月12日发出《关于选聘中介机构对××管理公司开展审计与评估工作的函》，要求对被告××管理公司开展审计与评估工作。

2017年6月19日，××控股公司再次向××运集团公司发出《关于配合转让××管理公司股权的函》，要求××运集团公司配合调整××管理公司的股权，××运集团公司随后于6月23日发出《关于配合转让××管理公司股权的函的复函》，一方面表示“鉴于政府要求及贵我双方目前实际情况，我集团同意转让××管理公司部分或全部股权”，另一方面主张“坚持要按市场化原则操作”。

原告××控股公司提起本案诉讼后，被告××管理公司于本案第一次开庭前的2017年11月13日及11月20日先后发出《关于召开××管理公司董事会的通知》和《××管理公司股东会会议通知》，并于2017年11月20日和11月27日先后召开董事会、股东会。该次董事会、股东会会议所形成的决议内容显示，董事会会议应出席董事7人，实际出席3人，另有2人（王某军、李×）书面委托董事黄某雁出席，股东会会议仅有第三人××运集团公司出席。

---

〔1〕参见最高人民法院（2019）最高法民申1474号民事裁定书。

第三人××运集团公司已于2015年12月15日将其持有的被告××管理公司出资额8亿元的股权全部质押给阜新某银行，被担保债权数额8亿元，且该股权已因其他诉讼案件被辽宁省沈阳市中级人民法院冻结。并且，王某军、陈某洁持有的××运集团公司出资额20亿元的股权也已于2015年11月25日全部质押给某光大银行。

在本案审理期间，一审法院多次组织原、被告及第三人进行调解，但鉴于各方提出的和解条件差异较大，在近10个月的调解期间内，双方最终未能达成和解。一审法院认为：

一、关于××控股公司是否具备提起解散公司诉讼的主体资格问题。本案中××控股公司持有××管理公司20%的股权，其单独股东表决权已经超过了全部股东表决权的10%。因此，符合法律规定的提起公司解散之诉持股比例的要求，是适格的原告。

二、关于××管理公司经营管理是否确已出现严重困难的问题。本案中，××管理公司虽处于账面盈利状态，但其股东会、董事会运行机制失灵无法解决，内部管理发生严重障碍，已陷入僵局状态。

三、关于××管理公司继续存续是否会使公司股东权益受到重大损失的问题。首先，从××管理公司的经营状况来看，××管理公司的所谓盈利并未实际取得，在公司资金被大量借给第三人××运集团公司的关联公司且并未及时足额收回借款本息的情况下，公司的继续存续不仅会造成股东利益的持续损失，还存在巨额资金不能收回的重大风险。其次，从××管理公司的管理来看，本案的发生正是《公司章程》所规定的治理结构及机制未能有效运作和发挥作用所致。此外，××管理公司作为吉林省人民政府批准设立的省内唯一一家地方资产管理公司，其设立初衷和目的是从事不良资产批量收购处置业务，防范和化解地方金融风险，在××管理公司已违背其经营宗旨的情况下，公司继续存续也将有害于社会公共利益，影响地方经济的发展。

四、××管理公司现有公司僵局已无法通过其他途径解决。本案中的公司僵局已不能通过公司内部治理机制、外部诉讼或股东间协商的方式解决。在本案诉讼期间，本院于近10个月的期间内，多次组织双方进行调解，试图通过股权转让、公司增资、公司控制权转移等多种途径解决纠纷，但股东双方均对对方提出的调解方案不予认可，未能达成意见一致的调解协议，现有的解决途径均已穷尽。

一审判决如下：解散××管理公司。被告不服上诉至吉林省高级人民法院，二审驳回上诉，维持原判。××管理公司向最高人民法院申请再审，最高人民法院驳回其再审申请。

点评：公司解散适用于公司僵局的情形。所谓公司僵局，是指公司在存续中股东会、董事会等机关陷入权力对峙而不能按照法定程序作出有效决策，从而使公司陷入无法正常运转甚至瘫痪的事实状态。公司僵局是因公司管理权争夺导致的成员内部矛盾的极端化，往往表现为股东失去合作基础、股东管理受到排挤、管理机关运转失灵或者管理者仅接受个别股东的指示管理公司事务，背离了公司经营的初衷和目的，导致股东的期待落空。公司主体维持原则是公司法的基本原则，应否解散公司不仅关涉到公司股东的权益，还关系到与公司有关的其他民商事主体的合法权益，甚至社会公共利益，因此对于公司的司法解散，法院必须审慎对待，只有在符合公司法及相关司法解释规定的要件时，才能依法判令解散公司。《公司法》第182条规定："公司经营管理发生严重困难，继续存续会使股东利益受到重大损失，通过其他途径不能解决的，持有公司全部股东表决权10%以上的股东，可以请求人民法院解散公司。"公司解散必须符合法定的构成要件，即①公司经营管理发生严重困难；②公司继续存续会使股东利益受到重大损失；③不能通过其他途径解决。在本案中，被告××管理公司已经符合公司僵局的司法解散情形，法院可以判决解散公司。

第十三章

Chapter 13

上市公司法律制度

第一节　上市公司法律制度概述

一、上市公司的概念

上市公司（The listed company），在我国是指所公开发行的股票经过国务院或者国务院授权的证券管理部门批准在证券交易所上市交易的股份有限公司。

截止到2020年，我国上市公司超过4100家，实体上市公司利润总额相当于全国规模以上企业的5成，已成为国民经济的“基本盘”，产业升级的“领跑者”。沪深两市总市值突破80万亿元。我国上市公司从服务国企改革起步，到中小板、创业板、新三板、科创板相继推出，多层次资本市场逐步完备，已成为全球第二大市值规模市场。其中上市公司数量在主板约占一半，在中小板、创业板、科创板分别占24.01%、21.55%、5.19%。[1]

二、公司股票上市的条件和程序

（一）公司股票上市的条件

根据我国《证券法》第47条的规定，申请证券上市交易，应当符合证券交易所上市规则规定的上市条件。证券交易所上市规则规定的上市条件，应当对发行人的经营年限、财务状况、最低公开发行比例和公司治理、诚信记录等提出要求。这也意味着我国法律将公司股票上市的条件授权证券交易所

〔1〕参见《数说资本市场三十年：逾4100家上市公司、总市值85万亿、股权融资超21万亿》，载澎湃新闻，https://www.thepaper.cn/newsDetail_forward_10640589，最后访问日期：2021年1月3日。

制定。如《上海证券交易所股票上市规则》第 3.1.1 条规定，发行人首次公开发行股票后申请其股票在本所上市，应当符合下列条件：①股票已公开发行；②具备健全且运行良好的组织机构；③具有持续经营能力；④公司股本总额不少于人民币 5000 万元；⑤公开发行的股份达到公司股份总数的 25%以上；公司股本总额超过人民币 4 亿元的，公开发行股份的比例为 10%以上；⑥公司及其控股股东、实际控制人最近 3 年不存在贪污、贿赂、侵占财产、挪用财产或者破坏社会主义市场经济秩序的刑事犯罪；⑦最近 3 个会计年度财务会计报告均被出具无保留意见审计报告；⑧本所要求的其他条件。

（二）公司股票上市的程序

我国公司股票上市一般要经过如下程序：①公司股票经中国证监会注册对外公开发行；②向证券交易所提出上市申请并获同意。对证券交易所作出的不予上市交易、终止上市交易决定不服的，可以向证券交易所设立的复核机构申请复核。③发行人应当于其股票上市前，在指定媒体或者交易所网站上披露相关文件。

三、公司股票上市从审批制到注册制

（一）审批制

在最初的审批制下，证券发行由原国家计委、证券委等共同制定当年股票的发行规模，证监会根据市场情况向各省级政府和行业管理部门下达股票发行家数指标。各级部门再在指标内推荐预选企业，交由证监会进行审核。随着资本市场逐渐发育，审批制的缺陷不断显露。首先，它无法从根本上解决新股上市之后业绩变脸和资源有效配置的问题；其次，监管部门有限的人力及审核资源难以满足发行节奏市场化的要求；最后，审批制往往被理解为证券监管机构对发行数量和公司质量的“背书”，一旦出现市场下跌或个体公司风险爆发，监管机构往往难辞其咎。

（二）核准制

核准制介于注册制和审批制之间。核准制是指发行人在发行股票时，不仅要充分公开企业的真实状况，而且还必须符合有关法律和证券管理机关规定的必备条件，证券管理机关对发行人是否符合发行条件进行实质审核。

2000 年 3 月以后，我国证券发行转为由公司自行提出申请，保荐机构向证监会推荐，监管部门在进行合规性初审后，提交发审委审核，最终经证监会核准后发行。其核心就是监管部门进行合规性审核，加大对市场参与各方的行为约束，在一定程度上减少了新股发行中的行政干预。

经过近20年的发展，核准制的局限性也日益凸显。在实际操作中，监管机构一直未能摆脱积极干预、调节供求与前端审核的负累。监管对新股发行“管价格、调节奏、控规模”，抑制了市场主体的风险判断与市场选择能力，导致市场配置资源的作用始终不能得到真正体现。

（三）注册制

证券发行注册制是指证券发行申请人依法将与证券发行有关的一切信息和资料公开，制成法律文件，送交主管机构审查，主管机构只负责审查发行申请人提供的信息和资料是否履行了信息披露义务的一种制度。申报文件提交后，经过法定期间，主管机关若无异议，申请即自动生效。

在注册制下证券发行审核机构只对注册文件进行形式审查，不进行实质判断，即降低上市门槛；同时配套有中介机构即券商对预备上市公司的考查，及对作弊中介商加强处罚；并配套有降低退市门槛的规则。

国务院金融稳定发展委员会提出，增强资本市场枢纽功能，全面实行股票发行注册制，建立常态化退市机制，提高直接融资比重。所谓全面实行股票发行注册制，就是全市场落地实行注册制，这不仅包括沪深主板、创业板、科创板，还包括新三板的精选层。全面实行股票发行注册制是我国资本市场发展史上又一个重大里程碑。

证监会探索形成符合我国国情的注册制框架，初步建立了“一个核心、两个环节、三项市场化安排”的注册制架构。“一个核心”就是以信息披露为核心，要求发行人充分披露投资者作出价值判断和投资决策所必需的信息，确保信息披露真实、准确、完整。“两个环节”就是将审核注册分为交易所审核和证监会注册两个环节，各有侧重，相互衔接。“三项市场化安排”为设立多元包容的发行上市条件、建立市场化的新股发行承销机制、构建公开透明可预期的审核注册机制。

第二节　上市公司股东表决机制

一、股东表决权概述

（一）股东表决权的概念和性质

股权又称为股东权，即股东基于自己对公司的出资而依法获得并享有的、得以向公司主张的、具有可转让性的各项权利，包括出席股东会并行使表决权、公司信息知情权、股利分配请求权、公司剩余财产分配请求权、选择管理者权、诉讼权等权利。而股东表决权是指“股东通过股东大会的意思表示，可按所持股份参加股东共同的意思决定的权利”〔1〕。关于股东表决权的法律性质，学界通说认为，股东表决权为共益权、固有权和单独股东权。〔2〕

（二）股东表决事务的范围

1. 公司董事的选任和解聘。董事是对公司经营及事务直接进行管理并行使公司权力的人，实际上对公司的整个运营享有直接控制权，为保证公司运营不会背离股东的利益并实现股东投资的目的，股东对董事的任免理应拥有决定权。

2. 公司组织结构、资本及业务基础变更的事项。例如对公司章程进行修改或变更、转让公司的主要业务或重大财产、增加或减少公司注册资本、改变公司的组织形式、公司进行分立或者与其他公司进行合并、依法解散公司或公司进入清算程序等都需要通过股东大会进行表决方可进行。

3. 关系到股东重要利益的事项。包括公司重要资产的出售或购买、公司的重大投资计划、公开发行股份、股份回购、发行公司债券、公司的利润分配方案或弥补亏损方案等。前述事项会造成公司的资产或股权结构发生重大变化，对于股东的权益具有重大影响，有必要由股东通过表决的方式作出决议。

4. 公司董事可能滥用权限的事项。对于涉及董事与公司的关联交易或董事篡夺公司机会的事项，应当交由股东进行表决，以加强对控制公司的董事的监督和约束，有效维护公司以及股东的利益。

---

〔1〕梁上上：《论股东表决权——以公司控制权争夺为中心展开》，法律出版社2005年版，第3页。

〔2〕廉恩臣：《上市公司股东表决机制研究》，对外经济贸易大学2016年博士学位论文。

（三）股东表决的基本原则

1. 一股一表决权原则。这一原则要求股东拥有的表决权与其持有的股份比例相当，其含义为股东持有的每一股都享有一个表决权，同时不允许一股享有多个表决权。无表决权股份、多重表决权股份〔1〕是一股一表决权原则的例外适用。

2. 资本多数决原则。在公司法上通常又被称“股份多数决定原则”或者“福斯规则”，是指“股东在股东大会上的表决权与其所持有的股份成正比，股东大会依持有多数股份的股东的意志作出决议，法律将持有多数股份的股东的意思视为公司的意思，并且多数股东的意思对少数股东产生拘束力”〔2〕。

资本多数决原则与一股一表决权原则之间具有严谨的逻辑因果关系，即一股一表决权原则必然会导致资本多数决原则的适用。

二、股东表决权的行使机制

（一）表决权的亲自行使

表决权的亲自行使是股东直接行使表决权的一种方式，是指在召开股东大会时，股东亲自出席会议，并在会议上通过亲自投票表达对表决事项赞成与否的意思，这是股东行使表决权的最基本、最常见方式。

（二）表决权的代理行使

1. 股东表决权代理行使的概念。股东表决权的代理行使，是股东间接行使股东表决权的一种方式。通常是指合法拥有表决权且能够亲自参加股东大会的股东，因各种原因不愿意亲自出席股东大会或无法亲自到达会议现场行使自己拥有的表决权时，委托代理人以自己的名义参加股东大会会议并在授权范围内代表自己对会议表决事项进行投票表决。我国《公司法》第106条规定，股东可以委托代理人出席股东大会会议，代理人应当向公司提交股东授权委托书，并在授权范围内行使表决权。

2. 股东表决代理权征集制度。股东表决代理权征集是指公司或公司以外的人通过劝说诱导的方式，说服股东出具股东表决权委托书，来委任自己或

〔1〕多重表决权股又被称为复数表决权股，是指根据法律或公司章程的规定，授予某些特定股东（一般为公司里的董事或监事或其他高级管理人员）的一股享有多个表决权的股份。

〔2〕梅慎实：《现代公司治理结构规范运作论》（修订版），中国法制出版社2002年版，第375页。

者其他第三人作为代理人出席股东大会并行使表决权。[1]我国对于股东表决的代理权征集制度，在公司法律层面没有进行明确的具体规定，只是在有关的行政法规、部门性规章中有所体现，如《股票发行与交易管理暂行条例》第65条、《上市公司治理准则》第16条、《上市公司章程指引》第78条。

(三) 表决权的通讯行使

股东通过通讯方式行使表决权，可简称为“通讯表决”，是股东表决权直接行使方式的一种。通常是指股东不到现场出席公司的股东大会，而是通过通讯媒介（主要包括书面方式和电子方式两种）对于股东大会的表决事项作出赞成、反对或弃权的意思表示。通过通讯方式行使表决权与亲自出席行使表决权都是股东亲自、直接行使表决权的方式。二者不同之处在于通讯表决方式无需股东现场出席股东大会，股东是通过诸如电子网络、邮寄投递、电报、传真等通迅媒介来行使自己的表决权，最常见的方式有书面投票和电子投票两种。

我国公司法对于股东通讯表决没有作出明确规定，对于通讯表决的规范主要是通过政府部门的规范性文件以及证券交易所的业务规则来进行。在我国，通讯表决在实践中已被大量使用，中国证券登记结算公司、上海证券交易所、深圳证券交易所各自开发了上市公司股东大会网络投票系统并于2004年年底投入使用，大量的上市公司通过这些系统成功召开了股东大会。

(四) 股东表决权的信托行使

股东表决权的信托行使，是股东表决权间接行使的一种方式，通常是指公司的股东通过与受托人签署表决权信托协议，将自己持有的公司股份以信托方式转给受托人持有，受托人在约定的信托期间内，根据信托协议的约定以及法律有关规定，以信托股份法律上的所有人的名义，为信托目的并为受益人的利益而持有信托股份并独立行使表决权。

表决权信托制度在英美法系国家中使用比较普遍，而在大陆法系国家中则存在争议，我国公司法中并未规定表决权信托制度。参照美国大多数州的成文法规定，表决权信托的设立规则一般应当包括：

1. 表决权信托协议应当以书面形式签署。由于表决权信托是一种特殊方

[1] 廉恩臣：《上市公司股东表决机制研究》，对外经济贸易大学2016年博士学位论文。

式的信托，为明确当事人的权利义务关系，美国各州法律均对表决权信托协议的书面形式作出明确规定。

2. 信托股票应转让给受托人。表决权信托并不是单纯地将表决权转移，而是将附带表决权的股票作为信托财产，依据信托法律的一般原理，此类股票应依法转让给受托人，使之成为信托股票的法律上的所有人，股票转让的事实应在公司股东名册中予以记载，并注明“表决权信托”字样。同时公司将向受托人发行新股票，这些新股票上通常载有一定的记号。

3. 表决权信托的生效日期。按照美国《示范商业公司法》第 7. 30 条规定，表决权信托“自转让给该信托的首批股票以受托人的名义登记之时”起开始生效。

4. 表决权信托的期限及其延长规则。根据美国《示范商业公司法》及大多数州的法律规定，表决权信托的期限一般不超过 10 年。期限届满后，所有的当事人或其中的部分当事人可以再次签署书面协议延长信托的期限，但通常每次延期不得超过 10 年。

5. 向委托股东签发表决权信托证书。美国大部分州的法律都规定了受托人应当向委托股东发行表决权信托证书，用以证明表决权信托法律关系的存在以及委托股东的受益人身份。

6. 登记和公示规则。设立表决权信托时，受托人应将信托协议书面文件的副本以及载有委托股东及各自转让股票的数量和种类的清单提交给公司存档并办理登记手续，以备公司股东或信托受益人及其代理人查阅，从而产生公示效力，这是表决权信托开始生效并具有对抗公司或其他方的法律效力的前提条件。

7. 表决权信托方式下行使表决权的方式。登记在受托人名下的股份可以亲自或通过代理方式行使表决权；表决权受托人作为股东、受托人或其他身份在表决时不应承担任何责任，但存在个人不当行为的除外。

第三节　股东表决权的限制机制

资本多数决是股东表决权的基本原则，但也存在一些弊端：可能造成法律规定的股东平等原则的虚化或难以实际落实；容易诱发少数股东产生“理性冷漠”心理，使得股东大会流于形式化；为大股东滥用控制权提供了方便，致使少数股东利益难以得到有效保护。由于资本多数决原则存在上述缺陷，使得大股东可以滥用权利，而少数股东则处于弱势地位，这不仅严重削弱了资本多数决本身所应发挥的积极功能，而且造成少数股东的合法权益无法得到有效保护，有违平等、公平、正义的法律价值观。为此，世界各国和地区的公司法律在确认资本多数决原则的同时，还通过多种有效途径来纠正和预防资本多数决原则的滥用。

一、累积投票制

（一）累积投票制的含义

累积投票（cumulative voting）制是指股东大会选举公司董事、监事时，每一股份拥有与应选董事或监事人数相同的表决权，股东拥有的表决权既可以分散使用，也可集中使用。

假设某股份有限公司有 3 位股东，A 股东所占的股份比例为 50%，B 股东有 30%的股份，C 股东持有 20%的股份，公司章程规定一共设置 3 位董事。在直接投票选举的情况下，A、B、C 3 名股东各提名 3 位候选人，根据票数多者入选的原则，由于 A 股东提名的 3 位候选人共获得 50 票，明显高于 B 和 C 股东的候选人，因此全部当选。

在累积投票制下，仍以上述某股份公司为例，假设 A、B、C 3 位股东持股比例不变，用累积投票方式选举 3 名董事。则 A 股东有 150 张选票，B 股东有 90 张选票，C 股东有 60 张选票。如此一来，B（或 C）股东至少能有 1 位候选人周某（65 票）可以进入董事会。这也意味着股东 B 和 C 共同推选的周某进入了董事会成为董事，见表 1：

表 1　累积投票方式选举董事

A 股东候选人	150 票	B 股东候选人	90 票	C 股东候选人	60 票
赵某	40	李某	50	周某	30
钱某	70	周某	35	郑某	20
孙某	40	吴某	5	王某	10

（二）累积投票制的立法模式

关于累积投票制，其立法模式可分为强制性累积投票制和许可性累积投票制两种。其中，许可性累积投票制又细分为选入式和选出式。所谓强制累积投票制模式，就是在法律中明确规定股东大会在进行董事、监事选举时必须适用累积投票制。这种模式是该制度刚引入公司法领域时开始适用的，包括最早开创先河的美国伊利诺伊州，就是采用了强制性规定适用的模式。许可性累积投票制度就是在法律没有明确规定时，由公司章程或者是内部决议来表明是否适用累积投票制。如果公司在其公司章程或附属章程中没有说明不适用或者是没有明确排除累积投票制的适用，就可以直接适用累积投票制，这种模式为选出式，美国的阿拉斯加州、华盛顿州等都适用选出式。如果法律规定只有在公司章程或附属章程中明确规定了适用累积投票制才能适用该制度，那么这种即为选入式，新泽西、纽约等州采用的是这种立法模式。

（三）累积投票制的优势与不足

累积投票制的优势主要表现在：

1. 使少数派股东进入董事会。累积投票制的应用可以为少数派股东候选人的入选提供更大的机会。因为每一股份所享有的是与应选董事总数相同的投票权，这就使少数派所持有的表决权基数得到翻倍的效果，一旦集中在一或两位候选人身上，选举成功的概率也会提高不少。

2. 资本多数决原则的有效补充。累积投票制的设计就是为了保障中小股东利益，帮助他们联合起来将自己的候选人选入董事会，防止大股东独揽大权，造成“一言堂”的局面，从而弥补资本多数决的些许不足。

3. 使董事会的组成兼顾各方利益。累积投票制的应用可以增加中小股东代表进入董事会的概率，这样董事会的组成就更加均衡，在董事会做出决议时也能接收到不同的建议，听到不同的声音，这也是公司治理民主化的体现。

4. 刺激中小股东的积极性。由于累积投票制的适用在一定程度上放大了中小股东的表决权，为中小股东的利益代言人进入董事会提供了更大可能，拓宽了中小股东参与公司经营管理的渠道，那么这必然会带动中小股东参与股东大会选举的积极性。

累积投票制的不足主要表现在：

1. 累积投票制可能不完全符合公司的整体利益。实行累积投票制主要是照顾了中小股东的利益，但中小股东的利益并不一定符合公司的整体利益。如果中小股东对公司的整体或长远发展实施掣肘，则将对公司的发展不利。

2. 累积投票制削弱了控制股东的控制力，挫伤其投资热情。在多数情况下，大股东特别是控股股东更关心公司的发展，但由于累积投票制的实施使中小股东有可能对大股东进行干扰，这必然会削弱其对公司的控制力，从而挫伤其投资热情。

3. 存在当选董事背叛中小股东的可能。一旦诚信度比较低的董事当选，其也可能会为了个人私利而不惜背叛中小股东，甚至利用个人权力损害公司利益。

4. 可能导致董事会矛盾的激化。有些反对派利益集团会将累积投票权作为他们争夺控制权的一个工具，从而导致董事会矛盾的激化。

（四）累积投票制在我国的适用

我国《公司法》第105条规定，股东大会选举董事、监事，可以依照公司章程的规定或者股东大会的决议，实行累积投票制。本法所称累积投票制，是指股东大会选举董事或者监事时，每一股份拥有与应选董事或者监事人数相同的表决权，股东拥有的表决权可以集中使用。中国证监会发布的《上市公司治理准则》第17条规定，董事、监事的选举，应当充分反映中小股东意见。股东大会在董事、监事选举中应当积极推行累积投票制。单一股东及其一致行动人拥有权益的股份比例在30%及以上的上市公司，应当采用累积投票制（即选出式）。采用累积投票制的上市公司应当在公司章程中规定实施细则。

累积投票制自2002年在《上市公司治理准则》中有所涉及以来，引进我国公司法领域已经20余年了，在我国上市公司中虽逐步进行推广应用，但并未引起相关领域重视。该制度法条规定内容太过简单，缺乏必要的前置程序以及后续保障，因此在应用方面也引发过疑惑和混乱，效果也并不算理想。“出席股东大会会议的股东人数偏少，绝大多数中小股东对股东大会会议采取了消极主义的态度，加上董事选举中采取等额选举、平均分配表决权的投票方式等因素相互交织，使累积投票制丧失了实际的效果。”[1]

---

[1] 钱玉林：《累积投票制的引入与实践——以上市公司为例的经验性观察》，载《法学研究》2013年第6期。

二、股东表决权排除制度

（一）表决权排除制度的概念

股东表决权排除制度，又有学者称之为股东表决权的排斥制度或者股东表决权的回避制度，通常是指“某股东与股东大会讨论的决议事项有特别利害关系、致有害于公司利益之虞时，该股东或其代理人不得就其所持股份行使表决权，也不得代理其他股东行使表决权”[1]。

（二）股东表决权排除制度的适用范围

1. 免除该股东对公司应承担的义务或者责任。例如免除股东的出资义务或者责任、与公司交易的违约责任、股东担任董事应承担的信义义务等，这种免除对公司不利但却会使得股东获利。

2. 公司对该股东主张或行使权利。在这种情形下，具有利害关系的股东参与表决会对股东大会的决议造成不正当影响。

3. 对公司与该股东之间的交易或协议进行表决。股东与公司进行买卖、借贷、担保、委托等交易时，二者之间存在着利益冲突，作为交易一方当事人的股东的表决权理应被排除，否则极有可能会使公司利益受损。

4. 对于该股东担任董监高的报酬事项进行表决。对于担任董事、监事或高级管理人员的股东，在决定其作为董事、监事或高管的报酬时，这种情形类似于股东与公司进行交易的情形。

（三）我国法律关于表决权排除的规定

我国《公司法》也对股东表决权排除制度作出了规定，但内容不全面。按照《公司法》第 16 条，在股东大会对于公司为公司股东提供担保进行表决时，具有利害关系的股东的表决权应被排除。除了公司法上述规定外，还有一些其他规范性文件对于关联交易的表决权排除作出了规定，如 2006 年中国证监会发布的《上市公司股东大会规则》（已失效）在第 31 条第 1 款中规定：“股东与股东大会拟审议事项有关联关系时，应当回避表决，其所持有表决权的股份不计入出席股东大会有表决权的股份总数”；2014 年 10 月中国证监会修订后发布的《上市公司章程指引》（已失效）中第 79 条也有同样的内容；

---

〔1〕 刘俊海：《股份有限公司股东权的保护》（修订本），法律出版社 2004 年版，第 507 页。

上海证券交易所于2014年修订的《上海证券交易所股票上市规则》（已失效）的第10.2.2条，以及深圳证券交易所于2014年修订的《深圳证券交易所股票上市规则》的第10.2.2条，均对于关联股东应当在上市公司股东大会审议关联交易事项时回避表决作出了明文规定。根据上述法规及规范性文件的内容，可以确定我国的公司法律已确立了股东表决权排除制度，但相关规定内容过于简单，而且股东表决权排除制度能够适用的事项范围也很小，明文规定的只有“股东大会对于公司为公司股东或者实际控制人提供担保进行表决”以及“股东与股东大会拟审议事项有关联关系”两种情形。

三、公司自有股份表决权限制

（一）公司自有股份表决权概述

公司对外发行股份后，股份作为一种有价证券可以自由流通、自由转让。由于各种原因，公司有可能通过收回、收买、收质三种方式直接或间接取得并持有自身发行在外的股份。公司自有股份主要是库藏股，即由公司购回但尚未注销的股份，还包括公司未发行的股份。各国公司法对于公司自有股份的取得和持有的立法模式主要有两种：一是原则允许，例外禁止；二是原则禁止，例外允许。[1]在符合法律规定的条件下，公司可以赎回或购买自己公司已发行的股份予以注销或作为库藏股持有。[2]

（二）我国关于公司自有股份表决权限制的规定

我国现行《公司法》在第142条中对于自有股份的取得和持有作出了较为详细的规定。公司在以下情形下可以取得本公司股份：①为减少公司注册资本；②与持有本公司股份的其他公司合并；③将股份奖励给本公司职工；④股东因对股东大会作出的公司合并、分立决议持异议，要求公司收购其股份；⑤将股份用于转换上市公司发行的可转换为股票的公司债券；⑥上市公司为维护公司价值及股东权益所必需。我国公司法律原则上也是不允许公司自有股份的取得，同时为避免因股票质押导致自有股份取得，我国《公司法》还禁止公司接受本公司的股票作为质押权的标的。由此可以看出，我国公司法律对于公司自有股份的取得和持有采用的依然是“原则禁止，例外允许”

[1] 廉恩臣：《上市公司股东表决机制研究》，对外经济贸易大学2016年博士学位论文。

[2] 葛伟军：《英国公司法要义》，法律出版社2014年版，第105页。

的立法模式。但与以前的公司法规定相比，公司自有股份取得和持有的法定事由明显增多，也呈现出放松限制的趋势。除此之外，《公司法》第142条还对公司持有的自有股份的处理规定了期限。例如，为减少注册资本而收购的股份应当自收购之日起10日内注销，因与其他公司合并而收购的自有股份或回购的异议股东的股份应当在6个月内转让或者注销，为奖励职工而收购的股份应当在3年内转让或注销，等等。

对于公司自有股份表决权的限制，我国现行《公司法》在第103条第1款中规定"公司持有的本公司股份没有表决权"。中国证监会2022年《上市公司股东大会规则》也在第31条第3款规定："公司持有自己的股份没有表决权，且该部分股份不计入出席股东大会有表决权的股份总数。"从这些规定可以看出，我国法律对于自有股份采取了与其他国家或地区基本相同的态度，即允许公司持有自有股份，但禁止持有自有股份行使表决权。

四、交叉持股表决权的限制

（一）交叉持股概述

交叉持股也即股东相互持股，是指两个或两个以上的公司，基于特定目的的考虑，互相持有对方所发行的股票，从而形成企业法人间相互投资的现象。

相互持股在增强企业实力、帮助企业发展规模经济、促进和加强公司之间的联盟、保持公司控制权及经营权的稳定、对抗外部的敌意收购、稳定或者提升公司的股价等方面都发挥了巨大的积极作用。但公司之间的相互持股存在着以下明显的弊端：会造成自己股份的辗转取得以及对公司法人人格独立性的毁损；[1]会产生虚增公司资本的负面效应；相互持股的公司之间容易通过联盟垄断市场、排斥竞争；弱化股东地位，造成内部人控制，扭曲公司正常的治理结构；还容易滋生操纵股价、内幕交易等违法行为，影响证券市场的良性运行。

（二）交叉持股表决权的法律规制

各国法律对母子公司或具有控制从属关系的公司之间交叉持股的规范，

〔1〕 甘培忠：《论公司相互持股的法律问题》，载《法制与社会发展》2002年第5期。

主要集中在对母子公司或控制从属关系的界定、是否允许子公司持有母公司的股份、子公司持有的母公司股份是否可以行使表决权等问题上。对非母子公司或不具有控制从属关系的公司之间交叉持股的法律规制，一般是以限制表决权的方式进行的。

我国公司法律对于相互持股的规定基本上还处于空白状态，而且对于相互持股股份的表决权没有任何限制性规定。

第四节　上市公司信息披露法律制度

一、上市公司信息披露法律制度的概念

上市公司信息披露法律制度是指上市公司及时将本公司的财务变化情况、日常的经营状况等相关信息严格按照法律规定的形式，向证券监督管理部门报告，并向社会公开从而接受社会公众的监督，同时便于投资者详细了解公司运营情况的制度。[1]

上市公司信息披露法律制度依照时间、内容、方式的不同，既包括发行前的披露，也包括上市后的持续信息公开，是一个持续动态的过程。[2] 发行信息披露是指发行人在首次上市发行时，需要将与发行相关的拟上市公司的所有信息及时公开，发行阶段重点披露的是招股说明书和上市公告书，而招股说明书的披露又是重中之重。持续信息披露是上市公司在发行成功后进行的披露。这一阶段主要是向投资者持续地公开自己的财务和经营状况，披露的具体形式为上市公司的定期报告和临时报告等。年度报告和中期报告构成了定期报告的主要形式，证券法明确规定了它的报告期限；临时报告是上市公司及时向投资者披露重大事项的重要途径，对于提高交易透明度，防范内幕交易行为具有重要意义。

---

〔1〕 赵威、孟翔：《证券信息披露标准比较研究：以"重大性"为主要视角》，中国政法大学出版社 2013 年版，第 15 页。

〔2〕 周友苏主编：《新证券法论》，法律出版社 2007 年版，第 367 页。

二、上市公司信息披露的原则

（一）真实性

投资者投资决策的正确性以其获得相关信息的真实性为前提条件，不误导且不遗漏重大信息也是为了信息的真实，[1]因此真实性是信息披露的根本原则，几乎成为信息披露制度的前提性假设。

（二）准确性

准确性是指公司披露信息时必须确切表明其含义，其内容与表述方式不得使人误解，强调的是信息发布者与信息接收者之间以及各个信息接收者之间对于同一信息在理解上的一致性。

（三）完整性

完整性指凡是实质上可能影响投资者判断证券投资价值的有关信息，应当全部记载于法定文件中并予以公开。判断披露信息是否完整需要从信息影响投资判断行为的角度，确定“重大性”信息的合理边界。

（四）及时性

信息的时间价值是信息价值的核心，披露过时的信息或者不及时的披露行为，有悖于信息内在的时效性质。及时披露可以使市场行情根据最新信息及时作出迅速调整，投资者也可以根据最新信息及行情变化作出理性选择，是解决生产经营连续性与信息披露间断性之间固有矛盾的必然要求。

（五）公平性

公平性是指当上市公司及其相关信息披露义务人发布未公开重大信息时，必须向所有投资者公开披露，以使其均可同时获悉同样的信息，是平等获取信息和信息平等观念的逻辑延伸。

三、上市公司信息披露法律关系

（一）信息披露权利主体

在信息披露法律关系中，权利主体是投资者。但由于投资者的专业能力、理解水平不尽相同，在公司通用目的的信息披露不能同时满足所有投资者信

〔1〕朱锦清：《证券法学》（第2版），北京大学出版社2007年版，第80页。

息需求的情况下，信息披露到底面向哪一类投资者就成为一个难题。信息披露理论为了解决这一问题，同时也是为了提供一个判断信息是否应当披露或者是否属于重大遗漏的主体标准，逐渐发展形成了“理性投资者”这一拟制主体。我国上市公司的信息披露若要达到有效状态，就必须正视我国证券市场以中小投资者为主的客观事实，这也是信息披露制度设计必须重视中小投资者的原因所在。

（二）信息披露义务主体

1. 上市公司。证券由公司发行，鉴于证券本身的特殊性，由公司提供完整充分的信息供投资者判断证券价值是必然要求。因此，公司是最主要的信息披露义务主体，披露义务贯穿于证券发行、流通等市场交易和运行活动的始终。

2. 公司控股股东、实际控制人。他们与投资者之间具有现实或潜在的利益冲突且又是具有信息优势的主体，实际上享有公司信息的垄断权力，掌握了大量的未公开信息，其相关行为是经过所有公开或未公开信息审慎衡量之后作出的。将公司控股股东或实际控制人明确为披露义务主体向其施加披露义务有利于投资者判断公司价值，也有利于提高公司整体的信息披露质量。

3. 大额股份持有人和收购方。鉴于证券供给与需求量的交易变化越来越成为影响证券价格变动的重要因素，披露信息开始包含了有关交易行为的信息，大额股份持有人和收购方逐渐被确立为信息披露义务主体。

4. 上市公司破产重整程序管理人。进入破产重整的上市公司在生产经营方面具有自身的特殊性，如管理人。此时信息披露就不同于正常运作的上市公司，但我国《企业破产法》和《证券法》均未对上市公司在重整程序中的特殊信息披露作出具体而明确的规定，目前仅是在沪深证券交易所的上市规则中予以规定。

（三）信息披露内容

关于上市公司信息披露内容的范围，美国证监会最早于1937年在披露规则中引入了“重大性”概念作为判断信息是否需要披露的标准。“重大性”标准之下披露的信息不但能够使投资者回答是否应当投资该证券的问题，而且还能够回答以什么价格投资该证券的问题，因此自其提出之后就备受重视并应用于信息披露实践之中。重大性信息是指有关特定公司的且是投资者进行基本面分析时所需要的信息。这种界定提供了一个投资者决策的逻辑性、客观性的分析框架，构成了强制信息披露制度建立的基础。具体而言重大信息主要包括以下三类内容：

第一，立法直接明确要求披露的信息。立法直接明确哪些内容需要披露，已经明确要求披露的事项一般而言默认为是重大性信息。

第二，监管机构要求披露的信息。监管机关基于一定范围内的弥补立法空缺的规范制定权而要求披露的内容，这些根据具体环境认为有必要进一步披露的信息也被视为符合重大性标准。

第三，司法机关要求披露的信息。司法机关基于个案反欺诈规则认定的披露信息必须披露，尽管强制披露的信息实际上并不都是重大的，但基于反欺诈规则要求披露的信息则必须是重大的。

四、上市公司强制性信息披露

（一）招股说明书

招股说明书是首发信息披露的核心文件，是临时性（一次性）的，主要目的是在促进资本形成和通过提高一级市场透明度而实现对投资者的保护之间取得平衡。招股说明书是上市项目中最关键的一个法律文件，是决定发行人和中介机构法律责任的基础和来源。因此，招股说明书的披露内容必须真实、准确和完整，否则要负相应的法律责任。我国《民法典》第473条明确以举例的方式规定招股说明书等的性质是要约邀请。

各国和地区的招股说明书内容大致包括概览、发行情况、发行人基本情况、风险因素、业务财务、管理层讨论与分析、公司治理、关联交易、募集资金使用等内容。由于法律文件传统和书写习惯等方面的原因，这些内容体现在篇章结构上有所不同，同样一个披露项目在不同国家和地区的招股说明书中的位置也不尽相同。我国上市公司信息披露存在篇幅冗长、合规信息披露过多过细、投资决策型信息的披露质量不高等问题。

（二）年度报告

年度报告是持续披露文件的重要载体，比较全面地涵盖了公司的重大事项。同时，各国证券法律都要求年度报告中的审计报告和财务报表需要会计师审计，还需要公司的有关人员签字保证年报披露信息的真实准确完整，因此可靠性程度较高，是影响投资者作出决策的重要披露文件，有效地促进了市场透明度及投资者保护。有权规制的法律有会计法、公司法及证券法。我国对年度报告规制的部门规章、规范性文件主要有《企业会计准则——基本准则》《上市公司信息披露管理办法》《公开发行证券的公司信息披露内容与格式准则第 2 号—年度报告的内容与格式（2021 年修订）》等。

（三）临时披露

我国《证券法》及《上市公司信息披露管理办法》是规范上市公司重大信息披露的重要法律渊源。但由于其规定多为原则性、抽象性的定义规范，所以证券交易所上市规则及其相关的指引规定了更为详尽且具体的重大信息项目，成为上市公司重大信息披露管理的重要依据。上市规则中规定上市公司应予披露的事项多达 14 类 100 余小项，[1]几乎已涵盖各国证券市场所规范之范畴，举凡上市公司之财务及投资信息、资产交易、法律事件、高管异动、股东会及股利分派情形、影响生产及营运之重要事件、董事会之重大决议事项、其他对证券价格或股东权益有影响之情形等均已涵盖在内，比国外证券市场所规范者更为广泛周延。

对于涉及保密性的重大合同披露问题，我国证券法应规定，依法披露的信息涉及国家秘密、商业秘密，披露可能违反国家保密法律法规或者损害公司利益的，可以申请豁免披露；申请豁免披露的，应当说明豁免披露事项、豁免披露理由和期限。依法应予披露的信息存在不确定性、属于临时性商业秘密，及时披露可能损害公司利益或者误导投资者的，可以申请暂缓披露；申请暂缓披露的，应当说明暂缓披露事项、暂缓披露理由和期限。

五、上市公司自愿性信息披露

上市公司自愿性披露信息是指除强制性披露的信息之外，上市公司基于提升公司形象、改善投资者关系、降低融资成本等目的主动披露的信息。[2]

自愿性信息揭露是公司主动对外发布的与公司有关的财务或非财务信息，

---

〔1〕 程茂军：《上市公司信息披露法律规制研究——以中小投资者信息需求为视角》，华东政法大学 2017 年博士学位论文。

〔2〕 See Improving Business Reporting：Insights Into Enhancing Voluntary is Closures，Steering Committee Report Business Reporting Research Project.

大多属于公司内部管理性信息，由公司管理层具体掌握和使用。自愿披露内容，可以分为如下几类：其一，财务信息，比如前 5 名客户名称和销售额、财务指标分析、按业务口径披露净利润等；其二，业务信息，比如盈利预测、关键业绩指标、对高管的考评机制等；其三，前瞻性信息，比如发展战略和经营计划等；其四，履行社会责任等其他信息。

目前自愿披露信息并未受到相关法律法规的规范管理，而且发布的信息无需经由独立第三方予以核查验证，主要由公司治理机制发挥监督把关作用，因此信息披露的弹性空间相当大。虽然公司自愿披露的信息不属于法定的披露内容，披露项目、披露时间、披露形式等诸方面未受到信息披露法规的严格规制，但其是公司总体信息披露的有机组成部分，除了要符合强制性信息披露的基本原则外，为了有效控制自愿信息披露的数量和内容，提高其信息披露质量，还应遵守相关披露标准。自愿性信息披露内容应当具有可靠性、完整性、关联性和持续性。

六、上市公司信息披露监管权

目前经过 20 余年的发展，我国基本建立了形式上较为完备的信息披露规则体系，证监会和证券交易所之间的信息披露监管权也已基本定型。

从信息披露的监管方式角度分析，首发上市、再融资及并购重组的披露文件由证监会设立的相应审核委员会以信息披露为中心进行审核；通过现场检查和非现场检查等方式，监督管理上市公司的持续披露情况；督促证券交易所通过非现场监管提高上市公司的信息披露质量。证券交易所对相关信息披露文件进行形式审核，对定期报告实行事前登记、事后审核，对临时报告依不同情况实行事前审核或事前登记、事后审核，督促其依法及时、准确地披露信息；申请证券上市交易的，审核公司的上市公告书；上市公司未在规定期限内披露年度报告和中期报告的，证券交易所按照上市规则予以处理。

七、上市公司信息披露民事责任制度

上市公司违规信息披露将产生侵权责任，其构成要件为：

第一，损害赔偿请求权人。一是在虚假陈述发生至披露期间买进证券而在披露之后卖出证券而致损失的投资者。二是在虚假陈述发生至披露期间买进证券并且因持续持有该证券而产生亏损的投资者。

第二，虚假陈述之行为客体。虚假陈述的行为客体，包括“招股说明书、财务会计报告、定期报告、临时报告以及其他信息披露资料”。

第三，虚假陈述之行为内容。上市公司信息披露虚假陈述的内容包括“虚假记载、误导性陈述或者重大遗漏”等三种情形，这三种情形可以统称为虚假陈述。

第四，责任主体及责任类型。现行《证券法》对民事责任主体及责任范围，规定得可谓细腻或谓复杂。在责任主体应负责任形态部分，可分为：严格责任，由发行人、上市公司承担；推定过错责任，由发行人、上市公司的董事、监事、高级管理人员和其他直接责任人员以及保荐人、承销的证券公司承担；过错责任，由发行人、上市公司的控股股东、实际控制人承担。在责任范围部分，规定连带赔偿责任，排除了比例责任的适用空间。

案例58：××大地违法披露信息案〔1〕

云南××大地生物科技股份有限公司（以下简称“××大地”）成立于1996年6月，2001年3月以整体变更方式设立为股份有限公司，2007年至2009年××大地3年累计虚增资产3.88亿元，虚增收入2.49亿元，××大地凭借违法信息披露上市后募集资金3.46亿元。

对于××大地虚增资产、虚增业务收入的行为，证监会的行政处罚是责令改正，给予警告，并处以60万元罚款；对11名责任人给予警告，并分别处以10万~30万元罚款，两名原××大地高管被市场禁入；××大地审计机构深圳某会计师事务所被撤销证券服务业务许可。

2013年2月7日，昆明市中级人民法院作出一审判决，认定××大地犯欺诈发行股票罪、伪造金融票证罪、故意销毁会计凭证罪，判处罚金1040万元；主要责任人被判处有期徒刑10年并处罚金，其他相关责任人也分别被判处6年至2年3个月不等的有期徒刑并处罚金。

根据××大地于2014年6月11日发布的《关于诉讼事项的公告》，截至

〔1〕 参见http://www.csrc.gov.cn/pub/zhejiang/zjmtbd/201308/t20130829_233186.htm，最后访问日期：2020年12月29日。

2014 年 6 月 11 日，昆明市中级人民法院已受理投资者提起的虚假陈述民事赔偿诉讼案件共计 57 件，索赔总标的额为 686 万元。

点评：上市公司如果违反法律法规规定，对披露信息存在虚假陈述，相关义务主体将承担民事赔偿责任、行政责任或刑事责任。

第五节　上市公司并购法律制度

参见第十章“公司并购法律制度”第二节“我国上市公司的收购制度”。

第六节　上市公司退市制度

一、上市公司退市的概念和意义

（一）上市公司退市的概念

上市公司的退市有广义和狭义两种，狭义的上市公司退市是指

被动退市（摘牌），即公司不符合上市条件和上市要求时，交易所、证监部门宣布该上市公司退出市场。广义的上市公司退市除了狭义的强制退市以外，还包括上市公司主动退市（申请退市），即在证券市场注册、挂牌的上市公司，主动向证券交易所申请撤回上市资格。

证券市场上长期存在的“只进不出”的现象至今依然严重。据统计，2001 年至 2016 年 15 年间平均每年只有 3.4 家公司退市。我国的证券市场退市率为 3%左右，这与美国从 1998 年至 2012 年股市共有 7769 家上市公司退市相差甚远。对比发达资本市场，美国的纳斯达克和纽交所退市率均为我国退市率的 2 倍以上，退市公司的数量与新股上市公司数量相当。以上两个交易所的退市公司中有近一半为主动退市。这与我国退市现状中绝大多数公司为强制退市形成鲜明的对比。[1]

（二）上市公司退市的意义

1. 完善的退市制度是证券市场可持续发展的基础。证券市场的市场化发

〔1〕 李文莉：《上市公司私有化的监管逻辑与路径选择》，载《中国法学》2016 年第 1 期。

展可通过灵活、适时地扩张、收缩以及自我协调和选择，实现动态化调整和管理，并在此基础上实现公司资金的优化配置。同时，完善的退市制度可有效引导市场资金逐渐转向符合市场发展形势的方向，因此其作用非常显著。

2. 完善的退市制度是公司中小投资者的保障。完善的退市制度可通过退市警示规则的落实，相关保险机制的执行，来保护广大中小投资者合法权益不受侵害。同时还可以在很大程度上有效减少市场虚假信息的出现、加强公司信息披露，最大限度地减小其对中小投资者造成的投资误导损失。

3. 完善的退市制度可实现市场资源的优化配置。如果将上市规则作为证券市场入市“门卫”，那么退市规则就是“过滤器”，可将不符合规定和要求的公司淘汰掉，以保证证券市场有限的资源能够高效配置，这对于确保我国证券市场的可持续发展，具有非常重要的促进作用。

二、上市公司退市的情形

（一）上市公司自愿退市的情形

上市公司自愿退市的情形主要有：

1. 公司的股票在相当长的时间内无法真实反映公司的业绩，为维护公司的信誉，并在保障公司可持续性获得盈利条件下，主动申请退市。

2. 公司在相当长的时间内无法获得市场盈利，甚至是在出现市场经营亏损的条件下，公司的股东与高管为防范公司被并购的风险而主动提出退市的申请。

3. 在公司处于被并购的阶段，通过并购的方式使得公司流通的股本数量和股权结构分布都无法达到上市的基本标准，在此条件下公司主动提出退市的申请。

4. 公司为降低生产经营的成本，或者摆脱公司所承担的一系列责任和义务，主动提出退市的申请。

5. 公司为集中在某一或多个目标性交易所上市，而主动摆脱一些非目标性交易所，其结果必然会导致主动申请退市的情形。

（二）上市公司强制退市的情形

我国法律关于上市公司强制退市制度的规范主要分布于《证券法》、《上海证券交易所股票上市规则》、《深圳证券交易所股票上市规则》、《上海证券交易所科创板股票上市规则》、《深圳证券交易所上市公司重大违法强制退市实施办法》、《关于改革完善并严格实施上市公司退市制度的若干意见》（已失效、以下简称《上市公司退市若干意见》）中，其具体规定可以归纳为以下四个方面：

1. 重大违法强制退市。为推动上市公司守法经营，确保资本市场健康发展，中国证监会和上海、深圳证券交易所对在证券市场内实施的重大信息披露违法、欺诈发行，以及在其他领域内实施的危害国家安全、公共安全、生态安全、生产安全和公众健康安全等行为的上市公司一经查实依法强制退市。

2. 交易类强制退市。为体现上市公司的公众性和流通性，证券交易所以连续一定时间内的股票收盘价格、成交量、股票市值、股权分布结构为考核标准，对丧失流通性、不具备公共持股条件的上市公司依法强制退市。

3. 财务类强制退市。为提高资本市场效率、提升上市公司盈利能力，证券交易所以上市公司在一定年度内的经营活动产生的净利润、净资产、营业收入等财务指标为考核依据，对经营管理效率低下、丧失收益性的上市公司依法强制退市。

4. 规范类强制退市。为规范上市公司管理秩序、依法保障上市公司的信息公开透明，证券交易所对不能按时披露财务信息报告，财务信息质量不符合要求等行为制定了严格的规范，对不能保证财务信息质量的上市公司依法强制退市。

三、上市公司退市的程序

1. 风险预警阶段。证券监管部门对存在风险的上市公司实行“退市风险警示”，并对该公司的股票标记“＊ST”。在这一阶段，受到警示的企业股票的日报价的涨幅与跌幅限制在±5%的范围之内。

2. 暂停上市阶段。根据国家相关法规和交易所的相关规定，证券监管部门和股票交易所暂停上市公司自由发行股票进行交易的资格。2014 年《证券法》第 55 条规定，上市公司有下列情形之一的，由证券交易所决定暂停其股票上市交易：公司股本总额、股权分布等发生变化不再具备上市条件；公司不按照规定公开其财务状况，或者对财务会计报告作虚假记载，可能误导投资者；公司有重大违法行为；公司最近 3 年连续亏损；证券交易所上市规则规定的其他情形。我国 2019 年《证券法》已经废止了暂停上市交易程序。

3. 终止上市阶段。终止上市就是指证券监管部门和交易所对上市公司采取终止股票上市交易的处罚措施。2014 年《证券法》第 56 条规定，上市公司有下列情形之一的，由证券交易所决定终止其股票上市交易：公司股本总额、股权分布等发生变化不再具备上市条件，在证券交易所规定的期限内仍不能达到上市条件；公司不按照规定公开其财务状况，或者对财务会计报告作虚假记载，且拒绝纠正；公司最近 3 年连续亏损，在其后 1 个年度内未能恢复盈利；公司解散或者被宣告破产；证券交易所上市规则规定的其他情形。2019 年《证券法》则将终止上市交易的决定权授予了证券交易所。

案例59：××生物强制退市案[1]

2019 年 10 月 8 日，深圳证券交易所在官网发布关于××生物股票终止上市的公告。公告显示，因××生物触及《深圳证券交易所上市公司重大违法强制退市实施办法》第 2 条、第 5 条规定的重大违法强制退市情形，深圳证券交易所于 2019 年 1 月 14 日作出对公司股票实施重大违法强制退市的决定。公司股票自 2019 年 3 月 15 日起暂停上市。此外，自 2019 年 10 月 16 日起进入退市整理期，退市整理期届满的次一交易日，将对公司股票予以摘牌。

××生物终止上市前情回顾：

1. 疫苗事件。2014 年 4 月起，××生物在生产狂犬病疫苗过程中严重违反药品生产质量管理规范和国家药品标准的有关规定，其有的批次混入过期原液、不如实填写日期和批号、部分批次向后标示生产日期。

2018 年 7 月 15 日，国家药监局组织对××生物公司开展飞行检查，发现该企业冻干人用狂犬病疫苗生产存在记录造假等严重违反《药品生产质量管理规范》的行为。国家药监局已要求吉林省药监局收回该企业《药品 GMP 证书》，责令停止狂犬疫苗的生产，责令企业严格落实主体责任，全面排查风险隐患，主动采取控制措施，确保公众用药安全。

2. 销售贿案。除了引人关注的疫苗事件以外，销售贿案也成了决定××生

〔1〕 参见 http://www.cs.com.cn/tj/04/02/201912/t20191211_6007267.html，最后访问日期：2021 年 1 月 3 日。

物终止上市的因素之一。整理裁判文书网上已公开的文件发现，据不完全统计，在过去10多年中长春××及其母公司××生物至少涉入了12起受（行）贿案。这12起案件集中发生在安徽、河南、福建、广东四省，案情多为该公司销售人员或者地方经销商向当地负责疫苗采购的相关人员提供好处费、推广费、回扣款，以获得疫苗的优先采购或更大的采购份额。

3. 立案调查。经查，××生物存在以下违法事实：一是未按规定披露问题疫苗不符合标准以及停产和召回的相关信息；二是披露子公司产品有关情况的公告存在误导性陈述及重大遗漏；三是未披露被吉林省药监局调查的信息；四是违规披露狂犬疫苗GMP证书失效致主业停产以及该证书重新获取的情况；五是披露的2015年至2017年年报及内部控制自我评价报告存在虚假记载。

4. 行政处罚。2018年10月16日，国家药监局和吉林省药监局分别对长春××公司作出多项行政处罚，其中包括：撤销涉案产品生物制品批签发合格证，并处罚款1203万元；吊销其《药品生产许可证》；没收违法生产的疫苗、违法所得18.9亿元，处违法生产、销售货值金额3倍罚款72.1亿元，罚没款共计91亿元；对涉案的高某某等14名直接负责的主管人员和其他直接责任人员依法作出不得从事药品生产经营活动的行政处罚。涉嫌犯罪的，由司法机关依法追究刑事责任。

点评：××生物作为上市公司存在多项重大违法行为，如严重违反国家药品管理规定，产品存在严重质量问题；在生产经营过程中存在行贿违法行为；不按规定披露公司重大信息等。证券交易所为了维护公共安全和交易秩序，依法强制对其摘牌，从而使其强制退市。

四、上市公司主动退市与中小投资者权利保护

（一）上市公司主动退市中的决策

《公司法》并没有对上市公司在符合上市相关要求前提下，主动撤回上市这一情形的股东决议作出规定，但根据《公司法》第103条第2款的规定，股份有限公司作出的公司合并、解散的决议，必须经过出席股东大会的股东所持有的表决权的2/3以上通过。中国证监会2014年颁布施行的《上市公司

退市若干意见》（已失效）规定，上市公司拟决定其股票不再在交易所交易，或者转而申请在其他交易场所交易或者转让的，应当召开股东大会作出决议，须经出席会议的股东所持表决权的2/3以上通过，并须经出席会议的中小股东所持表决权的2/3以上通过。沪深交易所的股票上市规则进一步要求，上述股东大会作出的决议除了必须经过出席会议的股东所持有表决权的2/3以上通过之外，还必须经过出席股东大会的除去“上市公司的董事、监事、高级管理人员及单独或者合计持有上市公司5%以上股份的股东”之外的其他股东所持表决权的2/3以上通过。

（二）上市公司主动退市中的信息披露

中国证监会《上市公司退市若干意见》要求以主动撤回上市方式退市的上市公司应当在召开股东大会之前，充分披露上市公司主动退市的原因以及发展战略等。《上市公司退市若干意见》明确指出，沪深交易所应当根据《证券法》以及相关的配套监管法规，有针对性地对主动退市的上市公司信息披露规则进行完善。在上市公司退市之前，上市公司必须及时、完整、准确地持续披露该上市公司股票可能暂停或终止上市的相关提示性公告。沪深两市的股票上市规则还规定，上市公司主动退市的，应当提交上市公司董事会关于申请主动退市的董事会决议、召开股东大会会议的通知、上市公司的独立董事意见、财务顾问意见、主动退市的预案。主动退市的预案包括但不限于：上市公司主动退市的原因、主动退市的方式、主动退市后公司是否存在其他的并购重组安排及其他经营发展计划、是否存在重新上市安排或者代办股份转让安排、对异议股东的保护措施等。除上述规定外，上市公司主动退市过程中涉及收购、重组的，应当按照相应的监管规则进行信息披露。

（三）上市公司主动退市中的异议股东保护

2014年中国证监会颁布的《上市公司退市若干意见》中，要求主动退市的上市公司应当在其公司章程中对异议股东的现金选择权、回购请求权作出安排。

第七节 上市公司股份回购法律制度

一、上市公司股份回购概述

上市公司股份回购，指上市公司根据法律规定购回本公司已经发行的股份，并将回购的股份予以库存或注销的法律行为。股份回购制度在很多情况下发挥着巨大的作用，它能够保障公司平稳运行，是一项必不可少的资本运作工具。股份回购对于上市公司优化资本结构、实现股价回归、防御敌意收购、实现员工持股、保护异议股东权益具有重要作用。但上市公司股份回购也可能被少数人所滥用，从而损害广大债权人、中小股东的利益，因此对上市公司股份回购必须予以合理规制。

二、上市公司股份回购的方式

就上市公司股份回购的方式而言，在我国法律中，只存在公开市场回购、要约回购和协议回购这三种方式。

1. 要约回购。要约回购是指上市公司以公开要约的形式在股票交易市场向不特定投资者以一定价格收购一定数量的股份。不确定的所有的股东均可以通过接受要约的方式与回购主体达成回购意思表示合意。根据收购价格确定的先后，通常又可以将要约回购具体分为固定价格要约回购和荷兰式拍卖回购。

2. 协议回购。协议回购是指上市公司向特定股东就其所持有一定数量的股份以协议约定的价格达成回购协议的回购方式。其中协议约定了回购的数量、价格、交付时间、交易方式等基本事项，该种方式在回购对象、回购价格等方面更具有弹性，上市公司作为回购主体可以依据谈判来确定对象及价格。但是根据上市公司公开性的要求，这种方式可能成为公司违反股东平等原则甚至串通侵害中小股东利益的手段。也是因为这个原因，该种回购方式在发达资本市场较少出现。

3. 公开市场回购。公开市场回购是上市公司作为证券交易市场公开交易的投资者参与本公司股份的投资行为，按照公开市场价格公开地购买股份。

三、我国上市公司股份回购法律规范

对于股份回购，有两个主要的立法模式：第一个是以德国为代表的“原则禁止，例外许可”的立法模式（以下简称“德国模式”）。第二个是以美国为代表的“原则允许，例外禁止”的立法模式（以下简称“美国模式”）。[1]

---

〔1〕 韩永斌：《中国上市公司定向回购：动因、行为模式、财务绩效》，经济科学出版社 2015 年版，第 140 页。

我国的立法模式应该属于德国模式。我国《公司法》第142条规定，公司不得收购本公司股份。但是，有下列情形之一的除外：减少公司注册资本；与持有本公司股份的其他公司合并；将股份用于员工持股计划或者股权激励；股东因对股东大会作出的公司合并、分立决议持异议，要求公司收购其股份；将股份用于转换上市公司发行的可转换为股票的公司债券；上市公司为维护公司价值及股东权益所必需。因上述第3项、第5项和第6项情形收购本公司股份的，公司合计持有的本公司股份数不得超过本公司已发行股份总额的10%，并应当在3年内转让或者注销。

此外，中国证监会发布了一系列上市公司股份回购的部门规范性文件，包括2005年发布的《上市公司回购社会公众股份管理办法（试行）》（已失效）、2008年发布的《关于上市公司以集中竞价交易方式回购股份的补充规定》（已失效）、2015年证监会、财政部、国资委、银监会发布的《关于鼓励上市公司兼并重组、现金分红及回购股份的通知》、2018年发布的《关于支持上市公司回购股份的意见》等。2019年1月，沪深交易所分别发布《上海证券交易所上市公司回购股份实施细则》（已失效）、《深圳证券交易所上市公司回购股份实施细则》（已失效），对回购主体限制、回购事由、回购决策流程、回购资金来源、回购股份处置、强化信披、限制减持等进行了具体规定。

案例60：上市公司回购股份用于股权激励或员工持股[1]

2021年1月5日，××科技发布公告称，公司以集中竞价交易的方式回购本公司股份，回购金额上限1190万元、回购价格上限19元/股，回购期限不超过12个月，回购的股份将用于实施股权激励计划或员工持股计划。本次回购股份的种类为公司发行的境内上市人民币普通股（A股），预计本次回购股份52.63万股至62.63万股，占公司目前总股本的比例约为0.12%至0.14%。

点评：上市公司为了实施股权激励计划或员工持股计划，可以依法回购本公司已经发行的股份，但其回购总额不得超过本公司已经发行股份的10%，并应在回购完成3年内转让或注销。

---

〔1〕 参见 http://stock.hexun.com/2021-01-05/202765555.html，最后访问日期：2021年1月7日。

第八节　上市公司股权质押法律制度

一、上市公司股权质押的概念

上市公司股权质押指的是债务人将自己持有的上市公司股权作为质押标的物的权利质押。出质人可以是作为融资一方的债务人，也可以是债务人之外的第三人。上市公司股权质押的核心是标的股权在质押过程中赋予质权人支配其交换价值的权利，从而使质权人能够优先获得债务清偿。

根据我国《民法典》第440条的规定，债务人或者第三人有权处分的股权可以出质。2013年5月下旬《股票质押式回购交易及登记结算业务办法（试行）》（上证会字〔2013〕55号，已失效）问世，这是由上海证券交易所和中国证券登记结算有限责任公司共同发布的，自此我国的股权质押开始了新的纪元。

截至2019年11月底，我国A股市场整体股票质押的数量为5 924.29亿股，规模为4.4万亿元。2015年1月至2018年11月，全市场股票质押数量按照算术平均值计算，以月均2.35%的速度增长。截至2020年2月初，A股质押总比率达7.94%，质押规模达4.54万亿。[1]上市公司股东股权质押行为在我国屡见不鲜，已经成为一种很受青睐的融资手段。

二、上市公司股权作为质押标的的适格性

根据我国《民法典》第440条的规定，依法可以转让的股份、股票可以质押。推而论之，上市公司不可以依法转让的股份不能质押。

目前，理论界和实践中对于股权能否质押已经达成共识，即可以依法转让的股权能够成为质押的标的。但是，作为质押标的的股权究竟是股权中的自益权部分还是共益权部分或者两者兼具？这一问题尚存在争议。本文认为，股份的出质不影响出质人依法行使共益权，如表决权。当然如果出质人违法行使共益权危害质权人的优先受偿权，质权人可以进行合同的保全，实施撤销权或代位权。一些特殊类型的股份质押值得研究。

---

〔1〕李焕英：《上市公司股票质押融资问题研究》，载《中国集体经济》2020年第26期。

（一）限售股质押的问题

我国证券市场上的限售股，主要包括以下几种类型。由于其在市场上不能转让，所以特定主体在特定时间内的股份不能办理质押。

1. 发起人持有的公司股份以及公司公开发行前已发行的股份。《公司法》第 141 条第 1 款规定，发起人持有的本公司股份，自公司成立之日起 1 年内不得转让。公司公开发行股份前已发行的股份，自公司股票在证券交易所上市交易之日起 1 年内不得转让。

2. 公司董监高人员的股份。《公司法》第 141 条第 2 款规定，公司董事、监事、高级管理人员应当向公司申报所持有的本公司的股份及其变动情况，在任职期间每年转让的股份不得超过其所持有本公司股份总数的 25%；所持本公司股份自公司股票上市交易之日起 1 年内不得转让。上述人员离职后半年内，不得转让其所持有的本公司股份。公司章程可以对公司董事、监事、高级管理人员转让其所持有的本公司股份作出其他限制性规定。

3. 向特定对象未公开发行的股票。也就是定向增发的限售股，在发行之日起 1 年内持股人不可以对其进行转让。

4. 控股股东和实际控制人承诺的限售股。从《深圳证券交易所股票上市规则》得知，公司发行人向深圳证券交易所第一次提交公开发行股票申请书时，控股股东和实际控制人需要作出相应的承诺，承诺的内容应该包含：公司股票发行当日起 3 年内，不进行转让公司股票公开发行之前的股票，也不可以委托其他人进行管理，当然发行人回购这些股票也是被禁止的。上海证券交易所也作出了相似的规定。

5. 上市公司收购产生的限售股。根据《证券法》和《上市公司收购管理办法》，如果上市公司出现收购现象，公司股票被收购的 1 个月内，收购人不可以对其进行转让。

6. 因股权分置改革产生的限售股。为解决非流通股与流通股并存的股权分置问题，证监会于 2005 年启动了股权分置改革。2005 年 9 月 4 日证监会出台了《上市公司股权分置改革管理办法》，在办法中规定：一些原非流通股的出售在改革方案出台一年以后才可以进行正常交易。经过规定时间后，持有公司股份 5%以上的原非流通股东可以对股权进行转让，但是必须到正规的证券交易所进行出售，在一年内该股东转让的股份必须控制在公司总股份的 5%

以内，2年内不能超过10%。

我国大多数学者主张不可转让的限售股不能进行质押，但也有少数学者认为不可转让的限售股也可以进行质押，只是在限售股质押的情况下，质权人的质权行使也要受制于质押股权的限售期，但质权的效力与担保权能不应该受此影响。

（二）上市公司能否接受本公司的股票作为质押标的

各国法律对于公司能否接受本公司股权出质有不同的规定，日本、德国的法律规定在一定的条件下公司可以接受本公司股权出质。[1]但是在我国，公司必须遵守资本维持原则的规定，所以我国《公司法》第142条第5款规定公司不得接受本公司的股票作为质押权的标的。《外商投资企业投资者股权变更的若干规定》（已失效）第6条第1款规定投资者不得将其股权质押给本企业。上述规定都明令禁止接受本公司股权质押。因为如果允许接受本公司股权出质，当债务到期未清偿需实现质权时，债务人以公司股权抵债，公司接受之后实质上减少了公司的出资，有抽逃出资的嫌疑，将损害其他债权人的利益。因此，我国法律明文禁止公司接受本公司股权作为质押权的标的。

（三）上市公司国有股质押的问题

国有股权是一种具有中国特色的股权种类。它是指以国有企业为主体的由国家作为持股人所享有的股份。我国现阶段的国有企业改革和转型情况十分复杂，对于这种情况出台了大量的法律、法规及政策性规定。如果国有股权质押受到很多层面的约束，质押过程会十分烦琐和复杂。我国的国有股份主要包括国有法人股和国家股。根据《股份有限公司国有股权管理暂行办法》（1994年11月3日国家国有资产管理局、国家体改委发布，已失效）第2条的相关规定，国有企事业和相关单位持有的股份为国有法人股，而国有资产管理部门持有的股份为国有股。为防止国有资产的流失，国有股权的转让必须经国有资产管理主管部门批准，并且严格按照程序进行。为了进一步增强可操作性，细化国有股权出质的程序，2001年财政部发布了《关于上市公司国有股质押有关问题的通知》规定：其一，只能为本公司及其全资或控股的子公司提供质押；其二，出质股权不得超过其所持有该上市公司国有股总额

〔1〕 参见日本《商法》第210条、德国《有限责任公司法》第33条。

的50%；其三，必须经董事会（不设董事会的由总经理办公会）审议决定；其四，股权质押所获贷款资金，应当按照规定的用途使用，不得用于买卖股票；其五，报省级以上财政主管机关备案，并到证券登记结算机构办理登记手续；其六，按照有关规定履行信息披露的义务；其七，只能通过法定的方式和程序将国有股权变现后清偿，不得将国有股权直接过户给质权人。从该规定可以看出，我国对国有股权质押设置了较多的限制，具有浓重的行政审批色彩。

三、股权质押的设立

当事人通过订立股权质押合同、履行一定的交付或登记程序设立质权。股权质押合同，是指债权人与债务人或者第三人就股权出质担保债权所达成的协议，它是股权质押产生的前提条件。股权质押合同的性质属于诺成性合同还是实践性合同，事关合同成立与生效的时间。根据我国《最高人民法院关于适用〈中华人民共和国担保法〉若干问题的解释》（已失效，以下简称《担保法司法解释》）第103条的规定，股份公司股份质押合同为实践性合同。

四、股权质押的生效

我国《民法典》第443条第1款规定，以基金份额、股权出质的，质权自办理出质登记时设立。在这里所讨论的是股份公司的股权质押，而关于有限责任公司的股权质押生效要件一般准用股权转让之规定。

第一，无记名股票质押的生效要件。无记名股票因从票面本身不能区分所有者，通常情况下与普通动产一样，以“持有”来界定权利的享有。故以无记名股票出质时，当事人双方基于出质之合意而实际交付了股票于质权人持有，便发挥出质的效力，并实际产生公示的效果。

第二，记名股票质押的生效要件。记名股票因从票面本身可明显地判断所有人，不能以简单的“持有”来明确权利的归属，故出质时不同于无记名证券的出质规定。对此，各国立法的规定不尽相同。根据我国《担保法司法解释》第103条的规定，以股份有限公司的股份出质的，适用《公司法》有关股份转让的规定。以上市公司的股份出质的，质押合同自股份出质向证券登记机构办理出质登记之日起生效。以非上市公司的股份出质的，质押合同自股份出质记载于股东名册之日起生效。该司法解释虽已失效，但股票质押生效背后的法理并没有发生改变。

五、股权质押的效力

（一）股权质押所担保的债权范围

关于股权质押在法律上的债权范围，我国现行法上并无明确的规定，但依照《担保法》第67条、第81条的规定，可以推知，股权质押的担保范围包括以下几部分：主债权、利息、违约金、损害赔偿金、实现质权的费用等。

（二）股权质押对质物的效力

当债务人未能清偿债务时，债权人可以依法律规定直接变价拍卖质物来实现其价值，从而使债权得以实现，另有约定的除外。所以，股权质押对于质物的效力范围，基本上包括：①质物，即本文中的股权。②孳息，是指由设质股权产生的相关利益，包括股息、红利等。

（三）质权人的权利和义务

1. 质权人的权利。

（1）优先受偿权。所谓的优先受偿权，是指当债务已经过清偿期而未能得以清偿时，质权人可以依其享有的股权质权将质物变卖、拍卖或折价，以所得金额优先受偿的权利。

（2）法定孳息收取权。法定孳息是指由于利息、租金等法律关系得到的相关收益。[1]质权人可以收取股权的法定孳息。

（3）物上代位权。物上代位权是指当出质的股权灭失时，质权及于因此而得到的赔偿金或代替物上。

（4）转质权。根据《担保法司法解释》第94条的规定，质权人在质权存续期间，为担保自己的债务，经出质人同意，以其所占有的质物为第三人设定质权的，应当在原质权所担保的债权范围之内，超过的部分不具有优先受偿的效力。转质权的效力优于原质权。质权人在质权存续期间，未经出质人同意，为担保自己的债务，在其所占有的质物上为第三人设定质权的无效。质权人对因转质而发生的损害承担赔偿责任。

---

〔1〕梁慧星：《民法总论》，法律出版社1996年版，第88~89页。

（5）质权保全权。质权保全权是指质物即将被损坏或者价值骤减，足以侵害到质权人的合法权益时，质权人有权预先处分质押物，并以所得的价金提前清偿债权或交第三人提存。

2. 质权人的义务。债务人在履行期届满时清偿债务，或出质人提前清偿担保债权的，质权人应该返还质物给出质人。当债权人未受清偿时，与出质人协商后，可将质物依法拍卖、变卖，所得价款用来清偿债务，超出债权的部分归质权人所有，不足的部分再由债务人偿还。

（四）出质人的权利义务

1. 出质人的权利。

（1）出席会议权和表决权。股权的设质是不能剥夺出质人基于股东资格所享有的权利的，出质人可以凭借股东名册及设质登记证明其股东身份，因此，出质人仍有权出席股东会议并参与决议。[1]

（2）新股优先认购权。对新股的优先认购权作为股权中的一项财产性权利，是股东因其地位而在法律上享有的一个特殊权利，也是股权的诸多权能中的一个重要权能，只有股东才能享有。因此，即使是在股权出质期间，新股优先认购权也并不会随之而发生转移。

（3）余额返还请求权。若实现质权后仍有余款的，债权人负有交付余款于债务人，而不能一同占有的义务，这种义务与权利是相对应的，即出质人有权利对剩余款项提出余额返还请求权。

2. 出质人的义务。

（1）股权处分权的限制。股票出质以后，非经双方当事人协商同意不能发生转让；且出质人因转让股票所得价金应该用来清偿债务或向相关的第三人提存。

（2）保全出质股权。若股权的市场价值发生骤降或明显可能减少时，出质人应负责保全质物的价值。非因质权人之故而出现质物损坏或价值明显减少时，出质人应提供相应的担保来保证质权人的权利。若出质人不予提供的，质权人可以通过拍卖、变卖质物取得的价款提前清偿债权或向合同中约定的第三人提存。

---

〔1〕 史尚宽：《物权法论》，中国政法大学出版社2000年版，第413页。

案例61：××视频网控股股东股份质押案[1]

2011年××视频网大股东贾某亭姐弟第一次质押股票进行融资，贾某芳将其持有的××视频网股票1100万股质押给××国际信托，占其个人名下股票的79.5%（占总股本的5%）。2011年9月15日，贾某亭将其持有的××视频网股票2200万股质押给××国际信托，占其个人名下股票的21.4%（占总股本的10%）。同年11月，贾某亭再次将自己拥有的21.4%股票进行质押，质押股为2200万股，在当时贾某亭名下质押的股票在所拥有股票中占据的比例达到42.73%。根据推测，贾某亭姐弟利用××视频网中25%的股权所融得的资金为IPO募集金额的2倍。

从2013年开始，贾家姐弟进行的股票质押活动在次数上有所增加，2013年和2014年两年间，其开展的质押次数达到28次，同时进行了15次质押解押。至2013年4月8日，贾某亭个人名下83.98%的股票已被质押，达到近2年来贾某亭质押个人名下股票的高峰，这些股票占上市公司总股本的39.32%。

截至2015年1月13日，贾某亭作为最大控股股东，其持有公司股票在本公司股本中所占据的比重为44.21%，质押股数占贾某亭持有的××视频网股票的比重达到78.01%，对于××视频网来说，这些股本所对应的比重为34.49%。

点评：上市公司股权质押易引发道德风险，大股东能够利用自身所持有的股权，通过质押活动来为自身进行融资，这种行为被我们称为“二次圈钱”。如大股东违法进行关联交易，将股权质押所获资金投资高风险项目，从而损害中小股东及公司债权人利益，这样股权质押会引发掏空上市公司的风险。因为股权价值是一个经常处于变化中、不稳定的预期值，对质权人而言，预期价值常常会与实际状况相背离，质权人经常会承担债权得不到充足担保的风险。另外从股权质押属性出发，股权质押在获得资金的同时，也带来了出质股权转让的风险，一旦控股股东无法偿还质押借款及利息，被质押的股权就会被质权人拍卖，进而导致上市公司的控制权从控股股东转移到其他方。为了降低自己承受的风险，难保面临资金短缺的控股股东不利用其控股地位从上市公司攫取控制权私利。

---

[1] 孔春燕：《上市公司股权质押法律问题研究》，中国政法大学2015年硕士学位论文。

第十四章

Chapter 14

公司的解散

第一节　公司解散概述

一、公司解散的概念和特征

公司解散是指已经成立的公司，基于一定事由的发生，公司的人格发生消灭。[1]公司解散有以下法律特征：

1. 公司解散是公司法人终止的原因。公司解散只是公司法人人格发生消灭的原因，其并不立即导致公司法人资格的消灭。由于一定的解散原因发生后，公司的营业上的权利能力丧失，但其法人资格仍然存在。

2. 公司解散必须基于一定的事由。公司的解散一般可能有两种事由，即自愿解散事由和强制解散事由。

3. 公司解散既是一种行为，也是一种程序。解散公司行为的性质比较复杂，既可能是公司行为，也可能是立法行为，还可能是行政行为或司法行为。同时无论是自愿解散还是强制解散，都必须遵守法定程序。如自愿解散必须经股东多数同意，行政解散必须遵守一定行政程序，司法解散必须遵守一定的司法程序。

二、公司解散与公司终止

公司终止，是指公司由于出现法定或约定事由，导致其法人资格依法消灭的状态。公司终止，意味着公司组织结构解散、现存事务了结、资产处于清算之中。

---

〔1〕 施天涛：《公司法论》（第4版），法律出版社2018年版，第589页。

一般情况下，公司终止的原因有：由公司的设立人或者原始股东，在公司设立后未开展营业或没有发行任何股份的情况下终止公司；由董事会向股东会提议终止公司，董事会可基于公司现状，结合相关法律、法规的规定，向其股东会提议终止公司；公司章程所规定的经营期限届满；公司依法被吊销营业执照；公司依法被责令关闭或者被撤销；公司出现僵局被司法解散；因公司合并或者分立需要解散；公司依法申请破产清算；公司债权人申请清算公司。

需要说明的是，企业法人被吊销营业执照后至被注销登记前，其法人资格仍然存在，可以以自己的名义进行诉讼活动。如果该企业组成人员下落不明，无法通知参加诉讼，债权人以被吊销营业执照的开办单位为被告起诉的，人民法院也应予以准许。

第二节　自愿解散

一、自愿解散的概念

自愿解散是指公司基于自己的意志而解散公司。自愿解散公司的情形一般包括基于公司章程的规定或者股东会的决议。自愿解散体现的是公司自己的意志，也即是公司多数股东乃至全部股东的意志，它与基于法律强制而导致的公司解散在解散程序上有许多不同。

二、自愿解散的情形

（一）公司章程规定的事由发生

根据《公司法》第180条第1项的规定，公司章程规定的营业期限届满或者公司章程规定的其他解散事由出现时，公司解散。

如果公司章程规定的营业期限届满，而大多数股东没有继续经营的意愿，则公司可以决定解散公司。现代公司实践中，公司章程往往并不规定经营期限，但如果规定了营业期限，则当营业期限届满时公司将被解散。

公司法上的其他解散事由也可以由公司章程预先作出明确规定。这些解散事由包括公司所经营的事业已经成就或者所经营的事业在法律上或者在事实上无法成就。

案例62：公司章程约定的解散事由出现，股东可以请求解散公司[1]

在陈某勇诉××机电发展有限公司解散公司案中，原告陈某勇诉称他与被告就公司发展方向、经营管理等产生较大分歧，公司业务难以开展。根据公司章程规定，股东中任何一方要求解散公司的，公司可以解散。为避免公司的经营给原告带来更大的损失，请求法院判令公司解散。被告辩称解散公司不应只依照公司章程的规定，还应符合《公司法》第182条规定的3项条件，即公司经营管理发生严重困难，继续存续会使股东利益受到重大损失，通过其他途径不能解决。而现在这些条件并未成就，故请求法院驳回原告的诉讼请求。一审法院认为，根据××机电公司章程第28条第2款规定，股东任何一方要求解散公司的，公司可以解散，故××机电公司章程规定公司解散事由已出现，陈某勇据此要求解散公司，符合法律规定。

点评：如果股东在公司章程中约定了公司的解散事由，则当该解散事由出现时，任何一方不愿意继续经营的股东均可要求解散公司。如果股东之间对于是否解散公司不能达成协商一致意见，则法院可依法裁决解散公司。

（二）股东会决议解散

公司是继续经营还是终止存在，公司可以自己决定。公司可以通过召开股东会的方式决定公司是否解散。根据《公司法》第43条第2款的规定，股东会会议作出公司解散的决议，必须经代表2/3以上表决权的股东通过。根据该法第103条第2款的规定，股份有限公司股东大会作出公司解散的决议，必须经出席会议的股东所持表决权的2/3以上通过。对于国有独资公司，《公司法》第66条第1款规定，国有独资公司的解散必须由国资监管机构决定，其中重要的国有独资公司合并、分立、解散、申请破产的，应当由国资监管机构审核后，报本级人民政府批准。另外一人有限公司的股东及外商投资公司董事会决议也可以解散公司。

---

[1] 参见江苏省南京市白下区人民法院（2006）白民二初字第328号民事判决书。

案例63：有效的股东会决议可以决定解散公司〔1〕

在王某桦诉××科技有限公司解散公司纠纷案中，王某桦于2008年8月25日向江门鹤山市人民法院起诉，认为伍某某等5位第三人长期采用暴力方式非法独自占领公司，公司的决策机构和经营机构完全陷于瘫痪，公司股东、董事之间长期冲突，且无法通过股东会解决，公司的经营管理发生严重困难，公司的存续将会使股东的利益受到重大损失，为此请法院判决解散公司。一审法院认为，王某桦向法院提供的证据证明，××科技有限公司股东名册中有21名股东，而2008年8月8日的股东大会到会股东16人，占公司88.4%的股份，股东会已作出决议“解散公司”。由于公司已经解散，故裁定，对王某桦的起诉，不予受理。王某桦不服一审裁定，向江门市中级人民法院上诉。二审法院驳回上诉，维持原裁定。

点评：股东可以通过股东会决定是否解散公司，即使有部分人不同意解散公司，只要股东会的决定成立并且有效，则公司可以作出解散公司的决定，少数持有异议的股东只能服从公司决定。

第三节　强制解散

强制解散是指并非由于公司自己的意志而解散公司。强制解散有法定解散与命令解散两种情形。法定解散是指基于法律规定的公司解散事由而发生解散公司的情形。命令解散是指基于主管机关或者法院的命令而解散公司的情形。命令解散具体包括两种情形：一是基于行政主管机关的命令而解散公司，即行政解散；二是基于法院的命令而解散公司，即司法解散、裁判解散。〔2〕

一、法定解散

在我国《公司法》中，因法律规定而导致公司解散的情形只有公司的合

〔1〕 参见广东省江门市中级人民法院（2008）江中法立民终字第197号判决书。

〔2〕 施天涛：《公司法论》（第4版），法律出版社2018年版，第592页。

并与分立。《公司法》第180条将“因公司合并或者分立需要解散”作为解散公司事由之一。在吸收合并中，被吸收的公司解散；在新设合并中，合并各方解散。而在公司分立的情形下，只有在解散分立时，被分立的公司才解散。

二、行政解散

我国公司法所规定的行政解散权，可被称为“泛行政解散权”[1]。中国实定法上关于行政解散的规范，不仅体现在商事组织立法之中，更多地体现在数以百计的商事登记管理法规、部门规章、地方政府规章及部门规范性文件之中，以及数以百计的经济法、行政法等部门立法文件之中。在所有这些立法规范的合力作用下，行政解散权膨胀，使之成为诸多行政主管部门交错行使的最常见的行政处罚措施，“泛行政解散权”由此而来，可谓一项极具中国特色的法律制度。

由于关于行政解散权的规范出现在数以百计的多部门、多层次的立法文件中，导致与其有关的很多立法词汇的混用，正如有学者所指出的，这些立法甚至混用解散、撤销、吊销、关闭、责令停产等基本词汇。[2]由此导致这一领域的立法用语一度混乱，对于同一个事物的指称，不同立法文件使用了多个词汇，造成立法理解的困难。比如，各立法文件中使用最频繁的“责令关闭”一词，类似表述还有责令停产、责令停业、责令停产停业、责令停业整顿、责令停产整顿、责令停产停业整顿、责令停止相关经营活动、予以关闭和予以关停等；关于“依法撤销企业”，类似表述还有取缔、予以取缔等；关于“吊销许可证”，类似表述还有撤回许可证、取消许可证、撤销许可证等；关于“撤销公司登记”，类似表述还有取消登记资格、撤销注册登记等；关于“吊销营业执照”，还有缴销营业执照、收回营业执照等，不一而足。站在立法解释的立场，对照分析可以发现以上词汇实为同一个含义。

现行公司法明确了解散与撤销、吊销、责令关闭、终止、破产等概念的逻辑关系，并对“公司解散和清算”专章集中规定。按其规定，行政解散的具体形式有三：吊销营业执照、责令关闭与被撤销，居于中心地位的是吊销营业执照。

---

〔1〕 李建伟：《论公司行政解散权的存废》，载《环球法律评论》2013年第5期。

〔2〕 赵旭东主编：《公司法学》（第2版），高等教育出版社2006年版，第498页。

《公司法》第198条规定，虚报注册资本、提交虚假材料或者采取其他欺诈手段隐瞒重要事实取得公司登记，情节严重的，撤销公司登记或者吊销营业执照。《公司登记管理条例》所规定的吊销营业执照的事由主要有：公司成立后无正当理由超过6个月未开业的，或者开业后自行停业连续6个月以上的；公司变更经营范围涉及法律、行政法规或者国务院规定须经批准的项目而未取得批准，擅自从事相关经营活动，情节严重的；伪造、涂改、出租、出借、转让营业执照，情节严重的；承担资产评估、验资或者验证的机构提供虚假材料的；承担资产评估、验资或者验证的机构因过失提供有重大遗漏的报告，情节较重的；利用公司名义从事危害国家安全、社会公共利益的严重违法行为的。

我国有学者认为，行政解散权的存在确实值得商榷。如果采用非激进的改革立场，在部分保留行政解散权的前提下，如何界定三种行政解散措施的适用边界？根据前文的分析，从行政法的合理性与必要性原则出发，我们提出三个具体规则。

第一，在不需要立即强制解散的场合下，优先适用责令关闭（更精确的含义是“责令停产停业”），该决定实施后的一段期间内，如公司改正了违法行为，自无再适用行政解散的必要；如拒不改正或者无法改正，严重危害社会公共利益的，则走向行政解散。

第二，在需要立即强制解散的场合下，对于现行法上的金融、外资企业等整个主体资格被行政许可（而非单项营业行政许可）的特殊商事公司，适用依法被撤销制度。

第三，在需要立即强制解散的场合下，对于普通商事公司，吊销营业执照可以继续保留适用，但同时强调暂扣营业执照、暂扣许可证、吊销许可证等措施在多数场合下对它的替代功能。我们赞成立法慎设、执法慎用吊销营业执照的立场。因为与另外三种措施相比，吊销营业执照过于严厉与绝对，应该限制在必须适用的场合。

三、司法解散

（一）司法解散的概念

司法解散是指法院在特定情形下，依照申请或者依职权作出裁决而解散公司。《公司法》第 182 条规定，公司经营管理发生严重困难，继续存续会使股东利益受到重大损失，通过其他途径不能解决的，持有公司全部股东表决权 10%以上的股东，可以请求人民法院解散公司。《公司法司法解释（二）》对公司司法解散的诸多问题也作出了规定。

（二）司法解散的原告

根据我国《公司法》第 182 条规定，作为公司司法解散的请求权主体的原告是持有公司全部股东表决权 10%以上的股东。《公司法司法解释（二）》第 1 条规定了公司司法解散请求权的主体为单独或者合计持有公司表决权 10%以上的股东。公司股东是我国公司法规定的公司解散之诉的唯一适格主体。除此之外的其他主体，无论是公司本身、与公司有利害关系的第三人（如债权人）以及代表国家公权力的行政机关等，都无权请求人民法院强制解散公司，法院也无权依职权主动判令公司解散。为此必须明确以下两点：

1. 诉讼期间拥有股东身份。满足持股比例的股东有权作为公司司法解散请求权的主体。当股东提起公司司法解散诉讼，应当保持在诉讼期间持续拥有股东身份，公司司法解散制度以解散的方式使股东退出公司，保证股东利益不再受到侵害，是公司陷入僵局后中小股东的最后救济途径。如果原告股东在诉讼期间对股权进行了合法的转让，股东则不再有请求公司司法解散的权利，诉讼中的案件也应当驳回原告诉讼请求。另外须注意的是，股东提起公司司法解散的权利与股东是否实缴资本并无关系，只要股东证明公司的股东名册或者工商登记簿上有股东的身份记载并满足法律规定的股东持有的表决权比例，股东即可作为提起公司司法解散的主体。

2. 持有 10%以上的表决权。《公司法》规定了持有公司表决权 10%以上的股东才享有提起公司司法解散诉讼的权利，《公司法司法解释（二）》中规定了单独或者合计持有公司全部股东表决权 10%以上的股东可以提起公司司法解散诉讼。

（三）公司司法解散诉讼的被告

公司司法解散应当以公司作为被告，这是近年来国际法学界的主流观点。赞成此观点的学者认为，首先，公司拥有独立的法人人格，它可以作为公司司法解散中矛盾对立的主体，并且拥有独立承担公司解散的法律责任的能力。原告股东是基于公司经营发生困难而提起解散公司之诉的，公司在诉讼中应当作为其经营是否发生困难的争议相对方。其次，股东的人格和公司的人格是互相独立的，不应当让股东承担解散另一主体的义务。而且，在以德国、日本为代表的大陆法系国家，都把公司作为解散诉讼中的适格被告。如德国《有限责任公司法》中就有着公司应当作为被告参加公司司法解散诉讼的规定。最后，虽然公司经营管理困难是因为侵权股东利用其在公司中所占有的优势地位压迫其他的股东所导致的，但是在法律法规和公司的章程中，不会规定侵权股东对原告股东承担解散公司的义务，因此，确立公司作为诉讼中的适格被告是正确的。

（四）司法解散诉讼中的第三人

虽然其他股东不是公司司法解散之诉判决结果的承担者，但是根据《公司法司法解释（二）》的相关规定，在公司解散的诉讼中其他股东可以作为第三人参与诉讼。不过，其他股东应当作为何种形式的第三人加入诉讼，在司法解释中并未进行详细规定。

1. 其他股东没有独立的请求权。案外人不具有独立的请求权，指的是案外人与本诉的原告和被告所争议的诉讼标的之间，没有权利和义务关系，因而也就没有了向法院提起相应诉讼请求的权利。[1]在公司的司法解散诉讼中，双方当事人所争议的并不是公司归谁所有、股权归谁所有等物权权属纠纷，所争议的是公司是否应当解散，所有股东与公司的股权关系是否需要解除以及公司的组织关系是否应当发生变更或者消灭等问题。原告股东作为诉讼中当事人一方，是基于不解散公司会严重侵害到他的利益，从而向法院提出解散公司的请求。公司作为被告与原告一方就公司是否解散等问题进行争论，是基于其决策机构所做出的意思表示加入诉讼。在这个诉讼中，其他的股东并没有单独以自己名义维护公司现状的诉讼权利，也没有积极要求解散公司的诉讼请求。即使其他股东作为公司的控股股东，可以将自己的意志上升为公司的意志，但是，他们的诉求也必须通过公司的意思表示机关转化为公司的意志。与能提出独立请求的原、被告相比，其他股东在诉讼中的地位往往是被动的，不能以自我的名义对是否解散公司、消灭公司与股东的法律关系提出独立的主张。

---

〔1〕蒋为群：《论无独立请求权的第三人》，载《甘肃政法学院学报》2002年第3期。

2. 其他股东与公司司法解散诉讼之间有利害关系。司法解散诉讼中的利害关系，实质上是指解散诉讼中的原告股东和被告公司之间所争议的公司解散的法律关系和原、被告中的一方当事人与案外的作为无独立请求权第三人的其他股东之间的实体法律关系存在着权利和义务的牵连。[1]而所谓的牵连性，从主体方面来说，是要求原、被告有一方既要是本诉法律关系的主体，又要是与第三人一方具有法律关系的主体。正是因为无独立请求权第三人与原告或者被告一方有着法律上的依附关系，才能使本诉中的裁决结果影响到第三人在实体上的权利和义务，这也是无独立请求权第三人能参加到已经开始的诉讼中的一个前提条件。[2]同时，这种牵连还要求必须是法律上的牵连，即其他股东与公司之间存在的股权关系与原告股东与被告公司之间关于公司是否解散的争议之间的牵连关系必须是法律关系，而不能是一般的如感情、事实牵连等非法律上的牵连。在公司司法解散诉讼中，如果公司未被解散，那么其他股东和公司之间的股权关系不发生变化，他们可以继续作为股东对公司行使表决、获取收益等权利。而一旦法院裁判解散公司，那么公司将进入清算程序，并且随着最后的注销登记，公司的法人资格也将随之消灭。其他股东与公司的股权关系也随之消灭，股东无法再向公司投资，也无法再从公司的利润中获取收益。从上述可见，无论最后公司是否被解散，都会涉及其他股东的权利义务关系。这种关系，是受到法律所调整的，因此公司司法解散的裁决结果与其他股东之间有法律上的利害关系。

综上所述，在公司司法解散诉讼中，其他股东对于本诉中原告股东和公司双方所争议的公司是否解散问题并无独立的请求权。但是，法院裁判公司解散的结果可能损害其他股东的利益。因此，其他股东应当参加诉讼，并且在诉讼中应被列为无独立请求权第三人。

（五）公司司法解散诉讼管辖法院

对于解散公司诉讼案件，《公司法司法解释（二）》第 24 条规定，解散公司诉讼案件和公司清算案件由公司住所地人民法院管辖。公司住所地是指公司主要办事机构所在地。公司办事机构所在地不明确的，由其注册地人民

〔1〕 廖永安：《论民事诉讼中无独立请求权的第三人》，载《湖南省政法管理干部学院学报》2001 年第 3 期。

〔2〕 唐力：《论民事诉讼中的第三人》，载《西南政法大学学报》2000 年第 2 期。

法院管辖。基层人民法院管辖县、县级市或者区的公司登记机关核准登记公司的解散诉讼案件和公司清算案件；中级人民法院管辖地区、地级市以上的公司登记机关核准登记公司的解散诉讼案件和公司清算案件。

（六）公司司法解散适用的情形

1. 公司经营管理发生严重困难。对于“继续存续会使股东利益受到重大损失”，本应为实质要件，因为公司司法解散制度的功能即是保护股东利益。但按照条文内在逻辑，一旦法院认定“公司经营管理发生严重困难”成立，其后很难有说辞认为公司继续存续“不会”使股东利益受到重大损失。如果公司对外经营发生困难，受损的将是股东财产利益。而如果公司内部管理发生困难，股东公司管理控制利益则可能受损。根据《公司法司法解释（二）》第 1 条，有以下情形之一则可认定公司经营管理发生严重困难：

（1）股东会召开僵局。即股东会或者股东大会持续 2 年无法召开，公司经营管理发生严重困难。首先，股东会或者股东大会“无法”召开的情形应是公司有股东期望召开股东会议而未能召开的情形，并非仅指公司 2 年未召开过股东会议。在我国规模较小的有限责任公司中，股东对召开股东会议的意识淡薄，股东间通过其他方式进行有效沟通不应理解为股东会议无法召开。其次，持续时间达到 2 年或者 2 年以上才能达到公司司法解散要求的股东会僵局标准。司法解释中并没有说明股东会无法召开情形与公司经营管理发生严重困难的关系。笔者认为股东会持续 2 年无法召开与公司经营管理发生严重困难应当是因果关系。对于“经营管理”的理解不仅指经营上的财务出现困境，还包括公司治理上的困难，表现为公司的决策机构失灵、公司的内部机制无法运行等状态。

（2）股东会表决僵局。即股东会或者股东大会决议持续 2 年以上无法达到表决比例做出决议，公司经营管理发生严重困难。此种情形应当理解为股东会或者股东大会能够召开，但是股东会议所表决的事项的实际表决比例未满足公司法或者是公司章程要求，无法做出有效决议。小股东通过行使否决权导致需要高表决权通过事项无法达到表决权要求使公司股东会无法做出决议。如公司的合并、分立、增资、减资等公司重大事项或者是公司章程规定的需要公司 2/3 或者更高表决权比例通过的公司决议事项无法通过；也包括公司召开股东会议，大股东对小股东提出的决议内容不予支持，从而使股东会召开但无法形成有效决议的情形。司法解释中规定了这种股东会僵局的状态需要持续2年以上，并且导致公司的经营管理发生了严重的困难是受理事由之一。当股东提起公司司法解散之诉并以此作为诉讼事由，原告股东应当提供证据证明，股东会能够召开但是股东会决议无法达到表决比例，股东会持续2年无法做出有效决议的事实。

案例64：公司解散纠纷案件中，被告以原告对公司僵局具有过错为由抗辩，法院不予以支持[1]

案由：公司解散纠纷

王某星、陈某香、李某萍一审诉称：解散××姆公司。

原审法院经审理查明：××姆公司成立于2014年2月12日，注册资本1375万元，其中股东王某星认缴额为275万元，股东陈某香认缴额为275万元，股东李某萍认缴额为275万元，股东李某俊认缴额为550万元。李某俊担任公司执行董事及法定代表人，王某星担任监事。公司章程第16条规定，股东会会议分为定期会议和临时会议，并应当于会议召开15日以前通知全体股东。定期会议应6个月召开一次，临时会议由代表1/10以上表决权的股东或者监事提议即可召开。第17条规定，股东会会议由执行董事主持。第18条规定，股东会会议应当对所议事项作出决议，决议应由全体股东同意通过。

××姆公司除了刚成立时召开过一次股东会外，李某俊作为执行董事未能召集并主持股东会会议以解决双方之间的分歧与矛盾。2014年7月8日，王某星、陈某香、李某萍向李某俊发出通知，××姆公司员工已经遣散，公司已经实际停止经营。

2014年7月16日，李某俊以××姆公司董事长兼总经理名义向王某星、陈某香、李某萍发出《通知》，要求王某星、陈某香、李某萍在接到本通知2小时内，立即将转移、侵占的全部公司财产包括各种证照归还至公司。2014年7月16日，李某俊向苏州某公安分局经侦支队报案，请求公安机关依法立案，依法追究王某星、陈某香、李某萍等人盗窃或职务侵占的刑事责任，并及时追回报案人及××姆公司被侵占的巨额财产。2015年1月13日的欠款清单载

[1] 参见苏州市中级人民法院（2015）苏中商终字第02025号民事判决书。

明，××姆公司累计拖欠苏州某换热器有限公司租金、变压器使用费等共计293 000元。

2015年2月10日，王某星以××姆公司监事的名义向公司各股东发出《关于请求召开苏州××姆公司临时股东会的通知》。2015年2月15日，李某俊以××姆公司执行董事的名义向王某星发出《关于王某星请求召开苏州××姆公司临时股东会议的回函》，对其请求予以拒绝。

2015年2月15日，李某俊以股东身份向××姆公司及其监事、执行董事发出《关于提请对王某星、李某萍、陈某香等提起诉讼的函》。

一审审理过程中，原审法院组织各方进行调解，王某星、陈某香、李某萍与××姆公司以及李某俊明确表示不同意调解。鉴于此，原审法院建议各方当事人可以通过由公司或者股东收购股权的方式或者以减资等方式化解股东之间的分歧与矛盾，同时也建议各股东在近期召开股东会以解决双方之间的分歧，但双方最终未能达成一致意见，致调解无法达成。经原审法院询问，王某星、陈某香、李某萍与××姆公司以及李某俊均确认，××姆公司于2014年已经停产，员工已经被遣散。

原审法院认为，根据我国《公司法》的规定，公司经营管理发生严重困难，继续存续会使股东利益受到重大损失，通过其他途径不能解决的，持有公司全部股东表决权10%以上的股东，可以请求人民法院解散公司。本案中，王某星、陈某香、李某萍作为××姆公司的股东，其出资份额占公司60%，符合《公司法》关于股东提起解散公司诉讼需持有全部股东表决权10%以上的法定条件，依法有权提起解散公司的诉讼。××姆公司自成立以来，除了2014年2月11日为通过公司章程、选举执行董事、监事召开了一次股东会议外，未按照章程规定召开其他股东会议。公司股东之间长期以来缺乏有效沟通，以致各股东对于公司的经营管理的矛盾加剧。王某星作为公司监事提议召开临时股东会议，以便解决公司经营中存在的问题，而执行董事李某俊未参加临时股东会议并履行主持会议职责，且其在回复函中明确表示，王某星要求召开及召集主持股东会属于滥用权利，并明确其不同意监事王某星关于提议召开临时股东会议的议题。按照公司章程的规定，股东会决议经全体股东同意通过方能作出有效决议。故即便李某俊参加监事王某星召集的临时股东会，按照李某俊在复函中的意见，公司决议仍无法有效通过，各股东已经无法通过股东会决议的方式管理公司，公司股东会机制已经失灵，公司经营管理发生严重困难。现××姆公司已经实际停止经营，没有厂房，员工已经解散，且公司股东会等内部机制难以按照法定程序正常运转，公司经营管理出现严重困难并陷入僵局，继续存续势必使股东利益受到重大损失，且原审法院多次组织各方当事人调解，但双方不能达成一致意见，以致无法通过股权转让、公司减资等方式消除股东之间的矛盾和僵局。王某星、陈某香、李某萍提出解散××姆公司，符合公司法的规定，原审法院予以支持。××姆公司及李某俊关于公司不符合解散条件的辩解，并无事实和法律依据，原审法院不予采纳。××姆公司及李某俊经原审法院合法传唤无正当理由拒不到庭，视为放弃相应抗辩权利。

综上，原审法院判决：××姆公司于判决生效之日解散。上诉人××姆公司不服一审判决向苏州市中级人民法院提起上诉。苏州市中级人民法院作出裁定，驳回上诉，维持原判。

点评：关于××姆公司上诉主张经营困难是由于王某星、陈某香、李某萍侵占公司资产导致，即涉及公司解散是否应当考虑公司僵局产生的原因以及过错，法院认为，依据法律的规定，公司能否解散取决于公司是否存在僵局以及是否符合《公司法》第182条规定的条件，而不取决于公司僵局产生的原因和责任。《公司法》第182条没有限制过错方股东解散公司，因此即使一方股东对公司僵局的产生具有过错，其仍然有权依据该条规定，请求解散公司。

（3）董事会僵局。即公司董事长期冲突，无法通过股东会或者股东大会解决，公司经营管理发生严重困难。公司的董事会是公司业务执行机构，对公司的经营上的事务和经营计划做出决议，由股东会产生，对股东会负责。董事发生冲突，董事会形成僵局使原本通过董事会做出决议的经营事项无法通过董事会议做出，最终影响公司的经营状况。“无法通过股东会或者股东大会解决”应当理解为当董事会发生僵局无法做出董事会决议或者董事之间发生冲突无法化解时，由公司的股东会或者股东大会通过决议变更董事会的人选从而消除董事会僵局和董事冲突；如果股东会依然无法化解董事会僵局，最终引起公司经营管理发生严重困难，股东可以此为诉由提起公司司法解散诉讼。公司董事之间的冲突通常是股东之间矛盾的延伸，在有限责任公司中公司股东选举代表自己利益的股东作为公司的董事。如果董事会形成对峙，由于董事分别代表了股东会中的相对抗的股东双方利益，那么股东会解决公司董事冲突的可能性非常小。从另一个层面来讲，董事会僵局只有在穷尽内部救济的情况下才能通过司法途径进行救济。如果股东以此事由提起公司司法解散之诉则要充分证明董事长期存在矛盾并且通过公司内部救济途径无法解决，最终引起公司的经营管理严重困难的事实。

《公司法司法解释（二）》第1条第1款除了第4项兜底条款外，前3项对如何认定股东会僵局以及董事会僵局进行了规定，但每款仍都另附有“公司经营管理发生严重困难的”要求。按照解释起草者的说明，“这四种情形主要体现的股东僵局和董事僵局所造成的公司经营管理上的严重困难，即公司处于事实上的瘫痪状态，不能正常进行经营活动”〔1〕。法院判决解散公司不仅应存在公司僵局，还应“特别注意审查公司经营状况是否发生严重困难”〔2〕。

《公司法司法解释（二）》第1条第2款规定的公司亏损、财产不足以偿还全部债务，以及公司被吊销企业法人营业执照未进行清算等，不属于“公司经营管理发生严重困难”，均不构成公司司法解散的正当理由。

此外，单纯的股东压迫不属于“公司经营管理发生严重困难”。《公司法司法解释（二）》规定的“其他严重困难”是否可以理解为英美公司立法中的“股东压迫”，从而赋予受压迫的小股东以司法解散请求权？答案是否定的。司法实务中，如果大股东实施了严重压迫小股东的行为，使得小股东不能行使其合法权利（如大股东剥夺小股东参与公司经营管理的资格，不公开公司的经营状况），但只要公司的经营管理正常运行、公司运行机制尚未失灵，就不能认定为公司经营管理发生严重困难。〔3〕但如果既存在股东压迫，同时公司经营管理又出现了严重困难，那么股东压迫则可以成为法院有必要强制解散公司解决纠纷的合理依据。

2. 继续存续会使股东利益受到重大损失。无论是《公司法》第182条，还是《公司法司法解释（二）》，似乎都不约而同地遗忘了对解散事由要件

〔1〕 刘岚：《规范审理公司解散和清算案件——最高人民法院民二庭负责人答本报记者问》，载《人民法院报》2008年5月19日。

〔2〕 参见最高人民法院民事审判第二庭编著：《最高人民法院关于公司法司法解释（一）、（二）理解与适用》，人民法院出版社2008年版，第100~101页。

〔3〕 刘敏：《关于股东请求解散公司之诉若干问题的思考》，载《法律适用》2006年第10期。

二给出明确的规范意见，从而造成法官行使自由裁量权的极大困惑。最高人民法院第 8 号指导案例创造性地借鉴了英美法中的股东期待利益落空理论，作为解散事由要件二的判定标准。

（1）股东利益的界定。股东利益泛指公司对于其出资而给予股东的经营管理权利和财产性的利益等。《公司法》第 182 条所提到的“股东利益”，究竟是原告股东的利益还是全体股东的利益？股东利益受到重大损失“不是指个别股东利益受到损失，而是指由于公司瘫痪导致公司无法经营造成的全体出资者利益的损失”〔1〕。这也是《公司法》2005 年修订后学界对该条进行解读的通说。〔2〕

（2）重大损失程度的界定。“重大”是一个比较模糊的程度副词，会随着语境、理解主体和客体的不同而发生变化。现实纠纷错综复杂，法条中“重大”的程度在审判实践中更难以量化。股东压迫和亏损是公司解散之诉中“损失”的通常表现形式，但却并不是唯一的表现形式，这需要裁判者在审理案件时灵活地理解和适用法条，对个案进行自由裁量，损害的不可逆转性和终局性应当是法院重点关注的问题。我国实务界也采纳了与美国类似的成本比较法，将公司继续存续可能使股东遭受的损失与公司解散给其他股东和利益相关者可能造成的损失进行比较，如果前者小、后者大，则法院不能强制解散公司。

股东因知情权、利润分配请求权等权益受到的损害，均不属于司法解散事由构成要件之二的股东利益受到重大损失。法院在受理环节就应当严格把关，将这类案件拒之门外。

3. 通过其他途径无法解决。通过其他途径无法解决要求相关人员应先寻求公司内部救济途径。公司内部救济途径有：①做出公司解散、分立、减资的股东会决议。例如股东通过提议召开股东会，对公司解散事项做出股东会决议。如果股东会做出解散公司的决议，公司则可以自行解散。不过由于公司股东为争夺公司的控制权而形成僵局且大部分僵局源于公司股东之间矛盾重重，公司人合性丧失，而在有限公司中解散、分立、减资的公司重大事项

---

〔1〕 参见《最高人民法院全国民商事审判工作会议纪要》（2007 年）。

〔2〕 江平、李国光主编：《最新公司法条文释义》，人民法院出版社 2006 年版，第 466 页；安建主编：《中华人民共和国公司法释义》，法律出版社 2005 年版，第 257 页。

需要公司全部股东 2/3 以上的表决权通过，在很多情况下股东通过做出解散、分立、减资决议以摆脱僵局的可能性不大。②通过监事会寻求救济。在董事出现长期矛盾，公司经营管理发生困难时，股东可以通过请求监事会或者监事召集主持公司的股东会议，做出董事会改换人选或者解散公司的决议。③寻求异议股东回购请求权。在公司僵局的条件下，只有满足异议回购制度的条件，股东才能请求回购股份；例如董事会出现僵局且符合司法解散条件，而股东会决议转让公司主要财产，此时异议股东可以主张回购请求权。此种救济方式需要等待异议回购的条件满足时才能行使，并不便于股东及时退出公司。

公司僵局发生时相关人员也可以寻求公司外部救济途径。外部的救济途径主要有：①第三方的调停。双方共同委托第三方对僵局进行调停处理，只有双方建立在自愿的基础上这一机制才能够起到作用。②在双方自愿的基础上还可以申请仲裁机构解决。但是有学者认为《公司法》和相关的司法解释规定法院对解散公司之诉有司法管辖权，仲裁机构无法直接依据法律来审理解散诉讼。但是在中外合资企业、合作经营的企业中，仲裁审理合资合同的解散请求是完全可行的。③法院调解。我国公司法司法解释中明文规定了“应当注重调解”，法院在审理解散公司的诉讼时，作为特殊的调解者具有一定的权威性，有助于股东解决公司僵局问题。但是法官直接参与调解也可能会损害司法裁判的中立性。

除了“其他途径”的具体内容之外，对于其在公司司法解散之诉的关系地位，不同的法院有不同的理解。一种观点认为“其他途径”是原告起诉的前置要件，另一种观点则认为“其他途径”是判决公司解散的前置性条件。

对于“通过其他途径不能解决”的法律适用条件，立法本意显然是为鼓励双方通过协商和解等非诉讼手段，或采取知情权诉讼等其他能够维护公司存续的司法救济途径解决争议，公司司法解散应当作为最后不得已的救济途径。因此，我们认为，“其他途径”既不能看作是法院受理的前置性要件，也不是法院判决解散的前置性要件。首先，根据《民事诉讼法》的支持起诉原则及其相关规定，为了充分发挥诉讼的救济功能，受理起诉不应当有过高的门槛。“其他途径”的具体内容并没有明确下来，并且实践中案件本身是复杂多样的，有时候当事人没有采取“其他途径”也不代表其他途径可以解决。

对于同一案件，不同法官可能理解也不同。其次，股东压迫在公司解散案件中十分普遍，被压迫的小股东在公司中往往被排挤在公司管理层之外，他们的提议在公司里往往得不到支持。在举证时，股东往往很难证明自己已经穷尽其他救济途径，从而面临败诉的风险。在当前股东压迫没有纳入公司司法解散事由之前，把穷尽其他救济途径作为判决的前置性条件，显然是不合适的。最后，公司司法解散制度之所以规定其他途径，是鼓励股东用诉讼以外更简便、成本更低的办法去化解公司僵局，这个规定不具有严格的程序性特征。

《公司法司法解释（二）》第5条已经明确，法院“审理解散公司诉讼案件，应当注重调解”，但“当事人不能协商一致使公司存续的，人民法院应当及时判决”。“通过其他途径不能解决”是导向性的形式要求，[1]“并非要求对于公司僵局的处理必须以穷尽其他救济途径为前提”[2]。

另外，通过其他途径不能解决应注意以下方面：

（1）区别于派生诉讼中的“穷尽内部救济”规则。“通过其他途径不能解决”并非类似于派生诉讼中的“穷尽内部救济”规则。在派生诉讼中，内部救济是指股东应当首先向董事会或监事会提出请求，要求其代表公司起诉，公司没有合理理由予以拒绝或者怠于提起诉讼，股东则可以自己名义直接向法院起诉。派生诉讼的目的是保护公司利益，当公司受到损害时，适当的原告是公司而非股东，股东行使的本是公司的权利。我国司法解散制度保护的是股东自身利益，公司并无权提起解散之诉。因此，从保护对象、诉讼主体等方面来看，二者并不相同。

（2）“其他途径”不包括行政管理手段。公司解散纠纷属于私法领域，行政机关以行政命令或行政裁决的方式予以干预，显然不当。行政调解不同于民间调解：其一，它要有法律的明确规定；其二，行政机关需负有行政管理职责。显然行政调解也不适用于公司内部纠纷。

（3）“其他途径”不包括仲裁。虽然公司解散纠纷属于仲裁范围，但是

---

〔1〕 刘岚：《规范审理公司解散和清算案件——最高人民法院民二庭负责人答本报记者问》，载《人民法院报》2008年5月19日。

〔2〕 胡云腾主编，最高人民法院案例指导工作办公室编著：《中国案例指导》（总第1辑），法律出版社2015年版，第126页。

仲裁与诉讼是相互独立且相互排斥的两种纠纷解决途径。根据《中华人民共和国仲裁法》的规定，只有在当事人达成仲裁协议的情况下，才可以向约定的仲裁委员会申请仲裁。如果当事人事先就公司解散纠纷达成了仲裁的一致意见，纠纷发生后一方当事人又向人民法院提起诉讼的，法院将裁定因对该案件没有管辖权而不予受理。因此，对于公司解散纠纷，股东只能从仲裁或诉讼中选择其一来解决，不可能在通过仲裁方式解决无效后，再向法院起诉。

案例65：股东如果通过其他途径能够解决股东之间的矛盾，则不能直接申请法院解散公司〔1〕

案由：公司解散纠纷

司某某向新疆维吾尔自治区高级人民法院申请再审称，××友建材有限公司自2013年4月至今已连续4年未召开股东会和董事会，且公司已全部停产，机械设备被黄某强和杜某甫私卖，法院传票无法直接向黄某强、杜某甫和韩某尤直接送达，开股东会或者公司董事会的通知亦不能送达，所以公司股东会和董事会无法召开，公司股东及董事无法表达意见和建议，不能形成有效的股东会决议。黄某强和杜某甫曾向公安局报案、黄某强和杜某甫侵占公司财产等事实足以证实公司董事长期冲突，且无法通过股东会或者股东大会解决，公司经营管理发生严重困难，公司继续存续会使股东利益受到重大损失。原审喀什地区中级人民法院未支持其要求解散××友建材有限公司的主张错误。请求撤销原二审判决，依法再审本案。

新疆维吾尔自治区高级人民法院经审查认为，关于××友建材有限公司是否符合公司解散法定条件的问题，须从《公司法》关于公司解散纠纷的立法目的分析。公司解散纠纷系股东在公司经营出现僵局时提起解散公司申请而引发，其设定目的在于弱势股东穷尽公司内部的救济手段后，运用司法手段调整失衡的利益关系。由此可见，公司法的立法本意是希望公司通过公司自治等方式解决股东之间的僵局状态，“通过其他途径不能解决”是股东请求解散公司的必要前置性条件，只有在穷尽一切可能的救济手段仍不能化解公司僵局时，才赋予股东通过司法程序强制解散公司的权利。本案中，司某某虽

〔1〕 参见新疆维吾尔自治区高级人民法院（2017）新民申1278号民事裁定书。

称黄某强和杜某甫侵占公司财产、公司董事长期冲突，但其提供的证据并不能证明其与其他股东之间存在重大矛盾。××友建材有限公司解散并不是解决问题的唯一途径，司某某作为××友建材有限公司的大股东，可以通过要求公司或者其他股东收购股份，或向股东以外的其他人转让股权的方式退出公司，彻底解决股东之间长期存在的分歧和冲突。司某某在参与公司经营决策及享有资产收益等股东权利无法实现时，应当且可以通过其他合法途径予以救济，而不能以此为由请求法院判决解散公司。原审法院未支持司某某要求解散××友建材有限公司的主张，并无不当。新疆维吾尔自治区高级人民法院因此驳回司某某的再审申请。

点评：股东寻求司法救济，运用司法解散公司诉讼解决公司内部矛盾必须符合《公司法》和《公司法司法解释（二）》规定的全部条件，否则法院将不会判决司法解散公司。

（七）解散公司诉讼中的举证责任分配

从当前的司法实践来看，公司司法解散诉讼的提起需要原告举证证明一定的事项存在：①公司存在法定的司法解散事由；②原告主体适格。

对于起诉主体适格的举证，应当由原告承担，这是毫无争议的，这也符合“谁主张，谁举证”的基本原则，其目的在于防止别有用心的竞争股东恶意滥诉，给正常经营的公司造成不必要的诉讼负担。对于解散事由的举证责任分配，法院应当结合公司的具体实际情况进行综合分析，不能一概定论。“公司经营管理发生严重困难”是法院审查的第一步，也是原告必须予以证明的事项。作为法院受理的初步审查要件，原告只需要提供基本的能够证明公司经营管理发生严重困难的书面材料即可，至于该材料是否符合《公司法》立法意旨所指向的“经营管理困难”，则需要法院在案件的审理过程中综合判断，不能把这一高标准的举证要求强加到诉讼原告身上；“继续存续会使股东利益遭受重大损失”是一个具有未来指向性的审查要件，是指股东将来的预期的利益损失，这一要件的举证无论从形式上还是实体上来看都是比较困难的。因为公司作为一个复杂的综合体，无时无刻不在与社会发生关系，公司内部的股东也可能会因为各种利益冲突而无法合作。在种种因素的影响下，公司的发展可能都会面临很多不确定因素，在此种情况下股东基于自身利益保护的本能反应，提供证据证明公司继续经营会对自己造成更大的损失是可以理解的。但是该证据是否客观真实，是否从公司长远的发展角度出发而提出，值得我们考究和审查。一方面我们要肯定原告举证的权利和责任，另一方面还要对原告的举证行为进行审查，避免股东的恶意滥诉。这一要件的举证责任分配，应当由原告股东和被告公司合理承担，不能一味地施加给原告。因为原告股东本就处于诉讼的弱势一方，在收集证据的过程中可能就会面临公司大股东和控制股东的欺压和限制。如果在这种情况下还要求弱势一方股东的证明标准达到很高程度的话，势必会激化公司内部固有的矛盾冲突。公司可以作为强势一方从反面出具证据证明其继续经营不会对股东造成重大损失，甚至可能为股东创造期待利益，而由原告股东在庭审中进行反驳和质证，这样既可以给处于弱势一方的股东减轻收集证据的压力和举证困难，还给公司提供了一定的发挥空间，实现诉讼双方的各自利益平衡；“通过其他途径无法解决”也是原告需要证明的事项之一，对于该项条件的证明，笔者也认为原告股东只要证明其已经穷尽了他所能理解和实施的救济措施即可，不能要求他对其他救济措施是否可行也予以证明，这对原告而言是不公平的。

（八）公司解散与清算的程序衔接

股东提起解散公司诉讼是维护自身权益的迫不得已的救济手段，但是解散公司说到底也是一种救济手段，股东的最终目的还是希望能够获得实际的物质分配，即公司解散后的剩余财产分配，这就离不开法定的资产分配程序，即清算。

法院在作出公司司法解散的裁决之时是否应当对清算事宜一并予以裁决，是目前理论界关于公司司法解散制度争议比较多的法律问题之一。对此主要存在两种观点：一种观点赞成当前立法机关所规定的两类案件应该分开审理，逐一裁决；另一种观点持反对态度，认为公司解散诉讼与清算案件应当合并审理，一并裁决。持赞成意见的学者，其理由大体和立法机关的立法意旨相同，认为两类诉讼性质不同，起诉和审理程序也不尽相同，无法合并审理，公司解散虽有可能导致其进入清算阶段，但是并不必然启动清算程序。[1]比如在司法解散诉讼案件中，法院判决公司解散，在即将进入清算程序时，股东

〔1〕何鸣、刘炳荣：《解散公司诉讼的几点思考》，载《人民司法》2007年第3期。

们发现清算所获得的利益与起初预期相差甚远，既不能满足自身的心理预期，也使股东间原本和睦的合作关系变得更加僵化，因此便私下商议各自相互退让，试图通过其他可能的替代性救济手段解决公司内部纠纷，例如以和解协议的方式代替法院的司法判决，此时清算程序就没有继续的必要了。持反对意见的学者认为，无论是形成之诉还是非诉案件，都应该是法院受理的案件范围，不能因为案件的程序和内容不同就不予受理，更不能因为公司司法解散的事实没有确定和形成有效判决就拒绝受理清算案件。法院把本具有直接密切联系的两个可以合并审理的案件强行拆开，势必会加重公司股东和债权人的诉讼负担，而且在一定程度上也造成了司法资源的浪费，增加了法院的办案压力。

其实公司解散和公司清算两类案件是可以合并审理的，因为从当前的司法实践来看，公司司法解散案件和破产清算案件都逐年增多，公司司法解散本就是一场相对漫长且复杂的诉讼过程，其间既涉及公司债权债务的无休止纷争，又要应对法院的诉讼和举证，股东之间仅有的几分情感也可能会随着漫长复杂的诉讼过程而消失殆尽，剩下的只有等待法院的一纸判决。而破产清算程序又是一个需要多方主体参与才有可能完成的诉讼过程。法院、公司债权债务人以及股东和清算组等都需要投入其中，之前举证过的事项可能还需要再次予以确认和核算，这些都需要耗费大量的人力和财力，这些额外的支出最终都会算到公司的头上。如果这样，公司的清算财产会在原先的基础上减少或分割，最终无疑又是一次徒增成本的劳民伤财的争讼过程。如果可以将两类案件有机合并，允许法院在作出司法解散的裁决之时一并对公司清算事宜作出裁决，合理地引导公司进行有序清算的话，将会极大地方便法院和当事人诉讼，也会高效地促进该类公司纠纷案件的解决。

（九）司法解散公司的财产保全和证据保全

《公司法司法解释（二）》第3条规定，股东提起解散公司诉讼时，向人民法院申请财产保全或者证据保全的，在股东提供担保且不影响公司正常经营的情形下，人民法院可予以保全。因此申请司法解散公司的当事人请求财产保全或证据保全的条件是不影响公司正常经营且提供了担保。

（十）司法解散公司判决的效力

《公司法司法解释（二）》第6条规定，人民法院关于解散公司诉讼作出的判决，对公司全体股东具有法律约束力。人民法院判决驳回解散公司诉讼请求后，提起该诉讼的股东或者其他股东又以同一事实和理由提起解散公司诉讼的，人民法院不予受理。

案例66：因公司陷入股东会僵局，股东可申请法院予以强制解散公司〔1〕

董某华于2016年8月18日向牡丹江中院提起诉讼，请求解散××利公司。

一审法院认定事实：1995年12月19日，××利公司经牡丹江市工商行政管理局批准依法成立。××利公司2013年7月4日的《章程修正案》记载：董某华、董某伟为××利公司股东，董某华出资54万元、占45%股份，董某伟出资66万元、占55%股份；股东会决定公司的经营方针和投资计划等事项；股东会会议分为定期和临时会议，定期会议为每年1月1日；代表1/10以上表决权的股东、执行董事、监事提议召开临时会议的，应当召开临时会议，召集人应当于会议召开15日以前通知全体股东；股东会议的表决方式：股东会会议由股东按照出资比例行使表决权。截至2015年5月，××利公司正常缴纳税金、支付工资。

一审法院同时查明，董某伟与董某华系兄妹关系。董某伟与董某华经营××利公司期间，双方因××利公司及某县供热公司等问题产生矛盾并逐渐升级，双方冲突严重。2015年4月30日、5月22日，董某伟与董某华因某供热公司股份一事发生争吵。2015年5月3日，董某伟与董某华因矛盾纠纷在××利公司办公室发生冲突，后在××利公司院里，董某伟用砖块将妹夫李某某头部打伤。为此，牡丹江市公安局甲分局于2015年5月28日作出行政处罚决定书，给予董某伟罚款500元的行政处罚。2015年5月20日，董某伟与董某华因股份纠纷在××利公司院内发生冲突，董某伟动手拽董某华头发，为此，牡丹江市公安局甲分局于2015年6月30日作出行政处罚决定书，给予董某伟罚款500元的行政处罚。2015年9月15日，牡丹江市某食品药品监督管理局作出行政处罚决定书，认定抽检××利公司2015年4月20日生产的产品存在质量问题，给予罚款3000元的行政处罚。××利公司在2015年5月18日至2015年年末停止经营，此后，董某华没有参与××利公司经营。

〔1〕参见黑龙江省高级人民法院（2017）黑民终142号民事判决书。

一审法院还查明，2015 年 5 月 18 日，董某华未经××利公司股东会同意，擅自决定公司停产，并阻止公司生产部门及工人进厂，致使经营良好的公司陷入停产状态。2015 年 6 月 27 日，××利公司通过股东会选举产生新的执行董事、法定代表人，董某伟被选举为××利公司法定代表人、执行董事。董某华持有该公司工商营业执照正、副本，企业机构代码证正、副本，税务登记证正、副本，公司公章等公司证照及印章。董某伟以工商执照丢失为由以董某华为被告，于 2015 年 8 月 4 日诉至牡丹江市某区人民法院。2015 年 10 月 21 日，牡丹江市某区人民法院判决，董某华于判决生效后 10 日内将××利公司的工商营业执照正本及副本、企业机构代码证正本及副本、税务登记证正本及副本、公司公章返还给××利公司。董某华不服该判决，上诉至牡丹江中院。2015 年 12 月 14 日，牡丹江中院驳回上诉，维持原判。2015 年 12 月 2 日，董某华向董某伟邮寄临时股东会议通知，要求召开临时股东会议。2016 年 1 月 8 日，××利公司更换营业执照，公司法定代表人变更为董某伟。

一审法院认为，本案争议焦点是××利公司是否符合法定的解散条件。根据《公司法》第 182 条“公司经营管理发生严重困难，继续存续会使股东利益受到重大损失，通过其他途径不能解决的，持有公司全部股东表决权 10% 以上的股东，可以请求人民法院解散公司”的规定，司法判决解散公司需具备以上 4 个条件。董某华持有××利公司 45%的股份，有权提起解散公司之诉。××利公司章程规定，董某华和董某伟均有权提议召开临时会议，而董某华、董某伟分别提议召开临时会议时，对方均拒绝参加会议，2016 年 1 月 1 日的定期会议亦未按期召开，××利公司无法通过股东会或者股东大会解决公司经营管理的问题。董某华与董某伟因矛盾冲突，多次发生殴打事件，董某伟提起请求变更公司登记诉讼，××利公司产品出现严重质量问题并被行政主管部门处罚，××利公司自 2015 年 5 月 18 日起处于停产状态。董某伟请求变更公司登记纠纷诉讼终结后，董某华未参加公司经营活动，无法行使股东权利，××利公司陷于僵局，××利公司权力机制运行失灵，经营管理发生严重困难。基于上述情况，如果××利公司继续存续，会使该公司利益受损，进而使股东利益受损，违背股东设立和维持公司的初衷。一审法院在本案审理过程中多次对董某华与董某伟进行调解，均未成功，双方亦未能就通过股权转让等途径维系该公司的存续达成合意。一审判决解散××利公司。案件受理费 15 600 元由××利公司负担。

××利公司不服一审判决，向黑龙江省高级人民法院提起上诉。黑龙江省高级人民法院认为一审判决解散××利公司并无不当，并驳回上诉，维持原判。

点评： 董某华持有××利公司45%的股份，符合《公司法》第182条所规定的提起公司解散诉讼的条件。判断公司的经营管理是否出现严重困难，应当从公司的股东会、董事会或执行董事及监事会或监事等公司组织机构的运行状态进行综合分析，其侧重点在于公司管理方面是否存在严重内部障碍，如股东会机制失灵，无法就公司的经营管理进行决策等。本案××利公司2015年5月18日停产后，董某华与董某伟一直未召开股东会，至今已持续2年以上，双方亦未共同经营该公司，据此可以认定，××利公司股东会机制已经失灵，公司经营管理出现严重困难，公司出现僵局。由于董某华享有的股东权长期处于无法行使的状态，其投资××利公司的目的无法实现，该公司继续存续会使其利益受到重大损失。一审法院及二审法院基于慎用司法手段强制解散公司的考虑，积极进行调解，但均未成功，据此可以认定××利公司的僵局状态已经无法通过其他途径解决。故××利公司符合《公司法》第182条规定的公司解散条件。

第十五章
Chapter 15
公司清算

第一节　公司清算概述

一、公司清算的概念

公司清算是指公司解散后根据法定程序了结公司事务，清理债权债务，分配公司财产的法律行为。[1]公司清算具有如下几层含义：

第一，公司清算发生于公司解散后、注销前。公司清算的期间为公司发生法律确定的解散事由后至公司在登记机关注销公司之前。公司注销后，其主体资格灭失。

第二，公司清算的启动是在尊重私权的前提下，公权力依法介入。公司清算遵照的是自行清算在前、强制清算在后的原则。自行清算体现的是意思自治的原则，强制清算体现的是公权力干预的原则。当自行清算不能顺利进行时，公权力可以依法干预。

第三，公司清算的核心工作是清理财产、清收债权、登记债务、处理公司剩余财产。

第四，公司清算的主体基本法定。公司清算的启动主体和清算组的范围已被《公司法》及司法解释所规定。

第五，公司清算的目的是结束清算公司现存的各类法律关系，终结公司的法人资格。

---

〔1〕 郑云瑞：《公司法学》（第2版），北京大学出版社2019年版，第546页。

二、清算中公司的地位

（一）清算中公司的法律人格

公司解散事由出现后，应当依法启动清算程序。在清算终结之前，由于利害相关者间的权利义务关系尚未了结，法律仍然承认公司的法律人格继续存在。《公司法》第186条第3款规定，清算期间，公司存续，但不得开展与清算无关的经营活动。《公司登记管理条例》第69条第3款规定，公司在清算期间开展与清算无关的经营活动的，由公司登记机关予以警告，没收违法所得。

由于清算中的公司仍然具有法人资格，其有权参与诉讼与仲裁。清算中公司有权以自己的名义作为民事诉讼中的原告、被告或者第三人参加诉讼活动，或者以申请人或者被申请人的身份参加仲裁活动。

（二）清算中公司的权利能力和行为能力

《公司法司法解释（二）》第10条规定，公司依法清算结束并办理注销登记前，有关公司的民事诉讼，应当以公司的名义进行。公司成立清算组的，由清算组负责人代表公司参加诉讼；尚未成立清算组的，由原法定代表人代表公司参加诉讼。该司法解释意味着清算中的公司虽然还具备法人资格，但由于解散事由的发生，其权利能力和行为能力均受到限制。也即公司应当停止与清算无关的一切经营活动，但是清算中的公司有权开展与清算有关的经营活动。清算中公司违反规定，从事清算范围以外的活动，应认定该行为无效。行为相对人明知公司法人已经发生解散事由的，应由行为相对人和清算中的公司根据各自的过错承担相应的民事责任。

三、公司清算的种类

目前理论界对公司的清算类别划分存在很多种观点。有的学者主张两分说，即破产清算和非破产清算；也有主张三分说，即破产清算、普通清算和特别清算；还有四分说，即破产清算、普通清算、特别清算及强制清算。两分法的分类标准是公司财产是否能够清偿债务，如能清偿是非破产清算，如不能是破产清算。三分说和四分说是以公司是否已经资不抵债，结合清算启动的事由和法院在清算中的作用为标准所做的划分。公司财产已资不抵债的清算属于破产清算，如足以偿还债务是其他清算。非破产清算又根据清算的启动事由和法院在清算中所起的作用分为普通清算、特别清算和强制清算。“普通清算”和“特别清算”是《外商投资企业清算办法》（已失效）第3条提出的概念。该办法规定，企业可以自行清算时，由单位按照相关规定进行普通清算；当单位自己不能清算时，相关主体可以向有关行政机关申请特别清算。由于特别清算是行政机关遵照法规进行的清算程序，仅适用于外商投资企业。所以，有的学者认为特别清算在我国并无特别的意义。实际上《外商投资企业清算办法》将清算分为普通清算和特别清算是按照外商投资企业的特殊情况及其经营期间实际情况所做的区分，该办法已失效，其并无普遍适用的效力。

所以按照现行生效的法律，将公司清算分为破产清算和非破产清算；非破产清算又分为自行清算和强制清算更为适当。自行清算是法定清算主体按照相关的规定自己举行的清算。若公司自行清算的运行出现障碍，需要司法权的介入才能进行下去，此时法院对清算的进行起主导作用，该种清算属于强制清算。另外，理论界还有关于任意清算的观点。任意清算是指清算单位根据投资人的意志或者公司内部有效文件的规定进行的清算。〔1〕由于任意清算完毕后，未获受偿的债权，投资人仍需负担归还的责任，所以法律对该种清算未作强制性的规定，任由清算单位按照其意志进行自由清算。此种清算以非法人单位为主，其名为清算，本质是财产清理。因为投资人承担的是无限责任，无论清算结果如何，只要尚有未清算的债权，投资人均须偿还，因此，该种清算在本书中不予讨论。

综上，遵照《公司法》《企业破产法》和《九民纪要》关于公司清算的规定，结合公司清算启动的事由，将公司清算分为下三类：自行清算、强制清算和破产清算。公司法和最高人民法院的司法解释对自行清算和强制清算的主体、程序、主体的权利义务、清算的结果作出了详细的规制。破产清算的原因、管理人的构成及清算的流程规定在《企业破产法》中，依据破产法的规定进行清算，该种清算与公司法规定的清算有所不同。

---

〔1〕 顾功耘主编：《公司法：2008年版：附公司法自学考试大纲》，北京大学出版社2008年版，第130页。

（一）自行清算

自行清算指单位发生法定的解散事由后，《公司法》规定的清算义务人在法定的期限内成立清算组对公司的债权债务进行登记，处理公司财产，结束公司各种法律关系，使公司合法有序地退出市场的行为。清算的前提是解散，在理论上，解散分为“自愿解散”和“强制解散”。

1. 自愿解散。基于法定主体的意愿而非外来的强制因素解散的，叫做自愿解散。原因如下：一是股东约定的解散事件发生或营业期限已满。该条规定是意思自治在商事领域的体现，遵循的是股东的意愿。二是相关主体决定解散。该条完全是法定的有关人员自由选择的结果，是意思自治的体现。

2. 强制解散。强制解散是指并非依公司或者股东自己的意愿，而是根据法律规定，按照行政机关命令或司法机关裁判而解散公司。该种解散的原因如下：第一，单位经营过程中违反管理规范或者违法经营被取消经营资格或者禁止营业。该条是单位违反法律法规被解散的情况，被称为行政解散。第二，法院通过法律文书解散。法院按照法律规定解散公司，被叫做司法解散。在公司经营过程中，股东意见出现不一致，导致公司的决策不能形成一致的意见，即出现僵局时，法定的股东可以申请法院依法解散公司。公司解散后，清算义务人自行组织清算组进行清算。

（二）强制清算

强制清算是指法定解散条件成就后，有关主体超过法定时间不成立清算组举办清算或存在成立清算组后不依法清算和违法清算的行为，且很有可能侵害债权人或者股东利益时，由法定的主体申请法院指定清算组开始清算的一种程序。有些专家称强制清算为特别清算。最高人民法院《关于审理公司强制清算案件工作座谈会纪要》（2009 年 11 月 4 日公布，法发〔2009〕52 号，以下简称《会议纪要》）中出现了“强制清算”一词，且《会议纪要》针对《公司法》和《公司法司法解释（二）》存在的问题，结合该类案件所适用程序的性质和现存的缺陷，完善了相关规定。会议纪要对申请强制清算的主体和事由进行了细化。如除债权人外，在申请清算主体的基础上增加了股东。申请强制清算的事由范围也在《公司法》的基础上给予了扩大和细化。通过修改，强制清算程序变得更具有操作性。由此可见，自行清算是强制清算的前置，强制清算是自行清算的后续程序和保障，亦是对债权人的后续救济程序和相关利益主体的一种救济途径。另外，《会议纪要》除上述两点变化外，还对强制清算案件的原则、管辖、案号管理、审判组织等事项进行了细化。有限公司和股份公司的自行清算遇到障碍时必须转入强制清算，且强制清算完毕后才能注销公司。

（三）破产清算

破产清算是指企业法人的资产不足以清偿全部债务或者明显缺乏清偿能力的，或者在自行清算和强制清算中，公司资产不足清偿债务的，法定的主体向法院申请破产，由法院指定破产管理人按照破产法的规定清理公司财产，并根据法律规定分配公司财产，终结公司法人资格的一种法律程序。破产清算的根本原因是资产不足以清偿全部债务。具体来说，当公司出现下列情形之一时，法定主体申请人民法院进行破产清算，人民法院应予受理：

1. 清算组在进行清算的过程中发现清算财产不足以偿还单位全部外债的，清算组应当向有管辖权的法院申请破产清算。此处的管辖是法定管辖，清算组一定要注意管辖法院。

2. 公司不能清偿到期债务，并且资产不足清偿全部债务或者明显缺乏清偿能力的，法定主体可以向法院申请破产清算。严格地说，破产案件的受理阶段不属于破产清算，裁定宣告破产后才属于破产清算。因为公司债权人和公司还可以和解或重整，和解或重整不属于清算的范畴。《公司法》规定，单位破产后，按照有关企业破产的法律法规实施破产清算。因此，自行清算、强制清算和破产清算有相同之处，强制清算和破产清算更是高度相似，但也有区别。比如破产清算依据破产法及破产法司法解释进行清算。自行清算和强制清算依据《公司法》及其司法解释的规定进行。

第二节　清算人

一、清算人的概念

清算人是指“在公司清算过程中处理公司债权、债务和公司财产事宜的人”[1]。在我国法律中，清算人有清算组织、清算组、清算委员会、破产管

---

〔1〕 孙效敏：《论吊销营业执照的法律后果》，载《现代法学》2004年第4期。

理人等不同的称谓。清算人既可以是一人，也可以是数人，还可以是法人。《公司法》第 183 条规定，有限责任公司的清算组由股东组成，股份有限公司的清算组由董事或者股东大会确定的人员组成。逾期不成立清算组进行清算的，债权人可以申请人民法院指定有关人员组成清算组进行清算。在这里，有限责任公司的清算人是有限责任公司的股东，而股份有限公司的清算人是董事或者股东大会确定的人员。

在公司清算过程中，清算人起到了举足轻重的作用。清算义务人是基于其与公司之间存在的特定的法律关系，在公司解散之时对公司负有组织清算义务的民事主体。清算人与清算义务人在整个清算程序的进行中有一定的关联性，然而从定义方面来看，属于完全不同的概念，这两类主体相差甚远。

第一，两者产生的时间阶段不同。在公司决定解散到进行清算最终注销人格终结的过程中，首先产生的应当是清算义务人。在作出解散决议的时点开始，清算义务人便应运而生，担负起选任清算人的职责，迈出整个程序运作的第一步，而后才由其确定的清算人履行他们的分内之职，同时清算义务人也已经完成了他们的使命。从这一个角度看，此两者在清算中履行各自义务的时点存在先后顺序。

第二，两者的主体范围不同。《公司法》第 183 条明确了不同组织形式的商法人之间清算组的组成应当有所区别。具体而言，有限公司当由股东组成，而股份公司则由董事或股东大会确定的人员组成。同时，《公司法司法解释（二）》第 8 条还规定了人民法院可以指定律师事务所、会计师事务所、破产清算事务所或其他具有执业资格之人组成清算组。相比较之下，清算义务人的主体范围则要狭窄许多，尽管同样区分了不同组织形式的商法人之间的区别，但有限公司仅规定了股东一种，而股份公司也仅涉及董事和控股股东，这样的规定与清算组成员相比可见明显差异。不过单从人数来看，清算义务人的数量范围又可能大于清算人。例如某股份公司的董事有 7 人，最终组成清算组的人数可能少于 7 人。

第三，两者的权利义务不同。法律将清算义务人的职责主要限定于选任清算人以及善意处置财务等。而其中选任也可视作权利，可见该等规定都较为宏大且宽泛。相较之下，法律对清算人权利义务规定则具体了不少。在我国，清算组主要有清理公司财产，通知、公告债权人，代表公司参加诉讼等 7

项职权。而清算人的义务便是勤勉尽责。由此可见，两者在权利义务的设定上也存在差异。

第四，两者承担的法律责任不同。这一部分的区别主要取决于两类主体的义务来源并非同一。由于清算人的忠实是其履行职责时的第一要义，故一旦其行为不能被理解为忠实时，该类主体应负赔偿责任。而对于清算义务人来说，其义务来源则更为复杂，我国现行法律规范中同时规定了赔偿和清偿两种形式的责任承担。

既然清算义务人和清算人存在于公司解散清算的不同阶段，为何总有学者将两者混淆？其中的主要原因可能在于我国法律对义务人的职责规定得过于笼统和模糊，从而导致学界和实务界无法辨明。

案例67：在公司已经自行清算的情形下，股东要求更换清算组成员后，继续自行进行清算，并非申请法院强制清算[1]

王某秋、李某光、王某芳一审向徐州中院请求依法指定王某秋、李某光、王某芳在内的股东成立清算组，并由新清算组对××鹏塑料厂自行进行清算。

原审法院经审理查明：1998年8月4日，由××塑料厂全体（职工）每人认股40股，一股100元，股金4000元，发起成立徐州市××鹏塑料总厂股份合作制企业，并办理了工商注册登记，经营期限为10年。

2010年4月25日，××鹏塑料厂召开全体股东大会并形成决议，决议通过了“关于××鹏塑料总厂解散成立清算组及清算组组成人员名单及权限议案”，并同意成立由朱某某等5人组成的清算组对××鹏塑料厂进行清算。2010年6月，××鹏塑料厂清算组按照股东出资比例对430万元公司资产进行了第一次分配。××鹏塑料厂清算程序至今未终结，后因包括王某秋、李某光、王某芳在内的部分股东针对清算工作与现清算组产生分歧，遂成本案诉讼。

本案一审争议焦点：王某秋、李某光、王某芳诉请要求另行组成清算组或变更清算组成员对××鹏塑料厂进行自行清算，是否有事实和法律依据。

原审法院认为：××鹏塑料厂公司章程第52条规定，公司职工股东代表大会决定解散公司的，由职工股东组成清算组进行清算。2010年4月25日，××

〔1〕 参见江苏省高级人民法院（2015）苏商终字第00628号民事裁定书。

鹏塑料厂经股东大会决议解散，组成清算组自行清算，并开展了相关清算工作，符合××鹏塑料厂公司章程的规定。包括王某秋、李某光、王某芳在内的部分股东因与清算组在公司清算事务上发生纠纷，王某秋、李某光、王某芳提起本案诉讼，要求组成新的清算组，继续自行进行清算。而公司自行清算过程中，关于清算组成员的选定、变更，应属公司意思自治事项，人民法院不宜予以干涉，因此，王某秋、李某光、王某芳的本案诉讼请求不属于人民法院受案范围。驳回王某秋、李某光、王某芳的起诉。

原告不服向江苏高院提起上诉。江苏高院认为：××鹏塑料厂于2010年4月25日召开全体股东大会并形成决议，通过了“关于××鹏塑料总厂解散成立清算组及清算组组成人员名单及权限议案”，并成立由朱某某等5人组成的清算组对××鹏塑料厂进行清算的行为符合《徐州市××鹏塑料总厂章程》和《公司法》第183条的规定。在××鹏塑料厂自行清算过程中，××鹏塑料厂清算组如存在故意拖延清算或违法清算等可能严重损害债权人或者股东利益的情形，根据《公司法司法解释（二）》第7条第2款、第3款的规定，在债权人未提起清算申请的情况下，公司股东申请人民法院指定清算组对公司进行清算的，人民法院应予受理。该条对公司强制清算的启动事由进行了明确的规定，而本案中王某秋、李某光、王某芳的诉讼请求是依法指定王某秋、李某光、王某芳在内的股东成立清算组，并由新清算组对××鹏塑料厂自行进行清算。据此，在××鹏塑料厂已经自行清算的情形下，王某秋、李某光、王某芳要求更换清算组成员后，继续自行进行清算的主张，并非申请法院强制清算，属于××鹏塑料厂自行清算过程中意思自治事项，不属于《公司法司法解释（二）》第7条第3款规定的人民法院应予受理的范围，原审裁定驳回王某秋、李某光、王某芳的起诉并无不当。

点评：根据《公司法司法解释（二）》第7条第2款、第3款的规定，在债权人未提起清算申请的情况下，公司股东申请人民法院指定清算组对公司进行清算的，人民法院应予受理。但本案中股东的诉讼请求是要求法院指定原告自己成为清算组成员，这仍然属于自行清算的范围，法院当然不会予以受理。此时原告较妥当的诉讼请求是请求法院予以强制清算，至于法院指定谁为清算组，则属于司法自由裁量的范畴。

二、清算人的资格

公司清算涉及公司财产的分配及债权人受偿，为保障公司清算的公正和效率，公司法律应对清算人的任职资格加以规定。由于我国《公司法》未对清算人的资格作出明确规定，这里仅结合世界各国公司法律的规定及法律理论作出论述。

1. 公司清算人任职的积极资格。公司清算人任职的积极资格是指担任公司清算人所应具备的基本条件。其一，清算人的身份属性。我国公司法对清算人的身份属性没有限制，在公司实务中，自然人和法人均可担任清算人。其二，清算人的法律属性。清算人是本国人，还是外国人，是否要求在国内有住所，我国法律没有作出禁止性规定。其三，清算人的专业性。在自愿清算的情形下，法律对清算人的专业性没有强制性规定。但在强制清算情形下，若法院指定清算人，通常指定律师事务所、会计师事务所等专业机构担任清算人。[1]

2. 公司清算人任职的消极资格。公司清算人任职的消极资格是指公司清算人任职不得具有的情形。这主要包括两个方面：首先，不能为无民事行为能力人或限制民事行为能力人。其次，不得有违法、破产记录或高额的个人债务未偿还。

三、清算人的选任

从各国立法实践来看，公司清算人的产生主要有以下几种方式：

1. 由法律直接规定。德国《股份公司法》规定，董事会成员作为清算人处理清算事务，其《有限责任公司法》也作了类似的规定。日本《公司法》也规定了公司董事作为清算人。我国《公司法》第 183 条也属于法律直接规定清算人。

2. 由公司章程规定或股东选任。许多国家在立法中虽然明确规定了法定清算人，但在公司自愿解散的情况下，一般均认可章定或议定清算人的优先性。如德国《股份公司法》第 265 条规定，章程或股东大会决议可以任命其

〔1〕 参见《公司法司法解释（二）》第 8 条。

他人员作为清算人。同时德国《有限责任公司法》中也允许公司合同或股东决议将清算事务委托于他人。日本《公司法》第478条第1款后段也明文规定章程或股东会可选任他人担任清算人。我国《公司法》第183条规定，股份有限公司清算人可以由股东大会选任。将选任清算人的权利赋予公司股东，实际上是对股东会作为公司意思机关的尊重，有利于维护公司股东的利益。

3. 由法院指定。即在无法确定清算人的情况下，由利害关系人申请法院指定清算人。德国《股份公司法》第265条第3款规定，法院可以根据监事会或少数股东的申请，任免清算人。日本《公司法》第478条也规定，法院可以根据利害关系人或法务大臣的申请或依职权选任清算人。在法国公司法中也有类似的规定。根据我国《公司法》第183条规定，在法律规定的期限内公司不成立清算组进行清算的，债权人可以申请法院指定有关人员组成清算组进行清算。

各国公司立法之所以分别规定了以上三种不同的清算人产生方式，是因为三者的目的和作用不同。法定清算人是公司法基于其公法因素所作的强制性规定，目的在于保障清算人及时、明确地产生。章定或议定清算人是尊重公司意思自治的结果，充分体现了公司法的私法性。法院选任清算人的方式则是对前两种方式的补充。

四、清算人的解任

所谓清算人的解任，就是被确定为清算人的人，在特定情形出现时即丧失清算人身份的制度。清算人的解任因原因不同，主要有四种方式：

1. 自愿解任。即清算人可以无须任何理由而辞去清算人之职。但法定清算人、法院指定的清算人辞任清算人之职须征得有权机构的批准。

2. 当然解任。在清算期间，清算完结、清算人死亡、丧失民事行为能力、被宣告破产或成为禁治产人、被判处刑罚、丧失清算人执业资格的，当然解任。

3. 决议或决定解任。即股东会可以决议的方式解任公司清算人，但法院指定的除外。在清算人是由法院或有关主管机关组织指定的情况下，法院或有关主管机关可以随时决定解任清算人。例如，日本《公司法》第479条第1款规定“清算人（依前条第2款至第4款的规定法院选任者除外），随时可依股东大会决议解任”。

4. 裁判解任。在清算人明显不能胜任清算工作或者有重大违反清算人义务的行为时，股东有权申请法院裁决解任清算人，但立法往往对该提出申请的股东有持股比例及时间的限制。例如，日本《公司法》第 479 条就规定，自 6 个月前起连续持有全体股东表决权的 3%以上的表决权或已发行股份 3%以上数的股份（对上述持股时间及持股比例，章程若有更低限度的规定，则从章程）的股东可以申请法院解任清算人。而德国公司法不但规定了符合一定条件的股东可以申请法院解任清算人，公司的监察人和监事会也可以有这种权利。

五、清算人的职责

《公司法》第 184 条规定，清算组在清算期间行使下列职权：①清理公司财产，分别编制资产负债表和财产清单；②通知、公告债权人；③处理与清算有关的公司未了结的业务；④清缴所欠税款以及清算过程中产生的税款；⑤清理债权、债务；⑥处理公司清偿债务后的剩余财产；⑦代表公司参与民事诉讼活动。

对于清算组的义务和责任，《公司法》第 189 条规定，清算组成员应当忠于职守，依法履行清算义务。清算组成员不得利用职权收受贿赂或者其他非法收入，不得侵占公司财产。清算组成员因故意或者重大过失给公司或者债权人造成损失的，应当承担赔偿责任。《公司法司法解释（二）》第 23 条进一步明确规定，清算组成员从事清算事务时，违反法律、行政法规或者公司章程给公司或者债权人造成损失，公司或者债权人主张其承担赔偿责任的，人民法院应依法予以支持。有限责任公司的股东、股份有限公司连续 180 日以上单独或者合计持有公司 1%以上股份的股东，依据《公司法》第 151 条第 3 款的规定，以清算组成员有前款所述行为为由向人民法院提起诉讼的，人民法院应予受理。公司已经清算完毕注销，上述股东参照《公司法》第 151 条第 3 款的规定，直接以清算组成员为被告、其他股东为第三人向人民法院提起诉讼的，人民法院应予受理。

案例68：虽成立了清算组但故意拖延清算，公司股东有权申请人民法院强制清算[1]

案由：申请公司清算纠纷

××宁华公司一审申请称：××期望公司清算组成立半年来，未开展任何清算工作，现有多名债权人提起股东侵权诉讼，损害××宁华公司合法权益，故申请法院对××期望公司强制清算。

原审法院经审查查明：1993 年 3 月 4 日，中国国际期货有限公司南京某公司注册成立，又于 1998 年 4 月 30 日更名为××期望公司。××宁华公司作为其股东出资 900 万元，持股 30%。

另查明：2008 年 7 月 10 日，××期望公司被吊销营业执照。2015 年 6 月 11 日，××期望公司召开股东会，决定成立清算组，并任命了清算组成员。2015 年 10 月 29 日，××期望公司与某会计师事务所签订《审计业务约定书》，约定某会计师事务所接受××期望公司委托，清理公司财产，分别编制资产负债表和财产清单及清算报告。2014 年××期望公司债权人以公司股东未履行出资义务为由向法院提起诉讼。

原审法院认为：强制清算实质上是在自行清算无法展开或不能达到目的时的一种司法补救措施，人民法院只有在自行成立的清算组严重拖延清算进度的情况下，才能启动强制清算程序。公司股东以清算组故意拖延清算为由，向人民法院申请对公司进行清算时，应对清算组故意拖延清算承担举证责任。本案中，××期望公司已由各股东推荐的人员成立了清算组，并依法办理了工商备案。××宁华公司作为××期望公司清算组成员，依法负有相应的清算义务，现××宁华公司无证据证明其曾督促过清算组履行相应义务，亦未举证证明清算组主观上拒不履行清算责任。江苏省南京市中级人民法院以民事裁定驳回了股东的起诉请求。

××宁华公司不服原审裁定，向江苏省高级人民法院提起上诉。

江苏省高级人民法院认为：根据《公司法司法解释（二）》第 7 条第 2 款第 2 项的规定，虽然成立清算组但故意拖延清算，公司股东申请人民法院

〔1〕 参见江苏省高级人民法院（2016）苏民终 959 号民事裁定书。

指定清算组对公司进行清算的，人民法院应予受理。本案中，××期望公司清算组自2015年6月11日成立至今已逾1年，虽然曾与某会计师事务所签订《审计业务约定书》，但既未依法发布公告、实际开展财务审计，也未对××期望公司的应收债权进行清收，清算工作未实际开展，故可以认定符合“拖延清算”的情形。××宁华公司作为××期望公司的股东，依法有权申请法院对××期望公司进行强制清算。

综上，××宁华公司的上诉请求能够成立，本院予以支持。一、撤销江苏省南京市中级人民法院民事裁定；二、指令江苏省南京市中级人民法院受理申请人××宁华公司请求对被申请人××期望公司进行强制清算的申请。

点评：公司虽然成立了清算组，但如果没有按照公司法的相关规定实质性地履行清算职责，则可认定为故意拖延清算，此时符合条件的股东可以申请法院裁定实行强制清算，以保护股东和债权人的利益。

第三节　清算程序

一、确定清算人

清算人是公司解散后执行清算事务的人。在大陆法系国家公司法中，清算人有以下四种：①法定清算人；②公司章程确定的清算人；③股东会决议任命的清算人；④法院选任的清算人。我国《公司法》第183条规定，公司应当在解散事由出现之日起15日内成立清算组，开始清算。

二、债权的申报与审查

在公司确定清算人后10日内，清算人应当将公司解散事宜以书面方式通知全体债权人，并在60日内根据公司规模和营业地域范围，在全国或者公司注册登记地省级有影响的报纸上进行公告。通知债权人的程序是针对已知债权人而言，公告程序则是针对未知债权人而言。清算人未履行前述义务导致债权人未及时申报债权而未获清偿的，债权人有权要求清算人承担赔偿责任。

债权人在接到通知书之日起30日内，未接到通知书的债权人从公告之日起45日内，应当向清算人申报债权。债权人申报债权，应当说明债权的有关事项并提供证据证明，清算人应当对债权进行登记。在申报债权期间，清算人不得对债权人进行清偿。

债权人对清算人核定的债权有异议的，可以要求清算人重新核定。清算人不予重新核定，或者债权人对重新核定的债权仍有异议的，债权人有权以公司为被告向法院提起确认之诉。

在规定的期限内，债权人未能及时申报债权但在公司清算程序终结前申报的，清算人应予登记。债权人补充申报的债权，债权人可以在公司尚未分配的财产中依法清偿。公司未分配财产不能全额清偿债权的，债权人可以向法院请求以股东在剩余财产分配中已经取得的财产予以清偿；但债权人因重大过错未能在规定期限内申报债权的除外。

三、清理公司财产，编制资产负债表和财产清单

清算人应当全面清理公司财产，确定公司财产范围。在全面清理公司财产的基础上，清算人编制资产负债表和财产清单。在此期间，清算人如果发现公司财产不足以清偿债务的，应当立即向法院申请宣告破产。公司经法院裁定宣告破产后，清算人应当将清算事务移交给法院，自此法院进入破产程序。

四、制定与实施清算方案

清算人在清理公司财产、编制资产负债表和财产清单后，应当制定清算方案，并报股东会或者人民法院确认。在普通清算情形下，清算方案只需报股东会确认即可。在特别清算情形下，清算方案应当报人民法院确认。未经确认的清算方案，清算组不得执行。执行未经确认的清算方案给公司或者债权人造成损失，公司、股东或者债权人主张清算组成员承担赔偿责任的，人民法院应当予以支持。

公司清算方案经公司股东会确认后，清算人按照清算方案执行。公司财产清偿顺序为：支付清算费用；支付职工工资、社会保险费用和法定补偿金；缴纳所欠税款；清偿公司债务；分配剩余财产。其中清偿公司债务后的剩余财产，有限责任公司按照出资比例分配，股份有限公司按照股东持有的股份比例分配。

五、清算终结

清算终结有两种情况：一种是申请宣告破产。在清算期间，清算人发现公司财产不足清偿债务，应立即向法院申请宣告破产，并移交事务于破产管理人，清算人的职务即为终止，清算到此结束。另一种清算终结情况为清算程序全部完结。我国《公司法》第 188 条规定，清算结束后，清算人应当制作清算报告，报股东会或有关主管机关确认，并报送公司登记机关，申请注销公司登记，公告公司终止。不申请注销公司登记的，由公司登记机关吊销其公司营业执照，并予以公告。

我国《公司法》没有规定清算程序的期限，不过《公司法司法解释（二）》第 16 条对特别清算的期间作出了明确规定，该条第 1 款规定，人民法院组织清算的，清算组应当自成立之日起 6 个月内清算完毕。因特殊情况无法在 6 个月内完成清算的，清算组应当向人民法院申请延长。

第四节　清算中的民事责任

一、清算义务人的界定范围

清算义务人和清算人属于不同的概念，清算义务人因与公司存在的特定法律关系而在公司解散时对公司负有依法组织清算义务，并且其在公司未及时组织清算给利害关系人造成损害时应依法承担相应责任。而清算人则是清算义务人选任、法律规定或者某些情况下法院直接指定的具体执行清算的组织、团体或个人。由于我国诚信制度和公司法律制度尚不健全，公司发生解散事由后，清算义务人应清算而不清算，怠于履行义务，时常处于失联状态，损害债权人利益的事情时有发生。公司清算义务人肩负着对公司组织清算的责任，其相关研究对于公司清算程序很有必要。当然清算义务人与清算人也存在着关联性，即清算义务人往往也是最终的清算人。不过清算义务人的范围通常大于清算人，因为并不是所有的清算义务人最终都成为清算人。

我国法律层面上尚未规定一个全面具体的清算义务人制度，立法上已经开始重视，并具有一定的规模，只是现阶段还不是很成熟，仍然存在一些不完善之处。到现在《民法典》第 70 条直接使用“清算义务人”这个词，可以认为我国法律上正式确立了“清算义务人”这个概念。该法典第 70 条第 1 款规定，法人解散的，除合并或者分立的情形外，清算义务人应当及时组成清算组进行清算。《民法典》第 70 条第 2 款规定，法人的董事、理事等执行机构或者决策机构的成员为清算义务人。法律、行政法规另有规定的，依照其规定。

（一）有限责任公司的股东

一般认为，有限责任公司比起股份有限公司，股东人数较少，并且人合性更强，清算义务人应该包括全体股东。并且，根据司法实践，不论股东持股多少，控制力大小，都不影响有限责任公司股东作为清算义务人对清算义务的承担。如果有限责任公司的股东并未实际参加经营，不作为公司董事或者公司的决策者，只要能够提出有效的抗辩，理应不需承担清算责任义务。

（二）股份有限公司的董事

基于国内法律赋予董事全面的管理权和监督权，法律将股份有限公司的董事作为清算义务人。当出现公司解散事由时，依法及时地启动清算程序并及时选任清算人是董事的首要责任，避免公司财产因无人管理而造成毁损流失，给公司债权人或者公司股东等的合法权益带来不可弥补的损失。如果董事未能及时对公司组织清算，或者违规清算，以至于公司股东或者债权人的利益受到损失，董事理应对股东或债权人赔偿。如果不选任清算人，法律规定，直接由董事自行担任清算人进行清算。这项及时合法启动清算程序的义务实际上也是来自董事的忠实义务和善管义务。

（三）控股股东

在股份有限公司中仅将控股股东界定为清算义务人。一般认为，控股股东对公司、中小股东负有诚信义务，以及控股股东具有保障公司依法退市的义务。〔1〕早期公司法理论将持股 50%以上的股东称为控股股东，后来上市公司越来越多，随着上市公司的规模逐渐扩大，股权越来越分散，现在股东持股不需要超过 50%就可以对公司产生重大影响，从而具备控制公司的能力，故各国对控股股东的标准已经从控股绝对多数演变为相对多数。我国《公司法》在附则第 216 条第 2 项中也明确了控股股东的定义，即控股 50%以上，

〔1〕 刘敏：《公司解散清算制度》（修订版），北京大学出版社 2012 年版，第 221~222 页。

或者虽然不满50%，但其持有的股份所享有的表决权已足能大大影响股东会、股东大会的决议。控股股东对公司投入了较多的资本，一般会比其他股东对公司的经营更加关心，并且根据“资本多数决”的原则，控股股东相对来说更有表决权优势，进而选出自己青睐的董事会，进一步控制公司。这种情况下，如果不对控股股东加以控制，容易造成控股股东权力的滥用侵害公司、中小股东和债权人的利益的后果，故现代公司法理论要求控股股东对公司和中小股东负有诚信义务。并且公司的成立乃是由于股东的投资，公司的退市股东就应该负责，而中小股东基本不参与经营管理，没有实际控制权，对公司影响力不大，要求中小股东承担这项义务未免太过苛刻，故现代公司法理论仅限定控股股东为股份公司的清算义务人。

（四）实际控制人

《公司法》第216条第3项对实际控制人有相关的规定。如果实际控制人能够通过投资或者协议等其他行为来实际控制公司的运营以及决策，毫无疑问，在公司应当解散时，其仍然有能力利用自身的优势阻碍清算。如果因此损害公司其他股东或债权人的权益，或者导致公司解散时无法清算，公司实际控制人难辞其咎，这也能解释《公司法司法解释（二）》第18条为什么要将实际控制人界定为清算义务人。我国《公司法》第217条对实际控制人有直接的规定，但对实际控制人的范围并没有作出明确的规定。认定公司的实际控制人时应当从持股数量、控制表决权比例、控制公司程度等方面来判断，《公司法》或其司法解释应当细致地规定实际控制人的范畴，避免实际裁判中出现过多争议。

二、清算义务人的民事责任

（一）清算义务人消极情形下承担的责任

1. 清算义务人未在法定期限内成立清算组承担的责任。《公司法司法解释（二）》第18条第1款规定，有限责任公司的股东、股份有限公司的董事和控股股东未在法定期限内成立清算组开始清算，导致公司财产贬值、流失、毁损或者灭失，债权人主张其在造成损失范围内对公司债务承担赔偿责任的，人民法院应依法予以支持。这种责任很明显是补充性赔偿责任。这种情形比较容易认定，只要清算义务人未在法定期间内成立清算组即可，法律规定的期间是清算事由出现后 15 天内。但关于如何认定财产减少的程度，按照谁主张谁举证的原则，需要债权人来举证。这个对于债权人来说比较难，因为债权人毕竟不如债务人了解公司财产。很多学者认为应该使用推定原则和举证倒置原则，推定公司在合理清算后债权人能获得全额清偿，如果不能获得全额清偿，则由债务人来举证自己具有豁免理由。如果不能有效举证，则需要在债权人主张财产减少范围内承担补充性赔偿责任。

2. 清算义务人怠于履行义务承担的责任。《公司法司法解释（二）》第 18 条第 2 款规定，有限责任公司的股东、股份有限公司的董事和控股股东因怠于履行义务，导致公司主要财产、账册、重要文件等灭失，无法进行清算，债权人主张其对公司债务承担连带清偿责任的，人民法院应依法予以支持。这种情形下需要承担的责任是连带清偿责任。法律规定清算义务人本该积极履行组织清算义务，如果没有承担责任，导致公司账册、重要文件灭失而使公司无法清算，给公司带来损失而无法清偿债权人，这时，债权人可要求清算义务人承担的是连带清偿责任。

（二）清算义务人侵权情况下承担的责任

1. 清算义务人恶意处分公司财产的赔偿责任。《公司法》第 3 条第 1 款规定，公司有独立的法人财产，对外独立承担民事责任。公司在进行市场交易活动时，它的财产对于交易人相当于一种财产性担保，如果遭到清算义务人恶意处置，使公司法人财产有所损失，清算义务人有必要对债权人承担财产损失范围内的赔偿责任。《公司法司法解释（二）》第 19 条规定，有限责任公司的股东、股份有限公司的董事和控股股东，以及公司的实际控制人在公司解散后，恶意处置公司财产给债权人造成损失，债权人主张其对公司债务承担相应赔偿责任的，人民法院应依法予以支持。在实际审判中，认定这种责任应当把握两个方面：首先是清算义务人属于恶意处置公司财产。恶意就是指故意或者重大过失，清算义务人明知如此会造成公司财产损失而为之；其次是清算义务人客观上确实处置了公司的法人财产，常表现为转移私分公司财产，侵占或者以不合理的低价售卖等。如清算义务人是在公司正当经营运转中处分了财产，就不能认定为恶意而适用这种规则。在这种情况下清算义务人应当是在财产损失范围内对主张权利的债权人承担连带清偿责任。

2. 清算义务人欺诈性注销公司的赔偿责任。《公司法》规定，公司应当依法清算完毕后办理注销登记，法人终止。《公司法司法解释（二）》第19条规定，有限责任公司的股东、股份有限公司的董事和控股股东，以及公司的实际控制人，未经依法清算，以虚假的清算报告骗取公司登记机关办理法人注销登记，债权人主张其对公司债务承担相应赔偿责任的，人民法院应依法予以支持。很多司法案例表明，有相当部分的公司在其出现解散事由后，清算义务人并没有依法及时组织清算，而是伪造虚假的清算报告，骗取工商行政管理部门的信任从而注销公司，恶意逃避债务。这种情形下，虚假的清算报告一般表现为清算义务人不按规定组织清算，审计公司不按实际情况出具审计报告，虚列债务、评估费、恶意隐瞒公司实际资产，等等。这种情况下清算义务人的主观恶意更强，可以更为严格一些，只要不依法组织清算即注销公司法人资格，清算义务人就应当对主张权利的债权人承担赔偿责任。

3. 清算人其他违法行为的赔偿责任。《公司法司法解释（二）》第23条第1款规定，清算组成员从事清算事务时，违反法律、行政法规或者公司章程给公司或者债权人造成损失，公司或者债权人主张其承担赔偿责任的，人民法院应依法予以支持。如果公司没有对上述清算人提起诉讼，则产生股东派生诉讼问题。第23条第2款规定，有限责任公司的股东、股份有限公司连续180日以上单独或者合计持有公司1%以上股份的股东，依据《公司法》第151条第3款的规定，以清算组成员有前款所述行为为由向人民法院提起诉讼的，人民法院应予受理。即使公司已经注销完毕，但如果清算人存在违反法律、行政法规或者公司章程给公司或者债权人造成损失的情况，上述股东参照《公司法》第151条第3款的规定，直接以清算组成员为被告、其他股东为第三人向人民法院提起诉讼的，人民法院应予受理。

（三）清算人的赔偿责任范围

关于清算人的赔偿范围，大部分学者都认为应当按照侵权责任法的规定，即以受害人实际受到的损失为界。这种观点与前述对损害赔偿责任性质的论证是一致的。若按前述侵权责任性质来分析，那么按照侵权赔偿范围理论就很容易界定其赔偿范围问题，同时这也符合侵权责任法的基本功能——弥补损害，而不是让受害人得到比实际损失更多的赔偿，即“弥补损失”理念的体现。另外这种观点也符合《公司法司法解释（二）》的立法倾向，其第11

条第2款的规定就是对清算组成员承担的赔偿责任范围的规定。清算组成员承担赔偿责任时，原则上应当以股东、债权人等受害人因不当清算造成的损失为限，具体损失数额由受害人举证证明。

案例69：清算组因未履行通知义务给债权人造成损失，清算组成员应对债权人的损失承担连带清偿责任[1]

黄某祥向厦门市同安区人民法院一审起诉请求：判令卢某笃、王某限共同支付××南公司所欠黄某祥货款629 295.55元及利息。

一审法院查明：××南公司向黄某祥采购砂石，2014年7月15日，经黄某祥与××南公司对账，形成《对账单》一份，××南公司确认尚欠货款629 295.55元，并在《对账单》上加盖公章。其后，××南公司未付款。另查明，××南公司成立于2006年7月12日，登记股东为卢某笃、王某限二人，登记持股比例分别为95%、5%。2014年7月3日，××南公司召开股东会，决定停止经营活动并成立清算组，清算组成员包括卢某笃、王某限，卢某笃、王某限委派财务负责人李某丹担任清算组负责人。2014年7月10日，××南公司在《厦门日报》上刊登了《清算公告》。2014年9月17日，××南公司股东会决定办理公司注销登记。2014年9月18日，厦门市湖里区工商行政管理局根据××南公司提交的注销登记申请及《厦门××南商贸有限公司注销清算报告》等材料批准注销××南公司。××南公司清算中税款已交纳，债务清偿情况为零，剩余资产47 966.21元，由股东按照出资比例分配。卢某笃分得45 567.9元，王某限分得2398.31元。黄某祥在催讨货款中知晓××南公司已经注销，遂于2015年6月29日提起诉讼。庭审中，卢某笃、王某限述称，××南公司清算组仅登报公告清算公告，并未书面通知黄某祥。

一审法院认为，本案是公司清算责任纠纷。公司清算组成员应当依法履行清算义务，清算组成员未依法履行清算义务给债权人造成损失的，应当赔偿损失。《公司法》第189条第1款对此清算责任有相应规定："清算组成员应当忠于职守，依法履行清算义务。""清算组成员因故意或者重大过失给公司或者债权人造成损失的，应当承担赔偿责任。"公司清算组成员应当依法履

[1] 参见福建省厦门市中级人民法院（2015）厦民终字第4421号民事判决书。

行清算义务，包括依照法律规定的方式通知公司债权人申报债权。《公司法司法解释（二）》第11条第1款规定，公司清算时，清算组应当按照《公司法》第185条的规定，将公司解散清算事宜书面通知全体已知债权人，并根据公司规模和营业地域范围在全国或者公司注册登记地省级有影响的报纸上进行公告。依照该规定，清算组除了登报公告清算事宜外，还应对已知的债权人发出书面通知。黄某祥与××南公司对货款进行了对账，××南公司对账单上加盖公章，因此黄某祥是××南公司已知的债权人。但本案卢某笃、王某限两人作为××南公司的清算组成员，未依法书面通知黄某祥申报债权，导致黄某祥货款62 9295.5元无法受清偿，故依照《公司法司法解释（二）》第11条第2款规定，依法应当对黄某祥的损失承担赔偿责任。根据清算报告，××南公司税款已交纳，债务清偿情况为零，剩余财产47 966.21元，在黄某祥得到清算通知申报了债权的情况下，其可获清偿范围的上限是××南公司剩余资产总额47 966.21元，故该款应确定为卢某笃、王某限未依法履行通知义务给黄某祥造成的损失。黄某祥的诉讼请求中超过47 966.21元的部分，缺乏依据，不予支持。判决：一、卢某笃、王某限应于判决生效之日起三日内共同赔偿黄某祥损失47 966.21元；二、驳回黄某祥的其他诉讼请求。

黄某祥不服福建省厦门市同安区人民法院民事判决，向厦门市中级人民法院提起上诉。

二审法院认为，卢某笃、王某限作为××南公司的股东及清算组成员，在决定××南公司解散并组织清算时，应当依法履行清算义务。2014年7月3日，××南公司决定清算，2014年7月10日在《厦门日报》刊登清算公告。2014年7月15日，××南公司与黄某祥对账确认尚欠黄某祥货款629 295.55元。因此，××南公司在清算过程中对尚欠黄某祥债务是明知的。卢某笃、王某限作为××南公司清算组成员，应当按照《公司法》第185条的规定将××南公司解散清算的事由书面通知黄某祥，但卢某笃、王某限在清算过程中，在明知××南公司尚欠黄某祥债务的情况下，未通知黄某祥申报债权，亦未将该债权列入清算报告进行清算，反而向工商登记机关提供不实的清算报告，明显存在故意或重大过失。现××南公司已经注销，黄某祥的债权629 295.55元已无法获得清偿，故黄某祥无法获得清偿的债权损失与卢某笃、王某限未履行通知义务之间存在因果关系。根据《公司法》第189条第3款“清算组成员因故意或者重大过失给公司或者债权人造成损失的，应当承担赔偿责任”及《公司法司法解释（二）》第11条第2款“清算组未按照前款规定履行通知和公告义务，导致债权人未及时申报债权而未获清偿，债权人主张清算组成员对因此造成的损失承担赔偿责任的，人民法院应依法予以支持”的规定，卢某笃、王某限应对黄某祥的债权629 295.55元及利息损失承担连带赔偿责任。一审法院以工商局备案的清算报告所载明的剩余财产总额47 966.21元，作为认定黄某祥可获清偿的范围及卢某笃、王某限承担赔偿责任的限额，与前述法律及司法解释的规定不符。判决如下：一、撤销福建省厦门市同安区人民法院民事判决；二、卢某笃、王某限应于本判决生效之日起10日内连带赔偿黄某祥货款629 295.55元及利息损失。

点评：根据我国《公司法》第189条第3款及《公司法司法解释（二）》第11条第2款的规定，清算组成员对已知的债权人如果没有履行通知义务而造成其损失的，应对其损失承担赔偿责任。赔偿损失的范围并不仅仅限于公司股东所分得的剩余财产，而应包括债权人的全部损失，这实际上是对清算组消极履行清算职责的一种惩罚。

（四）清算组成员承担的损害赔偿责任是连带责任

根据我国的法律规定及实践中的情况，清算组在绝大多数情况下都是由多个人组成的，此时清算组成员承担的是连带责任还是按份责任？清算组成员的损害赔偿责任的过错是多个清算组成员的共同过错，基于该过错实施了损害债权人或公司利益的共同行为，因此应承担连带责任。理论研究上，学者们都倾向于认为该种责任是连带责任。实践中的法院判决让我们更加清楚地了解到法院的做法，规定清算组成员承担连带责任不仅有利于促使清算组成员积极履行自己的义务，也有利于保护公司、债权人等人的利益。

三、清算义务人内部责任的分担

清算义务人在前述情形下需要对债权人承担赔偿责任，如清算义务人为多人的，他们内部应该如何分担这些责任？《公司法》并没有明确的法律条文规定清算义务人之间该如何分配他们所需要承担的责任。从《公司法司法解释（二）》第18条第1款可以看出清算义务人对债权人应当在法院判定的范围内承担连带清偿责任，然而这并没有阐明清算义务人内部之间如何分担。有限责任公司的股东作为清算义务人，根据一般的公司法理念，应当按比例分担，任何一位股东承担清偿责任后，可以向其他股东追偿与股份比例一致的责任。这种认定规则在全体股东消极履行义务和未依法清算就恶意注销公司的情形下是没问题的，因为全体股东对公司财产的减损都负有责任。但如果有限责任公司的股东是在积极情形下，即部分股东恶意侵占、私分公司财产而导致公司法人财产减少时，应当是有过错的股东对债权人承担清偿责任。股份有限公司的控股股东、董事和某些情况下的实际控制人，他们之间又该如何分担责任？虽然法条将三种人并列一起，但实践中并不是每次都存在这三种人同时作为公司的清算义务人。如果只是控股股东或者实际控制人单独作为清算义务人，因为控股股东和实际控制人往往只有一个，即不存在这个问题。公司的董事作为清算义务人，如果是消极情况下以及恶意注销公司时，董事之间应该平均分配责任；如果是侵占、私分公司财产，则有过错的董事们按照过错程度来承担责任。如果这三者同时存在任意两种以上，因为他们的身份有可能重合，控股股东有可能也是董事或实际控制人，情况就比较复杂，应当优先适用过错原则，其次按股份来分担，最后平均分。具体情况具体分析，需要法官的自由裁量权来调整。

四、出资瑕疵责任不受诉讼时效限制

即使在公司解散的情况下，如果股东未履行出资义务，其仍应当继续履行出资义务，其出资瑕疵责任不受诉讼时效限制。因此，在公司解散时，股东尚未缴纳的出资均应作为公司清算财产。股东未缴纳的出资包括到期应缴未缴的出资，以及依照公司章程的规定分期缴纳尚未缴纳的出资。当公司的财产不足以清偿债务时，债权人可以向未缴纳出资的股东请求清偿，以及向公司设立时的其他股东或者发起人在未缴出资范围内主张对公司债务承担连带清偿责任。[1]

---

〔1〕 参见《公司法司法解释（二）》第22条。

案例70：××恒公司怠于履行清算义务，股东承担赔偿责任[1]

××亮公司和××恒公司订立的合同履行期届满，××恒公司对××亮公司尚负有金钱债务共计139万余元。××恒公司股东房某福、王某明和蒋某东持股比例依次为40%、30%、30%。××恒公司因没有进行公司年度检验，遂于2008年12月25日被相关部门处以吊销营业执照的行政处罚，至本案开庭时仍未组织清算。经法院调查查明，××恒公司没有办公营业地，财产及账册失踪。因在另案中××恒公司没有供以执行的财产，法院裁定执行中止。

作为原告的××亮公司就此主张作为被告的××恒公司的全体股东的怠于履行清算义务的行为，导致××恒公司财产受损和灭失，原告债权因此不能得到清偿。根据有关规定，就公司债务被告公司的股东应承担连带清偿责任。

被告王某和蒋某辩称，二人从未参与经营管理××恒公司，公司实际由房某控制，因此无法对其进行清算；××恒公司在被吊销营业执照前就已有大量债务，以至于资不抵债，因此公司财产灭失并非王、蒋二人怠于履行清算义务的行为造成；王、蒋二人曾委托律师尝试对公司进行清算，但多次出现债权人哄抢公司剩余财产的情形，从而导致清算不能开展，因此王、蒋二人不符合怠于履行清算义务的情形。

点评：在有限责任公司中，全体股东均为清算义务人，在公司无法经营时应履行清算义务。在本案中，两位股东不能以自己未实际参与公司经营管理，也不能以公司被吊销营业执照时就已有大量债务免除其对债权人的连带赔偿责任。

〔1〕 参见上海市松江区人民法院（2009）松民二（商）初字第1052号民事判决书。

后　记

北宋横渠先生张载有“为天地立心，为生民立命，为往圣继绝学，为万世开太平”之雄心壮志，笔者不揣冒昧，欲效泽鉴先生之壮举，奢望编撰一部理论结合实践的公司法巨著。于是从2019年新冠肺炎疫情暴发之前就着手构思策划并准备，历经近3年，增删7次，迄今终于完稿，可谓长舒了一口气。

王阳明先生认为知易行难，诚然矣。从公司法的各种理论来说虽谈不上浩如烟海，但也可称得上林林总总。因此，既要全面展示公司法的所有理论，又要介绍公司法理论的通说，诚非易事。从公司法案例来说，司法实践中出现的公司纠纷何止数万。要从成千上万的公司法案例中选取最佳的案例应用于每个知识点更非人力所及。仅以股权转让纠纷为例，从中国裁判文书网就可检索到数十万个案例。那么如何才能选取到最佳的案例呢？笔者遵循以下几个原则：首先，选取最近几年尤其是最近3年的案例，因为太久远的案例所适用的法律已经改变了；其次，选取最权威的案例，因为只有权威才能有说服力。那么最权威的当推最高人民法院的案例。如果实在没有最高人民法院的案例，则选取省、自治区或直辖市高级人民法院的案例，个别选取中级人民法院的案例；再次，选取有争议的案例。如果纠纷争议不大，则对读者的启发不大；最后，选取简洁的案例。一个有争议的权威案件往往经过一审、二审甚至再审，仅裁判文书所列的文字就有上十万字，而要把它压缩成5千字以内的篇幅显然不完全是一个删减的过程。

但不管结果如何，这本公司法教材终于完稿。其间要感谢的人太多。感谢三峡大学法学与公共管理学院的骆东平院长和黄利红副院长，感谢中国政法大学出版社的编辑冯琰老师，感谢我的硕士研究生申丰熊、张恒、熊伟、张贺宣和廖子康等同学，感谢我的爱人王海琴女士和女儿慎语涵小宝贝！

笔者才疏学浅，智小谋大，错漏之处在所难免，这注定是一个艰辛的过程。我愿意把自己作为一个标靶，成为大家批评甚或攻击的对象，从而推动我国学术的不断进步，予愿足矣。

本书得到湖北省教育厅人文社科项目“公司股东新股认购权的适用与排除”（项目编号鄂教思政函【2020】4号）和三峡大学法学与公共管理学院和研究生院研究生课程建设项目“公司法务专题”（项目编号SDKC202125）立项资助，也是三峡大学地方立法研究院成果。

慎先进

于湖北三峡大学

2022年8月18日